U0140558

博雅

博雅撷英｜王笛作品集

博雅撷英丨王笛作品集

# Street Culture in Chengdu

Public Space, Urban Commoners, and Local Politics, 1870-1930

# 街头文化

成都公共空间、下层民众与地方政治

1870—1930


王笛 著

李德英 谢继华 邓丽 译

**图书在版编目（CIP）数据**

街头文化：成都公共空间、下层民众与地方政治，1870—1930 / 王笛著；李德英，谢继华，邓丽译．—北京：北京大学出版社，2023.6
（博雅撷英）
ISBN 978-7-301-33573-4

Ⅰ.①街… Ⅱ.①王… ②李… ③谢… ④邓… Ⅲ.①成都－地方史－史料－1870-1930 Ⅳ.① K297.11

中国版本图书馆 CIP 数据核字（2022）第 248702 号

***Street Culture in Chengdu: Public Space, Urban Commoners, and Local Politics, 1870-1930,*** **by Di Wang,**
published in English by Stanford University Press.

This translation is published by arrangement with Stanford University Press,
www.sup.org.

| | |
|---|---|
| **书　　名** | 街头文化：成都公共空间、下层民众与地方政治，1870—1930<br>JIETOU WENHUA: CHENGDU GONGGONG KONGJIAN、XIACENG MINZHONG YU DIFANG ZHENGZHI, 1870—1930 |
| **著作责任者** | 王　笛　著　李德英　谢继华　邓　丽　译 |
| **责任编辑** | 延城城 |
| **标准书号** | ISBN 978-7-301-33573-4 |
| **出版发行** | 北京大学出版社 |
| **地　　址** | 北京市海淀区成府路 205 号　100871 |
| **网　　址** | http://www.pup.cn　新浪微博 @ 北京大学出版社 |
| **电子邮箱** | 编辑部 wsz@pup.cn　总编室 zpup@pup.cn |
| **电　　话** | 邮购部 010-62752015　发行部 010-62750672<br>编辑部 010-62767315 |
| **印 刷 者** | 涿州市星河印刷有限公司 |
| **经 销 者** | 新华书店 |
| | 880 毫米 ×1230 毫米　32 开本　16.125 印张　453 千字 |
| | 2023 年 6 月第 1 版　2023 年 10 月第 3 次印刷 |
| **定　　价** | 109.00 元 |

---

# 书评摘录

尽管过去数十年社会经济史、特别最近文化史的研究有所发展，但我们对大多数文明和民族历史上普通人的日常生活仍然知之甚少。虽然中国人有着非常丰富的历史资料，其文字记载至少可以追溯到三千年之前，然而同上述缺陷一样，我们对中国的上层远比对下层了解得多。王笛这本关于成都——中国内陆主要城市之一——街头文化的研究，筚路蓝缕，因此是令人鼓舞的，的确是填补这个空白的一个令人钦佩的成果。……本书是一个深入的、但十分具有可读性的研究。本书探讨了在社会转型和政治动乱时期一个传统中国城市的日常生活和大众文化，这是关于国家政治怎样影响一个地区普通人生活的代表作。王笛对这个课题下力甚深，这充分体现在本书的分析和对主题的展示之中。

——《美国历史评论》(美国)

王笛的这本书的杰出之处在于：对成都——这个地处内陆的省会在19、20世纪之交——的认真的民族志式的研究。与前此的从上到下的对城市精英和城市管理、警察的研究不同，这个研究则提供了一个从下到上的考察视角，即街头和丰富的街头文化贯穿全书。这是一项非常深入的研究，并配有精彩的插图，给我们显示了在邻里穿梭的小贩和工匠、打扰居民的乞丐和流氓、宗教仪式和娱乐，以及那充满活力的茶馆。……这是由新一代中国年轻历史学家在社会史研究方面所取得的成就的一本优秀代表作。

——《中国季刊》（英国）

过去关于中国城市文化的研究主要集中在沿海，广大的内陆地区却被忽视了，而王笛关于成都街头文化的杰出研究，则填补了这项空白。成都是中国西南相对封闭的内陆城市，通过追溯其公共生活的变与不变，王笛非常成功地重构了清末民初城市下层对公共空间的争夺、大众文化与地方政治的复杂关系。……本书对中国大众文化的研究作出了若干重要贡献……对关心中国地方政治的读者来说有着极大的价值，而且在未来的若干年内，本书都将是研究中国城市文化的典范之作。

——《中国政治学刊》（美国）

本书写出了一段鲜活的历史。王笛在其关于中国内陆城市成都的研究中，通过运用档案、报刊和私人记录，以底层往上看的视角，描绘了中国城市生活的图画。王笛揭示了演变的模式，并证明中国社会在1870－1930年间重要的转型是怎样发生在社会的最基层的。作者很有说服力地指出日常的街头成了重大事件的发源地。……王笛的著作为我们提供了一个有价值的成果，其以一个城市为基点，从而使过去从传统到现代的模糊转化过程变得清晰起来。

——《加拿大历史学刊》（加拿大）

本书在三个方面对中国城市讨论作出了重要贡献。首先,对成都城市在20世纪初是怎样转化的提供了详细的论述;其次,对国家、城市精英、民众三者关系的认识上扩展了我们的视野;再次,给我们提供了理解中国日常生活是怎样在清王朝衰落、革命躁动以及军阀时期发生变化的很好的机会。总而言之,本书研究下力甚深,分析资料细致周到,表达技巧精湛。

——《亚洲研究评论》(澳大利亚)

在过去十年,关于晚清和民国时期中国城市研究中一些被忽视的问题的探索有了稳步发展。王笛对内陆地区四川成都的研究便是这个令人鼓舞的新趋势的最新成果之一。本书的杰出之处在于,他力图从下层民众的角度去揭示这一时期的城市转型。

——《太平洋事务》(美国)

作者——一个中国历史学家在美国重新开始他的学术生涯——对中国城市史的研究作出了新贡献。……这个研究集中在晚期帝国和民国初期直至1928年国民政府建立市政府,描绘了成都及其城市生活的详细图景。

——《宗教的社会科学档案》(法国)

这是一本研究非常深入的著作,它描绘了中国西南一个主要城市街头生活的斑斓图画。在葛兰西和福柯所关注的问题之上,本书纵论国家、精英、下层民众三者间在大众文化问题上的合作、斗争和反抗。……作为一个受过中国和美国两种教育的历史学家,王笛熟练地运用大量的中文、口述史资料,与最新的历史学、人类学和社会学的理论发展结合一起。随着本书的出版,大众文化在中国各地区以及与中国之外的地区进行比较研究成为可能。

——《跨学科历史杂志》(美国)

这是一本有关清末民初一个中国内陆城市普通民众的著作,反映他们的欢乐和痛苦、自由和控制、反抗和压迫。……为探索民众在城市中的存在,王笛把着眼点从精英和城市管理机构转移到街头——这个"城市中最显眼和使用率最高的公共空间"。……如果我们认为王笛的这个研究是又一本关于地方社会与现代国家关系的著作,那么我们将低估他对中国城市史和社会史的贡献。在方法上,王笛力图从民众的眼光来重构改良和革命的历史。……以中国从下到上的视野……提醒我们,在社会的变革中,街头的民众并非是消极的接受者,相反,他们为了保卫自己的生计和生活方式而扮演了积极的角色。

——《社会史》(加拿大)

王笛因其关于清代四川社会和经济史的杰出著作(《跨出封闭的世界》,1993年)而闻名于世。而他这本新出版的著作则着眼于成都的社会史……书中所描绘的成都城市生活丰富多彩,十分令人着迷。虽然这是本书最动人之处,然而作者还提供了一个独特的分析框架。……尽管作者指出了社会所经历的变迁,但本书对街头文化持续性的研究令我们耳目一新。作者令人信服地证明,由于改革措施是如此毫不留情地介入了一般民众的日常生活,因此受到抵制便不足为怪。从本书中我们可以看到作者对城市下层民众的同情,作者这种对人民悲欢的关注给我们留下了十分难忘的印象。

——《亚洲研究国际学刊》(日本和英国)

王笛对成都进行了非常杰出的描绘,他考察了清末及民国时期,传统是怎样面对改良者、激进分子乃至军阀势力的。他对这些问题的研究是通过“街头文化”这个透镜。……我们过去经常轻易地给城市的现代化以肯定,但王笛对此过程中普通人民生活的关注值得我们赞赏。王笛强调精英文化和大众文化的分野,对中国文化的同一性和分离性这样宏大问题的讨论作出了贡献。

——《社会史》(英国)

王笛的《街头文化》对逐渐发展的晚清和民国时期社会文化演变的研究作出了新贡献。把研究的重心放在中国内陆城市成都,一个西方影响相对较小但逐步现代化的地区,作者揭示了国家与地方精英、国家与大众文化的互动关系,生动描绘了官方与精英试图改造大众习俗的努力。

——《历史文献年鉴》(英国)

这本书出色的描述(再加上精挑细选的图画和照片)让我们能够较为全面地观察过渡时期一个重要的省会城市。王笛的敏锐分析,使我们了解那些不为人所知的地方的生活图景和社会风俗……这些丰富多彩的生活场景和画面,在这部百科全书似的引人入胜的著作中,都得到了全面而生动的展示。

——《哈佛亚洲研究杂志》(美国)

本书的主要贡献在于描绘普通人日常生活的“丰富的街头文化”。特别引人入胜的是关于茶馆活动非常细致的描写,那里是人们消遣、做生意、调解纠纷、闲聊、社交、娱乐的地方。

——《城市史杂志》(美国)

王笛将成都人民的思想和行为刻画得淋漓尽致。

——《东方研究》(俄国)

《街头文化》是在这场关于“公共领域”的讨论中成书的。作者在构思过程中一再考虑了有关方面的问题,最终选择从另一个角度去看中国的城市社会,即从公共空间的形成、运作和发展,于是找出了城市文化变更之关键。城市文化是由各阶层特别是市民百姓所创造和促成的,而街头文化正是城市文化最重要的一部分,从这一点上来说,《街头文化》是对“公共领域”的一种修正,而这一修正将人们的着眼点移到市民阶层上来了。笔者认为,这是该书最大的贡献。

——《历史研究》

一系列流畅而生动的描述,使我们可以体会到作者在写作方法上的“叙事式”倾向。确实,“叙事史”的复兴虽然侧重于叙述一个人的历史,或者一次戏剧性的事件的历史,但不是为了叙述而叙述,而是为了发现历史进程中文化和社会的内在运作。它不仅是写作方式的变化,而且体现了历史学研究内容和方法的全面转向。

——《历史人类学学刊》

年鉴学派的历史学家费弗尔曾经说过，提出一个问题，确切地说来乃是所有史学研究的开端和终结。没有问题，便没有史学。事实上，历史研究在很大程度上正是以问题意识为导向的。新的问题的提出，不仅决定了使用新的研究方法，同时也决定了研究视域的突破与创新。王笛的《街头文化》无疑是这种实践的优秀成果。……美国人类学家吉尔兹的“深描”理论认为，人生活在自己所编织的意义之网中，微小事件也渗透了整个社会的码意义系统，通过对于这个事件的解码，就能够达到对于整个社会的意义系统及支配这一编码过程的权力结构的理解。《街头文化》便是一次深入细致的“解码”实践。通过对资料的解读，作者接近了下层民众“微弱的声音”和模糊的身影，知微见著，作者在深层次上为我们展示的是一段历史，一种文化。

——《中国社会历史评论》

十年前著者推出《跨出封闭的世界——长江上游区域社会研究，1644—1911》，试图用整体史的方式展示清代长江上游区域社会的实景，其中带有较多布罗代尔（Fernand Braudel）的影子，当时书中对“传统－现代”二分模式的反思很能给人以启迪，但着墨更多的是社会经济形态，对人的关注似乎不多。十年后的《街头文化》，流光溢彩的故事使读者与那里的民众有了亲近感。……“民”史关键在于有“民”，著者以鲜活的画面凸显当时民众的日常生活，给了史学的书写以另一种可能，尽管他所着力描摹的已化作留不住的斜阳。

——《二十一世纪》

王笛新著之"新"……是一系列"视角转移"所造成的感觉之新、领域之新、方法之新。……著者以非凡的功力,对老成都街头文化的方方面面进行了全面、生动的叙述,对活跃于街头的各种群体也进行了归类描写。……在风格上的追求,已十分接近于人文史学的追求,均旨在生动地叙述历史,再现历史的全幅式场景,使历史变成可触摸的、可接近的,能够普及于民众的。但如果细分一下,在叙事风格上,王笛又明显不同于史景迁式的以扣人心弦的人物命运和跌宕起伏的历史情节为中心线索的叙事,而毋宁更接近于黄仁宇似的徐徐展开、风俗画般的历史长卷。

——《历史研究》

王笛的新作《街头文化》,运用历史学和社会人类学的方法,以内陆城市成都为解剖对象,对近代中国的城市公共空间、日常生活和大众文化进行了深入探讨,对理解社会转型、文化变迁以及政治演化,打开了一个新的窗口。

——《中国学术》

王笛的新著《街头文化》,描绘了成都丰富多彩的街头文化。书中大量生动有趣的描写既令人兴奋,也让人大开眼界。……《街头文化》是一部有着深入和细致研究的学术著作,尤为难能可贵的是,它的文字十分通俗易懂。……这种写作方法和对社会负责的态度的确是值得赞赏和提倡的。这对于纠正目前中国学界以让人"看不懂"为时髦的不良学风也不无补益。

——《中华读书报》

王笛先生的著作是一部描写近代大众生活的著作，描写了少有人关注的女性生活的情景。近代女性生活的新变化，也体现了人们的思想、生活方式、生活态度发生的变化。鸦片战争以后，中国开始了近代化历程，但是没有女性的近代化是不完整的近代化。研究近代女性生活可以为我们提供一个新的视觉空间。

——《法制与社会》

时至今日，当中国处在一个新的转型期时，文化的固滞仍然存在。怎样处理文化间的关系，也许不仅仅该从所谓"精英文化"的角度由上向下地看待文化发展问题，而应立足百姓民众，立足与他们息息相关的街头公共空间去思考真正意义上的文化政治关系，这才是《街头文化》带给我们的最大启示！

——《传播学研究集刊》

这是一部类似《欧洲近代早期的大众文化》的作品，王笛通过成都街头生活中的小贩与工匠、乞丐与流氓等底层民众的日常娱乐、仪式与公众参与，揭示出了一个处于传统社区向现代社会转型时期的街头景象。作为与精英文化相对比的大众文化，王笛给予了它的创造者充分的文化活力。……作者成功地将文化行为的时间维度结合起来，让全书的立论更具时空轴线上的延展性。如其他文化史大作一样，《街头文化》虽然从街头入手，但旨在反思大众文化是如何与宏观的历史变革互动的。

——《中国图书评论》

这是一本关注下层民众历史的书，尤其注重打破那种被"精英"描绘出来的“大众文化”，力求“让资料自己说话”，拨开层层覆盖的历史尘埃，让我们看到下层民众是如何一步步丧失自己的公共空间，而又是如何以自己“弱者的武器”为命运抗争的。

——《新京报》

这是一部关于下层民众生活的历史画卷。作者取精用宏，运用社会学、历史学和人类学诸方法，对成都下层民众与公共空间、社会改良者以及地方政治三方面以街头为舞台的关系进行了细致入微的考察，用文学性的话语生动地描绘了街头的日常生活、大众文化的特质和魅力，勾勒出了一幅幅鲜活的历史画面。

——《中国图书评论》

从下层民众的生存状态入手，探寻城市的文化本质，给我们提供了一个观察历史的独特视角。……王笛的观点是深刻而锐利的：“城市公共空间和公共生活的重建，经常并非是以民众利益为考虑的，也并不容许他们对此享有平等的权利。所以，对大多数下层民众来讲，我们或许可以这样认为：他们失去了一个旧世界，但并没有得到一个新世界。”

——《博览群书》

王笛作为一个城市史学者，与时下常常对古建筑老房子老巷子心生眷恋的人们之间的不同。当一些人过多地沉溺于物质形态的建筑和街巷并因此而被虚无主义心态支配下的恋旧情结所支配时，王笛发现的是作为城市最重要公共空间的街头，以及街头之中的自由——物质形态的丧失与生活方式被控制哪个更致命些？……王笛书尾最后一句话透着哀婉的凄凉:“他们失去了一个旧世界,但并没有得到一个新世界。”

——《南风窗》

在这部书中,读者既可体会到微观历史下日常生活的丰富多彩、街头文化的引人入胜,亦可看到近代中国政治、经济和社会剧变的宏大叙事。

——《文汇读书周报》

如何让“大众”发出自己的“声音”?王笛意识到这是走近街头文化必须面对的关键性的一步,换句话说,以往的历史学者喜欢用他们的摄影机“高空俯拍”,那些庶民的“印象”,是“精英”歪曲的大众想象,而这回王笛采取了“仰拍”的角度,也彻底颠覆了以往我们对大众文化常规的“看法”。

——《新京报》

晚清以来的中国精英受西方现代文明及思潮影响,据此建构了他们对中国现状的描述,并传播其以西方文明为标尺来改造中国的理想。在《家》中,巴金将成都描写为保守和专制的代表,把上海描写成作者心目中现代与自由的象征。但上海并非如巴金所描述得那样美好,成都也并非那样保守专制。精英们根据对西方文明的认识和现代的想象来改造成都,并不意味着精英们切身考虑了普罗大众的利益,而在不同的历史格局下他们为争夺公共空间和权力时,又表现为不同的斗争形式——这些复杂的社会现实在《街头文化》中得到了更加清晰的展现,而这是热烈拥抱现代的巴金们所不曾考虑的问题。

——《中华读书报》

美国芝加哥学派社会学家威廉·富特·怀特最为著名的学术著作是《街角社会》……当我们读到怀特以亲历者的身份勾勒科纳维尔街上的人们时,那叙述就是历史,而当我们进入1870—1930年的内陆城市成都时,遭遇的是史学的问题:将如何重新构建这个城市?或者说,将以何种手法向读者描述——同时也是解释一个全新的结论。从某种意义上说,正因为王笛采取了从街头、从下层民众入手的方式,进而将"街头文化"这个混杂了政治角力、经济关系、文化生态在内的课题全面展开,才能跃过这个障碍,让人信服。

——《南方都市报》

作者拨开层层覆盖的历史尘埃,让后人看到在近代中国,下层民众是怎样一步步丧失了他们的生存空间和文化传统的。

——《光明日报》

《街头文化》是一本读来颇为有趣的好看史书,不同的是,作者生于成都,在川大读书,最后又在美国得到历史学博士,他对成都轻松谐趣的民间街头文化的叙述,加入了美式分析,使读者或可进一步思索晚清民国年间中国城市下层民众与公共空间、社会改良和地方政治的关系,而又较少那些缺乏中国实地生活体验的外国学者研究中国问题时常有的"区隔"感。

——《南方周末》

摒弃精英们的偏见,从下层的眼光来描述成都街头文化,不仅更生动和全面地再现了历史画面,而且能对传统文化的价值以及现代化与传统文化的关系有一种全新的认识。……读者从他讲述的故事中去体会他试图表达的学术观点。将学术的严谨与表述的轻松结合在一起，是这本书最大的特点。

——《中华读书报》

当历史舞台总是被精英的话语霸权左右之时，本书从社会的最底层、从历史上没有留名的芸芸众生的角度，看人民在改良、革命以及社会动乱中的遭遇，发出了“他们失去了一个旧世界，但并没有得到一个新世界”这样的悲叹和沉重的结论。

——《新世纪周刊》

该书描绘了成都丰富多彩的街头文化。书中大量生动有趣的描写既令人兴奋，也让人大开眼界。

——《中国国家地理》

# 目　录



## 第一部　下层民众与公共空间

## 第二部 下层民众与社会改良

## 第三部　下层民众与地方政治

# 二十年后话街头

## ——《街头文化》中文版第三版前言

本书英文版2003年由斯坦福大学出版，中文翻译版2006年由中国人民大学出版社出版，2013年由商务印书馆出了中文第二版。时间过得真快，英文版已经出版20年了，中文版已经出版了17年。这些年我继续以日常生活为中心，以为民众写史为初衷，用微观历史的方法，完成了关于20世纪茶馆的两本英文专著和一本关于袍哥的著作。[①] 现在，北京大学出版社将出版本书中文版的第三版，我想利用这个机会谈谈本书出版后学术界和阅读界的反响以及我的一些感想。

令我欣慰的是，这本书在中西方都得到了积极的肯定。英文版在2005年获得美国城市史研究学会（Urban History Association）最佳著作

---

① 即 Di Wang, *The Teahouse: Small Business, Everyday Culture, and Public Politics in Chengdu, 1900 – 1950* (Stanford University Press, 2008); *The Teahouse under Socialism: The Decline and Renewal of Public Life in Chengdu, 1950 – 2000* (Cornell University Press, 2018); *Violence and Order on the Chengdu Plain: The Story of a Secret Brotherhood in Rural China, 1939 – 1949* (Stanford University Press, 2018)。这三本书中，第一本2010年已经由社会科学文献出版社出版了中文版，北京大学出版社2021年出版了第二版，第二本由香港中文大学出版社2022年出版了中文版，第三本中文版由北京大学出版社2018年出版。

奖，中文版在2006年被《中华读书报》选为十佳图书。在这近二十年的时间里，这本书一直在学术界、大学生和研究生以及对历史感兴趣的读者中，产生着它的影响。当我在大学做学术报告的时候，经常有学生拿这本书来请我签字。北京大学图书馆2020年4月18日发布的世界读书日系列活动“2019热门借阅图书”云书展，《街头文化》与《百年孤独》《想象的共同体》《平凡的世界》等我喜爱和崇敬的书同在前十的名单上。对我来说，简直是难以置信。对于读者的青睐，甚至有点惶恐不安。

这本书引起广泛反响的原因之一，我想应该也是中国城市正在发生重大变迁，许多古老的城市正在一天天消失，这引起了人们的忧虑。虽然我研究的是清末民初的成都，但是其中所涉及的国家文化和地方文化、精英文化和大众文化的冲突，实际上也是今天我们所面临的挑战，也是我们研究近代社会史和文化史以及政治史必须要回答的问题。虽然对下层民众和日常生活的研究，在中国仍然不处于主流的地位，但是得到了越来越多的学者和读者的认同。我特别欣喜地看到，越来越多的青年学者加入这个阵营之中。《街头文化》在推动中国历史研究眼光向下的过程中，扮演了一个积极的角色。

这本书的影响已经超出了历史学界，特别是得到了社会学、人类学、建筑、城市规划、大众传播、文化研究等方面专家的关注。去年10月，三联人文城市季在成都刚建成的東·壹·美术馆，举办开馆首展“日常史诗：成都市民生活与公共空间”。这个展览便是根据我的四本著作——《跨出封闭的世界》《街头文化》《茶馆》和《袍哥》，从宏观历史逐渐聚焦到成都市内的具体空间，展示从望远镜到显微镜的四层“成都维度”，由13位当代艺术家和建筑设计师进行再创作，分别对应一个或多个维度，从“西南地区时空”和“成都城市时空”，到“成都室外公共空间”和“成都室内公共空间”，各个维度进行互动和对话，还举行了展览开幕论坛。看到自己的学术研究能够走出象牙塔，为现实社会服务，我感到莫大的欣慰并充满着成就感。

## 为民众写史

本书出版以后，据我目力所及，共有16篇英文书评，一本关于中国历史的书，在西方能得到这么大的关注，远远超过了我的预期。在2006年中文版前言中，我对英文世界发表的书评已经有一个概述和评论。在中文第三版这篇前言中，我想主要讲讲这些年来中国学者对这部著作的反应。本书出版之后，很快成为当年的“学术畅销书”，出现在各种榜单上，专业刊物和报纸发表了很多书评。我已经读到过的中文书评便有四五十篇，刊载的平台包括《历史研究》《历史人类学学刊》《二十一世纪》《中国社会历史评论》《中国学术》《中国图书评论》《读书》等杂志，还有《新京报》《南方都市报》《南方周末》《中华读书报》等报纸。

马敏在《历史研究》发表了长篇深度评论，肯定了新著之新是由于视角转移所造成的“感觉之新、领域之新、方法之新……著者以非凡的功力，对老成都街头文化的方方面面进行了全面、生动的叙述，对活跃于街头的各种群体也进行了归类描写……显然，王笛新著在风格上的追求，已接近于人文史学的追求，旨在生动地叙述历史，再现历史的全幅式场景，使历史变成可触摸的、可接近的，能够普及于民众的。但如果细分一下，在叙事风格上，王笛又明显不同于史景迁式的以扣人心弦的人物命运和跌宕起伏的历史情节为中心线索的叙事，而毋宁更接近于黄仁宇似的徐徐展开、风俗画般的历史长卷”①。

任放则从更宏大的背景讲本书的贡献，认为《街头文化》“不仅在学术上完成了自我蜕变，而且颠覆了近代中国城市史的叙事结构，确立了一种历史学视野下的中国城市文化研究的新范式。尽管这一范式难掩‘西学’本色，但其推陈出新的革命性意义是醒目而深远的”②。王先明等更强调了本书的问题意识：“历史研究在很大程度上正是以问题意识为导向的。新的问题的提出，不仅决定了使用新的研究方法，同时也决定了研究视域的突破与创新。王笛的《街头文化》无疑是这种实践的优秀成果。”③

朱英等把《街头文化》与我早期的《跨出封闭的世界》和后来的《茶馆》进行了综合的分析，并着重讨论了与新文化史的关系。他们指出《街头文化》是“作为城市社会史研究的著作出版的，当时国内还很少有人把其与新文化史联系起来，但是其研究视角和方法却都明显地受到当时已经在欧美流行的新文化史的影响，王笛的社会史研究也呈现出较明显的文化转向”。而且书评也探讨了对中国史学界之于本书的“碎片化”批评：“大众文化和微观研究虽采用小处着眼的方法，但其方法不仅是史学研究的进步和突破，同时也是史家本身史观的提高和升

---

① 马敏：《追寻已逝的街头记忆——评王笛著〈街头文化：成都公共空间、下层民众与地方政治，1870—1930〉》《历史研究》2007 年第 5 期，167—184 页。

② 任放：《大众文化与近代中国城市史的书写》，徐香丽、郑成林主编：《中国近代民间组织与国家》，社会科学文献出版社，2014 年。可惜任放教授于 2019 年英年早逝，令人痛心惋惜。

③ 罗朝晖、王先明：《日常生活图景的再现与深描——评王笛的〈街头文化——成都公共空间、下层民众与地方政治，1870—1930〉》，《中国社会历史评论》，第 8 卷，2007 年，423 页。

华，所以一味否定新文化史成果则有妄加批评之嫌。”①

谭徐锋则欣赏本书对民众的命运的关注：“王先生心细如发，他发现，在一拨接一拨打乱再造的改良或革命中，民众平静的日子被搅起深深的涟漪，如果说起初他们还比较配合，那么到他们发现涟漪化为回水沱之时，偌大的成都街头已经放不上一只破旧的饭碗。尽管他们面容悲凄地四处述说，但改良精英往往为宏大的（其实更多是自我的臆想）目标而激奋不已，作为参与者的民众只好成了历史祭坛的牺牲。”② 的确，这个评论，是看到了我力图对历史的拷问。人们引述最多的是本书的最后一句话：“他们失去了一个旧世界，但并没有得到一个新世界。”这句话其实是从马克思和恩格斯在《共产党宣言》中所说的“无产者在这个革命中失去的只是锁链，他们获得的将是整个世界”这句话所得到的启发。我想表达的是，在19、20世纪之交，有些所谓的“革命”是打着为民众的旗号，但经常最终的结局，却是民众成了牺牲品。

甚至直到最近，还仍然有学者就这本书进行的讨论。虽然学界对我在本书中的观点并不完全同意，但是《街头文化》的研究取向和理论模式却引发了学者的持续思考，如《读书》2022年第12期发表晋军的《大众何谓？公共何为?》一文，认为“王笛对成都街头公共空间的研究扩展了‘公共领域’范式的研究视野，不但确认了普通民众同样是公共事务中的行动者，而且在国家与地方精英的互动之中加入民众的维度，可以探讨其中的多向关系。立足‘公共’，关注‘大众’，是

① 朱英、朱庆：《文化转向下的中国社会史研究——以王笛研究成果为例的分析》，《湖北大学学报（哲学社会科学的）》，2013年第3期，69页。

② 谭徐锋：《重构“民”史的有益尝试》，《二十一世纪》，2007年2月号（总99期），150—154页。

《街头文化》的真意”。因此《街头文化》“翻转了大众反抗范式对现代转型与大众文化的讨论。在王笛看来，即便有大众反抗，也是社会转型的后果，而并非转型的动力”。强调要从下层民众的视角来探讨现代化的社会后果，“而他对现代转型的态度也从积极评价转向了关注转型对民众生活及地方文化的冲击”。①

这本书之所以受到极大的关注，概括来讲，主要有以下一些原因：一、研究视角转移，从社会底层往上看，了解普通人，关注日常生活，考察女性生活变化，描绘了下层民众生活的历史画卷；二、为民众写史，从民众的眼光来看改良与革命，考察民众、精英和国家的互动，探究城市公共空间以及文化与政治的关系，体现弱者的反抗，发现下层民众的微弱的声音；三、具有可读性，叙述生动，注重资料的发掘、图像和文学资料的使用，运用“深描”手法，是有趣好看的史书，一部别开生面的城市史；四、历史学研究内容和方法的转向，提出新问题和解决问题的新方法，具有观察历史的独特视角，运用社会人类学等多学科的方法，展现复杂的社会现实，重新建构一个城市的微观世界；等等。

读这些书评对我来说也是一个得到鼓励、受到启发和自我反思的过程。《街头文化》也引起学术界和读书界对一些问题的讨论，下面我就一些讨论得比较多的问题，特别是这20年中我一直思考的与现实社会有关的问题，进一步阐发我的观点。有些观点是在这本书出版之后才形成或者完善的，有些观点则是与学者讨论过程中或者媒体采访问题的基础上的一个梳理。

---

① 晋军：《大众何谓？公共何为？——王笛成都研究漫议》，《读书》，2022年第12期，16页。

## 国家权力和社会空间

晋军——和一些读者的批评——认为：“王笛只强调大众文化与精英文化的区分而模糊了国家的位置，也就弱化了国家或者说政治权力在公共空间改造中的力量。”[①] 这个批评是公允的，的确，在这本书中，国家（state）只是隐蔽在后面的一种力量，如果说我讨论了国家的话，最多也就是讨论了在前台的警察角色，这显然对讨论国家权力对城市社会的影响是远远不够的。国家角色在这本书中没有在前台被充分展示出来，主要是由于我在写作本书的时候，聚焦在地方社会精英与民众之间的互动和冲突。如果国家讨论得过多，有可能转移了本书的焦点。当然，我也在不断地思考，怎样能把这种关系处理得更好。也就是说，既能够集中讨论精英与大众、精英文化与大众文化的冲突，同时也更好地展示处理国家在其中所扮演的角色及其影响。不过，也可能是在冥冥之中试图弥补这种缺陷，我后来在《茶馆：成都的公共空间和微观世界，1900—1950》那本书中，对国家的角色及其对公共空间的影响，进行了相对全面的讨论。这里，我想利用这个机会来进一步阐述《街头文化》一书中涉及的城市社会自治与国家权力的关系。

在本书所关注的历史时期，国家权力不断扩张、社会空间逐渐缩小，市民的自主性和自治也随之被削弱。过去中国城乡都有民众自己的组织，如看庄稼的护青会，自卫的红枪会，街邻的土地会，从事慈善的善堂，社区的关帝会，等等，还有像袍哥这样的秘密社会组织。但是它

---

① 晋军：《大众何谓？公共何为？——王笛成都研究漫议》，《读书》2022 年第 12 期，17 页。

们都在国家的控制和打击下一个个消失了。当只剩下国家机器的力量时，当国家掌握了一些资源时，就难免会出现“政治权力的内卷化”。经济学上用“内卷”这个词来表示投入很多，但产出并没有相应增长的状况。国家权力不断扩张，官员越来越多，就要增加更多的收入来雇佣更多的人。那么增加收入的途径是什么？就是征税，这就加重了人们的负担，但国家的管理能力和水平没有相应提高，甚至反而降低了。

前现代的中国城市几乎都是自治的，地方精英、士绅、老百姓共同管理社区，官员的角色有限。在成都，直到1902年建立警察机构，市政才开始行使一些最初职能。一直到1928年国民党统一全国以后，才有了市政府。晚清新政效仿日本和美国，设立警察，管理城市的交通和卫生，乃至于小商小贩能够在哪里摆摊，什么时候摆摊，都被官府所要求，之后的国民政府也在推动这一进程。在这一过程中，传统的社会组织不断被削弱，国家权力也深入到了地方社会。但是问题在于，再大的政府，如果不依靠市民，不依靠社会，不依靠社会组织，不依靠公共领域，也不可能照顾到社会的方方面面，特别是中国这种人口众多、地域辽阔的国家，国家不可能解决一切问题。

一个城市的管理不能仅仅是政府的事，如果一切都由政府来包办，是不正常也是不可行的。一个城市要管理有效，就应该让社会参与，这包括市民和各种社会组织的参与。政府不应该害怕城市社会组织的普遍出现。在中国历史上，例如清代，社会组织基本都是和官方合作的，这也是一个异族的统治能维持两百多年的原因之一。那种只要社会发展就是和国家权力对抗、就是图谋不轨的观点，既不符合历史事实，而且在现实社会中也是有害的。实际上社会组织越繁盛，政府得到的帮助会越大，社会也因此更稳定。随着公共领域的发展，人的能动性会被调动起来，能够主动参与社会的管理，以及文化和经济活动；反之，社会就会萎缩。社会的每个链条是连接在一起的，当某个链条被人为地切断了，就会造成非常严重的后果。

很长时间里，政府都试图按照一种统一的模式对城市进行规范，结果中国城市逐渐变得千篇一律。对于一座城市而言，多元化是它的生命，无论是城市的管理、城市的文化，还是城市的面貌。我在《街头文化》中提到公共空间和公共生活是地方文化的最有力表现，那么地方的个性如何塑造了街头和公共文化？从历史的角度来看城市，过去地方的区域性和封闭程度较高，而现代社会有着更高的人口流动，这些都会影响一个城市的文化。尤为重要的是为发展现代化进程而引进的相应模式，其中包括各种标准以及卫生、管理、职能部门的设立等，逐渐改变了各个城市的内在和外在。由于现代化是不可逆转的趋势，过去我们可以在街巷、市集、庙宇等看到各种地域文化展现出的地方特点，但是现代中国几乎所有的城市都逐步趋向同质化。由于城市重建，广场大道取代了小街小巷，因此切断了街头文化生存的基础。

现在，国家对于一座城市发展的影响巨大，规范是现代城市建设中的主要手段，包括城市土地的公有制也为城市大拆大建大开了绿灯。但这种极端现代主义的规划并不能完全说是中国的特点，法国建筑学家勒·柯布西耶（Le Corbusier）在其《光辉城市》中全面地表达了他“大是美的”的城市构想，哪怕是与原有的城市不协调，甚至新规划完全取代原有的城市也在所不惜。[①] 中国的城市规划从结果上来看可以说反映了柯布西耶的现代化特征：快速交通，城市大道，整座城市划分为

---

① 勒·柯布西耶：《光辉城市》，金秋野、王又佳译，中国建筑工业出版社，2011 年。

商业区、住宅区、工业区以及其他功能区。但这种宏大城市愿景，在城市发展过程中已经对城市的文化造成了非常大的危害。

其实城市发展的道路，可以有多种途径。比如美国城市规划理论家、历史学家刘易斯·芒福德（Lewis Mumford）认为城市应该是有生命的，就如同一个有机体，有生有死，文化就是它的命脉，他强调的是要根据一个城市文化脉络来发展。到简·雅各布斯（Jane Jacobs）则更进一步，她认为已经成形的旧街区不需要大拆大建或者全面更新，而应在城市建设中针对社区逐步地细化，考虑的中心是居民生活的方便和安全，而非宏大漂亮的建筑和街道。规范化是一种迷思，大家过分迷信国家的力量，信奉单一体系下的思想、文化和政策，整个社会就会变得越来越同一、呆板、缺乏活力。詹姆斯·C. 斯科特（James C. Scott）的《国家的视角》那本书，便为我们敲响了警钟，过分迷信于某一种力量，最后经常得到和人们期望相反的结果。[①] 所以我们需要更多地动员社会的全体力量，公民共同参与，才是一个城市、一个国家正常的运作方式。归根结底，自发性组织越多、越完善，社会的发展就越健康。

## 日常的重要

我强调日常，并不是要抛弃宏大叙事，但同时我自己感觉要与宏大叙事保持一定的距离，因为宏观经常是看不到个体的。宏观视角看到的

---

① 刘易斯·芒福德：《城市发展史：起源：演变和前景》，宋俊岭、倪文彦译，中国建筑工业出版社，2005 年；简·雅各布斯：《美国大城市的死与生》，金衡山译，译林出版社，2005 年；詹姆斯·C. 斯科特：《国家的视角：那些试图改善人类状况的项目是如何失败的》，王晓毅译，社会科学文献出版社，2004 年。

都是远景，就像站在高高的山巅上，或者在云层中去看一个城市，怎么能体会到城市中个体的思想、感情和经历呢？研究历史要重视人——作为个体的人，不要总是把人作为群体来看，“人民”“群众”等都是群体概念，但它们都是由个体组成的。一个人的喜、怒、哀、乐，都跟自己的经历有关，所以历史研究要关怀个体的命运。如果忽视个人的诉求，那么所谓的群体也只是一句空话。在过去的历史叙事中，当一个帝王或者英雄要创造历史的时候，他是豪情满怀，但是那些被裹挟进入的民众，很可能就是血流成河，无数百姓家破人亡，千千万万个生命化为尘土。谁还记得他们的名字，他们的故事？占人口绝大多数的普通人在历史中消失得无影无踪，难道这不是历史研究应该反思的问题吗？去研究一些小问题，实际上背后也可以有很大的议题，最直接的就是怎样对待个体的人，甚至我认为，怎样对待个体，是检验我们是否真的关怀人民命运的试金石。

历史写作中有两种历史观：帝王史观和日常史观。在前者看来，一个国家的历史应该围绕朝代和帝王，民众没有什么书写的价值。但是我认为，普通人和每天周而复始的日常，因为涉及人口的绝大多数每天都面临的问题，至少应该得到我们历史研究的相应的关注。实际上这不仅涉及我们怎样看历史，而且也涉及民众怎样看待自己这样重大的问题。当我们仔细查看历史，就会发现那些帝王和英雄造成的破坏、对经济和文化的损害。而我们的文明发展到今天，是千千万万的普通人所创造的。我还想强调的是，实际上，我们每一个普通人，日常生活中每天做的一切，就是对这个社会最大的贡献，就应当享受人格、尊严和权利。掌权者要让人民的生活保持日常。

写作日常并不是一件容易的事情，因为日常在历史资料中几乎是不见记载的。过去发生的一切，就是我们所说的“历史”；还有另一种“历史”，就是我们书写的历史——通过查询有限的资料、实地考察等来重构历史。我们重构的历史永远不可能完全重现过去，当我们与历史的时间距离越远，我们所受局限性就越大。既然资料存在着极大的局限，那么接下来的问题就是怎样克服这样的困难。我们现在所能依据的材料只是历史本身非常小的一部分，要依据这么少的资料去重构历史，那么它们在多大程度上是还原了历史本身？虽然很多情况下我们在写作历史的时候，要运用“历史的想象力”去填补资料的空白，但是这种填补一定要有历史依据。历史学家不是哲学家，也不是小说家，要在合理逻辑下进行推演。而且写作者必须告诉读者，这是作者在利用有限资料后的一种合理的推测，只是一种可能性，而不是历史本身。

关于资料，我在“导论”中已经进行过讨论，这里还想补充几句。我认为，不是说只要找到了这些资料，就可以随便采用。因为资料存在着很大的不确定性，里面所涉及的人和事离真实历史到底有多远？怎样通过这些文本去分析？过去认为，找到档案、报刊和日记，就等于找到了历史，如今我不这样认为了，这些记载只是一种文本，文本必须要放到当时的历史环境中，经过分析后才能呈现其中的内涵。

研究普通民众和日常生活，资料的缺乏确实是一个难题，但是运用文学资料就是一个可能的途径。我认为，文学家、小说家写他们同时代的生活，就是一种历史的记录。中国的小说家有采风传统，比如到农村去体验生活，把接触到的人和事记录下来，这就是一种历史的记载。其实历史的记录，并不见得比文学更真实。历史学者自身也有局限和偏见，过去的历史写作钟情于大叙事，最大的问题是缺乏个体，普通人是没有一席之地的，所以历史学家不要太瞧不起文学。美国历史学家海登·

怀特（Hayden White）在《元史学》（*Metahistory*）中讨论到历史写作和文学写作的共性，说历史写作也有浪漫剧、喜剧、悲剧、讽刺剧等内在结构。传统的史学训练不赞同使用文学资料，但我越来越不同意这样的说法。莫言的小说《生死疲劳》对土改运动的描写，超过了我读过的任何关于土改运动的历史写作；路遥《平凡的世界》对1970年代黄土高原农民生活的描写也是非常真实的。因此，文学可以被用来补充历史细节，历史和文学其实没有截然分离的鸿沟，历史要有文学性，文学要有历史感。在没有历史资料的时候，可以用文学来填补缺失的部分。当然，我们不能把文学完全等同于历史，要有所选取和分析。

最后，我要借此机会感谢冉云飞先生。虽然他的专业是文学，但是对历史有着独到的见解和敏锐的阅读。他几年前在腾讯《大家》专栏上发表了一篇两万多字的长篇文章《如何将二等题目做成一流学问》，对我出版的几本书进行了一个综合的评论。[①] 在这个评论中，他对《街头文化》中若干晚清和民国时期来川的外国传教士中文译名进行了订正，这次新版，我都进行了相应的修改。我还要感谢北京大学出版社的张晗，他负责我这个作品集的各种事务，感谢责任编辑延城城对这本书又进行了仔细编辑，保证了本书再版的高质量。

王　笛

2023年2月7日于澳门

① 冉云飞：《如何将二等题目做成一流学问》，曾发表于《大家（腾讯）》2019年8月11日，现可见于微信公众号《學人 Scholar》2020年12月14日。

# 中文版自序

本书英文版是2003年由斯坦福大学出版社出版的，虽然问世刚刚一年多，欧美学界便已经发表了不少书评，包括《美国历史评论》（*American Historical Review*）、《亚洲研究评论》（*Asian Studies Review*）、《中国政治学刊》（*Journal of Chinese Political Science*）、《跨学科历史杂志》（*Journal of Interdisciplinary History*）、《加拿大历史学刊》（*Canadian Journal of History*）、《中国季刊》（*China Quarterly*）、《宗教的社会科学档案》（*Archives de Sciences Sociales des Religions*）、《社会史》（*Social History*）等，对本书给予了积极的评价。学者的积极评论当然是对我努力探索的鼓励和奖赏，但也有持保留态度的，如《太平洋事务》（*Pacific Affairs*）上的一篇书评虽然指出："在过去十年，关于晚清和民国时期中国城市的研究中一些被忽视的问题的探索有了稳步发展。王笛对内陆地区四川成都的研究便是这个令人鼓舞的新趋势的最新成果之一。本书的杰出之处在于，他力图从下层民众的角度去揭示这一时期的城市转型。"但这篇评论同时也认为"王笛给予了成都街头文化一个浪漫的图景"，并指出"王笛为成都失去传统的街头文化而惋惜，但是值得怀疑的是，所失去的世界是否像王笛所描绘的那么迷人"。[1] 一本书会引起各种不同的反应是十分正常的，无论是赞誉还是批评，我以为学界予以重视，便是极大的成功。现在中译本即将出版，作为本书作者，当然希望也能得到国内学者的认可，但也不可避免地会有批评，这也是我所期待的。

其实，虽然我在本书讨论了传统城市的社区自治和自我控制，但并未描绘一个"浪漫的图景"，因为正如本书所证明的，这是一个既有"和谐"亦存在阶级、族群隔阂和冲突的社会（见本书第六章）。但从某种程度上来说，《太平洋事务》的这位评论者的确体会到了我书中流露的一种情绪。虽然本书是研究过去的历史、社会和文化，但我却有着现实的关怀。成都像中国大多数城市一样，每天都在发生变化。不可否认的是城市的面貌更加"现代化"了，从林立高楼到辉煌广场，从豪华饭店、酒楼、美国快餐连锁店到超大广告显示屏幕，白天到处是熙熙攘攘，晚上是灯红酒绿。人们的居住条件也有了极大的改变，各种新式住宅如雨后春笋，从拔地而起的高楼到美国式花园洋房。就在这一派繁荣的背后，一个个古代的城市就在我们的眼前一天天消失了。现在，我们从南到北旅行，无论是大都市还是小县城，格局几乎是大同小异，中国城市过去由于地理、历史和文化形成的各自的城市外观和特点，幸存无多或几乎不复存在。尽管一些城市象征性地保留了一点儿旧城、旧街和旧建筑，但在宽阔大道和繁华高楼的衬托下，无非是不和谐的点缀而已。

当我参观日本奈良、京都和法国巴黎、里昂等城市时，那些几百年前的古朴街巷和社区仍然保留完好，在里昂一些居民仍然住在15—16世纪的石头房子里。那些旧城和古建筑可以说是这些国家最宝贵的遗产。甚至在我工作的美国得克萨斯的大学城（College Station）附近，若于19世纪中后期修铁路时留下的铁皮或木板破房子，现在也被仔细地维修，列为“历史区”(historical district)，加以认真保护。我经常在遐想，如果成都城市还保留新中国建立初期时的格局（尽管民国时期遭受的破坏已经不小），只是在周边另筑新城，那么成都可以说是不亚于京都、奈良的旅游胜地。但可惜的是，这已经成为永远的梦。我只好通过这本书从一个侧面来重构这个已经消失的城市，来寄托对这个古都的怀念。

在这个研究中，我没有对20世纪初以来现代化的城市重建抒写更多的溢美之词。其实关于现代化带给人们的积极结果的论著已然甚多。[2]我于1993年在中华书局出版的《跨出封闭的世界——长江上游区域社会研究，1644—1911》（2001年再版，台湾五南图书2002年繁体版）对现代化也是赞誉有加，无须我再费笔墨。本书的考察角度与此前的研究成果颇为不同，我力图把人们的注目焦点从精英转向民众，从沿海转向内地。另外，过去有关社会变化的研究总是以精英为出发点，那么换一个角度，即从民众的角度来观察现代化和城市变革，也是十分必要的。本书是以中国内陆城市成都作为研究对象，考察公共空间、下层民众、大众文化和地方政治的关系。研究近代中国城市史的专家们大多把注意力放在沿海地区，我们对腹地城市日常生活仍知之甚少。我希望通过这个研究来进一步拓宽和深入我们对中国城市史和文化史的理解。这个研究以“街头文化”作为中心，展示街头出现的各种文化现象——从城市的外观、民间艺人的表演到民众谋生的方法以及对街头的争夺等。下层民众的日常生活与街头有着紧密联系，他们创造并生活在这种文化之中。当改良者试图对街头的使用进行控制时，便引起了下层民众为其生存空间的斗争。随后在革命运动中，民众又以街头作为政治反抗的舞台。在民国初年的政治动荡中，民众和精英为共同利益而合作，组织自卫活动捍卫他们的生存，同时也是维护他们的传统生活方式。

在中文版即将出版之即，想借此机会谈谈有关本研究写作的一些思考和片断回忆，或许这些思考和片断回忆可以对读者理解本书有所帮助。另外，对本书的翻译本也要作一些必要的交待。

## 叙事和用语

在目前的历史作品的表达中，无非有两种倾向。一种倾向是把一些看似简单的问题进行复杂的分析，从而显示出作者深厚的理论功底和卓越的分析能力，他们能把读者引入一种意想不到的境界，发现如此简单问题的后面竟然埋藏着这么复杂的玄机。这种方法即我们现在常说的“话语分析”(discourse)，这个倾向也逐渐从西方进入中国的学术领域，日益受到学者们的青睐。这个倾向可以从那些“后现代”的作品中清楚地看到。但这些作品一般是写给在“象牙塔”中的专家看的，其所用的许多复杂理论和术语经常使普通读者如堕五里雾中，以致迷失了方向。另一种倾向是力图把复杂的问题分析得简单易懂，力图以比较明了、直接、清楚的方式来阐述自己的观点，尽量避免使用过多的理论和术语，其目的是不仅使本领域的专家，而且使其他领域的学者，甚至大众读者都能读懂，而且喜欢看下去。因此持这个倾向的史家主要采用的是“叙事”（narrative）的方法。如果说“话语分析”是把读者置于所分析“事件”之外，观看作者怎样熟练地把一个整体原子化，从而各个击破，使观者看到了从事物外面所看不到的“精妙”的内部，那么“叙事”方法则是力图把读者引导进入“事件”内部，让他们“身临其境”来对“事件”进行观察。史景迁（Jonathan Spence）可以说是把这种方法用到了极致的一位历史学家。

无须解释，这两种方法各具优劣。据我的观察，虽然“话语分析”在西方学术界日益流行，但美国历史学——无论是美国史、欧洲史还是东亚史——仍然是“叙事”方法居主流地位。从我个人的研究来讲，显然接近后一种方法，这当然与我在约翰斯·霍普金斯大学所受的学术训练有关。在我写作这本书之初，我就想使本书能吸引更多的读者。虽然这是一本学术著作，但我竭力使其具有可读性，使读者从书中所讲述的故事去体会我试图表达的东西。从一定程度来讲，我的这个目的是达到了。[3]

在西方有关中国历史的研究中，有些词经常出现，但在中文中却缺乏对应词，因此这些词在英文中很容易理解，但翻译成中文则有可能产生歧义，如本书经常提到的“late imperial”（或“late imperial China”）、“pre-modern”“early modern”以及“elite”等。“late imperial China”在国内经常被错误地翻译成“晚清”，但实际上指的是从宋代到清末这样一个漫长时期，在本书中一般翻译为“晚期中华帝国”，尽管这是一个有点儿西化的表达。“pre-modern”直译中文是“前现代”，而这在中文中很容易引起歧义。这里的所谓“前现代”，是“现代（或近代）之前”，是指在一个国家或社会“现代”之前的历史，有“传统”“过去”“古代”之意，但又不完全相同。[4]本书的翻译则根据具体语境而定。而“early modern”在英文中也是一个含义模糊的表达，是指“早期近代”或“近代早期”，在中国史研究中一般是指18—19世纪甚至20世纪初，中文翻译也只好根据内容和上下文而定。

“精英”（elite）在本书中经常出现，虽然我在英文版的导论中对此有解释，但有必要在此多说几句。在西方中国史研究领域，“elite”是一个常用词，该词在中文中没有完全对应词，一般翻译为“精英”。目前中国香港和中国台湾的著作中也常用“菁英”。但“elite”一词的范围远比“精英”广泛得多，它包括士绅、知识分子、商人、大中小地主以及其他全部在地方有财富、有权力、有影响和受过较好教育的人(哪怕他们的财富、权力、影响或教育也许很有限)。在没有其他更好的中文词来表达的情况下，这里姑且译作“精英”，但应该注意这里的“精英”与我们经常理解的思想和政治精英分子有极大区别。

本书重点研究的是“公共空间”（public space）和“公共生活”(public life)，而没有讨论“公共领域”(public sphere)，因为这并不是本书的出发点，但或许本课题的研究可以为这个问题的深入讨论提供一个个案思考。如果说尤尔根·哈贝马斯（Jürgen Habermas）的 public sphere 主要讨论的是一种社会和政治空间，[5] 那么我在本书中主要考察的则是实实在在的“物质空间”，即城市中人们日常使用的看得见、摸得着的公共空间，研究在这样一个空间中，人们特别是下层民众是怎样从事他们的日常生活，以及这种日常生活是怎样与地方政治联系在一起的。本书虽然没有直接对“公共领域”问题进行讨论，但实际上仍然是要解决“物质”的公共空间是怎样演变成为社会和政治空间的。也就是说，我们不用哈贝马斯 public sphere 的概念，而采用歧义较少的“公”（public）——这个在中国存在已久——的概念，与英文中的“public”一词相对应，仍然可以在中国和西方不同的社会、历史和语境中进行比较和交流。[6]对于这个问题，美国印第安那大学教授张信在其书评中指出：“《街头文化》是在这场关于‘公共领域’的讨论中成书的。作者在构思过程中一再考虑了有关方面的问题，最终选择从另外一个角度去看中国的城市社会，即从公共空间的形成、运作和发展的角度，于是找出了城市文化变更之关键。城市文化是由各阶层特别是市民百姓所创造和促成的，而街头文化正是城市文化之最重要一部分，从这一点上来说，《街头文化》是对‘公共领域’的一种修正，而这一修正将人们的着眼点移到市民阶层上来了。笔者认为，这是该书的最大贡献。”[7] 至于他的评价是否恰当，还是由读者自己去判断吧。

这里顺便交待一下关于资料的使用问题（这个问题我在本书导言中作了系统阐述）。我在不少地方做过关于街头文化研究的学术报告，每次总有人问我依赖的是什么资料，因为这是如何研究大众文化和下层民众所面临的困难。的确，我们今天所能看到的关于下层民众和大众文化的描述，基本上都不是由民众自己来叙述的，而是由精英来记录的，也就是说经过了精英的过滤。由于我们所看到的大众和大众文化基本上是透过精英的眼睛，我们在研究它们时便不可避免要回答这样的问题：下层民众是否能发出他们自己的声音，能不能代表他们自己？微观历史的代表人物卡洛·金茨堡（Carlo Ginzburg）写的《奶酪与蛆虫》（*The Cheese and the Worms*）提出，在所记载的资料中，下层民众从来就没有自己的声音，他们的思想和意识全是由记录人来写的。因此我们今天看到的这些资料，这些记录下来的文字，实际上是已经被扭曲的东西，并不是他们真正的声音，大众文化也是强加在下层民众身上的文化。因而研究下层人民的学者佳亚特里·查克拉瓦蒂·斯皮瓦克（Gayatri Chakravorty Spivak）提出了到底下层民众能不能讲话，发出自己声音的疑问。[8] 但是通过我自己的研究，我认为他们是可以讲话的，他们是有声音的，但这取决于从怎样一个角度去使用这些记录下来的资料。

在做研究的时候，用什么口气来描述对象是很重要的。[9] 这就是说，所描述的对象本身“是”这样的呢，还是所描述的是通过别人的眼睛和头脑所“反映”出的面貌？另外，我们在研究下层民众的大众文化的时候，感觉很难找到详细和具体的描述，因为精英并没有或不屑对它们浪费笔墨，所以他们所涉及的大众文化和下层民众，大多是比较抽象的批评。然而在研究下层民众的时候常常需要很具体的描述，那么怎样去寻找，到哪里去寻找？西方已有学者开始把眼光放到文学的资料上，比如明清以来的地方谚语、民间文学、地方戏曲以及诗词等，都可以作为史料来使用。中国传统的历史学很鄙视文学资料，认为它们不可靠，因为经过了人们的想象和再创造。但是我认为，关键在于使用文学资料的时候，采用怎样的方法。例如本书使用了大量的竹枝词，这些竹枝词是由成都地方文人创作的，记录了他们所见到的社会和日常生活，比如民众怎样在街头从事商业、谋生、人际交往、庆典等活动。在运用这些资料时，我并不宣称这便是真正的、准确的、大众的日常生活的记录，而是反复强调这是这些精英所看到和理解的大众、大众文化和日常生活，从中探索精英对下层民众和大众文化的态度以及演变。因此在研究下层民众和大众文化时，我们完全可以在资料问题上扩展我们的视野，并换一个角度来考察我们所研究的对象。

这里还要强调的是，视觉资料为我们研究文化，特别是大众文化提供了强有力的证据，因此本书尽可能地收入了不少照片、漫画以及民俗风情画。我们在使用文字资料时应该尽量使用自己的语言和提供自己的解释，避免“让资料自己说话”的“懒汉”式的研究方式。本书所提供的这些视觉资料，都可以与文字分析相印证，从而加强我们对街头文化的理解。本书英文本共收入59幅插图，这个中文本又增加了54幅，总共113幅插图。

## 宏观与微观

我也想趁此机会谈谈我这些年来研究历史方法和史学观的一些转变。我在1989年完成、于1993年由中华书局出版的《跨出封闭的世界——长江上游区域社会研究，1644—1911》，是对以清代四川为中心的长江上游的系统研究，涉及生态、人口、耕地、城市网络、贸易、经济结构、文化、社会生活、宗教信仰等方面，可以说是一个区域性的宏观研究。从这个十多年前的研究中，读者可以明显看到我所受两大史学思潮的影响：一是以布罗代尔为代表的法国年鉴学派，一是现代化理论。前者尤以布罗代尔的《菲利普二世时代的地中海和地中海世界》对我启发甚多，后者则以布莱克的《现代化的动力：一个比较史的研究》使我获益匪浅。[10]在年鉴学派影响下，那本书虽然篇幅很大，但研究对象基本集中在从生态、人口到社会经济、组织和文化上，对政治事件涉及甚少。如果说年鉴学派对我选择研究对象作用甚巨，那么现代化理论则使我能够把如此丰富的资料和复杂内容统一于一条贯穿全书的主线。

这里应该说明，与许多现代化问题研究者不同的是，我并不认为传统与现代化（在那本书中我采用的是“近代化”）是完全对立的，正如我在“导言”中所表明的：“我们不能把近代化视为从传统到现代化中间的一场简单的转变，而应将其视为从远古时代到无限未来连续体的一部分。这就是说，传统和现代并不是一对截然分离的二项变量，而是由两个极点构成的连续体。因此严格地说，传统与现代化都是相对的，没有截然分离的界标，也不像革命那样有一个明确的转折点。在从传统到现代化的过程中，社会犹如一个游标，愈来愈远离传统的极点而愈来愈趋近现代的极点。”因此，该项研究是以“动态的眼光看待长江上游区域社会”的。[11]

由于这样的构想，我避免了在中国现代化研究中很容易出现的偏向，即把晚期中华帝国或早期近代中国，视为一个停滞的社会，这正是在西方和中国史学界普遍接受的观点。从黑格尔的“一个无历史的文明”之说，到马克思“密闭在棺材里的木乃伊”之形容，还有马克斯·韦伯（Max Weber）所谓中国“没有形成一个成熟的城市共同体”的论断，以及中国史家“闭关自守”之论证，无一不是这种认识的反映。[12]然而在该书的论述中，无论从农业经济、传统手工业，还是从区域贸易、城市系统与市场网络，以及教育、社会组织、社会生活和社会文化，都可以看到这种发展，证明即使是在长江上游这个中国相对封闭的区域，仍然存在着发展的内在动力，而社会从未停止过它的演化。

不过，也必须承认，当我在进行该项研究时，主观上并未把“停滞论”作为自己所要论辩的对象，而且该书是在现代化理论影响之下完成的，其宗旨是探索一个传统的社会是怎样走向现代化的。在这种思想指导下，我把传统的丧失和现代因素的出现都视为社会进步的必然结果，并给予这种发展积极的评价。换句话说，该项研究是从现代化精英的角度来看待社会变化的，把主要注意力放到他们的思想和活动上。研究地方精英，无疑是了解清代长江上游的社会发展的一个极好窗口，然而这个角度也制约了我在该书中语言的使用，用目前比较时髦的话来说，是接受了精英的“文化霸权”（cultural hegemony）和“话语”（discourse）。例如在讨论大众信仰、民风民俗时，所使用的“迷信”“懒散作风”“惰性”以及“不良社会风气”，都是当时地方精英批评下层民众的常用语言，而我在使用这些带价值判断的词汇时却未作认真辨析。

《街头文化》的英文版是2003年出版的，距《跨出封闭的世界》的出版已经是整整十年，它反映了我的学术兴趣、学术观念、学术方法极大的转变。[13]如果说《跨出封闭的世界》是从精英的眼光去看社会的变化的话，那么《街头文化》则是从下层民众的角度探索现代化对他们日常生活的影响（虽然《跨出封闭的世界》也观察了普通民众，但并未对他们予以足够的重视），即注重传统的价值，并把下层民众作为自己的主要研究对象，而且把重点从对社会的全面考察，集中到对社会生活和社会文化，特别是大众文化的探索。在分析社会演变时，我更加注意下层人民的反应，以及他们与精英和国家权力的关系，并考察人们怎样为现代化付出代价，同时揭示他们是怎样接受和怎样拒绝他们所面临的变迁的。如果说《跨出封闭的世界》注重“变化”（changes），那么《街头文化》虽然也研究变化，然而更强调“持续性”（continuity）。我的研究范围也大大缩小，从整个长江上游区域集中到一个特定的城市，从社会的各方面聚焦到公共空间和公共生活，从两百多年漫长的清代限定到20世纪前后六十年的历史。

这里有必要交待一下“街头文化”这个课题是怎样形成的。在霍普金斯大学做博士论文之前，系里要求每个博士生必须提交一篇在原始资料基础上的研究论文，并在系里举办的讨论会上宣读和答辩。在选题的时候，开始我打算写晚清成都的改良人物傅崇矩，从他的经历和思想来观察社会日常生活和文化，通过他的眼睛来看晚清的城市社会。在晚清，精英人物大部分关注的都是很大的问题，如国家政权问题、经济问题、社会弊病问题、专制问题，还有西学东渐和西方影响问题。但傅崇矩的独特之处在于他非常注意下层民众的问题。他做了一个社会调查，编成了八卷本的《成都通览》，非常详细，犹如晚清成都的百科全书。

他还创办白话文报纸。这些都反映了地方知识分子对他们所处的社会的观察。当这个题目深入进去后，我发现要收集的资料涉及很广，我的触角延伸到档案、游记、日记、报刊以及文学资料，包括诗歌和小说，其中有不少描述了下层群众在公共空间中的活动，包括他们的商业、娱乐、人与人之间的交往。因此我决定把研究的范围扩大到观察下层民众在公共空间的活动。虽然公共空间、下层民众和大众文化其实是一个很大的问题，不过我把我的研究局限在成都这个比较具体的区域。

本书的英文题目是“Street Culture”（街头文化），这个题目的形成带有某种偶然性。在我 1998 年题为“Street Culture”的论文发表之前，[14]可以说英语世界并没有这个用法，尽管当时“urban culture”（城市文化）、“popular culture”（大众文化或通俗文化）、“mass culture”（平民文化）、“plebeian culture”（庶民文化）等使用十分普遍。记得 1995 年在草拟论文提纲时，我的最初题目是“Popular Culture on the Street”，直译便是“街头上的大众文化”。但在论证这个题目时，有时为方便起见，行文中有时也用“street culture”。不想我的导师罗威廉（William T. Rowe）在审读这个报告时，对“street culture”这个组合十分欣赏，建议以此作为题目，更加简洁醒目。因此，这个组合虽然是我在偶然中所造，但却是罗威廉帮我提炼而成的。

这个更加限定的研究范围，使我能集中深入考察和回答一些问题，这些问题包括：公共空间在城市日常生活中有何功能？城市民众与城市公共空间有何关系？谁是城市公共空间的主要占据者？普通民众是怎样使用公共空间的？国家和地方精英在多大程度上控制街头和社区？改革和革命是怎样改变人们的日常生活的？在这个社会转型时期，大众文化和公共空间是怎样发生变化的？在公共空间中，下层民众、地方精英与国家权力的关系是什么性质？大众文化与地方政治是怎样交互影响的？这些问题对认识中国城市十分重要，但仍缺乏研究，对这些问题的回答无疑将有助于我们深入对近代中国城市的理解。

《街头文化》完成后，在美国国家人文科学基金的资助下，我把全部精力放在完成关于20世纪成都茶馆和公共生活的两卷本专著上，其中第一卷已大致完成。本书对茶馆问题已经进行了初步探索，提出了不少问题，而我关于茶馆的专著则把许多已经提出的问题深入化、具体化和微观化。这个课题使我的研究范围进一步缩小，即从整个成都城市各种公共空间缩小到茶馆这一特定的公共空间，把茶馆作为一个微观世界来考察，去探索整个20世纪不同的历史时期，不同的政治环境下，人们的公共生活是怎样变化的，并通过茶馆这个微观世界去观察那个大的世界的变迁。由于空间范围的限定，进行非常细致的分析成为可能，从一定意义上来说，这个关于茶馆的研究或许可以说是“微观历史”(microhistory)。“微观历史”虽然在西方史特别是中世纪欧洲史的研究中已有一定的发展，[15]然而在中国史的研究中则基本阙如，这除了史学方法的问题外，还因为对中国社会和社会生活研究缺乏系统的资料。在中国几乎找不到像欧洲教会档案、宗教裁判所那么大量、系统和完整的记录。虽然我并未能克服这种资料的缺陷，但多年的努力——从挖掘档案到实地调查——也使我能够深入到茶馆的内部，去探索那丰富多彩、变化多端的微观世界。

## 寻找大卫·格拉汉姆

大卫·格拉汉姆是谁？这本书与他有何关系？为什么要寻找他？这

个在本书英文版出版过程中的一段插曲，值得在此做个交待。根据斯坦福大学出版社的规定（其他出版社亦有类似的规则），在交最后定稿给出版社的同时，必须填写“版权许可一览表”，以证明书中所征引的受版权保护的资料是获得了版权许可的，包括书中使用的照片和图片等。例如关于图片的一览表包括：图片编号、题目、来源、版权申请寄出和收到时间、版权费等。本书英文版共使用了59幅插图，我将所有版权问题在表中都作了相应的交待，自认为不会有问题。但不想在2002年7月31日收到斯坦福大学出版社编辑助理卡门的电子邮件，告诉我出版社的版权审查部门发现，本书中的三幅图取自大卫·格拉汉姆（David Crockett Graham）1927年在芝加哥大学完成的博士论文《四川的宗教》,[16]博士论文的资料只有在1923年之前（即八十年前）的才可以自由使用。因此这些图片必须得到版权许可，否则只好从书中抽出。

虽然只有三幅图，但它们对我要论证的主题却非常重要，它们都是大卫·格拉汉姆1916年至1926年在四川做田野调查时收集的，其中一幅图是一对方形门联，从右到左写着“一本万利”四个大字，每字的上方用小楷写诗一句，联在一起即“春游芳草地，夏赏采荷池，秋饮黄花酒，冬吟白雪诗”。该诗含春夏秋冬四字，虽然是大白话，却十分隽永，意境美妙（见本书插图2-23）。另一幅图为“灶神”，图中有“灶公”“灶婆”和各种人物、动物，还有一副对联，正中是“奏善堂”，上下联为“人间司命主，天上耳目神”。虽然画得粗糙、笨拙，但非常有趣，是大众所喜欢的典型风俗画（见本书插图2-26）。第三幅图为“门神”，为“唐代胡帅”，身着盔甲，手提节棒，威风凛凛（见本书插图2-27左幅）。这三幅画都是表现大众文化非常生动的视觉资料，过去沿街的两边铺面的门上都贴有门联门神，是展示这种大众文化的最好场所。

其中有趣的是那幅门神，当将其与我1997年在成都购得的一张门神相较时，我简直不敢相信自己的眼睛。一幅在芝加哥大学图书馆沉睡了七十多年，而另一幅却是成都民间艺人新近制作的，它们在截然不同的时代出世，而且处在太平洋两边的不同世界，可以说彼此间没有直接的联系，但是它们真像一对孪生兄弟，除了细部有点儿差别外，姿态外表竟然几乎是一样的！从1916年（也可能稍后一些）这幅画到大卫·格拉汉姆的手中后，中国经历了新文化运动、国内革命战争、抗日战争、解放战争、社会主义改造、“文化大革命”、改革开放等历史阶段，中间还出现了若干次反大众文化的运动。中国社会已经发生了如此翻天覆地的变化，改良、革命和现代化运动是如此强烈地冲击着大众文化，但大众文化却有这样惊人的生命力。不但人们今天继续绘制、张贴门神，而且这些门神在形式上和内容上竟然也如此相同！正如前面所提到的，我在本书中强调了大众文化的持续性（continuity），虽然它看起来是弱者，总是被国家权力和精英所征服，被正统文化和精英文化所打击和排挤，但它顽强地生存下来。过去对近代中国的研究，基本上是强调变化，考察的是在西方和现代化冲击下，中国政治、经济、社会和文化是怎样发生变化的，但人们忽略了文化是最根深蒂固的因素。其实，有时大众文化从表面上看是改变了，但骨子里仍然是传统的。

因此，如果把这三幅图抽出的话，那将是十分可惜的。但问题是我到哪里去得到版权许可？这是一篇未刊博士论文，年代久远，到哪里去找作者？而且从年代来看，作者多半已经去世，寻找其家属恐怕就更为困难。说实话，对这么老的资料，在哪里申请版权，我也是一无所知。8月4日我给卡门发了电邮，询问具体办法。卡门马上回信，建议与芝加哥大学联系，一是弄清楚20世纪20年代的博士论文，是作者还是学校拥有版权；二是看学校是否保存有关于作者或家属的联系办法。我默默祝愿芝加哥大学拥有版权，这样可向学校申请，问题就将迎刃而解。我立即给芝加哥大学博士论文办公室打电话，但回答十分令人失望，他们告知作者持有版权。这样只好寄希望于学校能提供关于作者的联系办法，我随即打电话到芝加哥大学校友会，但被告知由于年代久远，他们也没有任何有关信息。

在万般无奈的情况下，我决定下笨工夫，从美国各图书馆的资料库去寻找有关作者的蛛丝马迹，例如大卫·格拉汉姆可能出版的书或文章等。幸好互联网使我的这种计划成为可能，否则我根本不可能在较短时间内有任何收获。经过一番努力，我还真的发现了大卫·格拉汉姆的近三十种其他作品，有的是已印行的，有的是存于博物馆的手稿，有的发表在杂志上，大多与四川有关，内容涉及大众宗教、风俗、民歌、方言、考古、少数民族等。而且有若干发表在具有很高声望的史密森学会（Smithsonian Institution）的会刊上。我这才意识到，我寻找的这位大卫·格拉汉姆是一位非凡的学者，其兴趣和知识是如此广泛，而且是如此多产。而且令人惭愧的是，我作为一位专门研究四川的学者，对他竟然一无所知，同时也为这样一位对四川宗教文化研究有重要贡献的美国人及其著作被埋没而深感遗憾！

不幸的是，这些作品大多发表在30—40年代，从中无法得到作者的联系方式。但令人鼓舞的是，我在总部位于华盛顿的史密森学会的档案一分部，在编号第7006号的亚历山大·威特莫尔（Alexander Wetmore）收藏中，发现了大卫·格拉汉姆与威特莫尔大量的通信，时间从1943年到1974年。威特莫尔从1925年起任史密森学会副会长，负责国家博物馆、国家艺术博物馆和国家动物园。他似乎对古鸟类和鸟化石学特别感兴趣，留下了大量关于各国古鸟类和鸟化石学的通信记录，而大卫·格拉汉姆曾在中国西部为美国国家博物馆（United States National Museum）收集自然标本多年，因此他们之间有不少信件往来。这些通信记录表明，从1919年夏开始之后二十年间，大卫·格拉汉姆在史密森学会的资助下，曾在四川进行了十四次收集考察。

我得到这个线索后非常兴奋，这表明史密森学会与大卫·格拉汉姆有着密切的联系，通过史密森学会很可能会找到有关大卫·格拉汉姆及其家属的信息。于是我立即打电话到史密森学会档案部，但结果仍然令人失望。有关人员告诉我，大卫·格拉汉姆与威特莫尔的信件是70年代在大卫·格拉汉姆去世后其家属捐献的，档案部没有保存任何其家属的联系记录。就这样，我好不容易找到的一点儿线索又断了。

我只好借助于互联网，继续搜寻有关大卫·格拉汉姆的蛛丝马迹，虽然其希望犹如大海捞针一般。但真是功夫不负有心人，我竟然在出版于田纳西州的《烟山历史学会通讯》（*Smoky Mountain Historical Society*）第26卷第1期（2000年春季号）上，发现了一则小消息，一位名叫琼·格拉汉姆·布朗的人（Jean Graham Brown）给《通讯》写信说，她对莎拉·欧格勒（Sarah Ogle）的家史感兴趣，因为莎拉·欧格勒在结婚以后，便搬到了阿肯色州的格林·弗勒斯特（Green Forest），那“是我父亲大卫·克罗克特·格拉汉姆（David Crockett Graham）的出生地”。正是这句话引起了我的注意，因为她父亲的名字与我要找的人完全一样！至于她为何对莎拉·欧格勒的家史感兴趣，莎拉·欧格勒是何许人也，对我来说关系不大。但正是她这一句看起来随便的提示语，使我如获至宝。更令人振奋的是，信末还附有布朗的通信和电邮地址。当天我便给布朗女士发了一封电邮，信中作了自我介绍，询问她父亲是否就是那位1927年在芝加哥大学获博士学位并长期在中国工作的大卫·克罗克特·格拉汉姆。但令人十分失望的是，电邮不久便被退回，退回原因是这个电邮地址已不存在。

现在就只有最后一条路了，即按那个地址写信去，在信中我还留下了我的电邮地址。信是2002年8月6日寄出的，我8月10日便离开得克萨斯州回中国，先到大连参加“第十届清史国际研讨会”。不想8月13日在大连时收到了布朗的女儿南希·瑟维尔（Nancy Seewer）发来的电邮，告诉我给她母亲的信收到，我所要找的正是她的外祖父。这真是意外的惊喜，但不幸的是，布朗女士已于去年夏天因病去世，因此她代母亲回信。她说她外祖父共有五个女儿，琼·格拉汉姆·布朗是最小的一个，而且在中国长大，1927年至40年代同父母住在中国。五个女儿中目前只有一个在世，名叫哈里特-简·格拉汉姆·弗根德克（Harriet-Jane Graham Hoogendyk），如果我有任何关于她外祖父的问题，可以同她联系，她还告诉了我她姨妈的通信和电邮地址。我当即给瑟维尔回信，告诉她我费尽心机地寻找格拉汉姆家属的目的。15日又收到瑟维尔的回复，说授权应该没有问题，但需要直接同她姨妈哈里特-简·格拉汉姆·弗根德克联系，因为她是大卫·格拉汉姆的直接继承人。她还说已经把我的电邮转给了她姨妈。

我便给弗根德克女士发了电邮，重述了请求版权的事。然后我又给斯坦福大学出版社的卡门发了封电邮，告诉她线索终于找到，同时还告诉她我要在9月1日回美国后，才能告诉弗根德克具体所要采用的图片的标题和在格拉汉姆博士论文中的页码。另外，问这个版权授予通过电邮是否认可，或是必须有正式信函。8月15日卡门回信称电邮可以，只要把弗根德克授权的电邮转给她即可。她还说目前书稿是万事俱备，只等授权信一到，书稿便将由编辑部门转到出版部门。我于9月1日晚回美，第二天便又给弗根德克发了电邮，告诉她这三幅图的题目和页码。当天便收到了她版权授予的回邮，全文如下：

> 根据你2002年8月13日和9月2日的电子邮件，我允许你在《街头文化：成都公共空间、下层民众与地方政治，1870—1930》中，在以下条件下免费使用所要求的图片：
>
> 1. 如果格拉汉姆博士的博士论文中的任何资料是引用他人的成果，使用许可必须直接从原资料版权所有者处得到。如果没有得到许可，不得在你的书中使用。
>
> 2. 使用的资料必须在注释或者征引书目中注明：重印自大卫·克罗克特·格拉汉姆著《四川的宗教》，芝加哥大学博士论文，1927年。重印得到哈里特-简·格拉汉姆·弗根德克的许可。
>
> 3. 重印只能在授权的范围之内。
>
> 哈里特-简·格拉汉姆·弗根德克
>
> 大卫·克罗克特·格拉汉姆著作版权经理人

弗根德克还附言说，书出版后希望能购买一本。其实我想她完全有理由要求出版后赠送一本，她却是如此的客气。我马上发了电邮感谢她的授权，并表示书一出版便会寄上。在收到授权后，我立即把电邮转给了卡门。9月3日，卡门回复说书稿已移交出版部。至此，寻找大卫·格拉汉姆算是圆满结束。

转眼几乎就是一年，2003年7月，本书英文版在美国出版，由于当时我正在中国做关于茶馆的研究调查，拖到2004年年初我才给弗根德克寄去一本。她收到后给我发了一封电邮，说是给我寄了一个包裹，但也没有说明寄的是什么。几天后包裹到了，打开一看，是一大一小两只陶瓷花瓶，底座上都镌刻有弗根德克的签名，这是她自己制作的，她告诉我这是她的业余爱好。这真是十分珍贵的礼物！

2003年整年我都没有上课，在美国国家人文科学基金的资助下进行成都茶馆课题的写作和研究。这年秋天在成都查资料时，关于大卫·克罗克特·格拉汉姆的追寻却有一个没有意料到的发展。我偶然从一本介绍三星堆的通俗读物中，发现我所费尽心机寻找的大卫·克罗克特·格拉汉姆，中文名字竟然是葛维汉——是他组织了最早的三星堆发掘！20世纪30年代初，葛维汉在华西大学博物馆担任馆长。当他第一次见到在广汉做传教士的英国牧师董宜笃那几件玉石器时，便意识到了其重要意义。1934年，葛维汉与华西大学博物馆副馆长林名均教授组建起一支考古发掘队，在广汉月亮湾首次进行了发掘工作，从而揭开了这个20世纪最重要的考古发现之一的序幕。关于他主持三星堆的最初发掘，已经有不少文章提到，可惜都很简略，很可能他的其他著作、信件或文献中记录了这次考古的详细情况，不过这已不在本序的范围之内。

我不厌其烦地讲述这个寻找大卫·格拉汉姆的故事，是想说明西方学术界对版权的重视和学术界是怎样具体遵守这个规则的，更不用说这个大卫·格拉汉姆是和举世闻名的三星堆发掘联系在一起的。而且这个寻找大卫·格拉汉姆的过程，也使我发现了一段蒙上尘埃的历史。我想，将来在适当的时候，我会对葛维汉在四川的历史和他对四川的研究进行一番系统的考察。

# 鸣 谢

本书一些章节作为论文，在若干届美国历史学会年会（AHA）和亚洲研究年会（AAS）以及美国、欧洲的一些学术会议上宣读过，有些部分也曾翻译成中文提交给中国的有关学术会议。我也先后就本书的主题和部分内容在美国、日本和中国的一些大学演讲过，包括佛罗里达大学（University of Florida）、得克萨斯A&M大学（Texas A&M University）、得克萨斯大学（University of Texas）、布朗大学（Brown University）、塔夫茨大学（Tufts University）、东京大学、神户大学、华中师范大学、四川大学等，这些演讲使我有机会与中外学者进行交流，倾听他们的批评建议，使我受益良多。

在本书中文版出版之际，我要向普林斯顿大学林培瑞（Perry Link）教授和美国哥伦比亚大学曾小萍（Madeleine Zelin）教授表示特别的感谢。由于是匿名评审，所以在本书出版前，我并不知道他们是评审人，因此在英文版的鸣谢中我未能列出他们的名字予以感谢。他们两位长篇详细的评审意见，对本书的修改帮助甚大。没有他们那些建设性的，有时甚至是严厉的批评，本书可能不是现在的面貌。我对有这样杰出而且认真负责的审稿人感到十分庆幸。

虽然在英文版中我已经提到了我的导师罗威廉教授的帮助，但这里我想再次向他表示感激。他既是我的导师，亦是朋友。自从我进入约翰斯·霍普金斯大学跟他读博，他就带我一个学生，直到我获得博士学位离校，因此可以说我获得了他最大限度的指导。本书从相当程度上讲，吸收了许多他思想的精华。他不仅在学问上指导我，我在校时的任何英语论文也都由他修改，由于他主编学术杂志多年，对文字有着特殊本领（这是许多美国学者也不具备的），经他修改过的论文变成地道纯正的英文，但为此他花了不知多少精力和时间。他除了自己的研究工作和给本科生、研究生上课外，还主编《晚期中华帝国》（*Late Imperial China*），并经常要给学术杂志和出版社审稿，外加校内外的学术兼职，其事务繁多可想而知，但他在任何时候都能给予我支持。我仍然记得1998年的夏天，当时我已获得得克萨斯A&M大学历史系的教职，必须在8月份进行博士论文答辩，以便9月走马上任。当时我在西海岸的加利福尼亚州，他在东海岸的马里兰州，我每完成一章便寄给他，他马不停蹄地审阅，提出修改意见，进行文字编辑后便寄给我。由于这种高效率的“流水作业”，我在8月中旬回霍普金斯大学顺利通过答辩。在我离校后，无论是在把博士论文修改成书的过程中，还是关于茶馆研究的新课题（实际上这个课题也是在霍普金斯大学时开始的），仍然得到他的全力支持，他对我的任何研究总是给予建设性意见。正如我经常向朋友所说的，有罗威廉作为导师，是我学术生涯中最幸运的一件事。

当这个研究开始进行时，杨念群来约翰斯·霍普金斯大学做访问学者，我们可以说是一见如故，经常就彼此的研究进行长谈。我仍然记得我们从学校回住处要同走一段路，我们沿着霍普金斯后面绿树茂密的山坡走出校园，分手时还要站在那里讨论好一阵。他那时正做中国医疗史的研究，当时没有想到的是，我们的成果多年后会在同一套丛书中面世。念群不仅在本书早期研究阶段给予了非常好的建议，而且中文版能这么快出版，也是他竭力推动的结果。由于他的催促，我中断了手中正进行的关于茶馆的研究，集中精力校改本书译文，否则中文版不知何年何月方可问世。

我还想借此机会感谢我多年的好朋友赖军。每次我回国做调查研究，总是得到他和夫人的多方关照。最难能可贵的是，我去国十多年，他每年春节都携夫人代表我看望我父母，给我父母以极大的安慰。人生能得到这样的朋友，也真是一种造化。我们的友谊开始于中学时代，这么多年的风风雨雨，我们周围的世界发生着剧变，但岁月没有冲淡我们的友谊。赖军在读军事院校时专攻哲学，还在80年代读书时便发表了不少思想敏锐、很有见地的论文，在圈内颇有名气。可惜他没有待在学界，而几乎一生从戎。虽然我们生活在不同的环境，从事不同的工作，但有着很多共同语言。在与他的言谈中，能感受到文人的睿智和军人的雄略。

我也很感谢四川大学历史系的老师和朋友们，我曾经在那里学习和工作了十三年，在那里我接受了基本的历史训练，进入历史研究的殿堂，成为一个历史学家（恕我没有用较为自谦的“历史学者”，这里的意思是historian）。在离开川大历史系后，每当我回成都做研究，总是得到师友的热情接待和帮助。我的学术启蒙老师隗瀛涛先生仍然一如既往地关心我的学术发展，我总是得到他的鼓励和支持。我还要感谢学兄何一民教授，书中所采用的若干来自《成都通览》初版中的插图，是他大约十年前帮助我在四川大学图书馆复印的。另外，我的中学同学黄尚军，现在是对四川方言和民俗很有研究的学者，帮助我收集了多年前出版的杂志《龙门阵》和其他一些书籍，在此也深表感谢。我还要感谢姜梦弼和熊倬云两位老先生，他们不但多次接受我的采访，还积极帮助联系了一些受访的成都老人。他们关于老成都的丰富知识和阅历，使我获益匪浅。

在本书的中文版中，收入了11张珍贵的照片，这些照片是当时任教于四川高等学堂的美国人那爱德（Luther Knight）先生在1910年至1912年间拍摄的。得知这些照片的存在是本书英文版已经交稿之后。在本书的写作过程中，我曾经通过各种渠道从海内外收集了大量关于成都的地图、绘画和照片，但那爱德的照片独特之处在于他对成都街头和街头发生事件的关注，因此在中文版出版之际，我将这些照片加入。从这些照片中，我们可以看到成都的市场、摊贩、街头的人们，特别是在辛亥革命运动中成都民众的街头聚集，这些视觉资料可以说是对我书中的文字资料一个很好的补充。我感谢那爱德的后人来约翰（John E. Knight）慷慨地允许我使用这些照片，我还要感谢对那爱德先生摄影颇有研究的王玉龙先生为我使用这些照片所提供的帮助，由于王玉龙先生的努力，才使这些珍贵的照片在沉睡了近一个世纪后得以问世，为我们了解过去的成都提供了难得的视觉资料。[17]

另外，我还想感谢成都七位杰出的画家刘石父、李万春、谢可新、潘培德、熊小雄、孙彬、张友霖。他们创作的长卷风情国画《老成都》，以艺术的形式再现了过去成都的街头生活和街头文化。十分难能可贵的是，虽然他们不是历史学家，但他们在创作这幅长卷时，对成都历史进行了认真研究，画中人们的活动、公园、街道、商店等都是有所根据的。感谢他们同意我使用他们的作品。本书英文版收有这幅画的若干局部，而中文版则增加了几幅。他们的作品以及本书所收入的其他插图，可以使读者对成都街头文化有更直观、生动的解读。

在本书的中文版出版之际，我想借此机会缅怀最近过世的两位学界朋友，一位是美国密歇根州立大学历史系教授、《20世纪中国》（*Twentieth-Century China*）杂志前主编韦思谛（Stephen Averill），另一位是《历史研究》前主编张亦工。他们都是令人尊敬的历史学家，都是重要历史杂志的主编，他们分别在美国和中国为中国史研究的发展竭尽辛劳，贡献甚多，他们分别以主编的特殊地位，推进了中国历史研究的发展。但不幸的是，他们都是英年早逝。

我与韦思谛的友谊可以追溯到1989年他到成都调查基层教育与社会档案的时候，由于我过去对地方教育史进行过相当长一段时间的研究，共同的兴趣开启了我们的交往和友谊。正是在他和密歇根大学的杨承恩（Ernest Young）教授的主持下，受中美学术交流委员会和密歇根大学中国研究中心的邀请和资助，我于1991年春来到美国。我在密歇根的几年里，韦思谛教授作为老师和朋友，把我引导进入了西方学术殿堂，为我以后在美国的学术发展打下了一个较好的基础。即使在我离开密歇根后，他仍一如既往地关注我的研究。每次我把我新写的论文寄给他提意见，他总是认真批阅，提出非常系统的具有建设性、启发性的修改意见。我现在仍珍藏着这些珍贵的记录，从中可以看到一位严谨的历史学家的敏锐眼光和认真态度。最令我感动的是，在他患癌症做手术后，仍然一丝不苟地编辑我关于“茶博士”的论文，还多次就一些细小问题发电子邮件，为处理插图效果的事绞尽脑汁。这篇论文发表在他生前所编的最后一期《20世纪中国》上。[18]去年3月在美国圣地亚哥召开的亚洲学会年会，竟是我们最后一次相见。他身体已明显虚弱，但我做报告时，他仍出现在听众中。虽然他没有就我报告的主题——关于成都茶馆业公会与国家关系——提问，但是他站起来发言说：“我利用这个机会打一个广告，如果你想进一步了解王笛关于茶馆的研究，请见最近一期《20世纪中国》。”听众都发出会心的笑声。我当时可以说是百感交集，他在病重的情况下，还不忘为朋友摇旗呐喊。我唯一感到欣慰的是，他在有生之年看到了本书的英文版。他从这个课题的第一篇论文起，便给予了极大的关注。他在去世前也看到了我翻译成中文的他关于江西地方精英与革命运动的论文，[19]这些年来他为我不知提供了多少无私的帮助，但这可能是我唯一为他做的事。没有想到在这篇翻译文章出版仅几个月后，他便永远离开了我们。

我同张亦工认识是在80年代，但更多的接触是在1989年他编辑我在《未定稿》中发表的一篇文章。我记得我是在一次学术会议上同他闲聊时，谈到我关于用数学模型方法研究历史的尝试，但由于在思维上太“另类”、方法上太“超前”，文章恐怕难以发表。没想到他对这个探索十分感兴趣，叫我把文章寄给他，不久即发表在《未定稿》上（《未定稿》当时是《中国社会科学》和《历史研究》杂志主持的刊物）。[20]他为此还加了一个“编者按”，指出：“我们希望有更多的人尝试运用新的方法研究历史。至于新方法的效果如何，仁者见仁，智者见智。不免会有一个争论和选择的过程，重要的是首先要尝试一下。先用来研究一些具体问题，然后再区别优劣利钝。”虽然我这篇文章犹如《未定稿》杂志本身一样已经成为过去的历史，但他对新的探索所持的开放和积极的态度，给我留下了非常深刻的印象。他的这种态度一直保持到他任《历史研究》副主编乃至主编之后。我到美国十多年来，一直与他保持联系，除了不时通过电子邮件联系，我几乎每次回国都要到《历史研究》编辑部，他总是希望多多了解西方历史学发展的现状，询问西方学术规范的一些问题。而我则通过他了解了不少中国历史学界的最新信息，减少了由于身处海外对中国历史学界的隔膜。2001年我们在武汉参加纪念辛亥革命90周年学术讨论会时，他向我谈了《历史研究》准备开辟一个新的栏目，以便及时向中国学者介绍西方中国史研究的最新成果，并希望我积极支持这个计划。2002年第1期“国外新书评介”首次问世时，便发表了我撰写的一篇书评。[21] 2002年8月在他患癌症动手术后，我和徐思彦到他家看望，他虽然身体还没有完全恢复，但精神还不错，谈兴很浓，我们谈了不少关于西方史学的问题以及《历史研究》的未来，他仍然殷切希望我能为中外史学沟通多做一些事。但我没有想到，那次见面竟是我们的永别。他多年来十分关心我的这项研究，作为这个研究一部分的关于成都茶馆生活的文章，便是在他支持下在《历史研究》上发表的。[22]

在本书的中文版出版之际，谨对这两位英年早逝的朋友表示我的崇敬和怀念。

最后要说明的是，在这本书的中文版中，某些地方我做了一些修改，以更适合国内的读者。因此在某些地方，读者可能发现中、英文版并不完全相同。应该在此说明的是，译者在翻译本书时是忠实于原文的，但我在核对原始资料和校对时，根据情况对原文进行了增删，如果细心的读者发现与英文原文有不同的地方，责任不在译者。这里我向李德英、谢继华、邓丽认真的翻译工作表示感谢，特别是李德英教授，她实际组织并协调了这本书的翻译。

王　笛

2005年1月20日于美国得克萨斯州A&M大学初稿

2005年7月10日于日本东京大学改定

## 注　释

1. Review by Michael Tsin, *Pacific Affairs*, 2004, No. 2, pp. 325 - 327.

2. 其实我在本书中虽然强调了传统中国城市的自治，但同时也揭示了城市社会生活中存在的冲突（请参看第六章），因此并没有刻意渲染“一个浪漫的图景”。

3. 一些读者可能会感到本书的注释过于冗长，为了避免使正文过于繁复，我把有些事例、资料和讨论放到注释中。就像《尼瓜拉——19 世纪巴厘剧场国家》的作者、人类学家克利福德·吉尔兹（Clifford Geertz）在其书中所说，这样做的目的是使不同的读者可以采取不同的读法。一般读者可只读正文以免过于枯燥，而那些想刨根问底的本领域专家或对本问题感兴趣的读者则可从注释中得到更完整的学术讨论。见 *Negara: The Theatre State in Nineteenth-Century Bali*, Princeton: Princeton University Press, 1980。
4. 如“前现代”只是一个时间概念，而“传统”既是时间概念，也是一种文化概念。
5. Jürgen Habermas, *The Structural Transformation of the Public Sphere: An Inquiry into a Category of Bourgeois' Society*. Trans. by Thomas Burger, Cambridge, Mass.: MIT Press, 1989.
6. 关于“公”的概念在中国的发展演变，参见 William Rowe, “The Public Sphere in Modern China,” *Modern China*, 1990, No. 3, pp. 309 - 329。
7. 见《历史研究》, 2004（2），188 页。
8. Carlo Ginzburg, *The Cheese and the Worms: The Cosmos of a Sixteenth-Century Miller*, Trans. John and Anne Tedeschi , New York: Penguin Books, 1982; Gayatri Chakravorty Spivak, “Can the Subaltern Speak?” 217 - 313 in Gary Nelson and Lawrence Grossberg, eds. , *Marxism and the Interpretation of Culture*. Urbana and Chicago: University of Illinois Press, 1988; Gail Hershatter, “The Subaltern Talks Back: Reflections on Subaltern Theory and Chinese History,” *Positions*, 1993, No. 1, pp. 103 - 130.
9. 几年前我曾讨论过怎样“读”资料的问题，见王笛：《大众文化研究与近代中国社会——对近年美国有关研究的述评》，《历史研究》，1999（5）。
10. Fernand Braudel, *The Mediterranean and the Mediterranean World in the Age of Philip II*, two vols. Trans. Sian Reynolds, New York: Harper & Row, 1972; C. E. Black, *The Dynamics of Modernization: A Study in Comparative History*, New York: Harper & Row, 1967.
11. 王笛：《跨出封闭的世界——长江上游区域社会研究，1644—1911》，8 页。
12. 还包括像孟德斯鸠、穆勒等欧洲启蒙时期的思想家。黑格尔的“一个无历史的文明”（a civilization without a history），意思是指中国总是王朝兴替，周而复始，没有进步。他这里所称的“历史”是指历史的“发展”，而非我们一般理解的“过去的事”。
13. 我关于大众文化和下层民众的其他研究还包括：“Street Culture: Public Space and Urban Commoners in Late-Qing Chengdu,” *Modern China*, 1998, No. 1, pp. 34 - 72; “The Rhythm of the City: Everyday Chengdu in Nineteenth-Century Bamboo-Branch Poetry,” *Late Imperial China*, 2003, No. 1, pp. 33 - 78; “The Struggle for Drink and Entertainment: Men, Women, and the Police in Early Twentieth-Century Chengdu,” paper presented at the 114th Annual Meeting of the American Historical Association, Chicago, January 9, 2000; “The Idle and the Busy: Teahouses and Public Life in Early Twentieth-Century Chengdu,” *Journal of*

Urban History, 2000, No. 4, pp. 411 - 437。

14. "Street Culture: Public Space and Urban Commoners in Late-Qing Chengdu," *Modern China*, 1998, No. 1, pp. 34 - 72.

15. 关于西方微观史学的研究，比较有代表性的有：Carlo Ginzburg, *The Cheese and the Worms: The Cosmos of a Sixteenth-Century Miller*. Trans. John and Anne Tedeschi, New York: Penguin Books, 1982; *The Night Battles: Witchcraft and Agrarian Cults in the Sixteenth and Seventeenth Centuries*, Trans. John and Anne Tedeschi, Baltimore: Johns Hopkins University, 1983; *Clues, Myths, and the Hitorical Method*, Trans. John and Anne Tedeschi, Baltimore: Johns Hopkins University, 1989; Edward Muir and Guido Ruggiero, eds., *Microhistory and the Lost Peoples of Europe: Selections from Quaderni Storici*, Baltimore: Johns Hopkins University, 1991; Edward Muir and Guido Ruggiero, eds., *Sex and Genger in Historical Perspective*, Baltimore: Johns Hopkins University, 1991; *History from Crime*, Baltimore: Johns Hopkins University, 1994。

16. David C. Graham, "Religion in Szechuan Province", Unpublished dissertation, Chicago: University of Chicago, 1927.

17. 本书中文版还增加了不少英文版没有收入的其他图片和地图。

18. "'Masters of Tea': Teahouse Workers, Workplace Culture, and Gender Conflict in Wartime Chengdu." *Twentieth-Century China*, 29.2 (April 2004): 89 - 136.

19. 即韦思谛：《江西山区的地方精英与共产主义革命》，见《事件，记忆，叙述》（《新社会史》第1集），杭州：浙江人民出版社，2004年。

20. 即王笛：《用决策论来看辛亥革命的决策效能》，《未定稿》，1989（8）。

21. 即我关于罗威廉著《救世：陈宏谋与十八世纪中国的精英意识》的书评。

22. 即王笛：《二十世纪初的茶馆与中国城市社会生活——以成都为例》，《历史研究》，2001（5）。

# 英文版自序

如果没有我的许多老师、同事、朋友和家人所给予的大力支持，本书是不可能顺利完成的。在这里我想对我的导师和朋友罗威廉表示最诚挚的谢意，在本研究的每一个阶段，从我跟随他读博士、本研究的文章写作及其发表、博士论文到最后的书稿，他都在学术上给予了认真指导，他的学识使我大开眼界，为这个研究他付出了许多时间和精力，他的鼓励和支持使我获益匪浅。我还想感谢我的朋友司昆仑（Kristin Stapleton）阅读了书稿，提出了非常有价值的意见，她还将收集的资料提供给我使用，特别是《通俗日报》和《国民公报》的部分胶卷。我的同事和朋友T. 安德森（Terry Anderson）对本书的完成帮助甚多，他反复阅读了某些章节，并给予建设性意见，我从他那里学到了许多东西。

在本书完成的各个阶段，许多学者给予了十分珍贵的建议、评论和帮助，特别是冉枚烁（Mary Rankin）、林培瑞、路康乐（Edward Rhoads）、魏朱蒂（Judy Wyman）、戴尔·鲍姆（Dale Baum）、阿诺德·克莱默（Arnold Krammer）、拉里·亚拉克（Larry Yarak）、杨念群、格兰特·阿吉尔（Grant Alger）、大卫·古特纽斯（David Gutelius）、伊莱恩·帕森斯（Elaine Parsons），以及三位斯坦福大学出版社的审稿人。

我还要感谢我的同行和朋友杨承恩与韦思谛，他们两人自从我 1991 年来美国在密歇根大学和密歇根州立大学重新开始我的学术生涯起，总是给予我积极支持。特别是韦思谛，在我刚刚进入美国学术界时给我以很好的指教，而且之后对我的研究继续予以关注，对我的几乎每一篇发表过的文章都提出过建议。在约翰斯·霍普金斯大学攻博期间，我还曾跟随罗纳德·沃特（Ronald Walters）、托马斯·伯格（Thomas Berger）和阎云翔学习，他们打开了我的眼界。感谢吉恩·约翰逊（Jean Johnson）提供了她父亲九十多年前在成都拍的照片。我要感谢斯坦福大学出版社的高级编辑穆里尔·贝尔（Muriel Bell）对本书出版的帮助、支持和鼓励，感谢负责本书出版过程的高级编辑安娜·弗莱特兰德（Anna Friedlander）和文字编辑萨利·塞拉法姆（Sally Serafim）对本书出版付出的心血。

各种机构对这项研究都给予了支持，包括约翰斯·霍普金斯大学的米尔顿·艾森豪威尔图书馆（Milton S. Eisenhower Library）、美国国会图书馆东亚部、哈佛大学燕京图书馆、斯坦福大学胡佛东亚图书馆（Hoover East Asian Collection）、得克萨斯 A&M 大学斯特灵·埃文思图书馆（Sterling C. Evans Library）、中国第一历史档案馆、四川省档案馆、四川省图书馆、成都市档案馆以及四川大学图书馆。我非常感谢对我这项研究提供资助的机构，约翰斯·霍普金斯大学历史系提供了我读博士学位的全部费用；约翰斯·霍普金斯大学“权力、文化与历史研究所”（Institute of Global Studies in Power, Culture, and History）资助了我在成都的研究；哈佛大学燕京图书馆提供资助使我能运用其馆藏资料；在我完成博士论文期间，台湾孙中山文教基金会提供了资助；得克萨斯 A&M 大学提供了三项研究经费，以保证本书的顺利完成。

# 第一章　导　论

中国城市在19世纪末20世纪初经历了深刻的社会变迁，但学者们对这个变迁怎样改变了人们的公共生活却知之甚少。研究这一时期中国城市史的专家们，大多把注意力放在沿海地区，对中国内陆城市，特别是内陆城市社会生活的研究，至今仍十分薄弱。成都地处内陆，近代以来，在经济、政治和文化上，比起沿海城市，受西方冲击相对较少，因而保留了更多的传统。因此，成都对研究中国大众文化和日常生活是一个非常理想的对象。本书并非成都城市史的综合性研究，而集中在成都的街头文化。我希望以此为契机，来进一步拓宽和深入我们对中国城市史和文化史的理解，并回答以下十分重要但仍缺乏研究的问题：公共空间在城市日常生活中有何功能？城市民众与城市公共空间有何关系？谁是城市公共空间的主要占据者？普通民众是怎样使用公共空间的？国家和地方精英在多大程度上控制街头和社区？改革和革命是怎样改变人们的日常生活的？在这个社会转型时期，大众文化和公共空间是怎样发生变化的？在公共空间中，下层民众、地方精英与国家权力的关系是什么性质？大众文化与地方政治是怎样交互影响的？

本书以"街头文化"来代表在街头出现的各种文化现象和活动，

其研究范围包括城市和街道的外貌、街头巷尾民间艺人的表演、集体的庆祝仪式、下层民众在街头谋生的方法等，那些与街头有直接关联的店铺、茶馆和其他公共场所也在本书的探索范围之内。街头文化是大众文化之重要部分，街头生活亦是过去下层民众日常生活的中心。这个研究还将揭示，社会改良者和国家权力怎样通过公共空间的使用，来改造大众文化，以及下层民众是怎样对这种变革作出反应的。我们还将看到，城市公共空间是怎样被精英纳入地方政治的轨道，而民众是怎样利用公共空间来进行他们的日常反抗（daily resistance），从而表达他们的政治声音的。

本书的时间跨度从19世纪70年代初到20世纪20年代末，即从太平天国后社会的重建到成都市政机构的正式建立。从全国范围内看，这一时期经历了洋务运动、戊戌变法、辛亥革命、军阀割据到国民党统一等跨越半个世纪的社会和政治的剧变。通过这个研究我们将会看到，全国性的事件是怎样或多或少地影响成都——这个长江上游的中心城市——的政治和大众文化的。在这一时期，西方的入侵引起了中国城市经济的重新建构，由此形成了对中国民间传统的威胁，并导致了城市社会生活的日益政治化。毫无疑问，这些变化在沿海城市表现得更为剧烈，但内地城市也难以避免其影响。因此，考察街头文化的意义，正如布罗代尔（Fernand Braudel）所指出的："小街小巷可以把我们带回到过去……即使经济高度发展的今天，那些遗留的物质文明仍诉说着过去。但它们正在我们的眼前消失，虽然十分缓慢，但永远不再是原来的面貌。"[1]通过对街头文化的研究，我希望借此开辟一个新的窗口来理解这个变化中的中国城市的社会和文化。

在这个研究中，我主要试图证明：公共空间和公共生活是地方文化的最好展示，它们在20世纪初经历了剧烈的振荡，包括城市公共空间的重建，人们对公共角色的重塑，民众、精英和国家关系的重新定义等。这个研究指出，下层民众的日常生活与街头有着紧密联系，他们创造并生活在这种文化之中。城市居民，特别是社会下层，依靠街头谋生、娱乐和举行庆祝活动。然而在社会变革之际，那些受西方影响的改良者试图对街头的使用进行控制，从而引起了下层民众为保卫其生存空间的斗争。在辛亥革命中，民众以街头作为政治反抗的舞台；在军阀混战时期，当武装的军人占据了公共空间时，他们组织了自卫活动。在这个过程中，成都的街头面貌及其文化都不可避免地被改变了，但公共空间和街头文化仍在城市社会生活中扮演着重要角色。

以这个主要论点为基础，发展了三个中心议题，每一议题成为每一部分的主旨。首先，在传统成都，街头是民众活动的主要空间，他们实际上有着相当的自由在公共场所从事谋生和娱乐活动，而且街头较之他们所栖息的陋室具有更多的吸引力，在那里形成了民间传统和人们交往的社会网络。随处可见的民间艺人的表演、地方戏、游行和节日庆典等，皆是地方文化和社会繁荣的最强有力的表现，这些活动给不同的社会阶层和集团提供了相互交往的机会。另外，各种自发的社会团体参与了这些公共活动的组织，从而建构了一种人们紧密联系和社会稳定的城市公共生活的模式。

其次，社会改良者认为传统文化代表着旧的秩序，因而是“落后的”。他们竭力推行各种变革，特别是改造街道以塑造新的城市形象。在西方化的“文明”和“启蒙”的旗帜下，他们借助新政这个千载难逢的机会，扩展他们自己的文化霸权（cultural hegemony）。20世纪初成为成都城市生活和文化变迁的一个重要时期，交织着新与旧、精英与大众等各方面的因素。在社会结构的变化过程中，大众文化开始吸收精英所推行的新事物，诸如戏院、公园、展览会、新式茶馆等。但同时，下层民众仍然基本处于传统的日常生活方式当中，这充分体现了大众文化强有力的持续性。

最后，改良实际上对民众公共空间的使用强加了许多限制，这直接影响了他们谋生和闲暇的方式。许多改革是带有强制性的，这引起民众的怨恨和反抗便不足为奇了。因此，改革时期的成都，民众以日常的消极反抗作为"弱者的武器去反对既成的秩序"。[2] 在革命到来时，民众在街头扮演了活跃的政治角色。当随之而来的民众运动发展到如火如荼之时，改良精英对大众的自发斗争逐渐失控，例如保路运动发展成为大规模的武装暴动便是改良者始料未及的。在清廷崩溃以后，许多改良者才逐渐醒悟到，他们是怎样无意识地帮助革命党人造成了一次他们原本强烈反对的暴力革命。

在民国初年，由军阀混战引起的政治割据和社会动荡促使民众再次寻求精英对地方社会的领导权。在这一时期，虽然民众仍把街头作为日常生活空间，但武装的军人成为占据街头的主角，甚至把街头演变为战场。民众不得不要求精英重组地方社区，以维持他们的生计和生存；同时，精英也迫切需要民众的支持，以阻止军阀和国家权力对地方社会和经济的进一步渗入。与晚清不同的是，地方精英开始疏离政府。因为他们发现，依附于武装的军阀和强有力的政府没有给他们带来任何政治经济的实际利益，反而削弱了他们在地方社会的领导权。因此，成都的民众和精英再次为保护共同利益而进行合作。他们组织自卫活动，不仅捍卫他们的生存和经济安全，而且同时也是维护他们的文化传统和生活方式。

## 进入中国腹地

成都为四川省会，亦为四川盆地的中心，四山环抱，处于长江上游相对封闭的地区。[3]直至20世纪初，从中国东部到成都的旅途仍十分不便，虽不再像唐代李白所叹“蜀道之难难于上青天”，但交通闭塞的状况仍未真正改观。成都平原恐怕是中国西部最富饶的地区，西方旅行者称其为“绿色和心旷神怡之地”。在西方传教士所留下的旅行记中，这个地区到处是城墙环绕的城市和交易繁盛的乡镇。在华北，农民聚居村庄；而成都平原的农户居住模式却是散落的。在那里，农舍和祠庙隐蔽在茂密的竹林中。正如一个传教士所描写的：“从山上遥望平原，丛林与田舍相间，随季节时而绿色，时而金色。”[4]英国旅行家伊莎贝拉·伯德（Isabella Bird）在1899年写道：“成都地区气候宜人，处温带和亚热带。土地肥沃，精耕细作，一年可收三到四季。”此地物产丰富，“有难以估量的森林和矿藏，特别是最有价值的煤矿”。[5]

在19世纪末20世纪初，成都是中国腹地人口最多的城市之一，1910年为33.5万人，6.8万户。有人估计1920年其人口已经翻番，但我认为35万是比较切实可信的数字。[6]西方人留下不少赞扬成都的文字，在伯德到成都之前，她便听说成都是中国“最好的城市之一……一个小北京”。哈佛教授欧内斯特·威尔逊（Ernest Wilson）甚至认为成都“恐怕是全中国最佳的城市”。成都给一个日本人的印象，是其建筑显示出类似京都那样的“古典风格”。[7]（见插图1-1、1-2）

成都有着悠久的历史。三国时代便为蜀国的首都；在唐代是中国最繁盛的城市之一，以至有“扬一益二”之说。在明末清初大动荡时期，

图 1-1 总府街。这是成都最繁华的街道之一。从图中我们可以看到过去成都最常见的两层楼的“铺面”，一般一层用做开店，二层住家。
资料来源：《成都市市政年鉴》，1927 年。

四川经历了半个多世纪（1622—1681）的战乱，包括成都在内的大多数城市遭到极大的破坏，经济萧条，百业凋零，人口流散。然而在清前期，特别是乾隆时期，长江上游地区的经济和文化都得到了明显的恢复。[8] 与华中和沿海地区的城市相比，19 世纪下半叶成都的发展相对缓慢。在关于汉口和浙江的研究中，罗威廉和冉枚烁强调了太平天国后社会的重建，在此过程中，地方精英对地方事务的参与导致了公共领域的剧烈扩张。然而四川在太平天国时期所受损失极其有限，因而并无随之而来的重建活动。[9]

直至晚清，西方对成都的冲击并不明显。事实上，按伊莎贝拉·伯德在 1899 年的观察，那时的成都也“几乎看不到欧洲的影响”。直到 20 世纪 20 年代，巴金在其著名的自传体小说《家》中，仍把成都描写

图 1-2 福兴街。成都商业区之一。从图中我们可以看到灯笼挂在店铺的屋檐下，货摊和担子放在街的两旁。从街上人们的衣着来看，有商人、学生、苦力、农民等。
资料来源：《成都市市政年鉴》，1927 年。

成保守和专制的代表，而把上海作为现代和自由的象征。[10]当然，这样一种认识反映了一些新的、西化的知识分子的激进思想，当他们热切拥抱西方文化时，对传统持猛烈的批评态度。不过当时人们对成都的这种印象，也的确反映了成都的社会变化相对缓慢这样一个事实。由于成都所保留的传统文化较之沿海、华北以及华中的城市多得多，对历史学家来说是非常有意义的研究对象，我们可以因此观察到不同于北京、上海、汉口或广州的“另一个中国”（another China）。

## 资料分析

研究街头文化不可避免地面临资料收集的困难。我们知道，中国的历史是由精英来记录的，关于民众日常生活的信息，无论在全国性还是地方性的历史资料中，都十分稀少。对这一课题的研究，不得不从浩如烟海的原始资料和二手资料中认真爬梳。然而更为困难的是对这些资料的解释。我们从文字中得到的关于民众及其文化的描述，几乎都经过了精英的过滤。因此，在大众文化的研究中，怎样处理文字资料是一个棘手的问题。正如卡洛·金茨堡所指出的："我们所能知道的（如果可能的话）过去农夫和手工工匠的思想、信仰以及期望，几乎都是经过了扭曲的观点和中介得到的。"显然，提供这些"扭曲的观点和中介"的即记录者本身。从而导致一些研究下层社会的学者怀疑："究竟下层人们是否能发出他们自己的声音？"[11]我的回答是肯定的，但这取决于怎样对资料进行使用和解释。在研究大众文化和下层民众时，我们必须意识到所利用的文字资料的性质和局限。

在研究地方史时，我们一般有四类资料可资利用，即官方文本、大众传媒、调查统计以及私人记录。在使用这些资料时，我们必须考虑到它们的来龙去脉：是谁、在什么时间、为什么目的以及处于什么情况下编辑、撰写或记录的。地方志和档案可视为官方文本，前者由政府指定的文人或官僚编撰，本研究使用的地方志分别编撰于 1816 年、1873 年和 1934 年，即《重修成都县志》和两部《华阳县志》。[12]另外，四川省档案馆所藏的《四川省政府社会处档案》亦是官方文本的珍贵资料。大众传媒出现于 19 世纪末 20 世纪初，发展迅速。在十年之内，成都便有了二十余种报纸，一些生存了颇长一段时间，如《国民公报》1912 年创刊，发行至 1949 年。而传教士发行的《华西教会新闻》（*West China Missionary News*）月刊也有相当长的历史（1899—1943），其所发表的文章反映了西方人对中国西部的观察。调查统计开始于晚清，其中最有用的是八卷本《成都通览》，该书由傅崇矩根据他自己的调查编撰而成，堪称晚清成都日常生活的百科全书。[13]此类资料还有稍后的《成都导游》和《新成都》等。[14]西方人和日本人也作了许多类似的调查，特别是日本人所作的一些调查十分详细，如神田正雄的《西清事情》(1905)、东亚同文会的《“支那”省别全志》(1917)和《新修“支那”省别全志》(1941)等。[15]至于私人记录，主要是游记和回忆录。在19世纪末20世纪初，中外学者和旅行者都写下了许多日记、笔记、游记和回忆录，如伊莎贝拉·伯德的《长江流域及以外地区》(*The Yangtze Valley and Beyond*)、舒新城的《蜀游心影》、易君左的《锦城七日记》等。从20世纪60年代以来，中国大陆和中国台湾都开始进行地方史资料的编撰和出版工作，如《四川文史资料选辑》和《成都文史资料选辑》以及中国台湾的《四川文献》等。

利用上述资料研究大众文化和下层民众有着明显的局限。例如地方志是了解地方史和风俗习惯最丰富的资料之一，然而它们基本都代表官方和正统的观点，其对民众的日常生活或不屑一顾，或语焉不详，或记录扭曲的信息。因此，当在使用这些资料时，我力图像卡洛·金茨堡所告诫的那样，鉴别“大众创造的文化”与“强加在大众身上的文化”之不同。[16]在使用其他资料时，持这种对待资料的态度也是非常有益的。例如地方志和档案很少提供街头文化的信息，但包括了有关政府政策、社会背景和政治变化等资料。这些资料对研究街头文化有多大的价值，取决于怎样对这些资料进行解释。如一个关于公共场所赌博的禁令，不仅反映了官方的政策，同时也透露了人们利用街头进行赌博这样的事实。我们可以根据从档案中发掘的政府规章，分析这些政策是为何和怎样形成的，揭示大众文化与地方政治结构之间的关系。不过，虽然档案被视为最可靠的历史资料，但仍然存在怎样解释和利用的问题。仍以赌博为例，政府为实施对街头的控制，夸大街头赌博的严重程度是完全可能的。[17]而且，一些留存档案中的规章是尚未完成的草稿，它们反映了某一时期官方的想法和态度；而有的虽然完成，却未正式发布；有的正式颁布，然则未付诸实行，等等，都需要具体问题具体分析。因此，当使用这些档案资料时，我们应力求认真区分那些有实际社会效果的政策和形同具文规章的区别，并在运用它们时持警觉的态度，认真思考为什么一些政策未能颁布；为什么一些规章虽颁布却未实施，或为何实施不力。实际上在这些问题的后面，常常隐藏着更微妙的政治、社会和文化的玄机，并引导我们把问题挖掘得更加深入，使分析提升到一个更高的层次。

怎样运用非官方资料也是棘手的问题。20 世纪初，地方精英撰写、印行和出版了大量文字，其中许多与社会改良和启蒙有关。如上面提到的报刊，一些专栏像《省城新闻》《成都新闻》等提供了对下层人民日常生活的很生动的记录，但这些描述不可避免地都注入了精英意识，而且毫无疑问精英对下层民众是存在偏见的。从晚清开始，地方精英进行了不少社会调查，其目的是为社会改良提供依据，由此而留下了不少关于城市下层民众、社会生活以及地方文化的珍贵文字。[18]由于这些调查是以改良为目的，当然对那些他们认为的“落后”“陋习”“不文明”等风俗、习惯和文化分外关注，因此难免经常是以否定的口吻来叙述的，我们很容易陷入他们所持的偏见之内。关于日本人所作调查对历史研究的价值，在黄宗智（Philip Huang）关于华北农村的专著中已经得到很好的证明。[19]虽然长江上游地区没有像满铁资料那样系统的调查，但现有的若干有关调查汇编也弥足珍贵，提供了从政治、经济到社会文化等各方面的丰富信息。然而这些调查是为日本经济或军事扩张服务的，其内容无疑有选择性。游记是当时旅行者的直接观察，有助于我们发掘城市社会和文化的过去，不过，旅行者经常是来去匆匆，所记载多为一时的感官认识和新奇见闻，因此难免流于片面和表面。大多数文史资料都是作者亲眼所见或亲身经历事件的回忆，可以作为研究文化的原始材料来使用，但这些文字都不可避免地夹杂了作者的感情、个性、偏见，甚至记忆的错误或有意识的内容取舍。事实上，各种关于大众文化的文字资料或多或少地存在记录者的思想倾向，因此当运用这些文字资料时，我们应该力图区别什么“是”大众文化和什么是由精英或西方人所“描述”的大众文化，力图去重构一个接近真实的已经消失或正在消失的文化和生活方式，并借此去探索精英对大众文化的态度。

由于中国大众文化资料在一般的历史记载中的匮乏，越来越多的学者开始从文学资料——地方戏、小说、谚语等——去寻找信息。[20]这本关于成都大众文化的著作便使用了不少民间文学、图片（照片和绘画）、我自己的调查和采访等，力图为解读中国城市史和社会文化找到一个新的角度和采用新的研究方法。虽然民间故事并非历史事件的直接描述，但它们的确揭示了一种文化观念和现象。正如米歇尔·德舍都（Michel de Certeau）所指出的，如果说“标准的历史写的是权威势力的谋略”，那么那些“编造的故事”则提供了了解文化的基础。[21]在本书中，我特别引用了不少竹枝词。与其他诗词不同的是，竹枝词一般并不表现作者的想象、感情或人生哲学，而是客观地描述人或事，从中我们可以看到精英对城市公共生活和一般民众的态度。[22]我还考察了民间故事，其可视为另一种口述史，许多这样的故事发表在月刊《龙门阵》上，生动地展现了成都的过去。另外在20世纪80年代，先后有上千名当地学者参与了一个巨大的采风活动，后精选为《成都民间文学集成》。[23]这个集成不仅提供了有关成都历史和文化的故事，而且从中我们可以看到普通民众是怎样把他们的人生哲学和处世态度一代又一代传下去的。可惜，到目前为止，还没有任何中国或西方历史学家使用这一文化的“宝典”。

虽然成都没有像雨果和巴尔扎克小说那样恢弘、深刻、引人入胜、以城市为背景的世界经典，[24]但也有颇为不凡的李劼人多卷本小说《大波》和巴金的自传体小说《激流三部曲》——《家》《春》《秋》。《大波》为描写辛亥年四川保路运动的纪实性长篇历史小说，初版于 1937 年，50 年代作了修改。《家》写于 1932 年，揭示了 20 年代一个大家族内部新老一代的冲突以及政治和社会变化的影响。李劼人和巴金这两位近代中国的杰出作家都是成都人，这个城市为他们提供了丰富的素材和生活的源泉。他们关于成都城市和市民的描述都基于他们的自身经历，生动而真实。他们小说中提到的公共场所，像庙宇、街道、商店、广场、桥梁、会所、茶馆以及戏园等都是真实的记录。虽然他们的描述对我们研究街头文化是珍贵资料，但是把文学描述作为历史资料仍存在怎样运用的问题。即使我们有充足理由相信这些描述是基于历史事实，然而都经过了作者的加工，注入了他们的感情、意识、价值观和想象力。不过，这些因素并不能使我们放弃从文学作品中去发现过去的一种生活方式、一种文化和一种历史存在，去发现“失语”（voiceless）的普通民众声音。当研究政治事件时，我们追求准确的资料；但研究大众文化则不同，模糊的文字常常提供一些独特的、深层的和意想不到的信息。

视觉资料是大众文化最为直接的展示，揭示了人们对公共场所的使用以及在公共空间的人间百态。从 19 世纪末以来，传教士、中外旅行者和记者等便用照相机记录了成都的日常生活，这些照片出现在各种出版物上，但大多数则珍藏在私家手中。[25]一些艺术家也用他们的画笔留下了成都的过去。在《成都通览》中，傅崇矩收集了上百幅关于20世纪初成都各业的素描。[26]发行于清末民初的《通俗画报》开辟有《时事画》《讽世画》《醒世画》等专栏，为社会改革进行鼓吹。成都本地艺术家俞子丹在20年代为他的外国朋友徐维理（William Sewell）画了不少成都街头众生相，后来徐维理把他的收藏汇集成册并加了文字说明，以《龙背骨——1920年代成都人的画像》（*The Dragon's Backbone: Portraits of Chengdu People in the 1920's*）为题在西方出版，其书名是根据川西平原当时常见的形似龙背骨的水车而来。以上所提到的照片和绘画作品为成都街头文化的研究提供了非常生动而且有力的视觉材料，与文字的记载或相映成趣，或互补不足。这些资料对我们今人来说，犹如亲临其景，不用文字说明，便可体会到那熙熙攘攘的街头和芸芸众生的相貌：行人、小贩、手工工匠、茶馆茶客、街角的剃头师、摆地摊的算命先生……三教九流，无奇不有，它们从另一个角度帮助我们重构那逝去的文化和历史。

对中国街头文化进行学术探讨要求运用多学科交叉特别是历史学和人类学的方法。中国文化重视传承，历史和文化的许多细节都是从口头一代传给下一代的，我因此能通过采访收集到不少口述史料。从新中国成立后直到改革开放，成都城市和城市生活虽然经历了剧烈的变迁，但我仍能通过在茶馆与老人的谈话，收集陈年的往事；流连在僻静的小巷，探寻岁月刻下的痕迹。当然许多东西已荡然无存，难寻踪迹，令人欷歔不已；但也经常有意外发现，令人振奋。今天的成都像其他中国城市一样，新建的高层住宅一般都与街道和公共场所分离开来，但仍有大量的铺户幸存，居住在街巷两边的居民与街头就只有一步之遥，他们像百年前的先辈一样，在街檐下与邻居闲谈、操持家务、做小生意，或摆开了麻将局。当然，我充分意识到，以今天的残留文化来重建过去的日常生活有着臆想的成分，并可能扭曲过去的历史，因为过去的事毕竟已经过去了，正如前引布罗代尔所感叹的，传统的文化和生活方式正在我们的眼前消失，即使十分缓慢，然而“永远不再是原来的面貌”。虽然本书的一些分析是基于我的考察，但我将尽最大的努力拂去历史的尘埃，并与已有的文字资料相互印证，从而对成都的街头文化进行重构，并作出历史和文化的阐释。

## 公共空间、下层民众与大众文化

**有关成都的研究**　中国幅员辽阔、地理结构复杂，从而形成了丰富多彩的地域文化。在关于市场网络和地方社会结构的经典性研究中，施坚雅（G. William Skinner）便强调了地理环境在经济中的重要角色，他指出地方市场的发达反而缩小了人们与其市场网络外的经济交往，由此推动了文化的多样性。[27]施坚雅的模式启发学者们进行不同区域的研究，但是城市史的学者们仍把注意力放在一些主要大城市，如上海、北京、汉口等这些全国性的经济、政治和交通中心。腹地城市虽然有着独特的传统，是研究历史和文化的极好对象，但在相当长一段时间内仍受冷落。

20世纪90年代初，学者们开始把注意力转移到成都，有关的中英文著作开始相继问世，如傅静宜（Jeannette Faurot）的《古代成都》（*Ancient Chengdu*），张学君、张丽红的《成都城市史》以及司昆仑的关于清末成都警察的哈佛博士论文。我自己在1993年出版的关于长江上游社会的研究，虽然没有把成都作为主题，但对清代成都社会多有涉及。之后，司昆仑和我都分别发表了关于成都秘密社会、城市管理、大众文化、茶馆与公共生活的论文。[28]

司昆仑的新著《文明化成都》（*Civilizing Chengdu*）是目前关于成都城市史最系统深入的研究，其主题是"考察成都城市规划和管理的历史"，揭示那些试图以新政策来控制人民的地方精英和精英改良者的"动机和行为"。司昆仑分析了精英的思想和活动以及市政改革和精英政治，并把主要注意力放在那些著名人物身上，如以警察作为改革力量的周善培和以军事作为后盾的军阀杨森。司昆仑强调了成都城市改良的两个高潮（即新政和20年代），仔细观察了改革的动力和变化的程度，她认为成都在这一时期"最大的改变可能是对市政管理的认可"。[29]

与司昆仑的研究一样，我的研究也分析改良问题，但我的焦点在于这些改革是怎样影响人们的日常生活，特别是怎样影响那些下层民众的街头生活的。如果说司昆仑强调精英改革的组织和管理，那么我的兴趣则在于考察那些新的规章是如何在公共场所和街头实施的。我试图揭示，这些变化怎样影响了人们的公共生活，当他们所居住的城市由相对自治、邻里互助、缺乏专门权力机构管制，变为一个正式的市政官僚机构控制的城市时，民众是怎样回应这个巨大转折的。而且，司昆仑把主要注意力放在两次改革高潮，我却认为整个晚清和民初城市改良都在持续进行，我的研究证明，社会的改革贯穿于从新政到20年代末市政府的正式建立。

**街道和公共空间**　"街"（street）是人们共用的公共空间，是本书的主要研究对象之一。同时在这个研究中，我还经常使用"邻"

（neighborhood）和“社”（community）的概念。这三个词非常接近，有时相互重叠或紧密联系。它们都具有物质空间和抽象观念的内涵。首先，它们都涉及人们所居住的特定范围。在中文辞典中，“街”的定义是“两边有房屋的道路”，与“街道”完全相同。由“街”构成了许多其他词汇，诸如“街坊”“街市”“街头”“街头巷尾”等，这些词汇经常出现在本书所使用的资料当中。但在历史的语境中，其含义远远超出位置和空间，而经常体现居住在这一区域的人之间以及人与空间之间的关系。如果说“街”一般是指一种物质性的空间，那么“邻”和“社”虽也具空间之含义，然则更多表现的是一种社会关系。“邻”的通常定义是“居住在附近的人家”，并发展出“邻里”和“邻居”等词汇。“社”有两个基本含义：在古代，社是祭祀土地（神）的地方；在今天，社是组织化的结构。前者的含义发展成为“社会”（society）和“社区”（community）。虽然一些英语辞典把社会和社区都定义为“组成为一个整体的人群”，但“社会”的含义非常之广，可以说包罗万象。在本研究中，我虽然不得不使用这个词，但我更倾向于用“社区”这个较为狭义的词。我认为，更准确地说，中文的“社区”表示一个包括许多街道和邻里的区域以及居住在其中的人们。因此，我更倾向于采用《韦伯词典》（*Webster's Dictionary*）对“community”的定义，即“那些享有同样权力、权利或利益，居住在同一地区受同一法律和规章管束的人们”。总而言之，从街道、邻里到社区，是一个空间含义逐渐减少而文化含义逐渐增强的过程。[30]

城市史学者过去对中国城市里的公共生活没有给予应有的注意，然而这正是本书的主题，我试图揭示民众与公共空间、街头生活与公共生活的关系。公共空间和公共生活是地方文化的最有力表现，在中国城市生活中总是扮演着一个中心角色，因为城市居民利用这种空间参与经济、社会和政治活动。欧洲和美国史专家对公共场所的聚集关注已久，如咖啡馆、酒店、酒吧等，陌生人在那里聚集，交换信息，并以之为亲戚和朋友之外的交往圈子。[31]不过大多数西方城市史家都主要考察室内公共场所，而我则着重研究室外的公共空间——街头，它们无疑是城市中最受注目和使用率最高的公共空间。

西方学者对公共空间和日常生活进行过一些理论性探讨。米歇尔·德舍都和阿格奈什·赫勒（Agnes Heller）考察了“共同空间”（common place）、“日常接触”（everyday contact）和“日常生活冲突”（collisions of everyday life），而理查德·桑内特（Richard Sennett）以开阔的视野对城市的“公共世界”（public world）和“公共生活”（public life）进行了研究。研究西方历史的学者，如苏珊·戴维斯（Susan Davis），意识到下层民众经常“聚集街头”，与公共空间有特殊的密切关系。玛丽·赖安（Mary Ryan）则指出，在一个不公平的社会里，城市居民，无论贫富，都“相对平等地使用公共空间”。[32]因此，公共空间是各色人等，特别是下层人民日常生活之地，当然成为我们观察社会关系的最好地方。

“公共”（public）一词可以有多重含义，理查德·桑内特指出在早期近代欧洲，如“18世纪的巴黎和伦敦，谁在‘公共’空间、哪里是‘公共’空间，人们何时去‘公共’空间等概念已得到扩大”。在以后时期，“公共”这个词的使用“不仅仅意味着在家庭和朋友之外的社会生活范围，而且也意味着包括熟人和陌生人等各种人物在内的公开的领域”。[33]因此，在西方“公共”是一个发展着的词，不同历史时期具有不同的内涵。在中国史研究领域，罗威廉考察了中文中“公”的发展演变，发现这个处于“私”与“官”之间的社会领域在中国具有很长的历史，从而为精英的地方参与和控制提供了广阔的空间。虽然这个词包含着深刻和复杂的意思，甚至还可能与哈贝马斯的“公共领域”（public sphere）的概念发生纠葛，但本书采用了“公”最基本的含义，即“面向公众”或“公众分享”。[34]同样，“公共空间”即城市中对所有人开放的地方，“公共生活”则为人们在公共空间中的日常生活。佩里·杜伊斯（Perry Duis）把城市空间划分为三种类型：一是真正“公开”的地方，像街道、路旁、公园、国家财产等；二是私人所有，像企业财产、私人住房等；三是介于“公”与“私”之间的、可称之为“半公共”（semi-public）的地方，它们“由私人拥有但为公众服务”，像商店、剧场、理发店等。[35]本文中的“公共空间”包括第一种类型，特别是街头，也涉及某些与街头有密切联系的第三种类型，如店铺、茶馆和戏园等。[36]

显然，街头是研究公共空间和日常生活的理想对象。但令人惊异的是，到目前为止，有关学术研究并不多。1943 年，威廉·怀特（William Whyte）出版了《街角社会》（*Street Corner Society*），这是一本研究美国城市贫民窟帮会的社会学著作。从那之后，极少有关于街头的学术作品问世。1983 年，安东尼·麦克依格特（Anthony McElligott）发表了关于纳粹时期汉堡的街头政治的论文。三年之后，克里斯汀·斯丹舍尔（Christine Stansell）在其关于妇女的研究中，考察了纽约街头的妓女。苏珊·戴维斯则以费城的“街头剧场”为对象，分析了公共典礼与权力的关系。[37]在中国城市史的研究中，这类题目则更为少见，只有史谦德（David Strand）对北京黄包车夫的考察以及周锡瑞（Joseph W. Esherick）和华志坚（Jeffery Wasserstrom）分析了近代中国怎样把公共场所用作“政治剧场”，从而成为政治斗争的舞台。[38]总的来讲，目前我们仍然缺乏对公共空间在日常生活中的作用，人们对街头的争夺，国家权力对社会基层的控制程度，以及街头在地方政治中扮演的角色等问题的了解。与此前的研究不同的是，本书的中心是街头文化、民众的街头生活和街头政治，从而扩展了我们对中国近代社会的深入认识。

**日常生活与大众文化** 这个研究力图探索成都普通民众的日常生活，特别是在街头的社会、经济和文化生活。在西方已有若干关于沿海城市特别是上海日常生活的论著出版，但关于内陆城市的这类研究却几乎是一个空白。在四十多年前，法国历史学家谢和耐（Jacques Gernet）出版了《蒙元入侵前夜的中国日常生活》（*Daily Life in China on the Eve of the Mongol Invasion*），展现了南宋都城杭州丰富多彩的城市生活。此后关于日常生活的研究没有明显的发展。20 世纪 90 年代后，这种状况才开始有所转观，如叶文心（Wen-hsin Yeh）关于上海西式企业中白领阶层日常生活与工作场所间的关系，吴茂生通过对秦瘦鸥的通俗小说《秋海棠》的分析来看 40 年代上海的市民生活。卢汉超最近出版了他对上海日常生活的相当深入的研究。他指出，过去学者过于夸大了上海的西化因素，虽然上海是中国受西方影响最大的城市，但其传统生活方式仍在相当大的程度上保留下来。[39]与上述研究不同，我把注意力转移到中国腹地城市，而且把焦点放在日常生活中的一个侧面：公共生活。如果说卢汉超的研究在于考察现代面貝下传统的幸存，那么我的重心则放在观察成都日常生活中，具体分析传统在多大程度上改变了，并在多大程度上保留下来。过去的研究一般都认为中国腹地较少受西方冲击，但缺乏个案研究来进行切实的界定，因此本书提供了具体的证据，考察一个内地中心城市的公共空间、公共生活和大众文化改变及保留的程度。

研究街头文化面临着怎样区别大众文化与精英文化的问题。虽然学者们都承认两者之不同，但怎样定义却争论不休。[40]中国文化问题专家指出，大众文化的含义甚宽，“从民居到宗教崇拜，从灌溉技术到皮影戏”。[41]本书所讨论的大众文化是比较狭义的，即大众创造并为大众服务的文化。在传统社会，由于缺乏交流，地域文化特征十分明显，因此大众文化经常与“民间文化”联系在一起。安东尼奥·葛兰西（Antonio Gramsci）在考察民间文化中的通俗歌曲时指出，通俗歌曲可能有三种形式：“由民众为民众而谱写”，“为民众谱写但不是由民众谱写”，“既不由民众也不为民众谱写但表达了民众的思想和感情”。在本书中，我的重点放在第一种形式，即由大众创造又为大众享有的一种文化。但是，我们经常遇到这种情况，即赫北特·J. 甘斯（Herbert J. Gans）所指出的，“许多大众文化的创造者较之他们的观众受过更多的教育”，因而有时我也把第二种类型包括在我的分析之内。[42]

一方面我们应认真对待精英文化和大众文化的区别，但另一方面应充分意识到它们复杂的关系。一些学者强调中国文化的同一性，指出每个国家都有一个占统治地位的文化，它可为不同教育背景、不同年龄、不同性别和不同经济地位的人所接受。杜博妮（Bonnie S. McDougall）便写道，精英和普通民众处于同一文化连续体的两端，这个文化可以超越社会地位和经济状况的不同。司马富（Richard J. Smith）也指出：“前现代中国最突出的特点便是其文化的同一。”他特别注意到大众娱乐的形式，从打球到打麻将都为精英和大众所接受和推行。[43]另一些学者则强调大众文化与精英文化的分离，认为虽然正统文化在教育和其他机构中占主导地位，精英竭力控制下层民众的思想和行为的努力却并不十分成功。由于中国地域广袤，国家权力很难深入到那些分布在偏僻地区的无数村庄，在那里精英也很难有效地实施他们的文化霸权。林培瑞等便相信，大众文化的“意识、思想和实践的产生至少部分是不受国家制约的”。罗威廉也强调：“当研究公共活动时，我们应记住儒家传统与大多数大众宗教（以敬鬼神安抚灵魂为中心）和大众文学（如吟唱和评书）是相分裂的。”[44]我认为，精英文化和大众文化的同一和分裂实际上是共存的，在公共生活中两者的关系十分复杂。而且，这个关系根据社会、经济和政治因素而发生变化。的确，大众文化可以同精英文化共存，但大众文化不同于精英文化并经常与之发生冲突，这就是地方精英加入国家发动的对下层民众和大众文化的改良和控制的原因。

**下层民众、改良精英和地方政治** 这个研究把主要注意力放在普通民众身上，力图揭示下层人民是怎样理解和使用街头的，并从他们在街头的经历来阐述文化内涵。迄今为止，西方对中国社会史的研究还主要集中在精英，特别是沿海地区的精英上。[45]我们对于日常公共生活——中国城市社会最常见和引人注目的现象——知之甚少，对腹地城市更是缺乏了解。布罗代尔指出：“遗憾的是，我们对那些巍峨的王宫的知识多于卖鱼市场。鲜鱼装在水箱里被运到市场，在那里我们还可以看到大量的狍、野鸡以及山鹑，我们在那里每天都可以有新的发现。”[46]这种对精英文化和大众文化已有知识的不平衡，不仅存在于布罗代尔所批评的对欧美历史的研究，也是中国历史研究所面临的问题，甚至可以说较之现有欧美历史，中国研究在这方面的缺陷更为明显。

在本书中，“城市民众”（urban commoners）主要是指那些普通市民，他们可以是罗威廉所描绘的“街市人”，即“那些坐在门口同邻居攀谈和傍晚乘凉的居民”；也可以是叶文心的“小市民”或林培瑞所描述的那些“离富裕的水平还相差很远”的城市人。不过我的注意力主要在那些社会下层，他们可以是“无名者”（nobody）、“任何人”（anyone）、“一般人”（ordinary men），或者是“依附阶级”（subordinate classes），或用统治阶级的话讲是“危险的阶级”（dangerous classes）。这些人在街头寻求生计和娱乐，他们所创造和欣赏的文化用 E. P. 汤普森（E. P. Thompson）的定义是“庶民文化”（plebeian culture）。[47]虽然他们的名字在历史上早已被忘却，但他们的确曾经是街头的主要占据者，并创造了丰富多彩的街头文化。

我以“社会改良者”（social reformers）来代表与下层民众相对应的精英阶层，特别是指那些受现代化和西化影响，并有意识地试图重建公共空间和重塑城市形象的那一部分人。他们可以是司昆仑所描述的“警察改良者”（police reformers），亦可以为周锡瑞笔下积极参加社会改良的“城市改良精英”（urban reformist elite）。[48]一般来讲，这些精英继承了他们先辈关心“民生”的传统，并运用诸如赈济、教育、控制等方法来改造社会。但与过去的精英不同的是，他们都关心西学，有的还游历或留学海外，力图把西方或日本城市的形象转移到他们自己的城市中来。

这些城市改良者有两种类型。一种是像周善培（1875—1958）那样的手握政治权力的改良者。周善培于 1902 年访问日本，后历任警察局总办（1902—1906）和劝业道（1907—1911）。在其任内，他发动了雄心勃勃的城市改良运动，包括城市管理、经济和社会生活等各个方面。另一种由地方文人和精英组成，他们虽没有在官方任职，但在地方教育、商业和文化出版等方面都很有影响，傅崇矩（1875—1917）便是一个代表。傅崇矩兼学者、出版者、作家和记者于一身，19 世纪末为《蜀报》工作，20 世纪初开办图书局，发行《启蒙通俗报》，1903

年赴日本参观世界博览会。[49]这第二种类型内部组成很复杂，他们可能有不同的利益，对改革亦有不同的方案，不过他们大多注重教育和工商。而傅崇矩可能是他们中极少数把改良社会习俗和地方传统作为主要目标的人，因而他成为晚清成都最主要的社会和文化的批评者。20 世纪初，大量新青年从新学堂毕业或从海外留学归来，他们有的谋取学校教席，有的任报刊记者或编辑，有的充当社会团体的组织者，有的成为独立撰稿人，还有的进入地方政府，他们中许多人积极参与了社会改良活动。[50]他们虽然在改良问题上有不同看法甚至分歧，但几乎都以其新知识和社会声誉推动城市的现代化，对城市民众施加影响。

本书还考察了改良和革命时期街头文化与地方政治的相互影响。街头文化、民众与社会改良者有着复杂的关系，这三种力量的交织，影响了地方政治运动。[51] 20 世纪初，社会改良者力图对民众进行“启蒙”并控制公共空间，因为他们认为公共秩序已成为严重的社会问题，于是竭力扩展他们对民众的领导权，加强了对民众的所谓“教化”。他们以制定规章来控制民众的公共生活，把街头转化为政治舞台。这个舞台后来不仅为新的社会秩序所利用，也为反对这种新秩序的力量提供了活动空间。毋庸置疑，在城市改良过程中，民众所能享有的经济和文化资源缩小了，新的城市权威对公共空间的控制使民众的生计日益艰难。民众不得不组织起来，为自己的利益而进行反抗。在这个过程中，街头文化亦发生了变化，并注入了新的因素。

本书共八章，第一章为“导论”，第八章为“结论”，其余第二章至第七章分为三部。这三部基本反映了民众与公共空间、社会改良者以及地方政治这三方面的主要关系，这些关系在 1870—1930 年间不断地发生着变化，相互制约和影响，因此这三者也经常重叠。虽然这三个部分并未按照严格时间顺序，但每一部分都有其侧重。第一部主要集中在19世纪下半叶，第二部着重在20世纪初改良时期，第三部则把重心放在辛亥革命时期及民国初年。当然，文化的变化往往是渐进的，即使在剧烈的政治动荡当中，仍表现了其持续性。因此，那些保存到民国时期的文化现象，为我们了解先前民众与公共空间的传统关系，提供了珍贵的依据。换句话说，当讨论那些新出现的社会现象时，时间概念是十分重要的；但在涉及那些变化甚微的传统文化现象时，时间不再扮演重要角色，这使我们可以运用以后的资料去大致重构过去的文化。

第一部考察民众与公共空间的关系。其中第二章把注意力集中在各种不同的公共空间：商业空间、日常生活空间以及节日庆典空间。在本章，我还对十分重要的日常生活空间茶馆进行了研究。另外，还讨论了邻里组织及其影响。本章主要试图证明的是，在成都这个传统的城市社会中，市民在街头生活中享受着相当大的自主权，他们组织自己的公共生活，官方对他们的经济和社会活动很少直接干涉。第三章把主题从空间转移到使用这个空间的人，考察了由各种社会集团——特别是下层民众——组织的各种社会活动。本章指出，普通民众比其他阶层更多地利用公共空间作为谋生和娱乐之地，并创造了表达地方传统的街头文化。

20世纪初的改革运动深刻地改变了成都公共空间、街头生活和街头文化，这便是本书第二部要揭示的问题，并以此观察这个过程中民众与社会改良者的关系。第四章描述了受西方影响的精英，由于对下层民众的公共行为十分不满，试图通过创造新的公共空间和娱乐活动——包括展览会和公园等——来重塑地方社区，因而改变了城市的空间景观。本章的主要论点是：20 世纪初由国家发起和精英支持的新政活动，改变了城市面貌，并改变了民众与公共空间的关系。第五章研究了警察控制出现和发展及其政策。在成都历史上，社会生活的各个方面——从交通、公共聚集到卫生、防火——第一次受到规章的限制。本章还考察了警察怎样控制流氓、街头小贩和赌博活动等。种种迹象表明，成都由一个自治的城市转变为一个警察控制的和社会生活受到密切监视的城市。

第三部主要探索民众与地方政治的关系。改革运动不仅使公共空间的使用政治化，而且迫使民众建立了与地方政治领袖的密切联系。第六章讨论各种社会力量和集团为公共空间的使用而斗争，揭示精英是怎样攫取更多的权力，怎样对民众更严密地控制，以及民众是怎样对此作出反应的。本章试图论证的是，公共空间总是充满着冲突，这些冲突一般表现在国家和地方精英之间、国家和民众之间、精英和民众之间以及民众自己内部等四个层次上。第七章分析辛亥革命所造成的公共空间使用的转移。辛亥革命后政治的不稳定改变了街头生活和街头文化，公共空间成为政治反抗和社会动乱的舞台。本章指出，改良和革命运动把民众拖入了政治轨道，从而使街头政治化，并重新定义精英和民众的街头角色。

在第八章的结论中，从一个较广的视野来综合估价内陆城市成都的街头文化、公共空间和下层民众的演变及其意义。我们将看到，传统的街头文化在怎样的程度上被改变了，又在多大程度上得到幸存，下层民众、大众文化与地方政治是怎样相互作用，从而使街头文化和街头生活以新旧共存的面貌延续下来的。

# 注　释

1. Braudel, *Capitalism and Material Life, 1400-1800*, vol. I, p. 441. 译者按：本书中文版文献的注释，凡文章，给出作者、题目和发表杂志，但著作仅给出作者和书名，关于出版地、出版社和出版时间，请参阅本书后的《征引文献目录》。另外，凡英文论著的作者，都只注姓（last name），而不注名（first name）。对作者的全名，也请参考《征引文献目录》。
2. Certeau, *The Practice of Everyday Life*, p. 23.
3. 威廉·埃德加·盖洛（William Edgar Geil）写过一本介绍清末中国 18 个省首府的书，他根据字义把“成都”译为“一个完美的城市”（A Perfect Capital）（Geil, *Eighteen Capitals of China*, p. 287）。虽然这个翻译是凭他的想象，但从特定的意义上说，这个翻译倒是反映了成都的地理位置、商业化程度、社会文化生活的某些特点。成都周围地区也是施坚雅关于市场和社会结构的经典性研究的对象（“Marketing and Social Structure in Rural China,” *Journal of Asian Studies*, 1964-1965, No. 1, pp. 3-43; No. 2, pp. 195-228; No. 3, pp. 363-399）。
4. Walmsley, “Szechwan-That Green & Pleasant Land,” in Brace (ed.), *Canadian School in West China*, p. 2.
5. Bird, *The Yangtze Valley and Beyond: An Account of Journeys in China, Chiefly in the Province of Sze Chuan and Among the Man-sze of the Somo Territory,* p. 10. 许多西方旅行者都有类似的描述，如欧内斯特·威尔逊写道：“成都平原是四川这个大省唯一一个辽阔的地势平坦的区域，它亦是中国最富庶、土地最肥沃和人口最稠密的地区之一。”（*China: Mother of Gardens*, p. 112）一个类似的描述还可见于其书的第 68 页。
6. 施居父：《四川人口数字研究之新资料》；王笛：《跨出封闭的世界——长江上游区域社会研究，1644—1911》，第 78 页；Hubbard, *The Geographic Setting of Chengdu*, p. 2; Wilson, *China: Mother of Gardens*, p. 121。更多的数字见 Stapleton, “Police Reform in a Late-Imperial Chinese City: Chengdu, 1902-1911” (Ph. D. diss., Harvard University, 1993), p. 32。长江上游区域的另一个人口稠密地区是重庆，我估计 1910 年其有 34 万~35 万人（王笛：《清代重庆移民、移民社会与城市发展》，《城市史研究》，1989 年第 1 辑，70~71 页）。
7. Bird, *The Yangtze Valley and Beyond: An Account of Journeys in China, Chiefly in the Province of Sze Chuan and Among the Man-sze of the Somo Territory,* p. 345; Wilson, *China: Mother of Gardens*, p. 121; 遅塚麗水：『新入蜀記』，230 页。

8. 杨燮：《锦城竹枝词百首》，见林孔翼编：《成都竹枝词》，第 42 页；四川省文史馆编：《成都城坊古迹考》：张学君、张莉红：《成都城市史》，36 页；王笛：《跨出封闭的世界——长江上游区域社会研究，1644—1911》，52 ~ 59 页。
9. Rowe, *Hankow: Conflict and Community in a Chinese City, 1796 - 1895*, p. 144; "The Public Sphere in Modern China," *Modern China*, 1990, No. 3, p. 321; Rankin, *Elite Activism and Political Transformation in China: Zhejiang Province, 1865 - 1911*, chap. 3; Zelin, "The Rise and Fall of the Fu-Rong Salt-Yard Elite: Merchant Dominance in Late Qing China," in Esherick and Rankin ( eds. ), *Chinese Local Elites and Patterns of Dominance*, p. 105.
10. Bird, *The Yangtze Valley and Beyond: An Account of Journeys in China, Chiefly in the Province of Sze Chuan and Among the Man-sze of the Somo Territory*, p. 350; 巴金的《家》中，主人公觉慧和他二哥觉民便离家出走，到上海去追求自由的“新生活”。
11. Ginzburg, *The Cheese and the Worms: The Cosmos of a Sixteenth-Century Miller*, p. xv; Spivak, "Can the Subaltern Speak?" 217-313 in Gary Nelson and Lawrence Grossberg, eds., *Marxism and the Interpretation of Culture*; Hershatter, "The Subaltern Talks Back: Reflections on Subaltern Theory and Chinese History," *Positions*, 1993, No. 1, pp. 117-118.
12. 在清代，成都由成都县和华阳县共管（四川省文史馆编：《成都城坊古迹考》，12 页）。成都在 1928 年才正式成立了市政府。
13. 初版由成都通俗报社于 1909—1910 年间印行，1987 年巴蜀书社重印为上下两册。本书采用的若干插图取自初版，但引用的文字取自重印版。
14. 胡天：《成都导游》；周止颖：《新成都》。
15. 神田正雄：『西清事情』和『四川省綜覽』；東亞同文會：『“支那”省别全誌：四川省』；東亞同文會：『新修“支那”省别全誌・四川省』。
16. Ginzburg, *The Cheese and the Worms: The Cosmos of a Sixteenth-Century Miller*, p. xv.
17. 孔飞力（Philip Kuhn）告诫对档案资料必须慎重。如一份档案中的供词，“并不一定便是嫌疑犯口供的逐字照录，因此在使用政府文件时必须持怀疑的态度”（Kuhn, *Soulstealers: The Chinese Sorcery Scare of 1768*, p. 270）。
18. 傅崇矩：《成都通览》上，2 页。黄芝在为《成都通览》所作的序中，便提到其他主要交通和商业城市如北京、上海、广州、南京、苏州、武昌以及汉口也无此类书出版。
19. Huang, *The Peasant Economy and Social Change in North China*, chap. 2.
20. Johnson, "Scripted Performances in Chinese Culture: An Approach to the Analysis of Popular Literature,"《汉学研究》，1990（1），37 ~ 55 页；"Temple Festivals in Southeastern Shansi: The Sai of Nan-shè Village and Big West Gate,"《民俗曲艺》，1994（1），641 ~ 734 页；"Local Officials and 'Confucian' Values in the Great Temple Festivals (SAI) of

Southeastern Shansi in Late Imperial Times," presented to the Conference on State and Ritual in East Asia (Paris), 1995; Ng, "Popular Fiction and the Culture of Everyday Life: A Cultural Analysis of Qin Shouou's Qiuhaitang," *Modern China*, 1994, No. 2, pp. 131-156; Berling, "Religion and Popular Culture: The Management of Moral Capital in *The Romance of the Three Teachings*," 188-218 in Johnson, Nathan, and Rawski (eds.), *Popular Culture in Late Imperial China*; Arkush, "Orthodoxy and Heterodoxy in Twentieth-Century Chinese Peasant Proverbs," 311-331 in Liu (ed.), *Orthodoxy in Late Imperial China*.

21. Certeau, *The Practice of Everyday Life*, p. 23.

22. 竹枝词可以被视为中国传统叙事文学的一种形式，与抒情诗相对应（Levy, *Chinese Narrative Poetry: The Late Han through T'ang Dynasties*, p. 3）。竹枝词恐怕也对"清代现实主义诗的兴起"有影响（Lo and Schultz, *Waiting for the Unicorn: Poems and Lyrics of China's Last Dynasty, 1644-1911*, pp. 9, 21）。

23. 这个集成包括850个民间故事、759首民歌民谣，共170万字。这是从5.3万件作品、共2400万字中精选出来的（陈浩东、张思勇主编:《成都民间文学集成》, 3页）。

24. Chevalier, *Laboring Classes and Dangerous Classes in Paris During the First Half of the Nineteenth Century*, chaps. 3 and 4; Sennett, *The Fall of Public Man: On the Social Psychology of Capitalism*, chap. 8.

25. 司昆仑在多伦多博物馆发现了不少由传教士拍摄的照片，这些照片收入她的新著 *Civilizing Chengdu* 中。

26. 傅崇矩:《成都通览》上，283~298、402~458页。另一本是钱廉成所绘19世纪初成都街头各种人物（《廛间之艺》）。

27. Skinner, "Marketing and Social Structure in Rural China," *Journal of Asian Studies*, 1964-1965, No. 1, pp. 3-43; No. 2, pp. 195-228; No. 3, pp. 363-399; Skinner (ed.), *The City in Late Imperial China*.

28. Faurot, *Ancient Chengdu*; 张学君、张莉红:《成都城市史》; Stapleton, "Police Reform in a Late-Imperial Chinese City: Chengdu, 1902-1911"; "Urban Politics in an Age of 'Secret Societies': The Cases of Shanghai and Chengdu," *Republican China*, 1996, No. 1, pp. 23-64; "County Administration in Late-Qing Sichuan: Conflicting Models of Rural Policing," *Late Imperial China*, 1997, No. 1, pp. 100-132; 王笛:《跨出封闭的世界——长江上游区域社会研究，1644—1911》; Wang, "Street Culture: Public Space and Urban Commoners in Late-Qing Chengdu," *Modern China*, 1998, No. 1, pp. 34-72; "The Struggle for Drink and Entertainment: Men, Women, and the Police in Early Twentieth-Century Chengdu," presented at the Annual Meeting of the American Historical Association, Chicago, January 9, 2000。筧文生则出版了一本关于成都和重庆历史文化的通俗读物（见『成都重庆物語』）。

29. Stapleton, *Civilizing Chengdu: Chinese Urban Reform, 1875–1937*, pp. 2–3.
30. 关于这些词的中文定义，见《现代汉语词典》《新华字典》以及《现代汉英词典》，与这些词相关的英文定义进行比较，可以帮助我们的理解。《美国传统英语词典》(*The American Heritage Dictionary of the English Language*) 对“街”(street) 的定义为：“一个城或镇的公共通道，一般都有人行道。”这个解释与中文定义有所不同，不强调两边的房屋。对“邻”(neighborhood) 的定义是：“一个具有特点的区域和地区”以及“居住在附近或特定区域或地区的人们。”对“社”(community) 的定义则复杂一些：(1)“居住在同一地区并在同一政府管辖之下的人群”；(2)“这样一个人群所居住的地区”；(3)“一个有共同利益的人群”；(4)“社会中形成的不同部分人群”(Pckett et al., *The American Heritage Dictionary of the English Language*)。《韦伯词典》(*Webster's Dictionary*) 对“street”的解释最接近中文“街”的意思：“原意为铺好的路、公共大路；现在一般为一个城市或村庄的通路，两边有住房或商业。”其对“neighborhood”的定义为：“一个居民相互视为邻居的区域”或“住在附近的居民”(Porter, *Webster's Revised Unabridged Dictionary*)。这也与中文意思非常接近。
31. Sennett, *The Fall of Public Man: On the Social Psychology of Capitalism*; Duis, *The Saloon: Public Drinking in Chicago and Boston, 1880–1920*; Rosenzweig, *Eight Hours for What We Will: Workers and Leisure in an Industrial City, 1870–1920*; Peiss, *Cheap Amusements: Working Women and Leisure in Turn-of-the-Century New York*; Brennan, *Public Drinking and Popular Culture in Eighteenth-Century Paris*.
32. Certeau, *The Practice of Everyday Life*; Sennett, *The Fall of Public Man: On the Social Psychology of Capitalism*; Davis, *Parades and Power: Street Theatre in Nineteenth-Century Philadelphia*, pp. 29–30, 34; Ryan, *Women in Public: Between Banners and Ballots, 1825–1880*, p. 92.
33. Sennett, *The Fall of Public Man: On the Social Psychology of Capitalism*, p. 17.
34. Rowe, “The Public Sphere in Modern China,” *Modern China*, 1990, No. 3, p. 315.
35. Duis, *The Saloon: Public Drinking in Chicago and Boston, 1880–1920*, p. 3.
36. Yinong Xu 新近出版了关于苏州城市规划的研究，见 Xu, *The Chinese City in Space and Time: The Development of Urban Form in Suzhou*。
37. Whyte, *Street Corner Society: The Social Structure of an Italian Slum*; McEligott, “Street Politics in Hamburg, 1932–1933,” *History Workshop*, 1983, Autumn, No. 16, pp. 83–90; Stansell, *City of Women: Sex and Class in New York, 1789–1860*, chaps. 9 and 10; Davis, *Parades and Power: Street Theatre in Nineteenth-Century Philadelphia*.
38. Strand, *Rickshaw Beijing: City People and Politics in the 1920s*; Esherick and Wasserstrom, “Acting Out Democracy: Political Theater in Modern China,” *Journal of Asian Studies*, 1990, No. 4, pp. 835–865; Wasserstrom, *Student Protests in Twentieth-Century China: The*

*View from Shanghai*. 1998 年，米歇尔·达顿（Michael Dutton）出版了《中国街头生活》（*Streetlife China*），主要研究当代中国的政治控制。虽然该书并非像书名所称主要研究“街头生活”，但该书为理解今日中国政治与日常生活的关系提供了非常好的资料。

39. Gernet, *Daily Life in China on the Eve of the Mongol Invasion, 1250-1276*; Ng, “Popular Fiction and the Culture of Everyday Life: A Cultural Analysis of Qin Shouou's Qiuhaitang,” *Modern China*, 1994, No. 2, pp. 131-156; Yeh, “Corporate Space, Communal Time: Everyday Life in Shanghai's Bank of China,” *American Historical Review*, 1995, No. 1, pp. 97-116; Lu, *Beyond the Neon Lights: Everyday Shanghai in the Early Twentieth-Century*, pp. 294-295.

40. 一般来讲，大众文化由民众创造和欣赏；而精英文化，又称“高级文化”（high culture）则由占主导地位的阶级创造和欣赏。不过大众文化的创造者的身份也是变化着的，不再仅是下层阶级，也包括受过很好教育的精英。一些研究美国大众文化的学者认为，大众文化史也可以是“知识分子的历史”（Ross, *No Respect: Intellectuals & Popular Culture*, p. 5）。

41. Johnson, Nathan, and Rawski (eds.), *Popular Culture in Late Imperial China*, p. x. 姜士彬（David Johnson）提醒道，虽然有必要区分大众文化和精英文化的概念，但我们在使用时若不考虑它们的复杂含义，有可能造成混淆。他提出在晚期中华帝国时期，社会阶层的划分基于三个因素，即教育、特权和经济地位。因此中国社会可以划分为九个不同的文化集团（“Communication, Class, and Consciousness in Late Imperial China,” in *Popular Culture in Late Imperial China*, p. 56）。

42. Gramsci, *Selections from Cultural Writings*, p. 195; Gans, *Popular Culture and High Culture: An Analysis and Evaluation of Taste*, p. 24.

43. McDougall, “Writers and Performers: Their Works, and Their Audiences in the First Three Decades,” in B. S. McDougall (ed.), *Popular Chinese Literature and Performing Arts in the People's Republic of China, 1949-1979*, p. 279; Smith, *Fortune-tellers and Philosophers: Divination in Traditional Chinese Society*, p. 6; and *China's Cultural Heritage: The Qing Dynasty, 1644-1912*, p. 262. 华琛（James Watson）认为晚期中华帝国“有着高度的文化同一性”，国家权力在强化“地区和地方层次的一个统一信仰上”扮演着重要角色（“Standardizing the Gods: The Promotion of T'ien Hou [‘Empress of Heaven’] Along the South China Coast, 960-1960,” in Johnson, Nathan, and Rawski (eds.), *Popular Culture in Late Imperial China*, pp. 292-293）。刘广京（Kwang-Ching Liu）提出精英文化可产生大众文化，许多大众文化的创造者受过很好的教育，大众宗教“长期以来便与儒家思想共同繁荣”（*Orthodoxy in Late Imperial China*. p. 2）。姜士彬指出传说、故事以及其他大众文化形式在普通人口头上广泛流传，在这个过程中，“一种价值观已被主导社会集团有意识地灌输其中”（“Communication, Class, and Consciousness in Late

Imperial China," in Johnson, Nathan, and Rawski [eds.], *Popular Culture in Late Imperial China*, p. 35)。华英德（Barbara Ward）发现经济地位或阶级没有在欣赏地方戏方面造成区别，地方戏既可以向民众传播正统意识，也可以灌输异端思想（"Regional Operas and Their Audiences: Evidence from Hong Kong," in Johnson, Nathan, and Rawski [eds.], *Popular Culture in Late Imperial China*, p. 187)。

44. Link, Madsen, and Pickowicz, In troduction," *Unofficial China: Popular Culture and Thought in the People's Republic*, p. 5; Rowe, *Hankow: Conflict and Community in a Chinese City, 1796-1895*, p. 173. 欧达伟（David Arkush）关于农谚的研究证明了大众文化与精英文化的分离，他指出"谚语研究告诉我们，农民接受正统价值观十分有限"（"Orthodoxy and Heterodoxy in Twentieth-Century Chinese Peasant Proverbs," in Liu [ed.], *Orthodoxy in Late Imperial China*, p. 331)。田仲一成认为，地方戏（特别是那些流动的戏班子）可能摆脱精英的控制（Tanaka, "The Social and Historical Context of Ming-Ch'ing Local Drama," 143-160 in Johnson, Nathan, and Rawski, *Popular Culture in Late Imperial China*)。

45. Escherick, *Reform and Revolution in China: The 1911 Revolution in Hunan and Hubei*; Schoppa, *Chinese Elites and Political Change: Zhejiang Province in the Early Twentieth Century*; Rankin, *Elite Activism and Political Transformation in China: Zhejiang Province, 1865-1911*; Esherick and Rankin (eds.), *Chinese Local Elites and Patterns of Dominance*; Thompson, *China's Local Councils in the Age of Constitutional Reform, 1898-1911*; Stapleton, *Civilizing Chengdu: Chinese Urban Reform, 1875-1937*; Xu, *The Chinese City in Space and Time: The Development of Urban Form in Suzhou*. 不过也有若干对非精英的研究，包括韩起澜（Emily Honig）关于棉纺厂工人和上海苏北人的研究（*Sisters and Strangers: Women in the Shanghai Cotton Mills*; *Creating Chinese Ethnicity: Subei People in Shanghai, 1850-1980*)，贺萧（Gail Hershatter）关于天津工人和上海妓女的研究（*The Workers of Tianjin*; *Dangerous Pleasures: Prostitution and Modernity in Twentieth-Century Shanghai*)，程为坤（Weikun Cheng）关于京津女演员的研究（"The Challenge of the Actresses: Female Performers and Cultural Alternatives in Early Twentieth Century Beijing and Tianjin," *Modern China*, 1996, No. 2, pp. 197-233)，以及董玥（Madeleine Dong）关于北京杂耍艺人的研究（"Juggling Bits: Tianqiao as Republican Beijing's Recycling Center," *Modern China*, 1999, No. 3, pp. 303-342）等。不过这些研究都集中在几个主要城市，而且他们的研究各自都集中在某个社会集团。李孝悌研究了晚清对下层民众的启蒙运动，但他的焦点是在精英活动，而非普通民众（《清末的下层社会启蒙运动》)。

46. Braudel, *Capitalism and Material Life, 1400-1800*, vol. I, p. 430.

47. Rowe, *Hankow: Conflict and Community in a Chinese City, 1796-1895*, pp. 78-79; Yeh, "Progressive Journalism and Shanghai's Petty Urbanities: Zou Taofen and the *Shenghuo*

Weekly, 1926-1945." in Wakeman and Yeh (eds.), *Shanghai Sojourners*, p. 191; Link, *Mandarin Ducks and Butterflies: Popular Fiction in Early Twentieth-Century Chinese Cities*, p. 5; Certeau, *The Practice of Everyday Life*, pp. 1-3; Chevalier, *Laboring Classes and Dangerous Classes in Paris During the First Half of the Nineteenth Century*, chap. 3; Thompson, "Patrician Society, Plebeian Culture," *Journal of Social History*, 1974, No. 4, pp. 382-405.

48. Stapleton, "Police Reform in a Late-Imperial Chinese City: Chengdu, 1902-1911," p. 308; Esherick, *Reform and Revolution in China: The 1911 Revolution in Hunan and Hubei*, pp. 66-69。雪利·伽瑞特（Shirley Garrett）在她关于基督教青年会的研究中，也采用了"社会改良者"这一概念，但她集中在宗教方面，与我在本书中讨论的对象不同（*Social Reformers in Urban China: The Chinese Y. M. C. A., 1895-1926*）。在这个研究中，我经常使用"精英"或"地方精英"作为民众的对应力量。与我对"社会改良者"概念的使用不同，在本书中"精英"或"地方精英"概念的使用十分松散，按照周锡瑞和冉枚烁的定义，他们可以是"任何在地方社会起主导地位的个人或家庭"（*Chinese Local Elites and Patterns of Dominance*, p. 10）。他们不一定是富人，不一定是有权者，也不一定是受现代化或西化影响者，但他们试图在经济、社会、文化、政治或思想上对一般民众施加影响。

49. 王笛：《周善培》，任一民主编：《四川近现代人物传》，第 4 辑，第 122—129 页；高成祥：《傅樵村》，任一民主编：《四川近现代人物传》，第 6 辑，第 483 页；关于周善培组建四川警察的具体活动，见 Stapleton, "Police Reform in a Late-Imperial Chinese City: Chengdu, 1902 - 1911", *Civilizing Chengdu: Chinese Urban Reform, 1875 - 1937*, chap. 3。

50. 据统计，1904 年四川在日学生有 57 名，1905 年 393 名，1906 年 800 名。1909 年四川共有近代学堂 9900 所，学生 34 万余名（王笛：《跨出封闭的世界——长江上游区域社会研究，1644—1911》，456、479 页）。

51. 研究欧洲史的学者对这一问题已有考察，特别是关于大众文化与法国革命的关系。如 R. 玛琴伯特（R. Muchembled, *Popular Culture and Elite Culture in France, 1400-1750*）和 R. 夏蒂埃（R. Chartier, *The Cultural Origins of the French Revolution*）。关于法国革命的文化起源的研究，见林·亨特（Lynn Hunt, *Revolution and Urban Politics in Provincial France: Troyes and Reims, 1786 - 1790* 及 *Politics, Culture, and Class in the French Revolution*）和 M. 欧若弗（M. Ozouf, *Festivals and the French Revolution*）关于法国革命中政治、文化和阶级的研究。成都的街头文化和地方政治呈现了与法国革命既相同亦不同的两方面。

第一部

# 下层民众与公共空间

# 第二章　街　头

街头是城市最重要的公共空间，它们不仅负担着城市的交通，而且还是日常生活、经济行为的载体。现代市政设施在中国城市出现以前，街头不但满足了城市生活的各种需求，而且成为邻里或社区最基本的单位。“街”的概念（如“街坊”“街邻”“街众”等）在人们之间培育了“邻里纽带”，强化了人们的城市共同体意识。城市的街头体现出该城市的过去和现在，代表着该城市的经济、文化和生活方式。在中国，一位外来者可以通过观察城墙城门、街头巷尾、店面装饰、小贩摊点、公共庆典等特征，把一个城市与另外的城市区别开来。对城市街头的研究，可以成为我们进入社会底层对这个城市进行系统考察的切入点，有助于我们更深刻地理解该城市的人民、社会及其政治控制。

传统中国城市缺乏正式的市政管理机构，由此而产生的地方自治使社会各个阶层的成员都能较为平等地使用公共空间。普通民众在街头自由从事各种休闲和商业活动，与他人分享诸如街头巷尾、广场、庙宇、桥头、茶馆这样的公共空间。街头主要由邻里组织和保甲系统控制。街首和保正、甲正等头面人物从居民中挑选，尽管有时他们也代表政府履行一些诸如治安等“官方”职责，但是他们不是城市管理机器中的正式官员。[1] 而清朝的地方政府很少直接参与街头控制，这种管理模式对城市日常生活产生了深刻的影响。那些由街区邻里组织的活动清楚地反映了社区认同和自我控制的程度。

是什么因素导致有清一代中国城市缺乏市政管理？其根源甚多，但最根本的原因是当时的政府结构。清代最基层官僚机构只设到县级，衙门的正式官员有限，无法满足控制辖区内庞大而分散的人口的需要。例如，成都由成都、华阳两县共治，每个县都有众多的农村人口。[2] 因此政府机构只能用于处理最重要、最紧急的事务，诸如成都地区的税收、犯罪、治安等问题。但即使在这些问题上，地方政府也甚感力不从心，根本无法把它们的触角深入社会基层，而不得不依靠地方精英来组织社会生活和进行社区控制。

过去有两个机构负责成都的地方治安，一是保甲局，管理保甲系统；一是城守营，负责城市安全。由于它们隶属于不同的上司，责任分界也很不清楚，不可避免经常互相推卸责任，即如晚清做过几任知县知州、对成都典章制度甚为熟悉的周询所指出的："因互不相辖，事权殊不划一……不免诿卸龃龉。"[3] 社会的界限往往比地域的界限更难划，因此有大量政府失察的领域存在。司昆仑注意到，在晚清，"成都建立了一个完善的既定秩序，它尽管处于省府官员的统治之下，但他们对城市事务少有兴趣"。[4] 虽然地方精英努力填补这个权力真空，但由于没有官方头衔和权威，他们很难对街头生活实行真正的严密控制。

正是因为精英没有官方头衔和权威，他们在管理公共空间方面的作用相当有限，其结果便是街头生活事实上并未受到太多的局限，这与过去我们对中国城市的"常识性理解"相去甚远。过去中外历史学家都普遍认为，传统中国城市被国家权力紧密控制，人们没有任何"自由”。当布罗代尔力图回答“什么是欧洲的不同之处和独具的特点”的问题时，他的答案是因为欧洲城市“标志着无与伦比的自由”和发展了一个“自治的世界”。[5]然而，如果我们进入一个中国城市的内部，深入城市的街头和邻里，我们会看到实际上市民们有着相当程度的“自由”，而非通常理解的完全被控制。那么到底中国城市社会底层的日常生活是怎样组织进行的？过去我们更多地关注城市上层社会，因此对这个问题很难作出回答。此外，尽管已有史学家对社会动乱与民间宗教的关系作过非常有价值的研究，但是关于社会秩序与大众文化之间关系的学术成果却很少看到。[6]换言之，大众文化对社会稳定和社区团结作出了怎样的贡献？这便是本章所要力图回答的问题。[7]

本章将考察成都街头的利用，揭示城市居民，特别是下层民众如何把街头作为其日常生活的主要舞台。我们可以看到，成都的街头实际上可被视为商业空间、日常生活空间、节日庆典空间。作为街头文化的一个组成部分，本章也将考察茶馆这一城市中最基本、最流行的经济文化单位。最后本章还将研究社会共同体中的自发组织及其与社会自治的关系。对城市街头和邻里的考察，证明直到20世纪初成都警察的建立，国家权力都基本没能触及这个城市最基本的层面，市民享有相对较高的自治权，他们可以根据自己的需要在一定程度上自由地使用城市的公共空间。[8]

## 城市环境：城墙和街道

城市的自然环境不可避免地会对其文化和日常生活产生影响。传统中国城市的城墙和城门把市民与乡民隔离开来，不仅限定了他们的活动空间，而且在某种程度上划定了他们的身份等级，后者总是处于受歧视的地位。城墙也奠定了城市规划的基础，所有建筑，特别是那些与街头有关联的建筑，都不得不与这个既有的设计相吻合。另外，街道也限定了邻里和社区的界限，在一定区域内，市民之间以及他们所共有的公共空间之间相互发生着影响。

传统中国城市几乎都有城墙，[9] 过去的成都城墙恐怕是城市中最显要的建筑，环城 22.8 里，有城楼 4 座，城门 4 座（见地图 1），墙厚 1.8 丈，高 3 丈（见插图 2-1）。东西门相距 9.3 里，南北相距 7.7 里。根据同治《成都县志 · 城池》："乾隆四十八年，四川总督福康安，奏请发帑银六十万两，彻底重修。周围四千一百二十二丈六尺，即二十二里八分。垛口八千一百二十二，砖高八十一层，压脚石条三层，大堆房十二，小堆房二十八。八角楼四，炮楼四，城楼顶高五丈。"[10] 城墙是

图 2-1　城墙上。城墙是过去成都最高最大的建筑。站在城墙上，人们可以鸟瞰整个城市，看到一片灰瓦的海洋。城墙上成为市民从事各种公共活动的好地方。远处是城楼。我们还可以看到民居离城墙非常近。

资料来源：Wallace，*The Heart of Sz-Chuan*（1903），p. 16。

成都最高的建筑，站在上面可鸟瞰全城，“屋顶覆盖每一寸土地，犹如一片海洋，尽收眼底”。[11]（见插图 2-2）城墙起着保护城市和控制其居民的双重作用，但是与其修筑的初衷大相径庭的是，城墙还成为大众娱乐的场所。除了人们经常把城墙作为他们的日常活动空间外，成都的许多节日活动和庆典都在城墙上举行。

在整个清代，四个城门是成都与外界联系的唯一通道（见地图 1，插图 2-3、2-4），东门称“迎辉”，南门称“江桥”，西门称“清远”，北门称“大安”。[12]地理学家章生道（Sen-dou Chang）曾研究中国城门的文化含义。他指出东、南、西、北门分别与春、夏、秋、冬四季相联系，“南门象征着温暖和生命，北门却代表着寒冷和死亡；盛大的庆典和仪式总是在南门或南郊，北门或北郊却与军事有关”。[13]城门通常在黎明开启，在晚间关闭，门卫盘查过往行人。[14]

**图 2-2 在城墙上眺望满城，眼前是灰瓦的海洋。1911 年秋。**

资料来源：当时任教于四川高等学堂的美国人那爱德所摄。照片由来约翰先生提供，使用得到来约翰先生授权。

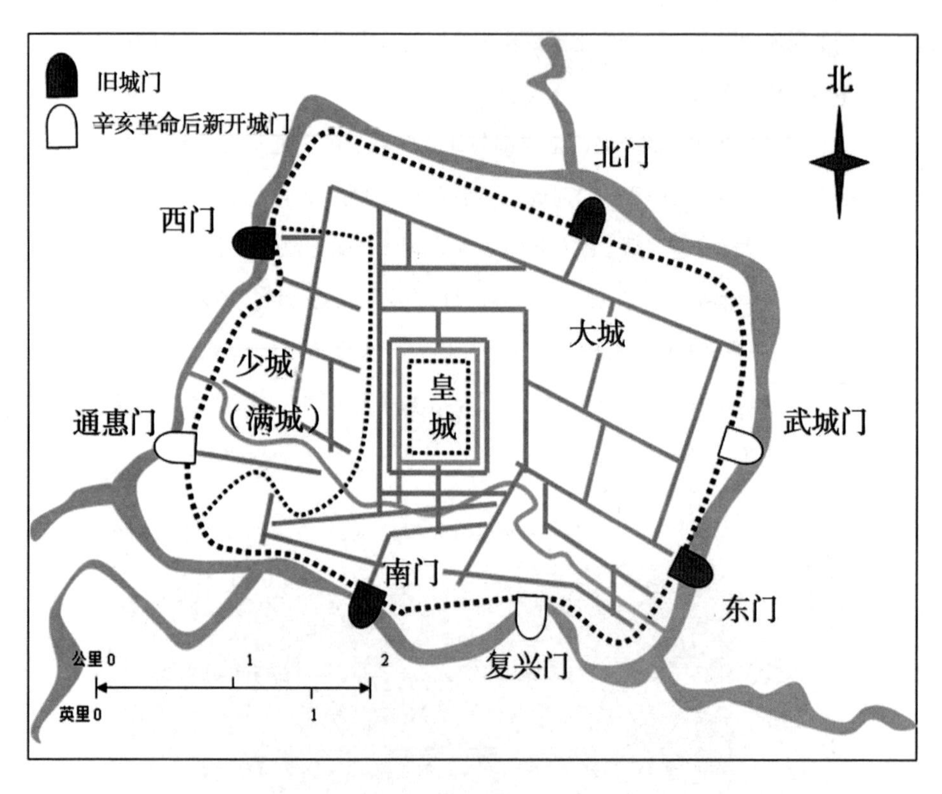


地图 1　城市、城墙和城门，1870－1930 年

图 2-3 通惠门。这个城门是 1913 年修建的。图中穿制服者是邮局雇员，他们正运邮件通过城门。

资料来源：Hosle，*On the Trail of the Opium Poppy：A Narrative of Travel in the Chief Opium-Producing Provinces of China*，p. 1。

图 2-4 南门。长卷风情画《老成都》局部。从画中我们可看到南门、南门大桥、道路两旁的店铺、行人、牲畜、车辆正通过大桥。

资料来源：根据原作翻拍。作者：刘石父、李力春、谢可新、潘培德、熊小雄、孙彬、张友霖。使用得到作者授权。

成都城市布局的独特之处在于其大城之内另有两个小城，即满城和皇城，而且这两个小城都有自己的城墙。一首竹枝词描述了从市中心的鼓楼眺望所看的景象："鼓楼西望满城宽，鼓楼南望王城（即皇城——引者注）蟠。鼓楼东望人烟密，鼓楼北望号营盘。"（见插图 2-5）满城坐落在成都西半部，为满营驻地和满人聚居处，"以形势观之有如蜈蚣形状：将军帅府，居蜈蚣之头；大街一条直达北门，如蜈蚣之身；各胡同左右排比，如蜈蚣之足。城内景物清幽，花木甚多，空气清洁，街道通旷，鸠声树影，令人神畅"。[15]英国女旅行家伊莎贝拉·伯德在 19 世纪末到达成都时，她"从西门进入，穿过宏伟城门和绿树成荫的路，来到满城。满城是一个空旷的，到处是有围墙的菜园、树林环绕的地区，房屋大而破旧。街上的一些商店招牌写有满文"。城市中有满营并不足为奇，根据欧立德（Mark Elliott）的研究，到 18 世纪中期仅江南城市就有 18 个满营。虽然驻防八旗十分普遍，但也并不像一些西方学者所认为的那样遍布于中国的每一城市。[16]处于成都城市中心的皇城是汉朝遗址，但明代时重建，周围被御河环绕。一首 19 世纪中期的竹枝词称："蜀王城上春草生，蜀王城下炊烟横。千家万家好门户，几家高过蜀王城？"皇城中心是贡院，三年一次的乡试便在此举行。皇城城墙成矩形，也有四个城门，显出历尽沧桑的古旧气派。正门前有一座巨大石牌坊，上有康熙皇帝手迹"为国求贤"四个大字。[17]

除城墙外，桥和寺庙在成都城市生活中有着显著地位。成都城为大河环绕，而且一条河横穿市区，因此桥梁成为交通必需，也成为城市景观的一部分（见地图 1，插图 2-6、2-7、2-8）。各种人物诸如小贩、季节性雇工、江湖艺人等三教九流经常聚在桥头，把桥头作为他们的市场和表演舞台。一些桥有着相当长的历史，如东门外的九眼桥修建于明

图 2-5　鼓楼。长卷风情画《老成都》局部。
资料来源：根据原作翻拍。作者：刘石父、李万春、谢可新、潘培德、熊小雄、孙彬、张友霖。使用得到作者授权。

图 2-6　九眼桥。长卷风情画《老成都》局部。九眼桥是东门的交通要道，画中描绘了那里繁忙的情景。
资料来源：根据原作翻拍。作者：刘石父、李万春、谢可新、潘培德、熊小雄、孙彬、张友霖。使用得到作者授权。

图 2-7　河边的街道和店铺。长卷风情画《老成都》局部。
资料来源：根据原作翻拍。作者：刘石父、李万春、谢可新、潘培德、熊小雄、孙彬、张友霖。使用得到作者授权。

图 2-8　东门有顶棚的桥。
资料来源：Brace，*Canadian School in West China*，p. 268。

代。[18]桥头、桥下的空地、沿河两岸经常都有人们聚集，或作为交易市场，或用作娱乐场所。成都也有很多寺庙，无论佛寺道观还是城隍、宗祠、文庙，每天都是热闹去处。[19]庙前的空地是游方小贩和民间表演的场所，吸引了众多的围观者。每个寺庙都有自己的庆典和传统的庙会，它们不仅是宗教仪式，而且是公共聚会。这些活动主要由当地宗教、社区、行会等团体来组织，而政府很少干预。

街道是市民共有的最基本的公共空间，其面貌和功能也各有不同。19 世纪中期成都有 400 余条街道，清末 516 条，民国时期 734 条（见地图 2）。[20]在外来人的眼中，成都街头总是充斥着行人、轿子、推车，“凉棚、幌子、大招牌、旗子把狭窄的街道挤得水泄不通”。商业区的主要街道干净整洁，商铺装饰华丽，总是挤满了购物的人群（见插图 2-9）；而一般的小街小巷却简陋肮脏，精英阶层很少光顾。在穷人区，人们生活在低矮的房子里，由于室内空间非常小，所以诸如吃饭、做手工、休闲等日常活动，都不得不在室外进行。虽然那些是背街狭窄，却经常塞满了货摊、小贩、桌子、临时搭的棚。大多数街道铺有石板，但有些未铺石板的街道，水沟开在路旁，道路中间为独轮车铺有一溜石板。全城商业和居住区域并不隔离，因此“任何地方都是居住区，街上到处都是小孩、鸡禽和猪豕”。这样一个居住模式决定了成都市民与街头的密切关系（见地图 2）。[21]

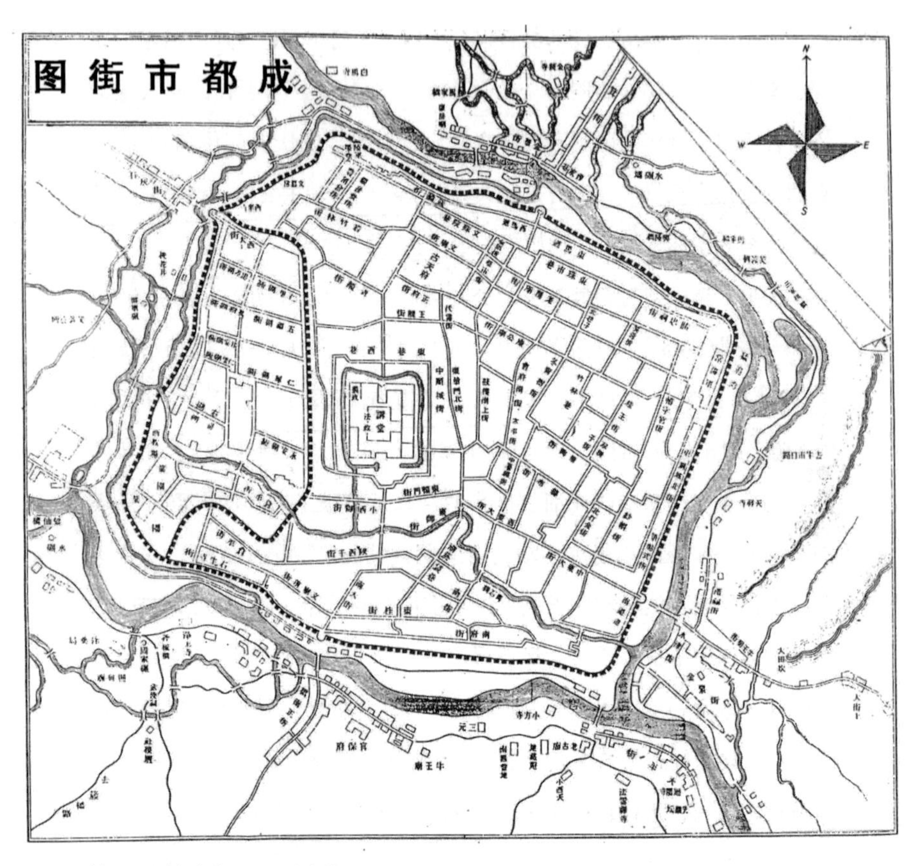


地图 2　成都市街图。1917 年印。
资料来源：東亞同文會：『“支那”省别全誌』。

图 2-9 改造后的福兴街。与图 1-2 的旧福兴街相比，改造后的福兴街加宽了许多。从这张照片还可以看到各店铺的遮阳棚，上面写着店名，实际上也可算是店铺的招牌。
资料来源：《成都市市政年鉴》，1927 年。

## 商业空间：店铺与地摊

在传统中国城市，虽然街道的基本功能仍然是交通，但人们也普遍用其为自由市场和休闲空间。至少早在宋代，中国城市的商业活动就非常活跃，例如 13 世纪的杭州不仅商铺辐辏，而且“饭馆、旅店、酒肆、茶房以及歌女表演场等数目繁多”。[22]在近代，街道的这种商业功能更为明显，从沿海到内地都是如此。成都作为中国西部商业最为繁荣的城市，[23]街头是除了店铺外最重要的商业空间（见插图 2-10），而且商业的

图2-10 一个店铺及其掌柜和店员们。

资料来源：照片是传教士H. S. 依利罗特（H. S. Elliott）于1906－1907年间在成都拍摄。照片由他女儿J. E. 约翰逊（J. E. Johnson）女士提供，使用得到约翰逊女士授权。

发展产生了丰富的街头商业文化。

在古代成都便形成了街头月市，月市是重要的街头商业和庆祝活动，人们可以在一年内参加十二个月市。[24]尽管我们对月市的起源并不清楚，但这种街头市场至少可以追溯到元代。费著的《岁华纪丽谱》里对此便有生动的描述："成都游赏之盛，甲于西蜀。盖地大物繁，而俗好娱乐。凡太守岁时宴集，骑从杂沓，车服鲜华，倡优鼓吹，出入拥导。四方奇技，幻怪百变。序进于前，以从民乐。岁率有期，谓之故事。及期则士女栉比，轻裘袨服，扶老携幼，阗道嬉游。"《岁华纪丽谱》里还提到"蚕市""乐市""花市"等。清末文人庆余便写有"成都月市竹枝词"二十四首（每个月市两首），生动地描述了这些每月一次的盛大商业活动。这些活动反映了繁荣的商业和丰富的商业文化。正如一首竹枝词描述的："灯市未残花市到，春风何处不相逢。"[25]在这些月市中，花市最为热闹，当春天来临时，花会会址青羊宫游人如织（见地图3），正如一首竹枝词所称："青羊宫里仲春时，赶会人多密似蚁。"沿着锦江河，行人、马车、轿子络绎不绝，数百花店设摊卖各种奇花异草。成都人喜爱花草，当花会来临时，"青羊小市卖花天，何惜缠腰十万钱"。花会特别吸引着妇女，这样的日子对她们来说犹如节日，一首竹枝词中的妇女便"一夜闺中嘱夫婿，明朝多买并头莲"。花会实际上成为一个商品交易会，那里"货积如山色色宜"。[26]（见插图2-11、2-12）

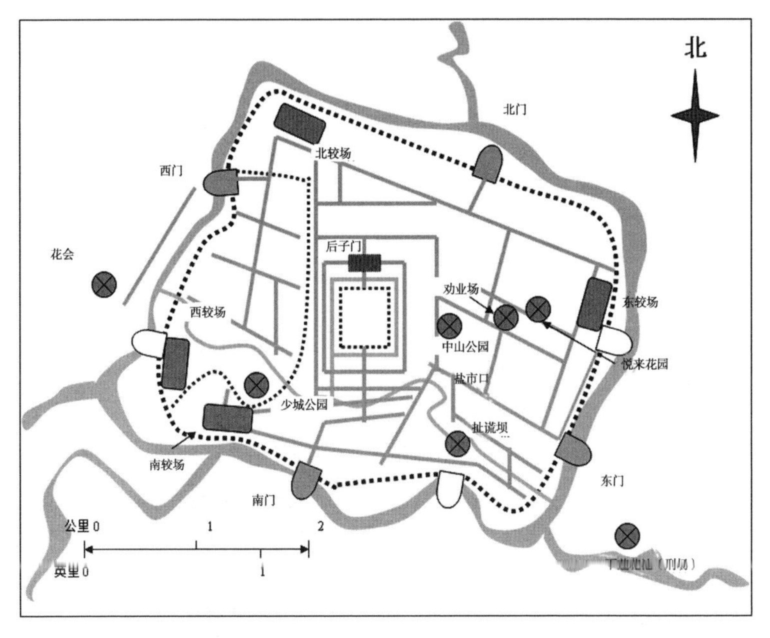


地图3 城市空地、公园以及其他公共场所，1870－1930年

图 2-11　花会期间青羊宫里的货摊。农具是过去传统花会经营的商品，改为劝业会后，摊贩与展览共存。1911 年春。

资料来源：当时任教于四川高等学堂的美国人那爱德所摄。照片由来约翰先生提供，使用得到来约翰先生授权。

图 2-12 花会期间青羊宫里的货摊，我们可以近距离看到遮阳伞的摊子、货物和守摊人。照片显示，这两个摊子都是卖木梳的。右边那个应该是名叫“李记德顺合”的店铺在此摆的临时货摊。1911 年春。

资料来源：当时任教于四川高等学堂的美国人那爱德所摄。照片由来约翰先生提供，使用得到来约翰先生授权。

除了这些特殊的集市之外，成都居民把街头变成了日常的市场。商人、小贩没有任何限制地在街头出售商品（见插图 2-13、2-14）。一些街道变成了专门化的市场，如盐市、鱼市、陶瓷市、棉花市、牛市、猪市、果市、花市、柴市等。据一个西方人观察，“不同的交易分别占有各自的空间，有的街由木工、靴铺、皮毛铺、刺绣、旧货、丝绸、洋货等分别充斥”。[27]许多由此而得来的街名沿用至今，如盐市口、珠宝街、鹅市巷、棉花街、骡马市等。大多数游动商贩挑着担子沿街叫卖，他们的货摊可分为行摊、坐摊和地摊。[28]当夜晚来临，交通不再拥挤之时，一些街道又变成了熙熙攘攘的夜市。[29]（见地图 4，插图 2-15、2-16）夜

图 2-13　赶场天的集市。成都北郊青龙场，1910 年冬。着冬装的农民将萝卜等冬季蔬菜运到集市出售，从照片中可以看到其他交易也在进行。

资料来源：当时任教于四川高等学堂的美国人那爱德所摄。照片由来约翰先生提供，使用得到来约翰先生授权。

图 2-14 街上的农贸市场。照片所摄为大慈寺后面的和尚街，显示成都市民今天仍然以街头作为市场，从照片中可以看到自行车既是运输工具，也是卖蔬菜的货摊子。这些卖蔬菜和肉的摊子就摆在居民住家的屋门口。左边还有一个“治鸡眼”的幌子。

资料来源：作者摄于 2001 年 10 月。

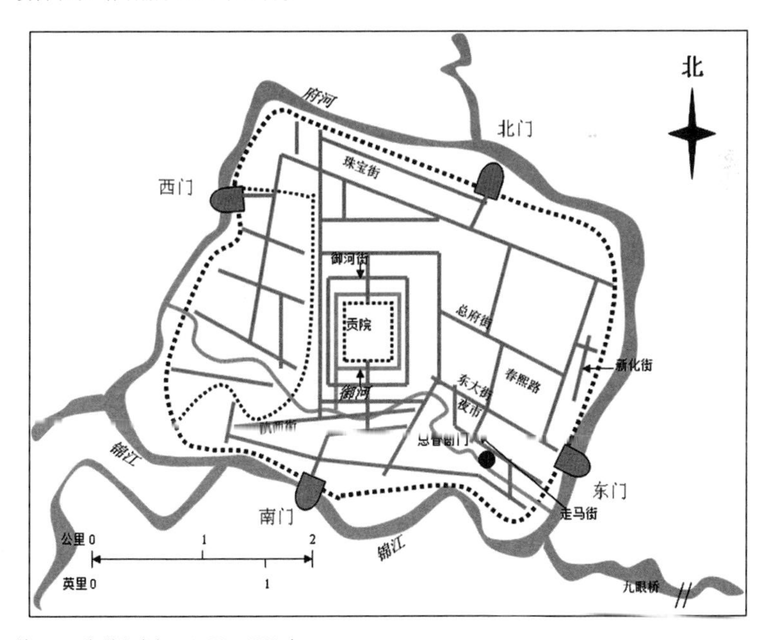


地图 4 街道和市场，1870 – 1930 年

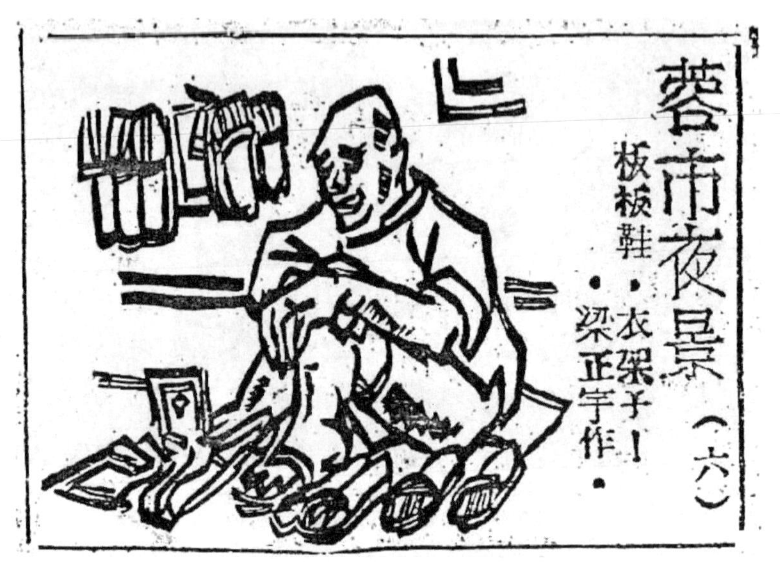


图 2-15　“蓉市夜景”。街边的地摊，这是一个卖拖板鞋和衣架的小贩。
资料来源：《华西晚报》，1941－09－24。

图 2-16　“蓉市夜景”。显示了在东大街夜市上的各种地摊。
资料来源：《华西晚报》，1941－09－26。

市以东大街为中心，到20世纪初甚至扩展到走马街、青石桥以及东御街。商贩们在那里出售百货，顾客行人摩肩接踵。夜市毫无疑问丰富了市民的夜生活。以前商铺都在夜幕降临前打烊，在夜市带动下，许多商店延长了营业时间。不过，这些地方也有不少“奸商”借光线昏暗以假货蒙骗顾客，另外像偷盗、剪辫、抓帽子的事件也时有发生。[30]

街头不仅作为市场，实际上也成为工匠手工工场。无论是在街角还是街沿，工匠们都可以制造产品就地出售。繁荣商业区后面的居住区，成了产品的生产地。来访的西方人发现，在小街小巷总是居民和作坊间杂，而且“在每一居所总是在制作什么东西卖”。而且，像暑袜街和红布街这些街道的名字，也反映出那里生产产品的种类。一首关于红布街的竹枝词吟道：“水东门里铁桥横，红布街前机子鸣。日午天青风雨响，缫丝听似下滩声。”外国人也注意到丝织是成都的“大工业”，这里有着“成百的织布机”。纱帽街既卖又做帽子，帽店和作坊密集。[31]在这些作坊里：

> 妇女纺棉纱或丝线，或刺绣、编织、缝纫，或做玩具、焚香、纸花以及上坟的纸钱。男人则编凉席，做木盆、桶、篮子、鸡毛掸子，或织布、织毯、绣轴、绣幌子，或做铁、铜、银的物件和饰品，或与女人同做手工。小孩从八岁甚至小到六岁便成为帮手，他们纺纱、清理鸡毛、磨光木头、混合香料，以及做其他无须技术的工作。这些家庭作坊的产品在其拥有的小店出卖或由其家庭成员沿街兜售。[32]

虽然在19世纪末西方商品已渗入中国，但土产仍在地方市场居主要地位，“商铺中橱窗展示的多是中国产品”。而且成都的各种商业组织和服务机构诸如汇兑、银行等业务都由“中国人控制”。[33]

随着街头和公共空间使用的扩张，商业文化也得以发展起来。这种商业文化反映在商店的匾额、装饰、商品陈列、店铺与顾客关系、财神崇拜、工匠工作方式以及他们独特的商业语言中。[34]成都商业区总是给人们留下深刻印象。19 世纪末一个法国人写道，他十分吃惊地看到成都街道“甚为宽阔，夹衢另筑两途，以便行人，如沪上之大马路然。各铺装饰华丽，有绸缎店、首饰铺、汇兑庄、瓷器及古董等铺，此真意外之大观。其殆十八省中，只此一处，露出中国自新之象也。……广东、汉口、重庆、北京皆不能与之比较，数月以来，觉目中所见，不似一丛乱草，尚有成都规模者，此为第一”。[35]几乎在同时，伊莎贝拉·伯德也描述了成都的街道和商铺：“这个城市有着宽阔的路面，整齐的街道，各街成直角相交，店面看起来比中国其他地区美观，特别是摆放着精细的金银制品的珠宝店和存列闪光蜀锦的绸缎店。”[36]商业文化经常反映出该地区的宗教信仰、经济状况和社会传统。几乎每个商店都供奉财神，每天早晚店员都要敬拜。这些店铺也反映出当地的文化，正如欧内斯特·威尔逊描写的：“漫步成都街头，人们从各行业可领会到中国特色的文化教育”，商店的“金光漆亮招牌竖挂着，上面艺术体的大字显示店名和经营范围”。[37]

东大街是成都最重要的商业区，许多外国旅行者都记录了其繁盛。如一个日本人赞道，东大街“肆店宏敞，高轩绮窗。檐头悬各种招牌，长短参差，金碧炫目……商店的样式与北京相似，然这里更为洁净”。[38]1892 年，一个西方人从东门进入成都，后来他写道：“沿东大街而行，从发光的油漆柜台和绚丽的商品陈列，看到了繁荣和祥和，并逐渐意识到在这个西部城市居然有着一条如此干净、宽阔和如此面貌的街道。在沿长江上溯漫长的旅途中，有此发现使我感慨万千。”[39]二十多年后的东大街繁荣依旧，一个日本人给予了几乎相同的描述，但这条大街有了许多“现代”因素。他从东门入城，看到街上竖有写着“向右手走”的交通牌，身着制服的人指挥交通。[40]

各种资料显示，20 世纪以前地方官员很少控制集市、市场、小贩和店铺。例如，有集市的时候，小贩们就会聚集在街头招揽顾客，这些小贩给集市带来了活力。由于街头远离官府的控制，这给予人们分享这一空间的机会，居民们尽其所能地使用街头。结果商人和小贩总是为使用街头的空间而争斗，店铺以其招牌、幌子、货摊、桌椅等把它们的“势力范围”伸展进入街道，那些“大而怪”的招牌和幌子跨越街道两边，重重叠叠，以至人们难以辨认上面的字迹。[41]这种场面亦成为城市景观和商业文化的一部分，也显示了商业竞争的激烈。不过，成都商人仍然保持着相互协作的传统，如夏天各商铺都统一行动搭凉棚以避酷暑，一首竹枝词记载了这种活动：“万商云集市廛中，金碧辉煌户户同。春暮日长天渐热，凑钱齐搭过街蓬。”[42]一张 20 年代的老照片显示了这样一幅街景（见插图 2-9）。

## 日常空间：家与邻之间

成都的普通家庭很容易使用街头公共空间，这与人们的居住模式密切相关。在早期近代欧洲，像热那亚、巴黎、爱丁堡等城市都“朝着垂直方向扩张”，即在这些城市里，房屋总是尽量往高处伸展，多达“五层、六层、八层乃至十层”。[43]而成都则与大多数中国城市一样，房屋多平行发展，一般一层或两层，人们的住家与街面经常只有一个门槛之隔，因此街头的商业活动很容易与市民的日常生活联系在一起。许多居民实际上住在“铺面”里，这种临街的房子许多都作为店铺，因而得名，但铺面里亦有大量的一般住家户。[44]他们不用走远便可到街头市场购物，甚至许多日用品跨出门槛在屋檐下的货摊上便可买到。一位旅居成都多年的英国人徐维理写道，每当晚上，在他所住的“小巷两旁已打烊关门的商铺前有许多小摊，点着一盏昏暗的油灯，橙子和花生整齐地码成一堆，香烟可成双成单地卖”。[45]

成都居民把街头作为他们日常生活的空间，他们的房子与街头接近，因此他们的日常生活经常就发生在街头。[46]成都居民的住所有公馆、陋室和铺面三种类型。公馆一般坐落在城北和城南，有围墙和门房，大多是富户和大家族居住，巴金的《家》便对这种公馆有细致的描述。有时公馆也可被多个家庭共住，不过这种公馆多称“大杂院”。陋室散布在全城各处，但大多集中在西城，为下层人民住所。铺面则在每一街道的两旁，或为民居或出租给店铺，在东城商业区这种房屋多用作店铺。[47]

住在街道两旁的人们在他们的门口和街边从事各种活动（见插图2-17、2-18）。如果他们有事找邻居，只要跨出门槛便可。不管是日常事务，还是紧急情况，他们都可以很快请到邻居帮忙。邻居之间一般的日常用品也可以借进借出。如果哪位居民感到无聊，他只要走出门就可以与邻居们闲聊。在街边的住户基本不存在隐私，为了让阳光和新鲜空气进入简陋的房屋，面朝街道的门总是开着，好奇的路人也可以瞥一眼屋里的风光。哪家哪户有任何事情发生，无论好坏喜忧，瞬间便可传遍整个街区。居民们对小贩和工匠上门找生意并不感到烦恼。人们只需走

图 2-17 纺线的妇女。在成都，下层社会的妇女喜欢坐在门口做各种事情，因为这样她们可以借助室外的光线（她们居住的陋室一般都很阴暗），而且还可以一边做事，一边与邻居聊天。资料来源：Davidson and Mason, *Life in West China: Described By Two Residents in the Province of Sz-Chwan*, p. 75。

几步就能到街头摊点、茶馆、小店和理发店，这些地方不仅提供日用品，满足居民的日常需要，而且也是社会交往中心，人们在那里互通信息。晚清成都有六百多家理发铺，这样的地方更是人们社交和“传播小道消息的好去处”。[48]

市民们也喜欢聚集在市场、空坝、街角、桥头以及庙前庙后等找乐子。这些地方对一般百姓，无论是居民还是外来者都没有什么限制。[49]那些不去茶房戏园看表演的人，也可以邀约三朋五友，在桥头巷尾打发时间。正如竹枝词所描写的：“呼郎伴妾三桥去，桥底中间望四川”，或者是“安顺桥头看画船，武侯祠里问灵签”。斗鸡、斗蟋蟀及各种儿童游戏等活动经常在街头或其他公共空地上进行。斗蟋蟀在农历八月间最流行，小贩们把蟋蟀和南瓜花装在一个稻草编的小笼子里出售，他们

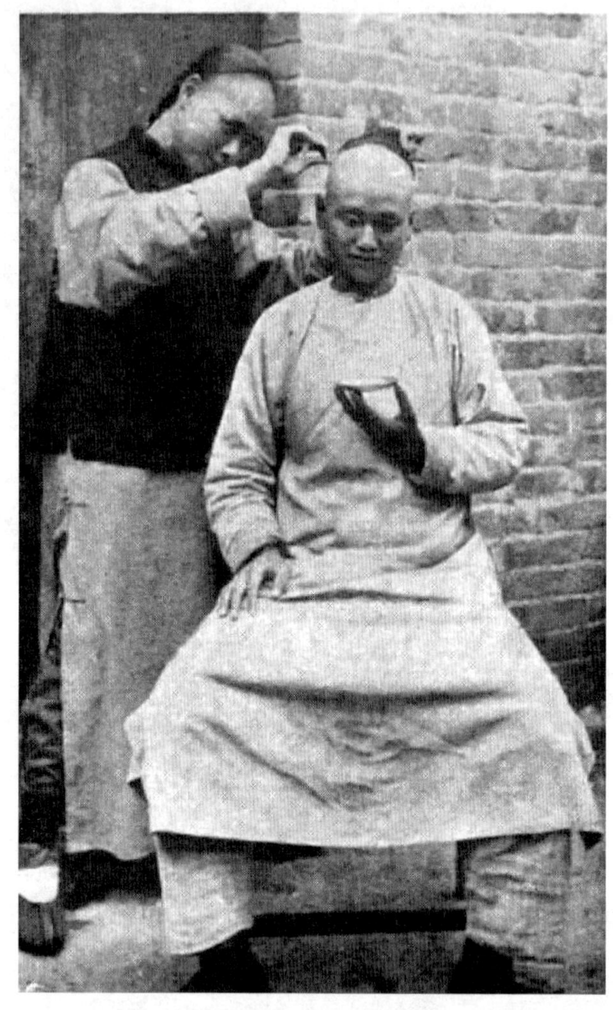

图 2-18 街边剃头匠。这些游动剃头匠可以在街边提供他们的服务。
资料来源：Davidson and Mason，*Life in West China：Described By Two Residents in the Province of Sz-Chwan*，p. 89。

总是吸引不少小孩儿争相购买。三教九流聚集在新南门附近的“扯谎坝”（见地图3），那里成为江湖艺人、杂耍人、卖打药者、诈骗术士等的聚集地，也成为下层民众的娱乐中心。[50]庙前空地也经常用作大众娱乐和社会活动的中心，如白塔寺、武侯祠、雷神庙等。人们喜欢在茶馆、饭店、酒馆里聚会，尤其是在节日期间，喝酒吃饭的同时也欣赏民间艺人的表演。[51]

地方当局甚至对八旗绿营的训练场地也基本放任不管。成都有东南西北四个较场（见地图3，插图2-19），除了军队操练的时间外，居民可以在任何时间使用这一空间。居民对附近的军营似乎并不在乎。日本人山川早水发现一个有趣的对比：街的一边是市民们悠闲自得的生活，而另一边较场的兵士们却在紧张地骑马射箭。西较场专为八旗兵之用，东较场则专为绿营操练之用，当街上带着弓箭和火枪的官兵骤然增多时，市民们便意识到一年一度的会操又要开始了。满城中的满营总是吸

图2-19　较场和兵营

资料来源：Wallace，*The Heart of Sz-Chuan*（1903），p. 16。

引市民们的好奇，因为“锦城东角列营房，细柳新栽护较场。每当天光初擦粉，数声军乐最悲凉”。川省的武举考试也在较场举行。除了会操和武举考试，一年中的大部分时间较场便成为市民的游乐场。一首竹枝词描述了市民是怎样使用东较场的：“两会大操东较场，风筝放过又乘凉。茶瓜买向平芜坐，演武厅前话夕阳。”[52]

街头也是孩子们游玩的场所（插图 2-20）。春天，孩子们聚集在东较场比赛放风筝，经常在风筝上画些美人或马羊等动物的图案，外人认为“最有意思的是风筝相斗”。[53]孩子们对手工工匠、小贩和民间艺人等在街头的活动非常感兴趣。木偶或猴子在街头的表演吸引许多小孩儿围

图 2-20　街角玩耍的小孩。他们可能是慈善堂收养的小孩，在慈善堂工人的照看下，他们在冬日的阳光下嬉戏。照片显示了成都典型的高墙院落。

资料来源：当时任教于四川高等学堂的美国人那爱德所摄。照片由来约翰先生提供，使用得到来约翰先生授权。

观。他们还喜欢在街头看“西洋景”（即通过一个小孔看盒子里的图片），内容多是战争场面、杂志上的外国风景，甚至所谓色情的“春宫图”，因此成年人也经常成为“西洋景”的顾客。[54]然而晚清时期，孩子们也被告知在街上碰到“洋人”时要尽量避开。一旦看到外国人走进街口，充满疑惑的父母会立即把自己的孩子拽回家。外国人经常看到“孩子们的衣服背后缝着一块绿色的补丁，上面带着一个红色的十字。这是因为人们相信外国人非常敬畏红十字，不会伤害带红十字的小孩”。显然，这种行为反映出成都居民对外国人的恐惧，这也暴露出当时成都市民的排外情绪。在辛亥革命前夕，英国总领事在其照会中表示对孩子们佩带这种红十字的关注，四川总督则表示将制定措施避免麻烦。[55]

**街头剧场** 成都街头经常用来作为戏剧表演的舞台，以低廉的价格吸引很多观众。一些流动班子甚至不用寻找真正的舞台，而喜欢在围满观众的空地上表演。地方戏是最受欢迎的娱乐形式，成都每年农历二月就会“沿街演戏”，称为“春台戏”，也称为“春戏”或“花灯”。社区、邻里或行会出钱组织这些活动。正如一首竹枝词所云：“庆云庵北鼓楼东，会府层台贺祝同。看戏小民忘帝力，只观歌舞飏天风。”人们只要寻着锣鼓的声音，就可以找到演戏的地方，聚集的观众在街道两旁站着或坐着观看表演。由于有许多妇女也出来观剧，这吸引了不少男人眼球，因此有人认为那些男人并不关心剧情，而更注意围观的女人。很多地方戏在庙堂前、行会或会馆演出，各会馆一般都有固定的戏台，被称为“万年台”，这些地方一年到头都有庆典活动。当地居民把这种演出称为“坝坝戏”，因为观众总是带着自己的凳子到街头空地或坝子里观看，据称“千余台戏一年看”，虽然这种说法可能有点儿夸张，但也的确反映了街头演戏的盛况。春戏不仅吸引了众多成年人，也吸引了小孩儿，以至于有人抱怨孩子们看戏太多，而耽误了学业。[56]

地方戏的主题通常是浪漫的爱情、历险和神奇人物的故事，也有一些英雄和美人的历史传说。地方当局很少干涉这些演出。地方戏剧把儒家的忠、孝和贞洁等观念逐渐灌输给观众，对下层民众的价值观产生了相当的影响。人类学家华英德便指出：“戏剧是中国文化和价值观的具体表现”和“非常成功的老师”。尽管当局在大城市里比在乡村用了更多的力量控制地方戏剧，但是精英们仍然对地方戏中的非正统思想无能为力。[57]正如姜士彬所观察的陕西目莲戏一样，地方戏及其相关的仪式逐渐成为“传统中国非精英社会两个最重要的公共机构”。[58]虽然大多数成都的戏曲是世俗的故事，但像《目莲救母》这样与民间宗教联系紧密的地方戏也非常受欢迎。

成都演《目莲救母》之戏，称为演“大戏”，又曰“打叉戏”。按例每年农历二月中旬后在北门外成都县城隍庙前“以巨木扎台演唱”。有略本和详本两种，前者演十余日，而后者可唱至月余。[59]演目莲戏的特点是舞台和观众经常没有明确界线，给人以身临其境的效果。如耿氏自缢一幕。“以巨木悬饰耿氏者，撑出台外。饰缢鬼者，状尤惨狞可怖，从正殿上直出，由人丛中呼啸登台。”戏中的打叉“绝技”很受欢迎，掷叉者“命中之技，不差累黍”。有时掷叉者还故意恶作剧，以纸做的叉扔向人丛，以惊吓观众。在演刀山时，“以巨桅耸立场中，桅身横束大刀百数十柄，桅顶置一木板，纵横仅二尺许，刀口皆向上。上刀山者，赤其足，以刀口为梯，蹑蹑而登，在板上作种种态”。一般在戏台外还扎有一个“游台”，每一幕结束后，必有数人敲锣打鼓沿游台一周，下一幕方开始。从这些对目莲戏的描述看，场面大、时间长、效果逼真，对观戏者有相当的震撼力，这可能便是目莲戏经久不衰的原因之一。不过，每年春演目莲戏，还因为当地人们相信，这个戏可以“祓除不祥”，如果不演的话“则凶杀之案必多”。[60]

据有些学者的研究，在中国一些大城市，如上海并“没有形成统一的城市文化风格”，[61]各地的不同种类的地方戏都能到那里演出。然而在成都，川剧无疑占有统治地位。不过其他各地的文化在成都也并非毫无位置，移民们带着他们的地方戏来到了这个城市。例如，当会馆建成或行会庆典时，就会雇一些和尚来举行祭奠仪式和演戏若干天。陕西会馆便以演戏著称，如一首竹枝词所曰：“会馆虽多数陕西，秦腔梆子响高低。观场人多坐板凳，炮响酧神散一齐。”成都人对陕西梆子很感兴趣，每有演出，观众们或是坐在长凳上，或是站着观看。一般是爆竹声响三声，演出就要开始。每个会馆演戏都有自己的规矩，陕西会馆演出最准时，如果戏班不能在爆竹响起时开演，今后将不再允许在此演戏。[62]

街头除了成为真正的演出舞台以外，也被用作学者所谓的“街头剧场”（street theaters），人们在社会这个“舞台”上扮演着各种不同的“角色”，街头成为日常生活、娱乐甚至政治抗议等活动的场所，反映出城市社会生活的“社会戏剧”。这样的“社会戏剧”展现了城市民众与公共空间之间，以及他们与街头文化之间的关系。对于外来观察者而言，街头的人们——他们的表情、语言、姿态、服装样式以及行为——是一出无穷无尽的现实生活的戏剧。真正的街头表演通过剧情与观众的结合来营造戏剧的氛围，正如姜士彬对“目莲”戏的研究所证实的，戏剧向街头或场地的扩展，对观众而言故事变得更加真实。[63]街头成为戏曲布景的一部分，从而将观众引入剧情，成为城市中每天都在上演的社会生活“大戏”的活跃角色。

## 社会空间：茶馆与文化

对成都市民来说，茶馆恐怕是除街头外最重要的公共场所。19 世纪以前，到茶馆喝茶已成为成都人的习惯，20 世纪以前，很少有官方势力对茶馆生活进行干涉。[64]有一句当地谚语说“一市居民半茶客”。如果是成都人写他们自己的城市，几乎都离不开茶馆，如李劼人的《大波》有许多场景都发生在茶馆里。沙汀在他著名的短篇小说《在其香居茶馆里》，描述了成都附近一个小镇的茶馆生活，而这篇小说也是他自己经历的再现。可以说他对茶馆是情有独钟，他甚至认为在四川没有茶馆就没有生活。[65]因而，茶馆是成都社会的缩影，它集商业空间和日常生活空间为一体。对茶馆的社会、文化和政治角色的研究，有助于对整个城市社会的理解。

从茶馆数量上讲，恐怕无其他城市可与成都匹敌。成都在晚清有 454 家茶馆，1931 年 620 家。[66]茶馆对这个城市是如此重要，以至于在华的日本情报员把其与这个城市的繁荣紧密联系在一起。当代人也觉察到成都茶客十分藐视他人，认为只有自己才配称“茶客”，只有四川才是真正的“茶国”。的确，作为茶叶生产和饮茶的发源地，他们的确有自豪的本钱。四川的茶馆、茶馆文化在中外是声名远播，并成为其传统的一部分。在 20 世纪 40 年代，一位学者将成都与华北和华南相较，发现在北方“看不见像在四川这样的饮茶之盛”。广东也有茶馆，但“那显然是为资产阶级开设的”。舒新城则发现南京人只在早晨去茶馆，而成都人却在那里待一整天。[67]

消闲商业以服务顾客为宗旨，并不一定只为上层服务，工人阶级也是他们争取的对象。[68]成都茶馆与西方的咖啡馆、酒店、酒吧间（saloons）有许多相似之处。如罗威廉所研究的汉口，茶馆“犹如伊斯兰和早期近代欧洲城市的咖啡馆，人们去那里并不是寻求保持隐私，而是享受无拘束的闲聊”。[69]与欧洲近代早期和美国的咖啡馆、酒店和酒吧间一样，成都茶馆的社会功能远远超出了仅仅作为休闲场所的意义。从某种程度上讲，成都茶馆所扮演的社会、文化角色比西方类似空间更为复杂。它不仅是人们休闲、消遣、娱乐的地方，也是工作的场所和地方政治的舞台。

**茶馆的造成** 作为一个文化和商业城市，成都需要有方便而舒适的公共场所作为人们的活动场所，茶馆便适应了这样的需求。[70]成都的茶馆数量之多，也与其特殊的自然环境有关。其一，成都平原道路狭窄崎岖，运输都靠肩挑人抬。车夫、轿夫及其他苦力需要许多可喝水、休息的歇脚之处。其二，成都井水含碱味苦，不宜冲茶，饮水多由挑水夫从城外运回河水，因而成都茶馆都挂有“河水香茶”的幌子，否则“无人登门”。其三，成都平原燃料较贵，为节约柴火，百姓人家一般都到茶馆买水，清末时约二文钱一壶。[71]来成都的外乡人便注意到，许多人家终日不举火，“在饭馆吃罢饭，必再到茶馆去喝茶，这是成都每一个人的生活程序。饭吃的还快一点儿，喝茶是一坐三四个钟点”。1997年，当我在成都进行调查时，一位老人在悦来茶馆告诉我，茶客们不愿在家里而去茶馆喝茶，因为他们喜欢“鲜开水”，但这对一般家庭来说并非易得。另外茶馆还提供额外服务，如卖热水、熬药炖肉等，方便了人们的日常生活。[72]

开茶馆当然是一种商业活动，同其他商业一样是为追求利润。成都有其十分独特的开办茶馆的方式。一般来讲不需很多资本，只要有桌椅、茶具、灶和一间屋便可开办。例如，1937 年，成都 457 家茶馆共有资本 58 400 元，平均每家仅 120 元。[73]在开张之前，茶馆老板已把厕所的“掏粪权”租给了挑粪夫，把一个屋角租给了理发匠。如果有人想在此茶馆提供水烟和热帕服务，也必须先交押金。[74]这样，这些预付定金已足够开办之资。所以有人说，只要计划得当，开办茶馆可以白手起家。一则地方新闻报道披露，一个妇女在收取了一些人的钱后，并未开办茶馆，而是携款逃走，证明这种筹款方法在成都的广泛使用。一位老茶客称茶馆一般也只允许那些参加投资的卖报人、擦鞋匠、小贩在茶馆做生意，但另一些资料说茶馆并不干涉小贩的进出，因为他们实际上有助于生意兴隆。有时人手不够茶馆会要求小贩帮忙，但小贩并不是非同意不可。[75]可能各茶馆情况各有不同，并无划一标准。开办茶馆的这种集资方式，既体现了成都一般民众进入商界的一种方法，亦反映了人们之间相互依赖的关系。

另外，像肉店、饮食摊也常靠茶馆拉生意，也愿意参加投资。人们买肉以后一般喜欢到茶馆坐一阵，在 19 世纪末 20 世纪初，吃肉对普通人家是一件大事，他们有的甚至一月才能吃一次肉。人们可以想象一个贫民去市场上买肉时的心情。他提着鲜肉来到茶馆休息片刻，在回家之前与他人共享欢悦。另外，人们在饭后也喜到茶馆喝茶。为买卖方便，肉摊和小吃摊总是摆到了茶馆门口。茶客可以请堂倌出门为其购买食物。这种小吃服务，实际上延长了人们在茶馆逗留的时间，人们不用迈出茶馆一步，便可解决肚子问题。

丰富的廉价劳动力也降低了茶馆的经营成本。堂倌的工资，一般按其所售茶的碗数来计，大约日所得在七八碗茶的价钱之间。不过，堂倌也有一些外快，如卖白开水的“水钱”归堂倌所有，且常常多于所挣工资。居民常到茶馆的灶上炖肉熬药，火夫收的“火钱”照例归为己有。其他勤杂工则按月付给工钱，其饮食由茶馆提供。[76]

茶馆较之其他生意要稳定得多，即使在经济不景气的时候，茶馆也较少受到波及。正如一首竹枝词所称：“萧条市井上灯初，取次停门顾客疏。生意数他茶馆好，满堂人听说评书。”茶馆投资少、资金回笼快而且利润不菲。茶馆老板总是对其雇工和配茶的方法保密，对其利润也是秘而不宣。[77]为了确保利润，茶馆使用了很多方法吸引顾客，一般是延长营业时间，抓住老顾客以及提高服务质量。通常茶馆的营业时间是从凌晨 5 点到晚上 10 点，但各茶馆亦按各自情况有所不同。如棉花街的太和亨茶铺地处一个蔬菜市场，菜贩一般在开市之前到茶铺喝茶，因此该茶铺在凌晨 3 点即开门营业。而在湖广会馆的茶馆则在午夜 12 点以后才打烊，以便于在春熙路、东大街一带商业繁华地区店铺工作的师徒们在关门后到此打发时光。茶馆对凌晨的顾客总是另眼相看，因为他们一般都是常客，其茶碗中的茶叶往往多于他人。另外，茶馆也尽量创造一个悦目的环境，紫铜茶壶亮可照人，桌椅整齐干净。[78]

**茶馆文化** 茶馆的名称、地点、茶具以及堂倌等都无不反映出茶馆文化。[79]在四川，过去人们一般不称茶馆，而叫“茶铺”“茶园”“茶厅”“茶楼”“茶亭”以及“茶房”等，但茶铺为最通常的叫法。事实上，今天人们还习惯说“到茶铺喝茶”。[80]茶馆取名非常讲究，都力图高雅和自然，如“访春”“悠闲”“芙蓉”“可园”等。

茶馆更竭力择址在商业发达或有自然风光或文化氛围浓厚之地。街边、路旁、桥头等地人来人往容易引人注目，当然是理想口岸，坐落在风景胜地亦是绝妙选择，商业娱乐中心也颇受人们青睐，至于庙会、市场更是茶馆的最佳选择。在成都，街边茶馆多利用公共空间，临街一面无门、无窗亦无墙，早上茶馆开门，卸下一块块铺板，其桌椅便被移到街沿上，茶客们便借此观看街景。行人往来以及街头发生的任何小事，都可以给他们增添许多乐趣和讨论的话题。一首竹枝词描绘了花会附近的茶客们："久坐茶棚看路口，游人如织不停梭。"环境对茶馆生意十分关键，在公园、庙宇中的茶馆总是不愁客源，对此地方文人用竹枝词吟道："个个花园好卖茶，牡丹园子数汤家。满城关庙荷池放，绿树红桥一径斜。"又如："文庙后街新茶馆，四时花卉果清幽。最怜良夜能招客，羊角灯辉闹不休。"[81]这些竹枝词把茶馆的兴隆景象描绘得真实生动。

公园是成都茶馆的集中之地。望江楼是成都最具代表性的建筑之一，以其巍峨的结构和独特的位置（坐落在江边）而为成都人所钟爱，远行者多在此别离亲友。这里还有著名的薛涛井，因此这里的茶馆凭借赏心悦目的环境和得天独厚的泉水招徕顾客。少城公园也是游人如织之地，其四座茶馆，都借树荫放置茶桌茶椅，占地不小。茶馆几乎成为各个公园的中心，在中城公园茶馆占据了北面的大部分，有人说支矶石公园整个就像一家大茶馆。而城外的一些茶馆以其悦目的环境招徕许多顾客。[82]

繁荣的商业区当然也是茶馆的集中地。劝业场是成都第一个商业中心，著名的悦来茶馆便坐落在此。花会是每年成都最热闹的公共聚会，位于二仙庙和青羊宫之间的空地成为巨大的市场和展览地。据称有上百家茶馆和酒店在此搭棚营业。有资料称那里每天顾客达十多万人。[83]但花会结束后，这些茶棚就被拆除。

19 世纪和 20 世纪初的成都，人们以茶馆为娱乐中心，当然对民间艺人来说，茶馆也是他们极好的舞台。茶馆中的精彩表演反过来也吸引了更多的顾客。成都早期的剧场都产生于茶馆，开始茶馆提供场地给演出班子，之后茶馆成为固定的舞台。这种状况与上海不同，根据顾德曼（Bryna Goodman）的研究，上海的剧场从会馆的舞台演变而来。由于成都茶馆大多面向街道，唱戏和锣鼓声总是吸引路人停下观看。许多人并不进入而是站在外面当免费观众。可园是成都第一个商业性剧场，1906年由过去的咏霓茶社改造而来，随后悦来茶园、宜春茶园、第一茶园等茶馆兼剧场相继建立。由于宜春茶园和第一茶园门对门在街的两边，锣鼓声彼此相闻，刚好应了中国的一句老话：“唱对台戏。”这也引起一家地方报纸的感叹：“由此足见茶馆竞争之烈。”[84]

四川茶馆的茶具和家具也别具一格。茶具一般由茶碗、茶盖和茶船（即茶托或茶盘）三件组成，这也是为何川人称其为“盖碗茶”。桌椅也具地方色彩，在早期都是在路旁放小木桌，每桌四条矮板凳，没有雅座，没有茶屋，没有躺椅，因而亦无士绅光顾，纯粹为下层人民而设。之后，有靠背和扶手的椅子开始在茶馆使用，使人们坐得更舒服，[85]当然也延长了他们坐茶馆的时间。

成都茶馆产生于城市独特的自然社会环境，20世纪初改革之前，茶馆较少受到政府之影响。长期以来，茶馆为各个不同阶层的人民提供服务。当然，茶馆的经营者建造了这个公共聚集的空间，他们的顾客——包括劳工、小贩和艺人等——共同创造了丰富多彩的茶馆文化。这个小小的空间提供了一个广阔而复杂的社会舞台，深深地浸透着当地的文化特质。

## 庆典空间：节日与仪式

城市公共空间是举行庆典仪式的极好场地，一般街头的表演总是强烈反映出地方文化的特色，吸引了大量的观众。任何个人、社会团体和组织都可以在街头举行这类活动，不需要当局的许可。戏剧、游行、庆典等街头表演反映了不同阶级和社会集团的互动关系，正如克利福德·吉尔兹所指出的："仪式不仅仅是一种表达，而且是社会交往的一种形式。"这类活动需要大量的金钱、劳力、协调和沟通。正如一些学者所指出的，社区共同体利用节日活动去建构地方团结和秩序的形象。庆典仪式还表现了宗族对地方社区的控制，以及地方社会与国家文化的关系。[86]街头的庆典有的反映了宗教信仰，有的提供了娱乐，有的具有经济功能，有的防灾祛病，有的与自然和环境有关，有的同社会习俗相连。因此，公共庆典是培养城市市民身份认同最有力的工具之一。

成都所有的庆典仪式不外乎三种类型：家庭和宗族、街头和邻里、社区共同体。这几种类型，特别是后两种，经常相互交叉。例如，以家庭为单位的庆典也包含了邻里，以邻里为单位的庆典也包括了许多家庭。即使那些由富人组织的活动，一般也并不排斥非居民和穷人参加。所以，乞丐们经常可以在富人的家庭庆典中吃饭看戏，甚至接受钱物。实际上，组织者乐于敲锣打鼓吸引更多的人参加庆典，因为参加的人越多，证明活动越成功。这种活动也是家庭、街道和社区在财富、声望和组织能力等方面的一种竞赛。

**以家庭和宗族为基础的庆典**　任何家庭和宗族都可以使用街头和公共场所举行活动，这已经成为大家认可的社会习俗。像婚礼、葬礼

（见插图2-21、2-22）和庆祝孩子出生等活动，通过在公共空间的表现，家庭基本上把私人的庆祝变成了公共庆典活动。送葬虽然是在办丧事，但也经常演变成一种公共娱乐。举办者希望从其排场中，从街边大摆筵席和唱大戏中，尽可能地吸引更多的围观者，来展示死者和死者家庭的荣耀，这也是人们经常把婚礼和葬礼一起称为“红白喜事”的原因。所以有人评论道：“本是哀场，居然戏剧，诚送葬之特别大观也。”[87]在成都，人们经常可见送葬的行列穿过大街，一位目击者记录了他所见的场面：

前方全堂执事不足异也，继见僧十余人，各披袈裟、捧香而

图2-21 举行婚礼的队伍敲锣打鼓地穿过街头。长卷风情画《老成都》局部。
资料来源：根据原作翻拍。作者：刘石父、李万春、谢可新、潘培德、熊小雄、孙彬、张友霖。使用得到作者授权。

图2-22 丧礼队伍穿过街头。长卷风情画《老成都》局部。
资料来源：根据原作翻拍。作者：刘石父、李万春、谢可新、潘培德、熊小雄、孙彬、张友霖。使用得到作者授权。

来，后继所谓孝义会之锣鼓家事，喧阗闹嚷。是亦送葬习惯，亦不足异。最特别者，孝义会后照戏上伴带方披巾，各色短挂，佩短刀一、截雉尾一之形状四人（俗名值公曹），四人后扮鸡脚神，其凶恶状亦如城隍庙内所塑者。后有土地公婆，并肩而行。土地穿麻布袍，极穷酸状态。土地婆无何等装束，惟淡扫浓眉，如乡妇而已。土地后灵柩至，柩旁扮童男女二，童男湖绉大领礼衫，形颇不恶。童女则着意艳妆，红白刺人，其娇羞不语情形，又似欲动人怜者。男女中一人手各执云（纸造的）一张，拥护童男女之首，一若恐风雨不情，或有摧残也者。[88]

这种活动经常把鬼、神和人糅合在一起，许多场面和人物是基于地方戏剧及民间文学的故事。[89]在成都，葬礼一般要请和尚或道士参加，送葬的队伍吸引了大量围观人群。[90]丧葬仪式是家庭希望得到更多社区注意和参与的一个很好的事例。

其他以家庭和宗族为单位的庆典活动还很多。阴历七月十五，人们庆祝盂兰盆节并迎城隍，活动延至深夜。在清明节人们祭祀已故亲人，敬祖和扫墓。武雅士（Arthur Wolf）对神、祖先和鬼的崇拜仪式进行过系统考察，据他的研究，神总是与社区有关，其中心是庙宇；祖先崇拜与宗族有关，其中心是祠堂；而鬼的崇拜则与社区和宗族两者皆有关联。因此，上述送葬队伍实际反映了这三方面的相互关系。[91]阴历九月初九“吃九皇斋”，各家无论贫富皆“祈富消灾惬素怀”。各餐馆和食品摊子都打理干净炉灶、锅盘碗盏，贴上黄条，在以后的九天（有的半月甚至更长）戒荤，并焚香磕头。家家户户在门上贴对联，从一幅晚清的画上，我们可见一副对联是：“十位、十帝、十刹轮回□，九天、九皇、九日斋戒愚。”[92]

春节庆典可以由许多层次举行（家庭、邻里和社区），春节既是中国传统最重要的节日，也是大众文化最完全的表达。[93]节日期间，街头展示新的面貌，卖门神、“喜钱”、香烛的小贩在街上摆摊吆喝。[94]像在西方国家一样，节日也给成都手工匠“极好机会去证明他们的传统技术和价值”。沿街的房屋和商铺也带给城市节日的气氛，春联和圣谕贴在门上（见插图2-23），“每扇门看起来像新的一样，尘埃一扫而净，还贴上五张红纸做成的‘喜钱’”。另一记录称，人们还在门神前焚烧喜钱以求来年发财，称“火烧门前纸”。这些活动也出现在竹枝词中：“家家门户焕然新，都贴喜钱扫俗尘。红纸五张装体面，柴门也自见新

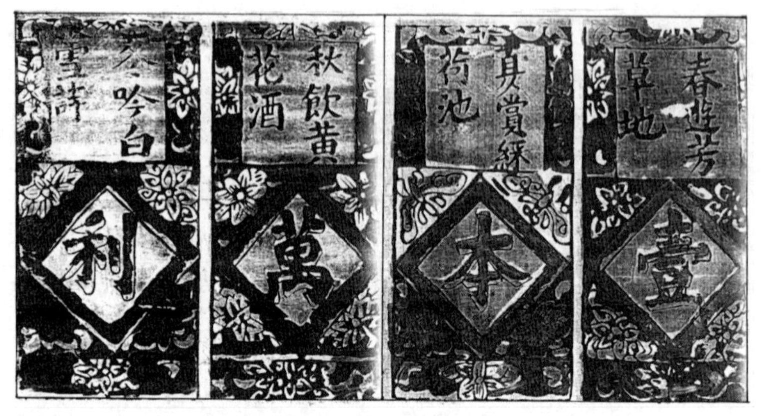


图 2-23 一对门联。这些装饰性的门联一般在春节前贴出，表达了主人的心愿。
资料来源：Graham，“Religion in Szechwan Province.” p. 154。

春。”[95]传教士记录了这时街上的人们：

> 在街上人们都带着笑脸，挥动着宽大的袖子，行人都停下相互问候。穿着绸长衫和戴着红流苏帽的仆人忙着分送其主人的贺卡，店东们踌躇满志地漫步街头，小儿们手戴镯子和挂着狮子、金佛像等饰品。最引人注目的是三三两两的小姑娘，穿着五光十色，面色粉红，头发扎向一边，额前飘着刘海儿，真像仙女一般。[96]

春节期间人们喜欢户外活动。这时春天快要来到锦江河畔，穿着一新的男女们在街上互致节日的问候，如词云：“锦江春色大文章，节物先储为口忙。男客如梳女如篦，拜年华服算增光。”放鞭炮是节日最重要的娱乐，“街头爆竹响愁人，肖像桃符彩换新。堪笑成都迷信久，年年交替说门神”。正月初一早上人们相互拜年祝福，然而也有许多人将“贺春名签，多贴大门，不见主人而去”。春节给孩子们带来了无限的欢乐，他们也使这个城市增添了热闹的气氛，“儿童行乐及新正，击鼓敲锣喜气盈。风日不寒天向午，满城都是太平声”（见插图 2-24、2-25）。各种民间艺人在街头表演，据称是“清唱洋琴赛出名，新年杂耍遍蓉城。淮书一阵莲花落，都爱廖儿《哭五更》”。在正月十五的晚上，人们习惯性地“偷”邻人菜园的蔬菜作为晚餐，当地称之为“摸青”。[97]如果说平日这种行为是非法的话，那么在正月十五这一天“摸青”则被视为理所当然。

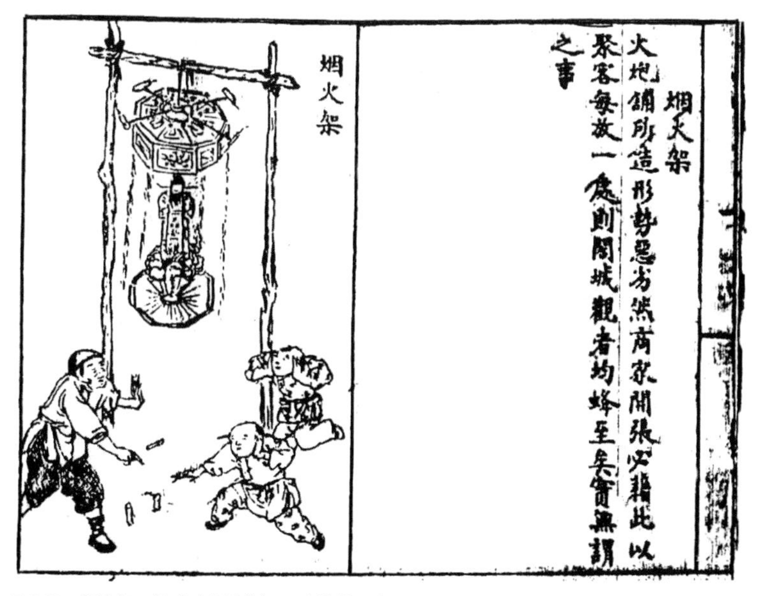


图 2-24 烟火架。据《成都通览》，“火炮铺所造，形式恶劣。然商家开张，必借此以聚客。每放一处，则阖城观者，均蜂至矣。实无谓之事”。我们可以看到，傅崇矩对商铺开张放火炮很不赞同，透露了改良者对许多传统习惯的批评态度。

资料来源：傅崇矩：《成都通览》，第 3 册（1909－1910 年印），114 页。

图 2-25 扯响簧。这是过去成都小孩儿经常玩的玩具之一，直到 20 世纪 60 年代仍然十分流行，可惜今天一般只有杂技演员用作表演了。据《成都通览》，“响簧以竹为之，用绳扯之，其声甕甕。小儿过年，争相购买。每逢腊月十六日起，四乡之业是者，均入城开售”。这里也说明此类物品大多由乡村农户制作，然后入城销售，从一个侧面反映了城乡的依赖关系。

资料来源：傅崇矩：《成都通览》，第 3 册（1909－1910 年印），116 页。

商店一般在大年三十关门，春节后开门时间取决于其经济状况和所择“吉日”。一些小铺在正月初一便开门营业，大部分在正月初五，有的甚至迟至正月十五。当春节后店铺重开，都要敬财神、放鞭炮和在匾上挂绸。一些大店每天多下一个门板，称“提门”，直至若干天，甚至十几二十天后全部门板下完，称“大开门”。当大多店铺关门贺年时，小贩却忙着一年中最兴隆的时刻，他们向街上的行人兜售各种水果、坚果、糖果、脸谱和图画等。像衣服、食品、民间工艺、火炮制作等领域的各类工匠、生意人，都利用春节展示其技术和销售其产品。春节也为曲艺、杂耍等江湖艺人提供了演出的舞台。[98]因此，春节亦是城市繁荣最重要的表现。

庆祝节日总是夹杂着宗教崇拜仪式。当春节临近，人们在阴历十二月二十四拜灶王爷，据说灶王爷在年前要上天去给玉皇大帝磕头，在除夕返回，人们则彻夜不眠，曰“守岁”。正月初一清晨，各家各户、各商店开门迎东来的财神。各店铺都换上了新门神，店内的尘埃扫除一净，以把过去一年的不幸一同抛弃。传教士裴焕章（J. Vale）注意到：“在众神中，门神为主，其为各阶级所供奉。”（见插图2-26、2-27、2-28）节日期间，家家户户都备酒和鸡供财神和土地神，烧香磕头，说吉利话，如一首竹枝词描述：“只鸡尊酒算奇珍，祭罢财神又土神。只恐旁人忘忌讳，不祥语至最堪嗔。”正月十五后，人们聚集南郊举行“迎喜神”的活动。由此可见，大众宗教仪式成为人们节日庆典的重要部分。[99]

**以街邻为单位的庆典** “街道”可以看作一个实质性的单位，但“邻里”的概念比较模糊，大概包括居住在同一社区和街道的人们。[100]有的邻里有自己的庆典风格，表现出他们原籍的风俗习惯和文化背景。例如，牛市口的居民舞“草龙”防止病灾。他们沿街游行和到庙里去许愿，在寺庙和家户的祭坛祈祷，各家各户则以赠烟和茶作为对耍草龙人祝福的报答。这是一种独特的驱邪和祝福方式。[101]

有的街道和社区组织的活动却是为家庭服务的。例如阴历三月初三是传统的娘娘会，“省城之延庆寺、娘娘庙各处，演剧酬神”。其中的高潮是“抢童子”，会首把几个木头人（代表童子）扔向人群，“抢得童者，即于是夜用鼓乐、旗伞、灯烛、火炮，将木童置于彩亭中，或用小儿抱持，送与亲戚中无子女者”，此谓“送童子”。被送的人家会

图 2-26　灶神。一般是每年除夕更换。

资料来源：Graham，"Religion in Szechwan Province，" p. 158。

图 2-27 门神。左幅是美国葛维汉博士 20 世纪 20 年代在四川所收集，右幅是作者 1997 年在成都购买的，中间经历了这么长的岁月，却惊人的相似，反映了大众文化的持续性和生命力。
资料来源：Graham，“Religion in Szechwan Province，” p. 159。

“肆筵宴宾”，比真正得子者还要热闹，有接童子费至“数十至百金者”。对那些参加“抢童子”的人来说，其目的是图个吉利和享用盛宴。“送童子”的形式可以各有不同，有的用彩亭抬一南瓜。这项活动也可在冬天进行，如春节期间，人们欢悦瑞雪，做一雪人以锣鼓送到邻家，称“送雪童子”。[102] 这种送童子的活动，最能反映邻里关系，表现了同一社区的人们一种相互依存的纽带和感恩心情。

有些庆典活动的组织者是希望帮助人们克服恐惧。过去人们经常把

图 2-28　这是一座公馆大门上的门神。
资料来源:《通俗画报》，1912 年第 29 号。

他们的命运与大自然联系在一起，任何突发的自然现象都可能引起他们的惊慌。[103]当旱灾发生时，人们进行传统的求雨活动。他们认为龙是雨水的主宰，在街上搭起龙的祭坛，以大缸存清水，里面放入柳条枝。有时，小孩儿还把他们的狗打扮成人样，在人们的欢呼声中牵着狗穿过街头，因为当地的一条谚语称“笑狗要下雨”。[104]实际上，求雨成为一个传统的庆祝活动，而无论是否真的有旱灾发生。在夏天，求雨的队伍穿过街头，称“建醮请水”，我们可以发现不少此类活动的详细记载，以下便是其中之一：

> 建醮请水本为成都习惯，昨七号午前十二钟记者至总府街忽闻锣鼓声喧，旗帜飘扬，见前面有黄纸牌数道，写法不一，大致均系“建醮求福”等意。牌后又有旗帜、统伞，夹以细乐。细乐一过，又有十数丈长布乐棚一道，川北锣鼓在内，杂以查盘。此后有身披红衣、口吐长舌而面分五色者，有头戴纬帽白顶、身穿长褂者，其余吃烟鬼、赌钱鬼、矮子鬼、马面、牛面，种种奇形，难以枚举。更有奇者，有一人双手用绳背缚，插一处死刑标子，系所扮《药茶记》一戏。又马上扮一女角，名《汝南寺送亲过府》（即《聊斋》之《辛十四娘娘》）。后随锣鼓、细乐二起，狮子龙灯二起，平台四架，一、扮一老生，一小武生，系杨雄、武松在《酒楼设训》；二、戴将军盔武生，一马弁，系《周玉吉失岱州》；三、内坐一小旦，一小生，系为《放裴》；四、内坐一疯和尚，系戏之所谓《攻痨虫》。平台过毕，有来各色肥马十数骑，均上乘小孩，有穿和尚衣者，有鼻上擦白者，各有护随数人，上罩红伞。后又龙灯一起，惟耍尾节者，面擦燕脂，头挽云髻，身着女衣，欲行不前，

> 欲退不后，街人见之，无不含笑。逾时，火牌前行，銮驾在后，值日功曹俱各乘马，细乐大作，香烟缭缭。后来十六抬明轿一乘，上坐黄盔、黄甲，手持金鞭，左立童男，右立童女，即俗所谓《斗口王灵官》是也。后抬一亭，内立大磁瓶一个，有道士十数人捧文书，十数人均立，各尾随其后，谓之请水。[105]

整个仪式都是人们理解和共享的一种文化，在这些仪式中，我们可以看到宗教的界限并不明显，佛教和道教可以间杂。这种活动不需要表示对某一宗教信仰的忠诚，其形式也无一定之规，例如在顺城街的求雨活动中的一些角色，如驼背、瞎子算命先生、判官、猴子和钟馗，在总府街的求雨游行中就没有。[106]实际上，这些活动不仅仅是求雨或宗教仪式，而且是一种大众娱乐，总是吸引不少参与者和大量的观众。

## 社区自治：共同体意识

然而，以家庭、邻里（或街道）为单位的庆典往往局限在一个相对狭小的范围之内，以社区为基础的庆典仪式则拥有更大的空间和更多的参与者。当然，如前所述，有些活动的层次和群体时有重叠交叉，家族、邻里（街道）、社区的活动常常不能很明确地区别开来。“邻里”和“社区”的概念也很模糊，尽管前者更接近于实际空间，后者与社会空间和人们的居住模式联系更为紧密。由邻里和社区组织的活动强化了居住者之间的社会联系。在中国城市社会里，有各种自治组织承担着各种公共的庆祝活动，根据华若璧（Rubie Watson）的研究，宗祠——无论在城市或是在乡村——不仅作为宗族举行仪式的中心，而且是社区生活的重要部分。但是，在成都，宗祠的活动并未延伸到社区，而社区组织却扮演了重要角色。

如果说祖宗崇拜是家庭中最重要的仪式，那么神的崇拜对社区却至关重要。神的崇拜一般有两种形式：个人和集体。对前者来讲，人们希望无所不能的神能保佑他们；而对后者来说，社区成员参加神的生日庆祝，则反映了社区认同，因此拜神成为一个社区的集体活动。根据斐利民（Maurice Freedman）、芮马丁（Emily Ahern）、武雅士、戴德安（Donald R. DeGlopper）、郝瑞（Stevan Harrell）、朱迪斯·斯特劳奇（Judith Strauch）、华若璧等人类学家的研究，这个活动主要是提供祭品和组织演戏。[107]社区或宗族组织戏曲和木偶戏，为神和街民表演，这种活动便是社会共同体和谐的一种表现。在19世纪台湾的一个小城，一条主要街道由街的栅门分为若干段街区，每年每区轮流负责组织敬神活动，各户都参与其中。[108]可见，以街道为单位的庆典活动实际存在于中国各个地方，只是可能它们组织的方式各有特点罢了。

像偏远乡村和小城一样，作为省城的成都实际上也是一个高度自治的社会，市民在由地方精英引导的非官方组织的社会中生活。在成都，街道不仅是交通、商业和娱乐的需要，而且是邻里凝聚的基本单位。精英卷入到社区生活的各个方面，从节日庆祝、公共卫生到慈善事务、道路维修。在一定程度上，街道连接着社会生活，成都街道的结构促成了这样一种凝聚力。在清代，成都划分为若干区，每区有一“领役”总司该区事务，下设“街班”负责一条或若干条街的民事，另有“海察”维持治安。[109]此外，各街还雇有更夫守夜。居住在同一条街的人有一种特殊的“情结”，或许可称为“街坊情结”，人们相互视为“街坊邻居”，经常互相帮助。他们的关系是如此的密切，以至于人们常说“远亲不如近邻”。[110]

许多庆典和仪式都来源于这种社区意识。考察这些活动的组织和参与，将有助于我们更深入地理解邻里和社区的关系。这些活动的举行可以有各种动因：民间传统、大众娱乐、黄道吉日、宗教仪式等。例如，阴历正月十六成都民众参加“游百病”活动，将民间传统与公共娱乐结合起来，以此除病去灾。游百病须登高，但成都没有山，市民们便登城墙，由此又吸引了许多小贩、算命先生、卖打药者在城墙上摆摊。这项活动的起源并不清楚，但人们的广泛参与既反映了人们对疾病的恐惧，亦显示出对公共活动的渴望。从其结果来看，这项活动既是社会交往，又是身体锻炼。[111]阴历五月初五端午节是一个在更大范围内变成公众娱乐的社区庆祝活动。节日期间，人们在门上挂中草药以赋予其驱邪的愿望，社区组织龙舟竞渡，年轻人参加江中捕鸭比赛，市民们还在东较场举行“打李子”（即互相投掷李子）的狂欢。据一个传教士的回忆，1895 年的端午节，“估计有六万人参加东较场的打李子活动，那里犹如一个战场”。妇女小孩儿都穿着鲜艳，站在城墙上观看。[112]

如果说有些庆祝方式只是地方性的，各地风格不一，但所庆祝的节日却经常是全国性的，反映了地域文化和国家文化之间的关系与文化的统一性和独特性共存的事实。在成都，全国性的节日经常带有浓厚的地方特色，如春节、城隍出驾、清明节等便很有代表性。这些节日显示出社区怎样开展公共生活，在多大程度上享有自治，以及自治社会中人们之间的相互关系。

**春节的庆祝**　春节不仅是家庭的重要节日，也是社区的重大活动。在正月初九，当人们敬“文财神”（又称“赐福天官”）时，各街的街首便开始办会（又称“上元会”），沿街向各户“化钱”。用筹来的钱在街上搭拱形的“白果灯”，下面可敬神和演灯影戏。这也是人们“求福”的一种形式。各街还会举行一次全部街众参加的盛宴，并资助狮子龙灯表演。[113]

节日期间，街上挂着五彩六色的灯笼，正月十五的元宵节实际成为一个“灯会”。这期间，无数美丽的彩灯装饰着成都，人们眼前是一片壮丽的景象。一名传教士写道，看灯的人们“拥挤在节日的街头，各街举目皆由粉红和红布妆裹”。节日的灯笼成了街头文化的一部分。灯笼一般由各色绸子和纸做成，形态各异，五彩缤纷，有各种花和动物等，人们用其来装饰门面。在主要大街，“搭有横跨街头的台子，每隔一段一个，上有寓言中的人物，放有许多盆栽的花卉，有灯、烛和镜子”。还有许多用竹子做成的动物形象，如大象、狮子和梅花鹿。[114]灯会吸引了许多观众，正如一首竹枝词记述：“元宵灯火敞玲珑，锦里繁华入夜中。最是无知小儿女，出门争看爆花红。”同时，一个灯市在府城隍庙和科甲巷各街举行，真是“万烛照人笙管沸，当头明月有谁看”。许多男人也借机上街看那些穿着鲜亮的女人，一首词讥道：“六街莺燕带娇声，朵朵莲花数不清。到底看灯还看妾，偎红倚翠欠分明。”[115]

灯会中最热闹的是“耍龙灯”，又称“烧灯”（见插图2-29）。这些龙灯用彩色的长布做成，有头有尾，由两人舞狮，十余人舞龙。伴随着爆竹声的表演总是引来人山人海，他们从一条街到另一条街，所经之处，观众投钱以示嘉奖，这个表演一般直至半夜。这种活动是“岁岁皆然”，往往是“龙灯、狮戏亦各十数部，所经街道，倾城夹观，左右如堵，亦有空巷之致”。[116]除此之外，耍龙灯者还应邀到一些富人的公馆表演，如果表演精彩，他们将得到赏钱和“挂红”。巴金在其著名的小说《家》中对此有生动描述：

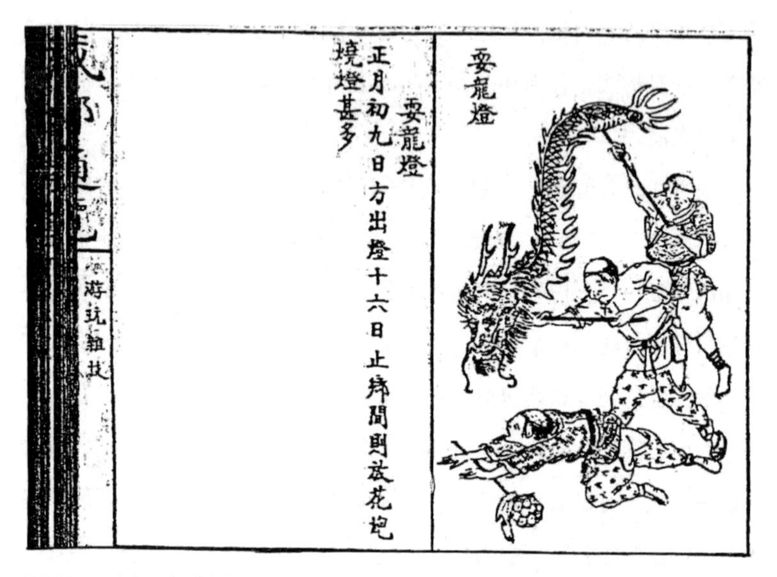


图2-29 耍龙灯。据《成都通览》，“正月初九日方出灯，十六日止。乡间则放花炮，烧灯甚多。”

资料来源：傅崇矩：《成都通览》，第3册（1909－1910年印），117页。

> 锣鼓不住地响着，龙灯开始舞动了。这条龙从头到尾一共九节，是用竹条编成的，每一节中间插着蜡烛，外面糊了纸，画上鳞甲。玩龙灯的人拿着下面的竹竿，每个人一节。前面另有一个人持着一个圆圆的宝珠。龙跟着宝珠舞动，或者滚它的身子，或者调它的尾巴，身子转动得很如意，摇摇头，摆摆尾，或者突然就地一滚，马上又翻身过来，往另一边再一滚，于是很快地舞动起来，活像一条真龙在空中飞舞。旁边的锣鼓声正好像助长了它的威势。[117]

巴金还描述了观看者是怎样故意把火炮朝着赤膊的玩龙灯人发射，虽然龙灯着火，但他们不得不忍受被灼的疼痛。一些精英指责这是一个

“恶习”，因为这个活动经常导致伤人和火灾。巴金也借用主人公的话对此严厉地批评道：“你以为一个人应该把自己的快乐建筑在别人的痛苦上面吗？你以为只要出了钱就可以把别人的身体用花炮乱烧吗？”[118]虽然这个批评反映了新知识分子对下层人民的同情，但也暴露出他们对传统民间活动的鄙视。这种对传统文化的态度不足为奇，它反映出当时新知识分子对民间文化的倾向性，类似的指责在精英的著作里几乎比比皆是。

**城隍出驾** 人们在清明举行传统的“城隍出驾”仪式，抬着城隍的塑像穿过街头，这个活动每年春天由社区组织，社会各阶层从地方官、精英到普通市民，甚至乞丐都广泛参加（见插图 2-30、2-31）。据传教士观察，“城隍出驾时，成千上万的人都出来观看”。同时用纸给“孤魂”做衣服，人们抬着这些纸衣在街上穿行，送到城外的坟地焚烧，称“寒衣会”，或“赏寒衣”，或“赏孤”。阴历十月一日城隍再次“出驾”。[119]

马克斯·韦伯注意到宗教形象在中国城市生活中的重要作用，“充分发展的古代和中世纪城市中，最为重要的是其联谊组织。因此，作为一个通例，这些城市都有相应的宗教对象为市民所崇拜，城隍便是市民通常的崇拜物”。在传统中国城市中，城隍庙是很普遍的，然而并非每个城市都有城隍庙。城隍庙一般仅建在行政中心，例如虽然汉口是华中的中心城市，但并无城隍庙，[120]而成都却是集五座城隍庙于一城，即在大墙西街的都城隍庙、下东大街的府城隍庙和簸箕街的县城隍庙（见地图 5），外加华阳县城隍庙和都司城隍庙，因为成都是省府、府城和县治的所在地。这些庙宇不仅是宗教仪式的举行地，也是娱乐场所。除来烧香的善男信女外，算命先生、小贩、江湖郎中等都在此活动。

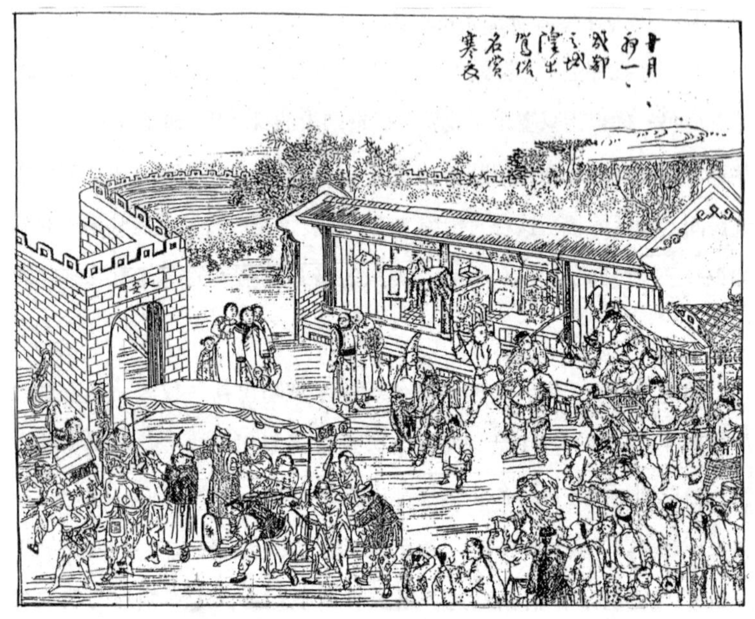


图 2-30 城隍出驾。这幅画不仅表现了这个活动的景况，而且还画出了城墙、城门、店铺等。我们可以看到乞丐们扛着牌子、幌子、布棚，并敲打乐器。关于乞丐在公共活动中的角色，见第六章的讨论。

资料来源：《通俗画报》，1909 年第 2 号。

市民视城隍为其保护神，地方官也支持城隍崇拜。姜士彬指出，在边远小城，城隍少受官方控制，而在文化教育水平较高的大城市，城隍则多代表官方的意识，“成为统治阶级意识形态的表达”。但在成都，我们发现虽然政府和官方参加城隍出驾的活动，但游行和表演的形式与其他大众宗教仪式并无本质不同，而且整个活动也是由“城隍会”这个自发机构来组织的，[121] 这种仪式与其说是“统治阶级意识形态的表达”，倒不如说是大众娱乐的一种形式。准确地说，这种现象支持姜士彬关于城隍研究的另一观点：人们对城隍的理解各有不同，取决于宗教、社会集团以及文化背景。

图 2-31 城隍出驾。长卷风情画《老成都》局部。
资料来源：根据原作翻拍。作者：刘石父、李万春、谢可新、潘培德、熊小雄、孙彬、张友霖。使用得到作者授权。

**清明节** 在成都，清明节的活动可能最能反映出社区的认同。社会人类学者研究过清明节日庆祝的意义。根据孔迈隆（Myron Cohen）对华北的考察，地方宗族组织“清明会”举行各种仪式，这种庆祝活动强调的是宗族控制，清明会使宗族行为成为一个整体。但在成都，类似的组织是“清醮会”（又称“土地会”），然而它们不是由宗族而是由社区组织的，后者负责筹办清明节拜土地神的活动。这些会几乎都是道教性质，传教士称之为“感恩会”（thanksgiving society），认为它们的庆祝活动是“感恩于邻里的安宁”。会首由本街居民选举。这种由土地会组织的庆祝活动，用杨庆堃（C. K. Yang）的话讲，提供了一种地方共同体的“集体象征”（collective symbol）。[122]

每年春天清明节之前，土地会都要集资雇道士打清醮，虽然会首会

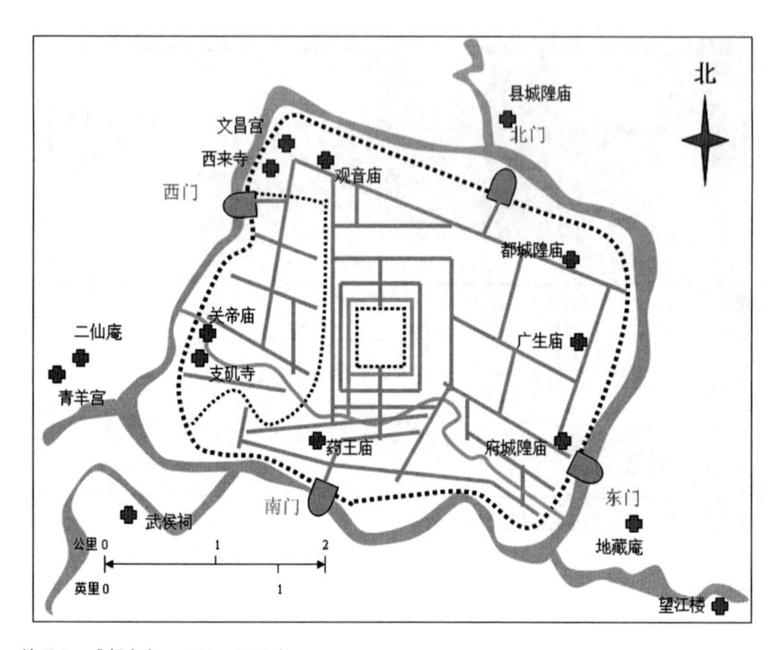


地图5 成都庙宇：1870－1930年

借机牟点儿私利，“但人们的兴趣在于借此机会在街上开怀寻乐”。庆祝活动一般要举行七天，此间从早到晚锣鼓声不绝于耳。一般来说，相邻几条街共同承担费用，共建一个祭坛。较富裕的街道还会放火炮，又称“演灯彩”，雇木偶或皮影戏班子在街上助兴，并以敬土地神为名大摆筵席，其真实目的是集街众热闹一番（见插图2-32）。一首竹枝词生动地描述道：“福德祠前影戏开，满街鞭爆响如雷。笑他会首醺醺醉，土偶何曾饮一杯？”[123]

土地会不仅仅是社会共同体内人们精神生活的组织者，而且在人们日常物质生活中扮演着重要角色。在清明节期间，土地会组织居民清理阴沟，掏挖水塘。成都周围环江且有河道横穿城市，这虽然提供了水

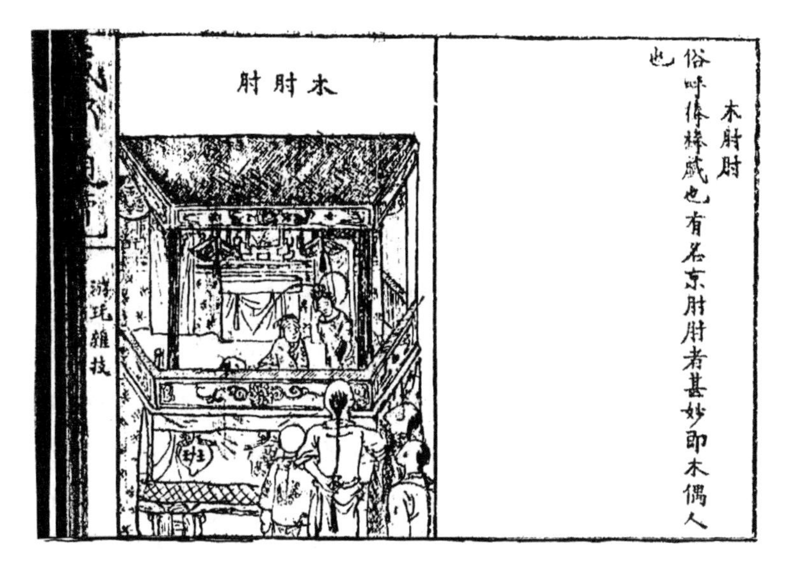


图 2-32 “木肘肘”（木偶）。据《成都通览》，木肘肘“俗称棒棒戏也。有名京肘肘者，甚妙，即木偶人也”。

资料来源：傅崇矩：《成都通览》，第 3 册（1909—1910 年印），115 页。

运的便宜和迷人的景色，但由此也带来了经常的水患。因而成都修有数十池塘，如上莲池、下莲池、王家塘和马王庙塘等，以存积雨水和废水。清掏工作必须每年进行，否则在雨季将导致水灾。然而在民国时期，地方政府控制了社区的公共生活，并剥夺了土地会的组织之权，这项事务便无人理睬，许多阴沟池塘年久淤积、坏损，逐渐废弛。再加之人口增长，城市生态的恶化导致灾害频仍。[124]

在晚清新政和辛亥革命之后，虽然土地会的影响逐渐降低，但许多事务诸如公共卫生、赈济、慈善等活动仍多由自治组织负责。慈善机构像慈惠堂、济贫会在社会福利、道路维修、清扫街道等公共事务中非常活跃。如果说土地会主要在其街区和邻里范围内活动，那么慈善团体则有更大的影响范围。开粥厂是它们最主要的责任之一，每当有饥馑出现，即立灶煮粥分发穷人。当自然灾害发生时，社会共同体仍起着积极的作用。如在1914年夏的水灾中，少城被淹，大量人家不能生火做饭，许多小贩也失去生计，慈善团体便挨家挨户登记灾情、捐钱和分发锅魁；当米价上涨而米店囤积居奇时，慈善团体在少城新开一米市以避免米价疯涨；当南门至东门的路失修，雨天泥泞，晴天尘土飞扬，也是慈善团体集资修路。在这个时期，街首仍然扮演着组织社区生活的角色。[125]

在晚清，像上海、汉口、重庆等大城市，会馆和行会是组织经济和社会生活最重要的社会机构。在上海，会馆卷入社区从经济到娱乐的各项活动；在汉口，"行会的事务和权力远远超过对会员和贸易的管理"；在重庆，"八省首事"扮演着半官方的角色，负责税收、慈善和其他社会事务。与这些城市不同的是，虽然成都有许多会馆和行会，但它们的活动大多局限在商业事务，[126]而组织社会生活则是由土地会和慈善会来承担的。它们作为一个社会单位，在人们的日常生活中比其他任何组织都更为重要。

## 注 释

1. "保甲"被知县认可，而知县通常不介入社区事务。"保甲"的组织结构如下：十家人组成一"牌"，十"牌"组成一"甲"，十"甲"组成一"保"，其管事者分别称"牌长""甲长"和"保正"。
2. 又如，晚清巴县只有235个衙吏，但总人口却超过了99万。见王笛《清代重庆人口与社会组织》，隗瀛涛主编：《重庆城市研究》，315页；王笛《跨出封闭的世界——长江上游区域社会研究，1644—1911》，362页。虽然我们不知道成都、华阳两县衙吏的准确数字，但按重庆的比例，可以想象衙吏占总人口的比例一定很小，晚清时，两县的总人口是85万。见施居父编《四川人口数字研究之新资料》，9页。另外我们还应该注意到，这些衙吏绝大多数实际上是"差役"，只是县衙雇佣的跑腿儿，诸如壮班、快班、皂班、收发、值堂、跟班等，并非能司其职的官员。关于县级衙吏最新、最全面的研究，见 Reed，*Talons and Teeth：County Clerks and Runners in the Qing Dynasty*。

3. 周询：《芙蓉话旧录》，17 页。保甲局分全城为东、南、西、北四个分局，每分局设正委一人，副委若干，“专司编联保甲，稽查户口”。而城守营则把全城分区段，“每区段设海察一人，以马兵充之，下设战守兵若干人，而受成于游击”。关于这个制度的完结见第五章。
4. Stapleton，*Civilizing Chengdu：Chinese Urban Reform，1875–1937*，p. 45.
5. Braudel，*Capitalism and Material Life，1400–1800*，vol. 1，p. 396.
6. 例如 Naquin，*Millenarian Rebellion in China：The Eight Trigrams Uprising of 1813*；Esherick，*The Origins of the Boxer Uprising*。人类学家对民间宗教在社区凝聚中所起的作用进行了深入研究，例如华琛对“天后”的分析。见 Watson，“Standardizing the Gods：The Promotion of T'ien Hou（‘Empress of Heaven’）Along the South China Coast，960-1960，” 292-324 in David Johnson，J. Nathan，and E. S. Rawski（eds.），*Popular Culture in Late Imperial China*。
7. 有些中国史专家也研究中国城市中的公共活动，见 Hershatter，*The Workers of Tianjin*；Rowe，*Hankow：Conflict and Community in a Chinese City，1796–1895*；Strand，*Rickshaw Beijing：City People and Politics in the 1920s*；Perry，*Shanghai on Strike：The Politics of Chinese Labor*；Wakeman，“Licensing Leisure：The Chinese Nationalists Attempt to Regulate Shanghai，1927-1949，” *Journal of Asian Studies*，1995，No. 1，pp. 19-42；Goodman，*Native Place，City and Nation：Regional Networks and Identities in Shanghai. 1853–1937*。在他们当中，罗威廉和史谦德尤其注意公共空间的分析。罗威廉考察汉口的公共空间从一个较广的视野——“城市生态”而做结构性的分析，如财产、立体空间结构、土地分配、居住模式、邻里构成、公共场所等。史谦德则更注意城市公共空间的使用，特别是对人力车夫的研究。见 Rowe，*Hankow：Conflict and Community in a Chinese City，1796–1895*，pp. 64-87；Strand，*Rickshaw Beijing：City People and Politics in the 1920s*，chaps. 2 and 3。
8. 对于时间的概念这里需要做一些解释。尽管整个 19 世纪城市商业和文化生活都在持续发展，但直到 20 世纪早期，街头的使用和管理情况仍然没有什么改变。与政治的变化不同，文化的变迁需要很长一段时间才能清楚表现出来，往往不会精确到某一特定的时间或事件。因此，给出一个社会变迁的时刻表，既无必要，事实上也不可能。
9. 关于中国城市的城墙和城门的研究，见 Chang，“The Morphology of Walled Capitals，” 75-100 in Skinner（ed.），*The City in Late Imperial China*；Xu，*The Chinese City in Space and Time：The Development of Urban Form in Suzhou*，chap. 4。
10. 四川省文史馆编：《成都城坊古迹考》，97 页。但傅崇矩的《成都通览》称环城是 22.3 里（上，16 页）。西方人对成都城墙也印象甚深，留下了中文资料所缺乏的一些详细记载，如 Torrance，“The History of the Chengtu Wall，” *West China Missionary News*，

1916, No. 10, p. 19; Wilson, *China: Mother of Gardens*, p. 122。特别是 1923 年奥柏林学院（Oberlin College）的地理学家乔治·哈伯德（George Hubbard）对成都城墙的描述:“像大多数其他中国城墙一样，这个城墙并无特别之处，但这项工程代表着巨大劳力和材料的使用。从外面看，是一座底面为 4 ~ 8 英尺、顶面约为 2 英尺、有 30 ~ 40 英尺高的墙，墙上有齿形缺口，即作为射击的孔。里面是第二道墙，约四十多英尺高，没有连接为一体，以便于防守时卧倒。这墙也是用石头和砖做成，但以砖为主。内墙比外墙约矮 6 英尺，顶部且平滑。内外墙之间，土填至内墙的高度并成一定的斜度，上面砌有石板和大块砖。在墙的转角处真可谓一庞然大物拔地而起，外廓以石头和砖覆盖，外墙留有孔道以便枪击和观察敌人。”（Hubbard, *The Geographic Setting of Chengdu*, pp. 12–13）

11. 山川早水:『巴蜀』, 96 页;《国民公报》, 1916 – 04 – 19; Hubbard, *The Geographic Setting of Chengdu*, p. 14。
12. 四个城楼也分别有名称:“东博济，南浣溪，西江源，北涵泽”。见四川省文史馆编《成都城坊古迹考》, 95、97 页。Torrance, “The History of the Chengtu Wall,” *West China Missionary News*, 1916, No. 10, p. 19。
13. Chang, “The Morphology of Walled Capitals.” pp. 96–97.
14. 关闭城门的时间随时代的推移也有变化，从傍晚 6 点半延到 7 点半，再延至 11 点。1928 年以后，城门在夜间不再关闭。
15. 杨燮:《锦城竹枝词百首》, 见林孔翼编《成都竹枝词》, 42 ~ 43 页; 傅崇矩:《成都通览》上, 17 页; 四川省文史馆编:《成都城坊古迹考》, 97 页。满城又称“少城”或“内城”，在西方旅行者和传教士的记载中为 Tartar quarter、Tartar garrison 或 Tartar town。见 Bird, *The Yangtze Valley and Beyond: An Account of Journeys in China, Chiefly in the Province of Sze Chuan and Among the Man-sze of the Somo Territory*, p. 45; Wilson, *China: Mother of Gardens*, p. 122。关于满城街道的蜈蚣形空间布局，从本书的几张历史地图中便可清楚地看到。
16. Bird, *The Yangtze Valley and Beyond: An Account of Journeys in China, Chiefly in the Province of Sze Chuan and Among the Man-sze of the Somo Territory*, p. 45; Elliott, “Bannerman and Townsman: Ethnic Tension in Nineteenth-Century Jiangnan,” *Late Imperial China*, 1990, No. 1, pp. 36–74. 布罗代尔便认为这是一个普遍的模式:“中国的每一个城市旁都有一个满城以作监视之用。”（*Capitalism and Material Life*, 1400–1800, vol. I. p. 338）
17. 见林孔翼编:《成都竹枝词》, 135 页, 山川早水:『巴蜀』, 98 ~ 99 页: 米内山庸夫:『雲南四川踏查記』, 149、224 页。皇城的北门称“后子门”，东门称“东华门”，西门称“西华门”，南门为正门（山川早水:『巴蜀』, 98 ~ 99 页）。我核对了手头所有资料，包括一些旧地图，没有发现南门的名字。在一些旧地图中，南门仅仅被称为

"皇城"。但是，在明朝，南门又被称为"端礼门"（见四川省文史馆编：《成都城坊古迹考》，89页）。在清覆灭之后，是保留还是拆毁城墙成为人们经常讨论的焦点问题。在争论过程中，城墙一般被认为是"落后"的象征，最后都没有逃出被拆毁的命运。关于这个问题更多的讨论，见第四章。

18. 一个传教士写道，"那个九孔的红砂石桥曾被马可·波罗所描述"（Wilson, *China: Mother of Gardens*, p. 120）。我查了《马可·波罗游记》，但马可·波罗并没有明确说明是九孔，所以不能确认马可·波罗指的就是九眼桥。据记载，九眼桥建于明万历二十一年（1593年）。马可·波罗在游记中，强调了这个城市的桥和商业之间的联系："这个城市被许多大河围绕，这些河流来自远山，从各个方向流向或穿过这个城市。这些河流的宽度从半英里到两百步不等，有的非常深。一座大桥横跨其中一条河，桥两边有石柱支撑木头盖顶，以红漆装饰，盖有瓦。整个桥面被整齐地隔开用做商铺，卖各种商品。其中一间屋最大，被官员用于收税和过桥费。据说官方从此桥每日即可收达百金。"见 Polo, *The Travels of Marco Polo*, pp. 145-146。据傅崇矩《成都通览》，晚清成都有近200座桥，九眼桥"古名洪济桥，明名锁江桥，九洞，长十四丈，宽四丈，高三丈。乾隆五十三年始改名九眼桥"（上，13页）。

19. 韩书瑞（Susan Naquin）出版了一部关于北京寺庙的大部头著作，意在"加深我们对寺庙在中国社会中所起的多重作用及影响范围的理解，从而在总体上理解宗教的重要性"（*Peking: Temples and City Life, 1400-1900*, p. xxi）。

20. 吴好山：《笨拙俚言》，见《成都竹枝词》，69页；傅崇矩：《成都通览》上，25～32页；四川省文史馆编：《成都城坊古迹考》，305页。"街"在成都方言中念"gai"。那些又小又窄的街道和胡同，成都称为"巷"（在成都方言中为"hang"），但是少城的巷子却称为"胡同"，成都的公共空地称为"坝"。

21. Hubbard, *The Geographic Setting of Chengdu*, pp. 16-17; Wilson, *China: Mother of Gardens*, p. 123. 成都又称"芙蓉城"，因为曾经全城栽种芙蓉而得名。竹枝词中有这样的诗句；"一扬二益古名都，禁得车尘半点无。四十里城花作郭，芙蓉围绕几千株"，以及"巍巍城雉足开襟，城外芙蓉密似林"（杨燮：《锦城竹枝词百首》，见《成都竹枝词》，42页；定晋岩樵叟：《成都竹枝词》，见《成都竹枝词》，60页）。成都栽种芙蓉的传统可以追溯到五代十国的蜀后主时期，1783年城墙重新建成以后，四川总督下令全城遍种芙蓉（民国《华阳县志》，1420～1421页）。因此几百年来，成都的日常生活与芙蓉花有着密切的联系。

22. Gernet, *Daily Life in China on the Eve of the Mongol Invasion, 1250-1276*, p. 49.

23. 王笛：《跨出封闭的世界——长江上游区域社会研究，1644—1911》，259～264页。

24. 依次为灯市、花市、蚕市、锦市、扇市、香市、宝市、桂市、药市、酒市、梅市、桃符市。

25. 费著：《岁华纪丽谱》，卷1，《墨海金壶》，第三函；庆余：《成都月市竹枝词》，见

《成都竹枝词》，181～184 页；刘沅：《蜀中新年竹枝词》，见《成都竹枝词》，129 页。

26. 定晋岩樵叟：《成都竹枝词》，见《成都竹枝词》，62 页；王再咸：《成都竹枝词》，见《成都竹枝词》，134 页；吴好山：《笨拙俚言》，见《成都竹枝词》，72 页。

27. 傅崇矩：《成都通览》上，25～32 页，Wilson，*China: Mother of Gardens*，p. 123。纱帽街经营各种戏装行头，因而优伶们是那里的常客。小东门街、娘娘庙、安顺桥则是买卖花的去处，人们去附近庙宇进香献花都在此购买，据说每天可售花千篮以上。刻字匠集中在盐道街，裱画师在藩司街，丝绸店集中在按察司街，会府为古董店，出售各种铜、木以及瓷佛像。棺材店多在东门附近的水井街和双槐树街，有二十几个之多。学道街则是书商的中心。米内山庸夫写到他怎样在学道街购得 82 套关于四川、西藏和长江地理方面的书。东门外的一洞桥为成衣市场。见《国民公报》，1914－07－25，遲塚麗水：『新入蜀記』，233 页；米内山庸夫『雲南四川踏查記』，147 页；叶春凯《解放前成都棺材铺一条街》，载《龙门阵》，1996（1），96～101 页。一些著名的店铺也出现在竹枝词中，如草药铺存仁堂，出售眼药膏的半济堂，出售高档中药的同仁堂等。有首竹枝词称："试问谁家金剪好？无人不道'烂招牌'"，又有"同仁丸药有谁先？数过京庄数二川。除却大街洋广货，中和号里放官钱"（定晋岩樵叟：《成都竹枝词》，见《成都竹枝词》，60～61 页；吴好山：《笨拙俚言》，见《成都竹枝词》，72～73 页）。这种现象在今天的成都仍然存在，有专门的衣物、食品、电子、建筑材料、汽车配件等一条街，而且划分更细，现在有专门的手机、电脑一条街，在饮食区甚至有火锅一条街。

28. 牛肉摊子都集中在皇城坝和铁脚巷（傅崇矩：《成都通览》上，388 页）。竹枝词对它们亦有描述："鼓楼杂货别街无，会府收荒破烂俱。布政衙前全扯谎，人山人海是江湖。"（吴好山：《笨拙俚言》，见《成都竹枝词》，74 页）

29. 东大街的夜市颇负盛名，从城守衙门绵延到盐市口。

30. 傅崇矩：《成都通览》上，275～276 页。夜市上经常有一些奇怪而滑稽的事发生。在《通俗日报》上有一篇题为《夜市上有人卖人脚板》的报道十分有趣。文中说记者在夜市上看到一个货摊上摆着一双人脚，由于上面敷满泥，看起来很像一对熊掌。他感到很惊奇，便凑近仔细观察，才发现那是正在打瞌睡的守摊学徒的脚，因而叹道："店主雇如此学徒，怎可赚钱？"（《通俗日报》，1909－09－08）这篇报道不仅描绘了夜市的众生相，亦表现了成都人的幽默。

31. 杨燮：《锦城竹枝词百首》，见《成都竹枝词》，49 页，陈三：《纱帽冠盖何处寻》，载《龙门阵》，1988（4），95～98 页：Wilson，*China: Mother of Gardens*，p. 123；Hubbard，*The Geographic Setting of Chengdu*，p. 17。

32. Hubbard. *The Geographic Setting of Chengdu*，pp. 17-18.

33. 这是成都地理环境使然。长江三峡的险峻使船只由长江下游溯水而上非常困难，每年许多船只倾覆，造成运输成本非常高，由此阻碍了西方对长江上游的开发。直至 19

世纪末，第一艘西方轮船才成功地到达长江上游最重要的港口城市重庆。见王笛《跨出封闭的世界——长江上游区域社会研究，1644—1911》，第一章。

34. 关于财神崇拜的研究见 Von Glahn, "The Enchantment of Wealth: the God Wutong in the Social History of Jiangnan," *Harvard Journal of Asiatic Studies*, 1991, No. 2, pp. 651-714。在 19 世纪的美国城市，商业的发展推动了商业文化、"商业休闲"以及"地方平民文化"。见 Couvares, "The Triumph of Commerce: Class Culture and Mass Culture in Pittsburgh," in Frisch and Walkowitz (eds.), *Working-Class America: Essays on Labor, Community and American Society*, p. 124。成都也经历了同样的过程。

35. 我只见到这篇文章的中译，标题为《马尼爱游成都记》，发表在《渝报》1898 年第 9 期上。

36. Bird, *The Yangtze Valley and Beyond: An Account of Journeys in China, Chiefly in the Province of Sze Chuan and Among the Man-sze of the Somo Territory*, pp. 349-350.

37. Bird, *The Yangtze Valley and Beyond: An Account of Journeys in China, Chiefly in the Province of Sze Chuan and Among the Man-sze of the Somo Territory*, pp. 349-350; Wilson, *China: Mother of Gardens*, p. 122.

38. 山川早水:『巴蜀』, 95 页。

39. Hartwell, "Reminiscences of Chengdu," *West China Missionary News*, 1921, No. 8 & 9, pp. 5-27.

40. 遅塚麗水:『新入蜀記』, 223、230 页。成都还有其他商业区，一个几乎同样规模的商业大街从南门入城约一里半，转右再转左，然后直达皇城的南门，"沿途两旁店铺接连不断"。另一条靠近西门蜿蜒三余里的大街，也是商店林立。北门虽无如此规模的大街，但有一条"连接许多建筑的拱形长廊，处在城市中心偏东方向，小店密集，犹如美国城市"(Hubbard, *The Geographic Setting of Chengdu*, p. 17)。

41. 傅崇矩:《成都通览》上，275~276 页。派伙计挨家挨户地去推销商品是另一种增加销售的策略，那些店铺派出的推销者经常到大户人家去找生意。我在中国第一历史档案馆的《赵尔巽档案》中看到一本《稽查出入门簿》，记录了每个到总督宅推销的访者，仅在 1909 年某两天里，就有 20 个商家去推销过商品，包括时钟、丝绸、帽子、纸张、毛笔、煤、油、药物、衣服、食品杂货、皮毛和银器等，但他们大部分都"未入即出"(《赵尔巽档案》，1909 年，卷 507)。

42. 邢锦生:《锦城竹枝词钞》，见《成都竹枝词》，164 页。一个类似的描述可见 Sewell, *The People of Wheelbarrow Lane*, p. 98。

43. Braudel, *Capitalism and Material Life, 1400-1800*, vol. I, pp. 386, 427.

44. 沿街的房屋——成都称"铺面"——几为店铺、茶馆、酒肆以及旅店所占据，这导致像东大街、城守街、学道街、青石桥、总府街等商业繁盛区的房租非常高。见山川早水『巴蜀』, 96 页；傅崇矩《成都通览》上，303 页。许多两层楼房是底层用做店铺，二层用做住家。

45. Sewell, *The People of Wheelbarrow Lane*, pp. 86-87.

46. 对城市人民的居住模式的研究开始于19世纪末，如雅各布·瑞斯（Jacob Riis）关于纽约住宅的著作 *How the Other Half Lives: Studies Among the Tenements of New York*。而在中国史的领域，学者对此问题的研究却刚刚起步，有的研究揭示了城市居民的生活空间与商业的关系。如 Rowe, *Hankow: Conflict and Community in a Chinese City, 1796-1895*, pp. 77-83；Lu, "Away from Nanking Road: Small Stores and Neighborhood Life in Modern Shanghai," *Journal of Asian Studies*, 1995, No. 1, pp. 93-123。在这里，我主要考察下层民众怎样利用街头作为他们的日常生活空间。

47. 傅崇矩：《成都通览》上，303页；巴金：《家》；《国民公报》，1917-05-21、1917-05-23。

48. 傅崇矩：《成都通览》上，380页；Sewell, *The Dragon's Backbone: Portraits of Chengdu People in the 1920's*, p. 38。

49. 自古以来，中国城市居民就喜欢街头娱乐，例如13世纪的杭州，"市民就可以在街头看到很多的娱乐表演"，如变戏法、木偶戏、灯影戏、说书和杂技等。人们还可以看到许多流行的戏曲，"看戏的人们拥挤在一起"。各种娱乐形式使城市生活"与城外农村的贫困和农民艰苦、单调、俭朴的生活形成了鲜明的对比"（Gernet, *Daily Life in China on the Eve of the Mongol Invasion, 1250-1276*, p. 55）。

50. 彭懋琪：《锦城竹枝词》，见《成都竹枝词》，131页；吴好山：《笨拙俚言》，见《成都竹枝词》，73、77页。在其他中国城市也有类似扯谎坝这样的地方，如天津的"三不管"和北京的"天桥"等。见 Hershatter, *The Workers of Tianjin*, p. 184；Cheng, "The Challenge of the Actresses: Female Performers and Cultural Alternatives in Early Twentieth Century Beijing and Tianjin," *Modern China*, 1996, No. 2, p. 200；Dong, "Juggling Bits: Tianqiao as Republican Beijing's Recycling Center," *Modern China*, 1999, No. 3, pp. 303-342。

51. 吴好山：《笨拙俚言》，见《成都竹枝词》，72页。在20世纪早期的纽约，工人阶级喜欢在他们的业余时间以跳舞作为娱乐。尽管成都的民众与纽约的市民"在街头娱乐"上有类似之处（Peiss, *Cheap Amusements: Working Women and Leisure in Turn-of-the-Century New York*, p. 167），但成都没有众人一起跳舞的传统，尽管人们喜欢欣赏表演，但他们自己绝不会在公共场所参与，而且大多数人尽量把自己同艺人区别开来，参与此类活动可能使他们有戏子之嫌。

52. 山川早水：『巴蜀』，96页；定晋岩樵叟：《成都竹枝词》，见《成都竹枝词》，64页；邢锦生：《锦城竹枝词钞》，见《成都竹枝词》，164页。

53. 一位传教士对孩子们放风筝有一段生动的描写：一个乡下孩子在城墙外河边放风筝，风筝上画着一条有红色鳞的鱼。一个在城墙里的孩子，拉着一个鲨鱼形状的风筝，上面绑有一件利器，追逐乡下孩子的风筝。两个风筝线绞在一起，城里孩子熟练地把自己的风筝线围着乡下孩子的风筝缠了几下，然后轻轻一拖，就把对方的风筝线割断了，那鱼形风筝便成为他的猎物。见 Brace, "Kites," in Brace Brockman (ed.), *Canadian School in West China*, pp. 225-226。

54. 傅崇矩：《成都通览》上，287 页；Sewell, *The Dragon's Backbone: Portraits of Chengdu People in the 1920's*, p. 18。

55. Bird, *The Yangtze Valley and Beyond: An Account of Journeys in China, Chiefly in the Province of Sze Chuan and Among the Man-sze of the Somo Territory*, p. 346; *West China Missionary News*, 1910, No. 7, p. 11. 关于四川的排外情绪，见 Wyman, "The Ambiguities of Chinese Antiforeignism: Chongqing, 1870 - 1990," *Late Imperial China*, 1997, No. 2, pp. 86-122。关于神秘魔咒的传言并非成都独有。据《北华捷报》记载，剪辫人的谣传"在整个城市里蔓延……有人看到死人正披头散发地在街上行走，有的把辫子拿在手中。表明人们对外国人和其他可疑人等的出现相当忧虑……几乎所有的孩子都在他们衣服的领子上挂了一个红色的小包，或者在黄布条上写几个字，系在孩子的头发上"（*North China Daily News*, Aug. 4, 1876, 转引自 Kuhn, *Soulstealers: The Chinese Sorcery Scare of 1768*, pp. 237-238）。

56. 冯誉骧：《药王庙竹枝词》，见《成都竹枝词》，142 页；杨燮：《锦城竹枝词百首》，见《成都竹枝词》，46、55 页；刘沅：《蜀中新年竹枝词》，见《成都竹枝词》，128 ~ 129 页；吴好山：《笨拙俚言》，见《成都竹枝词》，70 页；李劼人：《大波》，33 页；熊倬云，85 岁，作者于 1997 年 6 月 22 日在悦来茶馆的访谈记录。

57. Ward, "Regional Operas and Their Audiences: Evidence from Hong Kong," 161-187 in Johnson, Nathan and Rawski, *Popular Culture in Late Imperial China*, p. 187; Tanaka, "The Social and Historical Context of Ming-Ch'ing Local Drama," in Johnson, Nathan and Rawski, *Popular Culture in Late Imperial China*, p. 149. 例如，有一出名为《碎银瓶》的戏，讲的是晚明张献忠起兵时，一个将军与侍女的爱情故事（见《国民公报》，1912 年 7 月 31 日—8 月 5 日）。这种介于正统与非正统之间的戏，在大众中也颇有市场。

58. Johnson, "Actions Speak Louder Than Words: The Cultural Significance of Chinese Ritual Opera," in David Johnson (ed.), *Ritual Opera, Operatic Ritual: "Mu-lien Rescues His Mother" in Chinese Popular Culture*, pp. 31, 34.

59. 目莲救母载于佛经，事本出于印度，后成为中国传统故事。该戏有各种版本，情节也各异，但其基本结构是：目莲之母因违背佛规，被阎王抓到阴间施以种种酷刑，修成正果的目莲赴阴司救母。

60. 周询：《芙蓉话旧录》，61 ~ 62 页。

61. Goodman, *Native Place, City, and Nation: Regional Networks and Identities in Shanghai*,

*1853-1937*, p. 28.

62. 吴好山：《笨拙俚言》，见《成都竹枝词》，70、76页；定晋岩樵叟：《成都竹枝词》，见《成都竹枝词》，60页；杨燮：《锦城竹枝词百首》，见《成都竹枝词》，57页。

63. Davis, *Parades and Power: Street Theatre in Nineteenth-Century Philadelphia*, p. 5; Turner, "Liminality and the Performative Genres," 19-41 in MacAloon (ed.), *Rite, Drama, Festival, Spectacle: Rehearsals Toward a Theory of Cultural Performance*; Johnson, "Actions Speak Louder Than Words: The Cultural Significance of Chinese Ritual Opera," p. 29; Johnson, "Scripted Performances in Chinese Culture: An Approach to the Analysis of Popular Literature."《汉学研究》，1990（1），45～49页。

64. 中国饮茶的传统很早即为西方和日本的旅行者所注意。在他们的旅行记、调查以及回忆录中，经常描述他们关于茶馆的深刻印象。见 Fortune, *Two Visits to the Tea Countries of China*; Davidson and Mason, *Life in West China: Described By Two Residents in the Province of Szechwan*; Hubbard, *The Geographic Setting of Chengdu*; Sewell, *The People of Wheelbarrow Lane*; Brace (ed.), *Canadian School in West China*; John Service, *Golden Inches: The China Memoir of Grace Service*; 中村作治郎：『"支那"漫庭遊談』；井上红梅：『"支那"风俗』；東亞同文會：『"支那"省别全誌』卷5，『四川省』。不少美国的中国城市史学者指出了茶馆的社会功能，但并没有进行深入研究，参见 Skinner, "Marketing and Social Structure in Rural China." *The Journal of Asian Studies*, 1964, No. 1, p. 27; Hershatter, *The Workers of Tianjin*, p. 185; Rowe, *Hankow: Confilct and Community in a Chinese City, 1796-1895*, p. 60; Strand, *Rickshaw Beijing: City People and Politics in the 1920s*, p. 58; Perry, *Shanghai on Strike: The Politics of Chinese Labor*, p. 22; Wakeman, *Policing Shanghai, 1927-1937*, p. 112; Goodman, *Native Place, City, and Nation: Regional Networks and Identities in Shanghai. 1853-1937*, p. 17。对茶馆缺乏深入研究的主要困难是资料零散。中国学者也有不少关于茶文化的作品，但多限于文化介绍而非历史分析，如陈锦的《四川茶铺》、冈夫的《茶文化》、何满子的《五杂侃》等。一些外国学者已开始进行中国茶文化和茶馆的研究，如竹内实：『茶馆——中国の风土とて世界像』：内藤利信：『住んてみた成都——蜀の国に见ゐ中国の日常生活』，西泽治彦『飲茶の話』，*GS-Tanoshii chisiki*，卷3，1985年，和『现代中国の茶馆——四川成都の事例かゐ』，『风俗』，1988（4）；铃木智夫：『清末江浙の茶馆につじて』，『歷史におけろ民众と文化——酒井忠夫先生古稀祝賀紀念論集』；Walter J. Meserve and Ruth I. Meserve, "From Teahouse to Loudspeaker: The Popular Entertaincer in the People's Republic of China," *Journal of Popular Culture*, 1979, No. 1; Evans, *Tea in China: The History of China's National Drink*; Shao, "Tempest over Teapots: The Vilification of Teahouse Culture in Early Republican China," *Journal of Asian Studies*, 1998, No. 4, pp. 1009-1041。尽管西泽治彦的『现代中国の茶馆——四川成都の事

例かゐ』关于1949年以前的成都茶馆的资料，基本来自陈茂昭《成都的茶馆》一文，但他对“文化大革命”后成都茶馆的复苏有很好的观察，他恐怕也是第一位研究成都茶馆的外国学者。我自己也发表了几篇关于成都茶馆的论文，包括“The Idle and the Busy：Teahouses and Public Life in Early Twentieth-Century Chengdu,” *Journal of Urban History*, 2000, No. 4, pp. 411-437；《20世纪初茶馆与中国城市社会生活——以成都为例》，《历史研究》，2001（5）。我在研究成都茶馆时也面临同样的问题，但正如我前文提到的，成都关于茶馆的资料较其他地方为丰，许多到过那里的人留下了不少私人笔记。另外还有各种报刊资料对茶馆也有报道，同时我的研究还得益于中外旅行记，以及我自己的田野调查和访问资料。

65. 张放：《川土随笔》，载《龙门阵》，1985（3），96页；陈锦：《四川茶铺》，32页；李劼人：《大波》，43、126 ~ 127、153 ~ 155、189、251、378、414、1057 ~ 1060、1327、1464页；沙汀：《在其香居茶馆里》，《祖父的故事》，206页。

66. 到1935年有599家，一个估计称该年每天有12万人次上茶馆（其时成都人口约45万）。见傅崇矩《成都通览》下，253页；《国民公报》，1931-01-15；杨武能、邱沛篁主编《成都大词典》，731页；乔曾希、李参化、白兆渝《成都市政沿革概述》，载《成都文史资料选辑》，第5辑。根据1938年《成都导游》记载，大茶馆每天可以接待200~300位顾客，小茶馆则为几十位（胡天：《成都导游》，69页）。舒新城称茶馆约占全铺户的十分之一（舒新城：《蜀游心影》，142页）。一个1941年的政府统计显示有614家茶馆，从业人员占成都工商各业的第5位（陈茂昭：《成都的茶馆》，载《成都文史资料选辑》，第4辑，178页）。据成都茶业公会在40年代末的统计，其时成都茶馆598家（高枢年、汪用中：《成都市场大观》，110页）。另一些估计远高于这些数字，一个1942年的数字是城内外茶馆相加高达1600家以上。见姚蒸民《成都风情》，《四川文献》（台北）1971（5）。另一资料称在1949年前成都有茶馆1000多家（贾大泉、陈一石：《四川茶业史》，366页）。我尚未发现其他资料证实。如果这个数字准确，可能包括城郊。关于茶馆和坐茶馆的人数，也可见文闻子《四川风物志》，452页；薛绍铭《黔滇川旅行记》，166页。

67. 東亞同文會：『“支那”省别全誌』卷5，『四川省』，631页；林文洵：《成都人》，141页；Evans, *Tea in China: The History of China's National Drink*, pp. 7-16；王庆源：《成都平原乡村茶馆》，载《风土什志》1944（4），29页；舒新城：《蜀游心影》，142页。

68. Couvares, “The Triumph of Commerce：Class Culture and Mass Culture in Pittsburgh,” p. 124；Davis, *Parades and Power: Street Theatre in Nineteenth-Century Philadelphia*, pp. 29, 37；Brennan, *Public Drinking and Popular Culture in Eighteenth-Century Paris*, p. 312；Nasaw, *Going Out: The Rise and Fall of Public Amusements*, p. 6.

69. Rowe, *Hankow: Conflict and Community in a Chinese City, 1796-1895*, p. 86.

70. 欧洲的咖啡馆在 17 世纪产生，美国的酒吧间在 19 世纪出现（Leclant. “Coffee and Cafes in Paris, 1644-1693”; Duis, *The Saloon: Public Drinking in Chicago and Boston, 1880-1920*），但茶馆在中国则有长得多的历史，至少可追溯到宋代（Gernet, *Daily Life in China on the Eve of the Mongol Invasion, 1250-1276*, pp. 36, 46, 47, 49; Freeman, “Sung,” pp. 159-160; Evans, *Tea in China: The History of China's National Drink*, pp. 62-66）。虽然我手里尚无关于宋代成都茶馆的资料，但从费著的《岁华纪丽谱》可知，元代成都即有“茶房食肆”，人们一边饮茶，一边欣赏艺人吟唱“茶词”（卷 1，1~4 页）。
71. 王庆源：《成都平原乡村茶馆》，载《风土什志》，1944（4），34~35 页；周询：《芙蓉话旧录》，24 页。本书经常提到中国的货币单位。“文”是最基本的货币单位，大致相当于“分”，尽管不完全等同。晚清的交换率是，1 银圆等于 100 铜圆，1 铜圆等于 10 文。但是从晚清到民国，铜圆不断贬值。20 世纪初，1 银圆大约相当于 1500~2000 文，但到 20 年代，1 银圆就相当于 2000~3000 文。
72. 薛绍铭：《黔滇川旅行记》，166 页；姜梦弼，78 岁，作者于 1997 年 6 月 21 日在悦来茶馆访谈记录；杨武能、邱沛篁主编：《成都大词典》，731 页。
73. 见陈茂昭《成都的茶馆》，《成都文史资料选辑》，第 4 辑。
74. 关于茶馆的此类活动，详见第三章。
75. 陈茂昭：《成都的茶馆》，载《成都文史资料选辑》，第 4 辑，183 页：姜梦弼，78 岁，作者于 1997 年 6 月 22 日在悦来茶馆访谈记录；《国民公报》，1929-08-14；余迅，73 岁，作者于 1997 年 6 月 21 日在悦来茶馆访谈记录；王庆源：《成都平原乡村茶馆》，载《风土什志》，1944（4），34 页。
76. 陈茂昭：《成都的茶馆》，载《成都文史资料选辑》，第 4 辑，185 页；崔显昌：《旧成都茶馆素描》，载《龙门阵》，1982（6），101~102 页。
77. 邢锦生：《锦城竹枝词钞》，见《成都竹枝词》，165 页；陈茂昭：《成都的茶馆》，载《成都文史资料选辑》，第 4 辑，185 页。有人说，如果将茶、煤、人工、租金的总成本看作一个单位，则茶馆利润在二三倍之间，换句话说，茶馆对投资者的回报大概是其原始投资的二三倍（陈茂昭：《成都的茶馆》，载《成都文史资料选辑》，第 4 辑，185 页）。可能这个估计过高。1910 年，悦来茶馆的股东每 10 两银的投资获得了 1.67 两的分红和每月 0.8% 的利息。这样。这个茶馆的投资者在 1909 年的投资，获得了 20%~30% 的利润（《通俗日报》，1911-08-03），较之其他行业，有如此回报也相当不错了。当然，当经济萧条时，茶馆也会受到影响。1931 年，茶馆行会称在一季之内便有 40 家茶馆歇业（《国民公报》，1931-01-15）。不过，应当注意到这个报告的目的是要求地方政府减轻茶馆税，因此有可能夸大茶馆面临的困境。
78. 陈茂昭：《成都的茶馆》，载《成都文史资料选辑》第 4 辑，1983；崔显昌：《旧成都茶馆素描》，载《龙门阵》，1982（6）。

79. 老舍著名的话剧《茶馆》对30年代北京社会生活有极其生动的描述。
80. 陈锦:《四川茶铺》,30~31页。
81. 方旭:《花会竹枝词十二首》,见《成都竹枝词》,144页;杨燮:《锦城竹枝词百首》,见《成都竹枝词》,47页;定晋岩樵叟:《成都竹枝词》,见《成都竹枝词》,63页。
82. 遲塚麗水:『新入蜀記』,338页;《国民公报》,1918-05-08;周传儒:《四川省》,91、95页;徐心余:《蜀游闻见录》,15页;舒新城:《蜀游心影》,170页。吴虞在1938年的一则日记中写道,他与仆人出西门来到临河一茶铺,该茶铺在周日可售700~800碗茶之多,以至吴虞叹道:"成都闲游茶客之多也。"(《吴虞日记》下,775页)
83. 《国民公报》,1919-03-05;徐心余:《蜀游闻见录》,2页。
84. Goodman, *Native Place, City, and Nation: Regional Networks and Identities in Shanghai, 1853-1937*, p. 104;傅崇矩:《成都通览》上,279页;《通俗日报》,1910-02-11。
85. 陈茂昭:《成都的茶馆》,载《成都文史资料选辑》,第4辑,187页;崔显昌:《旧成都茶馆素描》,载《龙门阵》,1982(6),94页;陈锦:《四川茶铺》,32~33页;文闻子:《四川风物志》,453页;周询:《芙蓉话旧录》,24页。
86. Geertz, *The Interpretation of Cultures*, p. 168; Davis, *Parades and Power: Street Theatre in Nineteenth-Century Philadelphia*, p. 45; Grimes, "The Lifeblood of Public Ritual: Fiestas and Public Exploration Projects," 272-283 in Turner (ed.), *Celebration: Studies in Festivity and Ritual*, p. 274; Johnson, "Local Officials and 'Confucian' Values in the Great Temple Festivals (SAI) of Southeastern Shansi in Late Imperial Times," presented to the Conference on State and Ritual in East Asia, Paris, 1995; Watson, "Standardizing the Gods: The Promotion of T'ien Hou ('Empress of Heaven') Along the South China Coast, 960-1960," p. 308; Siu, "Recycling Rituals: Politics and Popular Culture in Contemporary Rural China" in Link, Madsen, and Pickowicz (eds.), *Unofficial China: Popular Culture and Thought in the People's Republic*, p. 122; Wang, "Place, Administration, and Territorial Cults in Late Imperial China: A Case Study from South Fujian," *Late Imperial China*, 1995, No. 1, pp. 33-78.
87. 《国民公报》,1916-03-18。
88. 同上。
89. 丧礼有时也与国家政治联系在一起。1908年,光绪和慈禧相继死去,成都市民得以目睹国丧的盛况。在此期间,一切红色的物品都用白纸或蓝纸覆盖,门框都挂有白布,两旁贴有挽联。连轿子上的红色都必须用白色重漆或用白布包扎。警察和士兵都带白布条,学生停课5天,禁止音乐100天(*West China Missionary News*, 1908, No. 12, p. 19)。成都市民也有幸经历了共和时期的丧礼。在1916年护国战争结束以后,一个大规模的"招魂大祭"在成都举行,全市各户都要求悬挂国旗、彩灯以及设置祭坛。一个公共祭坛设在少城公园。当"招魂大祭"开始时,上百和尚诵经超度(《国民公报》，1916 年 8 月 10 日、12 日、15 日）。公共丧礼创造了盛大典礼的新形式，但这种新形式也继承了许多传统的因素，像请僧人念经。从晚清开始，诸如此类的丧礼便经常成为一种政治反抗，近代中国历史上的许多关键事件都是以此为导火线（进一步的讨论见第七章）。

90. 有的时候葬礼和婚礼会一起举行，这在具有现代意识的人看来十分荒唐。当地报纸报道了这样一个离奇的故事：一个住在北门的刘姓女孩生了病，吃了很多药都治不好。在昏迷中，她梦见一个穿古装、留着长胡子的男人来到面前，说他是成都附近西河场的城隍，有缘娶她。女孩死前把这个梦告诉了父母，其父母认为她已经到城隍那里去了。于是他们给女儿准备了嫁妆和花轿，连同女儿的画像，吹吹打打一起送到城隍庙。一路上焚香点烛，人们拥聚在一起观看城隍结婚。精英对此批评道："此等事由，毫无价值。何物鬼子，妄肆披猖……不能不痛恨迷信者之太愚也。"（《国民公报》，1914-04-09）这个故事说明城隍对普通市民的生活和信仰影响甚大，即使当局和精英反对这种他们所认为的"迷信"活动，同时也说明人们仍然可以较为自由地利用公共空间从事这类活动。
91. 杨燮：《锦城竹枝词百首》，见《成都竹枝词》，52 页，Wolf，"Gods, Ghosts, and Ancestors," 131-182 in Wolf (ed.), *Religion and Ritual in Chinese Society*。
92. 定晋岩樵叟：《成都竹枝词》，见《成都竹枝词》，68 页；傅崇矩：《成都通览》上，552～553 页；《通俗画报》，1909（4）。画面上最后一个字不清楚（见插图 6-11）。
93. 中国重要的节日基本是以季节为基础，如春节和清明节。另一些是基于民间传统，如放生会和药王节。与大多数西方节日包含了国家仪式和宗教两方面的因素不同，中国的节日大多是在地方性的庆祝活动，而非全国层面上的活动。
94. "喜钱"是一片片红纸，又称为"喜门钱"。
95. Wilentz, "Artisan Republican Festivals and the Rise of Class Conflict in New York City, 1788-1837," in Frisch and Walkowitz (eds.), *Working-Class America: Essays on Labor, Community, and American Society*, p. 39; Grainger, "Chinese New Year Customs," *West China Missionary News*, 1917, No. 1, pp. 5-10；刘沅：《蜀中新年竹枝词》，见《成都竹枝词》，125 页；林孔翼编：《成都竹枝词》，80 页。
96. *West China Missionary News*, 1905, No. 3, p. 57.
97. 杨燮：《锦城竹枝词百首》，见《成都竹枝词》，43 页；庆余：《成都月市竹枝词》，见《成都竹枝词》，184 页；刘沅：《蜀中新年竹枝词》，见《成都竹枝词》，127～130 页；刑锦生：《锦城竹枝词钞》，见《成都竹枝词》，164 页；Grainger, "Chinese New Year Customs," *West China Missionary News*, 1917, No. 1, p. 10。
98. Grainger, "Chinese New Year Customs," *West China Missionary News*, 1917, No. 1, pp. 10-11；傅崇矩：《成都通览》上，202～203、206 页；杨燮：《锦城竹枝词百首》，见《成都竹枝词》，43 页。

99. 刘沅：《蜀中新年竹枝词》，见《成都竹枝词》，126～127 页，*West China Missionary News*，1905，No. 3，p. 57；Vale，"The Small Trader of Szchuan，" *West China Missionary News*，1906，No. 10，pp. 237–238，No. 11，p. 262；Grainger，"Chinese New Year Customs，" *West China Missionary News*，1917，No. 1，p. 8。

100. 关于邻里关系，卢汉超在对上海的研究中作了详细的阐述。见 Lu，*Beyond the Neon Lights：Everyday Shanghai in the Early Twentieth Century*，pp. 218–242。

101.《国民公报》，1929－06－11。

102. 傅崇矩：《成都通览》上，549 页；《国民公报》，1918－04—14、1919－02－08；定晋岩樵叟：《成都竹枝词》，见《成都竹枝词》，61 页。

103. 例如当月食发生，成都市民都在街头向月亮焚香叩头，人们还使劲敲打锅盆瓦罐以驱走"妖魔"，同时祠庙的和尚道士敲钟打鼓，整个城市一片沸沸扬扬（《国民公报》，1928－06－05）。

104. Grainger，"Various Superstitious，" *West China Missionary News*，1917，No. 9，pp. 13–14.

105.《国民公报》，1917－06－09。

106.《国民公报》，1917－06－13。在这样的活动中，龙总是重要的，并伴随季节而变化，如夏季拜"水龙"、冬季祭"火龙"（《国民公报》，1914－06－18）。

107. Watson，*Inequality Among Brothers：Class and Kinship in South China*，pp. 36–54；Yang，*Religion in Chinese Society*，pp. 58–80；Wolf，"Gods，Ghosts，and Ancestors"；Maurice Freedman，*Chinese Lineage and Society：Fukien and Kwangtung*；Ahem，*The Cult of the Dead in a Chinese Village*；DeGlopper，"Social Structure in a Nineteenth-Century Taiwanese Port City." 633－650 in Skinner（ed.），*The City in Late Imperial China*；Harrell，*Ploughshare Village：Culture and Context in Taiwan*；Strauch，"Community and Kinship in Southeastern China：The View from the Multilineage Villages of Hong Kong，" *Journal of Asian Studies*，1983，No. 1，pp. 21–50；Watson，*Inequality Among Brothers：Class and Kinship in South China.*

108. DeGlopper，"Social Structure in a Nineteenth-Century Taiwanese Port City"。然而，一些人类学家强调官方的介入，正如芮马丁所指出的，"非官方认可的神的存在可能导致大众信仰与官方力量的较量"（*Chinese Ritual and Politics*，p. 84）。我将在本节稍后一点讨论这个问题。

109. 周询：《芙蓉话旧录》，17 页；Grainger，"Chinese New Year Customs，" *West China Missionary News*，1917，No. 1，p. 9。根据前知县周询记载，这些人多为袍哥成员，对社会颇有控制力，加之"其时承平日久，四民各安其业，盗贼颇稀"。见周询《芙蓉话旧录》，17—18 页。成都各街两头都有栅子，由一个栅夫看守，负责夜间关闭，清晨开启。晚清时栅子在三更（即清晨 1 点）关闭，但这个时间随政治局势而变化，有时早至一更（晚上 9 点）便关闭。见《夜行规则》，《四川通省警察章程》1—9，中国第一历史档案馆藏《巡警部档案》，第179卷：熊倬云，85岁，作者于1997年6月22日在悦来茶馆的访谈记录。20世纪初，虽然社区组织仍负责社会生活，但警察开始以规章干预。按照新规章，任何人除官员和士兵外不得在半夜后通过栅门。若居民确有特殊情况如举行婚礼或丧礼需要在半夜后通过，必须事先从负责本街区的巡警处得到“夜行票”（Grainger，“Chinese New Year Customs,” *West China Missionary News*，1917，No. 1，p.9）。

110. 这类说法在今天成都和其他地区人民的日常生活中仍经常听到。

111.《国民公报》，1928-02-09。

112. Grainger，“Chinese Festivals,” *West China Missionary News*，1917，No. 4，pp.9-10；Hartwell，“Reminiscences of Chengdu,” *West China Missionary News*，1921，No. 8&9，p.13. 这个活动最后酿成大规模的反洋运动，“由于1895年的暴乱起因于这个传统习俗，因而这个习惯被取缔”（Grainger，“Chinese Festivals,” *West China Missionary News*，1917，No.4 pp.9-10）。关于这次事件的详细情况，见Wallace，*The Heart of Sz-Chuan*，pp.59-63。

113. Grainger，“Chinese New Year Customs,” *West China Missionary News*，1917，No. 1，pp.5-10.

114. *West China Missionary News*，1905，No.1，pp.11-12.

115. 庆余：《成都月市竹枝词》，见《成都竹枝词》，181页；杨燮：《锦城竹枝词百首》，见《成都竹枝词》，44页；冯誉骧：《药王庙竹枝词》，见《成都竹枝词》，141页。

116.《国民公报》，1919-02-16；周询：《芙蓉话旧录》，60页。

117. 巴金：《家》，162页。

118.《国民公报》，1922-02-14；巴金：《家》，165页。

119. 不少竹枝词记载了这个活动：其一，“北郭城隍神至尊，清明旧例赏孤魂。游人欢喜买欢喜，几串携回媚子孙”；其二，“驾出三神万众观，北门门外赏孤酸。年年到得寒衣会，穷鬼齐添一段欢”；其三，“寒风十月念泉台，五色楮衣费剪裁。送去不愁强鬼夺，三城隍按北关来”。载《通俗画报》，1909（6）；《国民公报》，1919-04-09；定晋岩樵叟：《成都竹枝词》，见《成都竹枝词》，62页；吴好山：《笨拙俚言》，见《成都竹枝词》，74页；杨燮：《锦城竹枝词百首》，见《成都竹枝词》，55页；Grainger，“Chinese Festivals,” *West China Missionary News*，1917，No.4，p.12。

120. Weber，*The City*，p.96；Rowe，*Hankow: Conflict and Community in a Chinese City, 1796-1895*，p.176；钟茂煊：《刘师亮外传》，147页。

121. Johnson，“City-God Cults in T'ang and Sung China,” *Harvard Journal of Asiatic Studies, 1985*，No. 2，pp.434-443；戴文鼎：《城隍庙杂记》，成都市群众艺术馆编：《成都掌故》，第2集，380页。

122. Cohen，“Lineage Organization in North China,” *Journal of Asian Studies*，1990，No. 3，

pp. 509-534；Grainger，“Popular Customs in West China，” *West China Missionary News*，1918，No. 6，p. 5；Yang，*Religion in Chinese Society*，p. 81。

123. 同治《重修成都县志》，见《中国地方志民俗资料汇编》，西南卷，上，2 页；Grainger，“Popular Customs in West China，” *West China Missionary News*，1918，No. 6，p. 5；《国民公报》，1928-05-19；周询：《芙蓉话旧录》，63 页；邢锦生：《锦城竹枝词钞》，见《成都竹枝词》，164 页。在 20 年代由于大规模的道路重建，土地会活动停止了若干年。然而在 1928 年，这个活动开始复兴，所有街道都以土地爷过生日的名义设祭坛，并搭台演戏，观众如堵（《国民公报》，1928-08-23）。由于国家权力对地方社区的深入，土地会的影响力在民国时期大大削弱。

124. 其恶果是每当大雨便会成灾。如 1914 年春天，城西北部和少城遭灾，街道成为“运河”，以至人们以门板浮在水面当交通工具。关于这年的大水有许多详尽的记载。同年夏天，成都居民遭受更为严重的水灾，街上水流成河，一些街道水深达数尺。沿东南城墙、满城等处的房屋被淹。在水陆交通枢纽东门码头，人们可见各类物品漂流而下，若干艘船被浪掀翻，十余人溺死。沿河住民都慌忙迁往高处避难，渡船成为街上唯一交通工具。人们看到仅一天之内，便有三十余具尸体从九眼桥下漂过，此外各种房屋碎片、家具、木材、箱子、衣物甚至家畜等都顺流而下。水灾还导致部分城墙崩塌，靠墙住家多有死伤。载《国民公报》，1914-08-20、1914-08-26、1914-08-27。关于更多洪水的报道，亦可参见 1917 年 10 月 1 日的《国民公报》。到 40 年代，情况更为恶化，一遇大雨，便成泽国。见四川省文史馆编《成都城坊古迹考》，455 页。

125. 《国民公报》，1914-07-17、1914-07-31、1914-08-20、1914-08-27、1916-03-19、1928-09-27；民国，《华阳县志》，230~261 页。

126. Goodman，*Native Place，City and Nation：Regional Networks and Identities in Shanghai，1853-1937*，chap. 3；Rowe，*Hankow：Commerce and Society in a Chinese City，1796-1889*，pp. 337-338；王笛：《清代重庆移民、移民社会与城市发展》，《城市史研究》，第 1 辑，58~79 页；另见王笛《清代重庆人口与社会组织》，见《重庆城市研究》，310~378 页。在成都，特定的商帮总是控制特定的生意，如湖州商人多开瓷器店，江西商人开钱庄，成都人织锦，陕西人修理日用品。定晋岩樵叟：《成都竹枝词》，见《成都竹枝词》，60 页。

# 第三章 街 民

普通市民是成都街头的主要占据者，由于缺乏官方控制，街头为娱乐、社会交往以及谋生提供了许多机会。成都为各色人等的居住地，正如19世纪末一个传教士所写的："贵族、学者、乞丐、地主、农民、商人、强壮蛮人、闲杂人等、富的、穷的、聋的、瘸的、瞎的，令人惊奇地杂居在一起。"[1] 这种城市人口的多样性有助于形成活跃的街头生活和街头文化。对于下层民众来说，街头是他们主要的工作和娱乐场所，因为街头比其他任何公共空间都更易于得到和使用。[2] 在这里，普通民众能够通过各种各样的方式谋生。生活条件差、休闲设施缺乏的人们，在街头巷尾或简陋的茶馆等公共场所，可以找到廉价的娱乐。成都方言里，在社会底层长大的小孩儿甚至还被叫作"街娃（儿）"。贫穷的人们普遍认识到，他们在那些高雅的室内场所是不受欢迎的。即便他们没有被驱逐，其他的顾客也会以鄙视的眼神或怠慢的态度来羞辱他们。然而，无论他们是身处豪华的街道上，还是狭窄的小巷里，他们都会感到较少的社会歧视。

虽然民众是街头的主要占据者，但这并不意味着社会精英对之就没有兴趣。成都是许多"有闲阶级"的居家之地，诸如退休官员、城居地主、有科举功名者、学者、业主和富商等，他们竭力使自己与下层民众保持相当的距离。精英人士特别是精英家庭的女士，很少在街头公开露面，不是因为他们没有机会，而是因为受到风俗习惯和社会地位的限制。精英们不愿出现在两旁是下层民众简陋房屋的又脏又乱的街头。他们在街头观看表演或是与下层观众混在一起，也是社会所难以接受的。相反，他们常去的地方是豪华店铺和幽雅茶馆。富有家庭想要娱乐，不用到那些下层人聚集的地方凑热闹，而可以请艺人到家里唱堂会。一般情况下他们也不允许孩子们，特别是女孩儿，贸然进入公共场所。当然，传统的公众节庆活动除外，因为在这样的时刻，阶级和性别的隔离不像平时那么严格。事实上，成都下层居民生活和做工经常是在同一区域里，他们在日常生活中密切接触，逐渐形成了相互依赖的人际关系。[3] 在邻里或街道上，人们彼此认识，遇到不认识的陌生人就会仔细地观察和打量。这些地方流言蜚语也易于传播，人们之间几乎不存在什么隐私。但也正是这样的亲密关系，给居民们提供了一种安全感。

上一章主要是将街头作为空间形态来探讨，而这一章则着重研究生活在街头上的人们，分析成都的“街头生活”，即那些由下层民众日常生活、休闲娱乐、谋生活动而形成的“街头文化”。普通民众是公共空间的主要占有者，他们将其作为他们的市场、作坊、舞台、栖身之地以及社会交往中心。茶馆生活是对街头公共空间的延伸使用，即使在今天，成都的茶馆仍然是观察人们社会联系和行为方式的最好地方之一。人们和他们存在的空间之间的关系，随着个人社会身份的变化而转换。例如，小贩可能白天把茶馆作为卖货的市场，晚上又将其作为社交的场所；民间艺人把街头当作舞台，而那些“流民”则将其作为暂时的小憩之所或栖身之地。在此过程中，个人和公共空间之间的关系也相应地变换，从而反映出普通人和公共场所之间错综复杂的关系。

## 小商小贩：街头市场

成都的小贩是街头最抢眼的人群，他们为城市生活带来了极大的生机。[4] 传教士裴焕章写道：“这个城市好像有数不尽的方式让他们通过做小生意来谋生。”他估计成都街头大约有 150 种不同的小贩，销售食物、日用和妆饰三大类商品。[5] 小贩们的资金很少，利润又有限，但是他们的生意可以得到迅速的回报。他们的商品不仅能适应各个不同的季节，而且可以根据买主的需要采买物品。老年人和不能做繁重劳动的妇女往往依赖他们的服务提供生活所需（见插图 3-1）。

小贩们的叫卖声成为成都“城市之音”的重要组成部分。住在成都的传教士认为小贩的吆喝，就像“欧洲或美国城市里同行的叫卖声一样，花样众多而不易理解”。[6] 但对于当地居民来说，却是通俗易懂的。每一种小买卖都有其独特的叫卖方式。铜锣和铃铛是最常用、最能引人注意的工具，“当它们发出声响或被敲击时，居民们根据自己的经验，便会知道某种小贩的到来”。小贩们带着货箱，大声吆喝，吸引买主来看他们的玉器、针头线脑、熏蚊香和其他日用品，女顾客则为此讨价还价。即使是类似的商品，小贩们仍可以用不同的鼓声来加以区别。卖菜油的小贩敲一面半月形的木制锣，卖芝麻油的小贩打一个瓷碟大小的薄黄铜盘，而卖其他食用油的小贩摇晃拨浪鼓。卖豆腐的小贩敲个尺

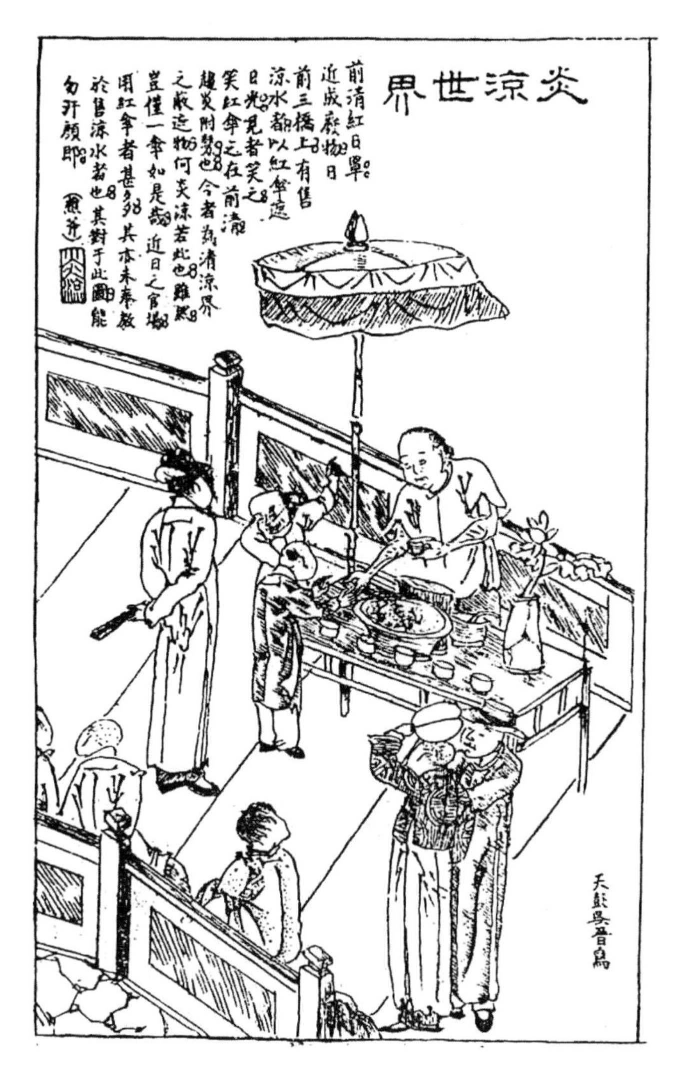


图 3-1　桥头卖凉水的小贩。这张画的标题是“炎凉世界”。插图上的注释文字叙述道，过路人在嘲笑卖水人的红阳伞，因为在清代，这样的伞仅供官员使用，但是现在它已经被降低等级，开始为下层阶级服务。

资料来源：《通俗画报》，1912 年第 22 号。

多长的空竹筒，卖甜食、玩具和其他玩意儿的小贩，最受孩子们欢迎，他们敲击一面直径大约20厘米的黄铜锣宣布他们的到来。那些经营刺绣和价格稍贵的陶器的小贩，使用的是直径比黄铜锣稍小一点的鼓，其敲鼓的方式独特而有味道："使劲地敲打一下之后，敲击速度越来越快，直到鼓声在风中持续不断地回响。这样，即使在几百码以外的买主也能听到。"[7]

居民们能迅速地辨别出不同小贩和手艺人的叫卖声。一首竹枝词写道："门外忽来卖货郎，连铃鼓动响叮当。婢供驱使娘弹压，挑拣全凭女主张。"[8] 一位老茶客回忆当年买卖旧货的小贩抑扬顿挫的吆喝声，记忆犹新："牙齿，牙齿，金牙齿；手表，手表，烂手表。要不要珍珠？要不要玛瑙？要不要珊瑚？要不要茶壶？……"[9] 从早到晚，商贩们在街头来回游走，用他们独特的声调吸引顾客。黎明时分，城市被从茶馆、街边小店、手推车传出的各种杂音和小贩的吆喝声唤醒，街头巷尾到处充斥着"粑（读'pa'）豌豆!""豆芽儿!"的叫卖声，这都是一般家庭最普通的菜肴。[10] 日出之后，各种各样的小商贩登上了他们的舞台——头，从而在都市生活的交响乐中开始了他们一天的表演（见插图3-2）。

街小贩是市民日常生活中一个不可缺少的部分。饮食小贩几乎到处都能摆摊设点——街角、人行道、寺庙，或茶馆外甚至官府门前，这些公共空地都是他们支起货摊做买卖的好地方（见插图3-3、3-4、3-5、3-6）。成都尤以美食闻名，特别是芳香可口的小吃，吸引了众多食客。清末，外国游客把卖小吃的摊点叫做"街头厨房"（street kitchens）或"流动饭馆"（itinerant restaurants）。那些街头食摊每天营业的时间很长，通常是从黎明到午夜。其设备很简单：一根扁担，一边挂木桶，里面放着锅

图 3-2 夏天卖驱蚊烟的小贩。他们典型的吆喝声为:“蚊烟,药蚊烟!买香料的蚊烟……”这样的吆喝声甚至到 20 世纪六七十年代的成都还可以经常在街上听到。这是生活方式和文化继承性的又一例子。

资料来源:《华西晚报》,1941-09-23。

碗瓢盆,另一边挂炉子。一个抽屉可以随意打开,里面装满了豆瓣、酱油、红辣椒、姜米、香料和泡菜等调味品。[11]有的街头摊点也摆放了几张桌子和几条长板凳,但大多数顾客只能站着或者蹲着吃,人们也并不以此为不便。

普通人特别是体力劳动者是食品小贩的主要顾客。在路口有很多饮食摊为路人和苦力供应早餐,到这里吃东西的主要是轿夫、鸡公车夫、人力车夫和搬运工。在开始他们一天漫长而艰苦的劳作之前,他们需要

图 3-3　街边的小吃之一。
资料来源：《华西晚报》，1941－09－20。

图 3-4　街边的小吃之二。
资料来源：《华西晚报》，1941－09－21。

图 3-5 街边的小吃之三。
资料来源：《华西晚报》，1941－11－01。

图 3-6 街边的小吃之四。
资料来源：《华西晚报》，1941－11－05。

一些“暖身的东西”，他们喜欢吃鸡蛋大小中间夹有黄糖的汤圆。正如一个传教士观察到的，“三四个小钱就可以买五个热腾腾的汤圆，这将在早餐之前为走六七英里路（引者注：约20里路）垫肚。如果没有这顿温暖的小吃，贫困不堪的苦力是很少开始工作的，特别是在秋冬两季”。一位外国旅行者回忆道，当卖油煎小吃的小贩经过街头时，“他们几乎不自觉地就会叫住他，品尝他的食品”。当地人喜爱吃油炸的、普通面粉制成的小煎饼和油条。另一种在劳工阶级中受欢迎的食品是饺子。在薄木做成的圆蒸笼或发亮的罐子里，饺子保持着热度，当他们“下市后在回家的路上或是在负荷沉重需要一份快餐时”，就可以吃饺子。日落后到上床睡觉之前，居民们也喜欢走到外面买一碗面条，“滚烫的热度，可口的鲜汤，很好地与你选择的作料一起调出美味来”。[12]

卖日常用品的小贩也很普遍，妇女们经常同他们讨价还价。卖花的小贩日夜在茶馆和街头出售篮子里的鲜花。卖鲜花、植物、首饰和外国小玩意儿的小贩，被称作“花担子”。那些挑着货担或扛着麻袋在街上收购废旧书报、纸张和衣物的人，叫作“收荒”。在街头游走的书商把他们的书悬挂在“事先准备好的竹架上，在街头、茶馆或戏园子里走来走去，兜售图书”。[13]

有些小贩只有在成都或四川才能见到。一类是“装水烟”，在外人看来是“一种有趣的职业”。装水烟的人通常在茶铺、烟馆、酒店、戏园和集市上做生意。他们待在那里，如果有顾客要吸烟，他们就把黄铜水烟壶和烟丝递上。如果烟枪不够长，他们有备用烟管连接。这个方法适应了茶馆里十分拥挤的状况，那些水烟贩不用移动就能把烟送到顾客面前，方便为更多的烟客提供服务。一般的价格是两个铜钱抽五口，但一些烟贩也给顾客“分次吸食的权利，即当天吸两口，以后无论何时水烟贩遇见他，再吸剩下的三口”。[14]这种灵活的方式适应并满足了不同层次顾客的需要，即便是非常贫穷的人也能抽上几口烟。与“水烟贩”一样，“烘笼”也是地方物质文化的一种，由于成都的燃料昂贵，所以成都平原的居民们除了做饭外从不生火，以节约燃料。在冬天，一些小贩出售暖手暖脚的烘笼。烘笼是手工编制的竹器，里面是由土陶罐做成的小炭炉，装有木炭或木渣，生着微火，以供取暖。暖手的“烘笼”，言下之意是用手捂着，但暖脚的篮子却是放在长袍下面的。远远望去，“就像怀着孩子的女人挺着肚子”。[15]这东西简单而又便宜，甚至最贫穷的人也能买得起。

小贩们用各种各样的方式确保他们的生意顺利。无论是酷暑还是严冬，他们游走于大街小巷，竭尽全力地、不分昼夜地谋生。他们知道在什么时候、什么地方能找到买主，知道怎样以最低的价格进货，知道有多少利润就卖掉手中的商品，也知道怎样使他们的商品更能有卖相。传教士徐维理描绘过小贩们利用各种机会赚钱的情形。例如在成都遭水灾后，洪水刚退，“卖面条和豆腐的小贩就来了，他们敲着罐匙，噼里啪啦，吸引顾客”。即使战争也不能让小贩们停下手中的生意。1917 年成都街头的巷战尚未完全停息，小贩们就冒着生命危险兜售货物和食品了，而此时正规的商店不会开张营业。大多数小贩都努力挣“诚实钱”，但也有一些小贩雇人假装买货以诱骗顾客。有些小贩特别是卖糖果和食物的，用诸如掷骰子或抽奖的游戏来引诱过路人。[16]

无数的街头小贩与固定的商店将街道连接起来，极大地扩展了城市的商业空间，对形成城市活跃的街头文化产生了积极的作用。街头小贩、工匠、手艺人以及各种临时雇工，为市民的日常需求而工作。如果没有他们，不但人们的日常生活会有许多不便，而且这个城市将会失掉许多生机，显得沉闷而没有了蓬勃的气象。

## 工匠苦力：街头作坊

像小贩一样，手艺人也是街头活跃的人群，他们凭技术和力气维持生计。那些租不起作坊的手艺人带着工具，沿街游走，在街头巷尾大声吆喝，招揽顾客。因此，街头也就成了他们的手工工场。这些街头手艺人为居民的生活提供了极大的方便。由于他们的劳务成本比那些有固定生产场所的同行要少得多，因此能以其低廉的价格招揽很多顾客。即使是在最恶劣的天气里，人们也可以在街头或其他公共场所找到他们。他们有的形成了习惯性的集合点，例如，弹棉絮的手艺人聚集在东门和南门，而那些修竹扇的工匠则在茶馆里就可以找到。[17]

在传统的城市社区里，大多数居民都属于下层阶级，对他们来说，买新日用品价钱不菲，这些修理旧物的手艺人对他们便特别重要。这些工匠几乎能修理任何东西：棉絮、瓷碗、木桶、凉席、扇子、雨伞等。与小贩们一样，他们也有招徕顾客的响器。例如，补瓷器和修米缸的手艺人就带着由五块黄铜片做成的工具，称作“金圭”，其发出的声音很远都能听到。弹棉花的匠人总是在街头或院子里干活，他们忙碌而有节奏，棉絮在空中飞舞，灰色而死板的旧絮，在他们手中变得又软又白。铆匠修补破碗时，会坐在一只小凳上快速转动他的钻头，钻出一个极小的洞打上铆钉。他们的技术是如此的娴熟，以至修补后，“如不从下面看，很难发现盘子曾经打破过”。做伞的工匠在街头摆摊，他们把准备好的做伞架的竹片整齐地拴在一起，牢牢地粘到伞盖上，然后再用刷子将坚硬的油纸伞盖涂成红色、蓝色或绿色。成都土生土长的民间艺术家俞子丹，就曾描绘过砌砖工人、漆匠、木匠、制盆匠、篾匠、铁匠、磨刀匠、锡匠等。这些手艺人在街头工作，通过自己的娴熟手艺做广告，这实际上成了一种街头“表演”。在他们工作时，总有不少人在一边观看，除了孩子，便是那些在街头打发时光的人。手艺人成了人们街头生活的一部分。[18]

那些缺乏一技之长的人则完全靠他们的体力为生（见插图3-7）。他们极易被疾病或伤痛击倒，所以他们中大多数人的生活境遇，介于自由劳动者和乞丐之间，一旦失业或得病，便可能沦为乞丐。每天他们在交通要道聚集，诸如码头、轿行、桥头、城门等地方，等待被雇用。那些扛重物的苦力（成都人称为“背子”）拄着竹棍，负重100公斤，有的甚至扛150公斤在他们背上。在俞子丹的画里可以看到，即使是最笨重的东西，比如家具，也可以被他们紧紧捆在一起，背着上路，令许多外来人啧啧惊奇。在炎热的夏天，他们还要空出一只手来拿扇子。挑

图3-7　建筑工人小憩。

资料来源：Davidson and Mason，*Life in West China：Described By Two Residents in the Province of Szechwan*，p. 231。

夫——成都人也称其为“老大”——用扁担挑东西，他们经常在东门外码头、北门外木材厂或四个城门附近的煤铺揽活。[19]

成都市民的日常生活非常依赖挑水夫（见插图 3-8）。正如前面所提到的，市民饮用水必须从城外的河中取来。很多穷人特别是外地人，用扁担挑着两个木桶运水为生。茶铺、饭馆以及家庭都需要这种服务。在清末成都，上千这样的劳动者每天从河里挑水，外加四百多人从两千五百多口水井中取水，把饮用水送到人们家中。[20]几乎每条街上都是他们挑水时洒下的水迹和汗迹，人们可看到他们古铜色的流着汗水的后背，有节奏地闪进千家万户。

这些水夫将这个行业的一些优良传统保留下来。成都的老人今天回忆起挑水夫仍充满感情和美好记忆。当代著名作家何满子，抗战时住在成都，他回忆道，20 世纪三四十年代的挑水夫不穿鞋，这并不是他们为省下鞋钱，而是他们的“职业道德”使然，因为赤着脚，他们便能走到河中间去取最清亮的水。[21]对大多数挑水夫来说，挑水不仅是谋生，而且是一条与邻里和社区联系的途径，比如帮助老人或有病灾的人家做杂务。一位居民写道，他认识的一个挑水夫负责华兴街一带几十个家庭，总计百多人的用水。每挑来一桶水，他就在主人的大水缸上画一笔，五笔就是中文的“正”字，一个“正”字代表五桶水。到月底，每家的水费按“正”字的数量收缴。挑水夫和用户彼此信任，从来没有在支付问题上出现过混乱。[22]这种信任在成都很普通，在这里，邻居彼此认识并且几乎每天都要发生联系。这种关系一般只存在于那些传统的、邻里纽带比较紧密的社区中，在这个社区中，人们生活在一个无论是城市空间还是社会空间都狭小的圈子里。在这样的一个生活和劳动圈子里，人们的认同感和信任感非常强烈。

图3-8 一名挑水工。

资料来源：Davidson and Mason, *Life in West China: Described By Two Residents in the Province of Szechwan*, p. 87。

## 民间艺人：街头舞台

在中国的专门剧院出现之前，民间艺人将街头、茶馆或其他公共场所作为他们的舞台。他们鲜艳的服饰和奇特的表演在外国旅行者的回忆录里经常被提到。[23]民间艺人因利用公共场所表演，享有很大的优势。不像现代剧院只吸引那些专门来看表演的人，这些街头艺人能把过路人变成他们的观众，驻足围看。由此看来，传统城市里的街头艺人比他们当代的同行拥有一个更大的演出空间。罗威廉在对汉口的描述中谈到许多“受欢迎的艺人们”的表演，例如街头歌手、戏子、演员、说唱、评书、讲圣谕、快板书等。[24]在中国北部、中部、西部城市里都出现了一些类型相似的都市娱乐项目，它们都保留了自己浓厚的民俗和地方文化。我们可以很容易地为成都描绘出一幅类似的画卷，从而进一步显示中国文化的统一性和多元性。

精英阶层通过灌输官方的思想意识来影响中国的大众文化，讲圣谕就是一种途径。在城市的公共空间和集镇的市场上宣讲康熙皇帝的“圣谕”，是得到官方鼓励的，而且逐渐成为一项受欢迎的娱乐形式。从清朝初年开始，成都街头所谓的“讲圣谕”或者“劝向善”就很流行。一些西方传教士注意到，“讲圣谕在整个四川都很普遍，但成都尤为盛行，在茶馆、公馆或其附近，人们频繁地聚集在一起，听先生或学究讲述子女孝顺的故事，或者谈论圣谕以及类似的书籍。这在夏天和冬天的晚上似乎成为一种惯例”。这些宣讲者还形成了自己的组织。他们通常每天会在公共场所从黎明一直讲到黄昏。有钱人家会捐出从三四百钱到三四两银子不等的钱来支付相关费用。[25]

讲圣谕实际上就是对“上谕十六条”的解释，并且总是伴有焚香、点烛和烧黄纸的典礼。宣讲者经常用日常生活中发生的故事来解释道德准则。例如，在解释如何“和乡党以息争讼”时，宣讲者便会详细地叙述那些邻里为了鸡毛蒜皮的小争端，如何升级为打官司，最终导致破产的故事。当讲到“戒逆逃以免株连”的道理时，他们则会举出另外的故事，如一个逃犯躲藏在他的姐夫家，他做店主的姐夫被指控窝藏罪犯而进了监狱。这个例子明确地告诉人们，不要帮助逃犯，以免受到牵连。[26]

据说在中国说评书成为一种职业，源于讲圣谕这一传统。一个民间故事是这样解释的：在清初，地方官派人到茶馆去宣讲圣谕，以使更多的人了解朝廷的法令。为使圣谕能为那些下层人所理解，宣讲者要尽量以生动的故事来充当例子，并吸引听众的注意。在讲演中如果有人睡着了，他们就用一个木块拍桌子，因此这个木块就叫作“醒木”。后来宣讲者逐渐发现，讲故事是一种谋生的好方法，他们中的一些就成为职业的说书人。[27]讲故事在中国有着悠久的历史，但是我们并不知道它在什么时候成为一种职业。虽然没有其他证据来证实以上这个说法，但它使人们从一个有趣的角度观察和探讨大众娱乐和政治变化之间的关系。有可能早期的讲圣谕与先前存在的讲故事或说书传统有相似之处。即便它们之间没有传承关系，仅从讲圣谕和说书风格的相似性来说，我们也可以假设，它们之间存在相互影响，而且两者的从业人员在相互转换角色也并不困难。

在成都，说书人通常在茶馆和其他公共场所表演，例如在新南门的扯谎坝、皇城边的皇城坝，或在寺庙前，或在衙门口的空地，茶馆更是雇佣说书者以确保晚上顾客盈门。当夜幕降临，店铺打烊关门之时，茶馆则正是生意的高潮，那里坐满了听书的顾客。一位外国旅行者回忆道，“在许多茶馆外，人们站在细雨中，沉醉在说书人讲述的已经听得烂熟的故事之中”。高水平的说书人能日复一日、月复一月甚至年复一年地吸引听众。同讲圣谕的形式相似，说书人面前有一张小台子，那个方寸之地，便是评书先生风花雪月、刀光剑影、英雄恶徒、忠臣奸佞、妖魔鬼怪驰骋的大舞台，那些感天地、泣鬼神的悲壮历史，那回肠荡气、一波三折的情爱，都在评书人口中娓娓道出。听众也非常挑剔，说书人必须有极好的记忆力和睿智的描绘力才能获得成功。例如对每个人物的服装、性格特点必须精确地描述，如果说书人忘记或者混淆了不同人物，他便会失去听众。有时候，在讲完一章或者一段情节之后，说书人就“传帽子”来收钱，通常每晚收两次。但有的茶馆老板则按晚给说书人付酬，或是在售出的茶钱中给说书人提取一定酬金，有的茶馆则向听众分别收取茶资和评书钱。但是这两种方法意味着只是对那些买了茶、坐在茶馆里听书的顾客收费，而许多聚在茶馆外面街边上的人，就可免费听书了。[28]成都人噱称这些人是在听“战（站）国”。如果是在冬天，这些“战国”人士倒是比较受茶馆内顾客的欢迎，因为他们可以挡住外面吹来的寒风；而在夏天则经常引起人们的不满，因为他们使茶馆的空气难以流通，坐在里面的人更感闷热。

当地文人喜欢记录说书人讲的故事甚至说书人本身的故事，一个关于钟晓凡的故事就广为流传。钟晓凡是清末民初一位著名的说书人，曾经在茶馆里讲孟丽君的故事。[29]他在故事里讲到皇帝将孟丽君灌醉，想趁她睡着时脱掉她的鞋子以判断其性别，就在皇帝马上就要发现孟丽君是女扮男装这个节骨眼儿上，听众们屏气凝神渴望听到接下来会发生什么事情时，钟的故事戛然而止。日复一日，听众心系故事情节的悬念，无法自拔，因为孟的鞋仍然穿在脚上。一些士兵因翻过军营围墙到茶馆来听钟晓凡说书，被他们的长官逮到两次，被杖手板以示惩罚，但是他们仍然冒险去听余下的那段故事。到了第十天，那些士兵实在不能忍受故事的悬念了，就警告钟晓凡必须在今天晚上脱掉孟丽君的鞋，不然他们就要揍他。[30]

无论这个故事的准确度如何，它都生动反映了说书人的技巧和驾驭听众的能力。他们所讲述的故事、这些说书人自己的经历及其在民间广泛流传的故事，以及说书人的说书方法、语言选择和环境的营造，都成为当地的大众文化的组成部分。说书人讲述人物传奇和历史传记，无意识地灌输了儒家思想和其他传统的道德和价值观念，如忠诚、孝顺、贞节等，通过这样的方式，他们在娱乐听众的同时也教育了听众。因此，《三国演义》《岳飞传》等忠义故事一直深受老百姓喜爱，没有受过正规教育的下层民众则每天都受着这种历史文化的熏陶。

只要能吸引听众，民间艺人的表演可以在任何地方进行。在拥挤的茶馆，“艺人一个接一个地表演他们的节目”。其中大多数表演形式——例如清音——都源于当地，但也有一些来自其他地方，如著名的“大鼓书”就来自华北。洋琴（又称为“扬琴”）、“鱼鼓”、胡琴（一种两弦乐器）等形式的表演都很具地方特色。地方精英经常指责胡琴演唱“淫词”。从一幅20世纪20年代的胡琴表演画中可以看到，歌手通常成对表演，男演员身穿“寿”字黑色丝花缎，在灯光下闪闪发亮。当男演员拉琴时，女演员就坐在古式的椅子上打响板和平鼓。洋琴则一般由四到六位艺人表演，他们一边演唱，一边用洋琴、鼓、胡琴和三弦伴奏（见插图3-9、3-10）。与锣鼓喧天的川剧不同，这种演唱平和、柔顺，因此深得外省移民的喜爱。另一民间表演形式是竹琴，通常由一位

图 3-9 曲艺演唱之一。20 世纪 20 年代成都民俗画家俞子丹画。
资料来源：Sewell，*The Dragon's Backbone：Portraits of Chengdu People in the 1920's*，p. 141。

图 3-10 曲艺演唱之二。20 世纪 20 年代成都民俗画家俞子丹画。
资料来源：Sewell，*The Dragon's Backbone：Portraits of Chengdu People in the 1920's*，p. 143。

演员来担任男女老少等各种角色。“大鼓”在华北十分流行，晚清的成都也能见到。新世界茶园和纯溪花园逐渐成为这类表演最受欢迎的地方，尽管一人要付一元茶钱，但仍然吸引了大批观众。[31]很多民间艺人固定在某一家茶馆表演，这使听众知道在何处能找到他们最喜爱的艺人和节目。[32]但是，更多的民间艺人是在街头表演以维持生计。“金钱板”演唱者带着三片竹板——两片在左手相互打击，右手的竹板敲打左手两片，可作各种节奏，打击方法五花八门，其语言多诙谐风趣，内容以人们日常生活中的所见所闻为基础。这些艺人上午在街头挨家挨户献艺，下午则集中到扯谎坝表演，听唱的人们或多或少地给他们一点儿报酬。由盲人、妇女、外地人和其他下层穷人使用各种乐器表演的“唱书”，在街头也很流行。

道士的“唱道琴”也成为一种流行的娱乐形式，这些表演都是乞求施舍的一种方法。他们带着一根长的、被称为“鱼鼓”的筒管，外加两片像夹子一样的长竹板，用它们来打节拍（见插图 3-11）。他们白天可以沿街演唱，有些在晚上被请到大宅子里表演，而茶馆则是他们最经常光顾的地方。一般他们在进入茶馆后，先在茶客们面前作揖。如果人们心情好，会要道士唱一段闹台：“一根竹儿闪悠悠，长在深山老林头。一朝落在良工手，制成道琴天下游……”然后拜码头：“一拜街坊和道友，二拜保甲与团头……”如果该道士演技不错，一位地方有头面的人——一般是袍哥首领——便会请大家对道士多加关照，于是茶馆的伙计就会帮助从顾客那里收钱。如果袍哥大爷喜好这样的表演，他可以邀请道士待一段时间，以茶馆作为表演的固定场所，有时甚至长达一年半载。如果道士在书法或绘画方面还有造诣，那他便更受欢迎，能挣更多的钱。[33]

图 3-11　唱道琴。
资料来源：傅崇矩：《成都通览》，第 3 册（1909—1910 年印），120 页。

来自外地的杂耍和猴戏艺人也在街头巷尾谋生，他们的节目很吸引下层市民。玩杂耍的艺人敲锣打鼓将观众吸引到一块空地，他们一面表演，一面把帽子传给观众，希望观众能丢钱进去。根据一位传教士的观察，大多数杂耍演员是妇女和女孩儿，她们表演得最精彩的节目是“踹软索”“蹬坛子”“爬云梯”。在“蹬坛子”的节目中，三张桌子重叠在一起，垒成一个很高的平台，一位杂技演员仰卧在最上面的那张桌子上，脚蹬一只巨大的酒坛。其他技艺表演包括“吞剑”“杀肚皮”“绣鞋变兔”“杯不见”“空中悬蛋”“呼酒菜”“破扇还原”“立刻种瓜”等名目。[34]

孩子们很喜欢看猴子表演，只要他们一瞥见耍猴艺人在街头出现，便会呼朋唤友，高声叫着“猴子来了，猴子来了”。因此，无论这些耍猴的到哪里，人群马上就聚集起来。人们最喜欢的节目有“猴子戴帽”“猴子骑狗”等。这些耍猴艺人一般都以家庭为单位，一支当地儿歌生动地描述了这样一个游荡家庭：“爹牵猴子，妈牵狗，牵到河边打柳连柳。”[35]这些耍猴艺人基本上都是从河南来的，因为河南土地贫瘠，人多地少，且每年只能种一季庄稼，难以糊口，迫使农民在一年中相当大的一部分时间得到别处谋生。他们游荡各处，通常住在庙里、路边或桥下。艰苦的生活和环境，练就了他们处世和对付各种各样人的本领，甚至机灵的四川人也难以望其项背，所以有一句谚语戏谑道：“四川人服河南人牵。”意思就是说四川人经常被狡猾的河南人作弄，他们总是有办法让四川人掏腰包。[36]

木偶戏艺人通常在庙会、街头或邻里节庆活动以及行会吉日时表演。木偶被当地人称作“被单戏”，很受市民欢迎，在成都的外国人因其总是在街头表演，因而称之为“街头木偶戏”（street puppets）（见插图 3-12）。在四川，演木偶戏的人被叫作“担担班”，因为他们扁担两头的篮子里装着他们的全部行头。一般一个班子由八个人组成，其中四个操作木偶，四个演奏乐器。演出剧目的名字与中国农历的月份相符，例如“清醮戏”和“观音戏”。[37]他们最常演的保留节目是一个老虎和寡妇的故事，其主要内容是：一只老虎咬死了寡妇唯一的儿子，老虎被抓住后，县官判老虎必须照顾寡妇的余生以示惩罚。老虎为寡妇提供食品和钱物，在她死后，为她守墓。这个故事再次说明了中国的传统道德观已经渗透到了大众文化娱乐之中，即使社会的最底层也能欣赏。这个故事隐含的传统道德就是“孝道”，在日常的娱乐中灌输了“孝”这个中

图 3-12　庙会看木偶戏。在庙会或街头巷尾经常能看见这样的场景。

资料来源：Davidson and Mason，*Life in West China：Described By Two Residents in the Province of Szechwan*，p. 85。

国传统中最重要的概念之一。[38]的确，从这个意义上来讲，大众文化比那些儒家经典对一般民众的影响更大。也可能正是因为民间娱乐在价值观上经常与正统思想相吻合，所以过去国家权力对它们的直接干预并不多。

## 江湖游民：街头谋生

在成都的街头上，还活跃着另一个更为复杂的群体——“江湖”或“跑江湖”，他们算命、变魔术、卖膏药、演杂技、操武打等。在传统的成都，下层社会通常被划分成所谓的“七十二行”，他们又分属

“十六门”。那些在成都街头和其他公共场所表演的流浪武师和艺人们便被称作“跑江湖”，被外国人称为“令人惊骇的人”（startlers）或“居无定所者”（itinerants）。[39]他们的表演经常是使人目瞪口呆的，如吞刀、飞镖，甚至用利器伤身等。这些人也经常与“三教九流”混在一起。他们中多数来自外地，一般聚集在新南门附近的“扯谎坝”和皇城边的“皇城坝”——这些类似于北京天桥的地区。其中也有一些本地艺人，由于其谋生方式的相似，他们也被归类为“江湖”中人。成都市民认为这些游民是不可信的，许多民间流传的欺诈故事都与他们有关。[40]（见插图3-13、3-14）

从各种记载中我们发现，有充分的理由说明“江湖”们的名声的确不好，他们被认为以蒙骗为生。[41]根据裴焕章的记载，他们的惯用手法是“假装邪术”“诡秘法”“包取功名”等。例如，在诡秘法里，那些江湖先生在显眼的公共场所贴一张黄纸，上面写着他们无所不能的本事。如果有人显示出好奇，他就会凑上前去，以三寸不烂之舌向人鼓吹

图3-13 皇城坝。长卷风情画《老成都》局部。
资料来源：根据原作翻拍。作者：刘石父、李万春、谢可新、潘培德、熊小雄、孙彬、张友霖。使用得到作者授权。

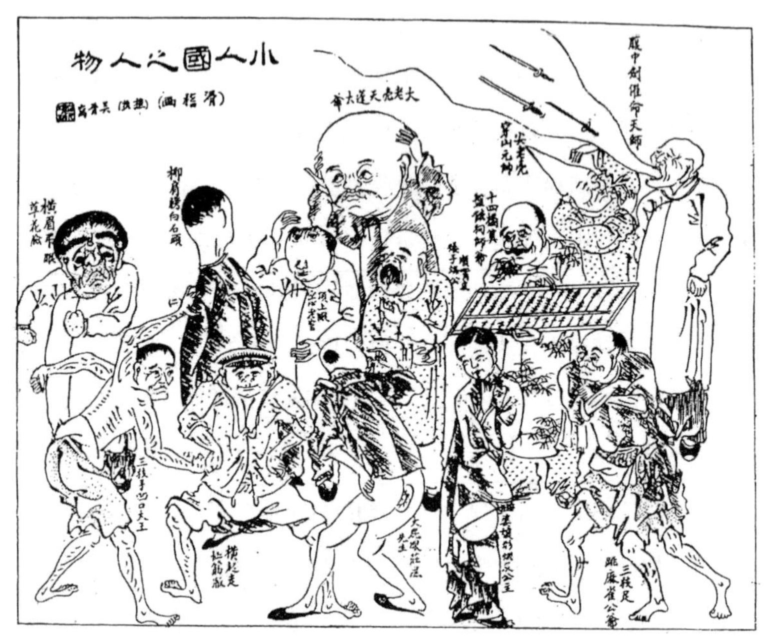


图 3-14 “小人国之人物”。这幅漫画讽刺了“跑江湖”的人。前排从左起：“三枝手凹口大王”“横起走扯筋版”“大屁眼庄（装）风先生”“婆嬛型烟灰公主”“三枝足跳麻雀公爷”。第二排从左起：“横眉吊眼草花脸”“柳肩膀白石头”“头上眼空心老官”“大脑壳天蓬大爷”“顺嘴皮矮子端公”“十四桥算盘饿狗师爷”“尖脑壳穿山元帅”“腹中剑催命天师”。

资料来源：《通俗画报》，1912 年第 17 号。

他的神奇超力，如“驱妖除魔”“呼风唤雨”等。如果那人看来像个学生，便投其所好，告诉他不久将获取功名，不但仕途一帆风顺，而且子孙满堂，财源茂盛。再如一个经常在扯谎坝表演的术士，挂一张幌子，上标明传授法术及其价格，声称他有“三十六大变”和“七十二小变”的本事，可以把皮带变成蛇、鞋子变成兔子、树叶变成鱼。他最受欢迎的法术是用纸币或硬币来“生钱”。他将感兴趣的人带到一家僻静的茶馆，等钱到手之后，就告诉受骗的人怎样用鸡血或类似的东西来供奉钱币四十九天，就会生出更多的钱。[42] 只要这类人物在街头出现，人们便会迅速围上来观看。当然，大多数人无非是看热闹而已，不过一些人偶尔也付钱给他们，虽然人们不一定相信他们的把戏，但无疑从他们的表演中得到了娱乐。

如果说“跑江湖”在公开场所摆摊进行欺诈活动，那么一些在当地叫作“水线”的骗子则在街头闲逛寻找机会。一次，一个裁缝看到一个布贩路过，招呼他进了店铺。当裁缝在查看布的质量时，一位顾客进来说他想买块布做件外套。裁缝就告诉那顾客需要多少布料，那人称要把布拿到街对面的家里，让家里人品评一下。裁缝和布贩都以为顾客就住在附近，但两小时后那人还无踪影，他们才发现那人根本不住在那里，人早已渺如黄雀，不知去向。布贩指责裁缝是那人的同伙，但实际上裁缝根本不认识那个人。[43]一些骗子则经常两人联手行骗，例如“风门”通常有一个女帮手，并且许多场合都是夫妻一齐上阵。他们最常用的办法之一是去绸店买一段丝绸，然后那人与他的女同伙到那店铺要求调换。店主拒绝换货，声称丝绸出售时是好的。在随之发生的争执中，那个人悄悄从他的口袋里拿出一块破瓷碗片，乘人不注意时，刮破自己的脸，然后指责店主伤害他。这样，店主不得不支付一笔费用给这对男女以避免麻烦。[44]在文学作品和口头传奇里都能找到许多这样的故事，这固然说明江湖的名声不佳，但地方精英热衷于收集此类逸闻，也显示出他们对江湖人士的偏见，从而使江湖的社会形象更蒙上一层阴影。因为江湖中骗子甚多，再加上精英操纵的话语霸权，“江湖”经常成为“骗子”的同义语，以至于现代汉语中“江湖骗子”成为一个固定用词。我们应该看到，江湖巧妙地利用街头资源谋生，也给人们带来了丰富多彩的街头生活，表现了他们同市民的相互依靠和冲突的关系。

并非所有的“跑江湖”都进行欺骗，例如许多被叫作“江湖郎中”

的民间中医是真有医术。在成都，医生被分为“摆摊”“跑街”“坐轿”（或“官医”）三种类型。前两类郎中经常为穷人看病，有时甚至提供免费诊断。老百姓的小病微恙，许多中草药贩就能告之用什么药。成都是中国西部药材集散地，许多人通过做这种生意得以谋生并可以发财。[45]一些小药贩被叫作“卖狗皮膏药的”，他们将一块黑色的药膏贴在患者的痛处或伤处。这些卖药人不断地吹嘘治疗的效力，虽然他们能吸引不少顾客，但由于经常夸大其词而名声不佳，乃至在今天的汉语中，经常称那些自吹自擂的人为“卖狗皮膏药的”。在街头，端公的表演也很有吸引力，很多居民相信巫医能治愈疾病，他们的街头演示会招来很多人围观。端公最常使用的方法是“观仙”“画蛋”“走阴”等。[46]当一个端公施法时，他会一手舞动一束燃烧的符纸，一手摇一根圆杖，在一排点燃的蜡烛、水碗和长香前大声念咒，他们奇特的服装、工具、手势和语言都会引起观众的好奇心（见插图 3-15）。

算命先生也是在公共场所受欢迎的江湖人物，是街头生活和街头文化的重要组成部分。几乎可以在每条街上和每家茶馆里看到他们（插图 3-16）。算命先生试图把现实与未来连接在一起，使人们相信他们有超自然能力，能预卜人们的命运。他们中大多数是男性，但也有一些是女性，称作“卦婆”，而且多是盲人。算命先生虽然经常在街角和街沿上摆摊，或聚集在城门洞下面，但许多人也在街头徘徊以寻找顾客。流行的算命方法包括玩牌、画卦和拆字，算命先生还帮人选择黄道吉日。阴阳先生在成都也总是顾客盈门，因为“成都人惑于风水者百分之九十九”，他们在人们进行筑宅、修灶、安床、动土等活动时，会去测风水。但他们更热衷于为丧葬选坟址，即用罗盘选择最佳墓址，他们的服务适应了从精英到普通百姓各阶层的需要。[47]

图 3-15　“端公禳鬼图”。20 世纪 20 年代成都民俗画家俞子丹画。
资料来源：Sewell, *The Dragon's Backbone: Portraits of Chengdu People in the 1920's*, p. 85。

当地文人和画家经常在文学和绘画作品里面描绘这类人物，从另一个角度说明他们在人们日常生活的重要作用。由不同作者写的两首竹枝词描述了 19 世纪早期的算命先生胡海山，一位说胡海山是成都最著名的算命先生之一：“胡海山原测字清，赵飞鹏算命果精。两人声价无人比，冷淡江西刘汉平。”而另一位则把他描述成一个有丰富社会经验的人，他教人道德和怎样为人处事：“测字导人胡海山，世情烂熟笑言欢。痛规钱铺南昌老，苦劝乡农莫到官。”此类的赞赏是很难得的，因为精英们通常批评江湖术士，认为他们不过是愚弄人民而已。成都民间

图 3-16 瞎子算命先生。
资料来源：照片是传教士 H. S. 依利罗特于 1906 年至 1907 年间在成都拍摄。
照片由他的女儿 J. E. 约翰逊女士提供，使用得到约翰逊女士授权。

艺术家俞子丹画了一幅 20 世纪 20 年代算命者的画（见插图 3-17），他的朋友徐维理为画配有说明。在画里，一位看上去像绅士的男性身着一件旧长袍，手持一本书。他坐在一个小祭坛的旁边，祭坛里面燃着香，旁边放有两只黄铜做的烛台，点着蜡烛，每个烛台的外形都像古汉字中的寿字，代表“长寿”。两只烛台后的中间立着一块小牌，上面写着“圣谕”。碑的右边写着“孝弟（悌）忠信”的道德规范，左侧则昭示“礼义廉耻”的行为准则。[48]这样我们可以看到，算命虽然存在于大众文化之中，但也促进了正统思想意识在民间的传播，提供了一个精英文化和大众文化之间相互作用的佳例。

算命在中国有着悠久的历史，并且反映了许多社会、文化、宗教、哲学和宇宙观各方面的认识。正如司马富所指出的：“算命涉及从皇帝到农民的中国社会的各个层次。”如果说历史是显示过去，算命则预测

图 3-17　算命先生。
资料来源：Sewell，*The Dragon's Backbone：Portraits of Chengdu People in the 1920's*，p. 129。

未来。事实上，算命“反映了不同的社会观念和世界形成的不同方式”。算命是自然界和人类之间的一种“文化联络”。他们满足了人们基本的精神需求，去解释看来难以捉摸、毫无规律的自然现象，他们似乎在人与超自然力量之间扮演着中介的角色，有时则把大众文化和精英文化连接起来。由于受到社会改良者的攻击和行政当局的限制，加之科学知识普及的影响，占卜算命逐渐走向衰落。[49]

现存的文献大多经由精英之手，这些文献都把重点放在了江湖人士的道德缺陷上，却忽略了他们独特的生活方式及其对大众文化的贡献。过去史学家忽略对江湖人士的探讨，不过，孔飞力的研究是一个例外，值得我们特别注意。他的《叫魂》一书描述了乾隆年间的游方僧和道士，揭示了政府和社会对这些人的态度，以及他们与当地人的相互关系，为研究下层人物开拓了视野。不过孔飞力主要是研究“妖术恐慌”时期冲突的问题，对那些像“跑江湖”一样流浪各地的人并没有进行进一步的观察。实际上，这些人与普通民众的日常生活存在着复杂的互相依存的关系，成为街头文化不可分割的一部分。

## 善男信女：街头祭坛

尽管街头生活主要以谋生为主，但它也提供了与大众娱乐相协调的精神宣泄的方式。成都市民通常在他们的门口、屋檐下、街上设置祭坛或牌匾，表示对神的崇拜。崇尚佛教、道教或民间诸神的活动也很普遍，庆祝神的“寿辰”的庙会吸引着成千上万的信徒。人们出于各种原因参加宗教活动，例如佛教徒相信这些活动能够帮助他们积“德”，这些“善行”能改善他们今生或来世的命运。然而，很多人参加的动机并非为其信仰，而是为得到娱乐。对许多市民来讲，实际上这些原本意义上的宗教、信仰和精神的追求，已在相当的程度上被淡化了。这些活动与其说是一种宗教仪式，倒不如说是集体的庆典和节日的狂欢，以及对自己生活的社区的一种认同。

当然，市民中也不乏虔诚的信徒，对这些人来说，这些活动和仪式是他们的精神寄托，由此他们可以在心理上得到极大的安慰。例如，疾病对人们一直是一种威胁，人们为此深怀恐惧，寻求神灵保护、设置祭坛、举行祭典，便成为民间传统的重要部分。例如，阴历四月二十八的药王会，就是为庆祝药王的生日而设。那天，所有的药铺和郎中都会制作牌匾送到陕西街的药王庙（见地图 4 和地图 5）。所有信徒，无论男女老少、贫富贵贱，都必须步行，不能坐轿。在前往的路上，许多人是边走边磕头，有的几步一磕，有的甚至一步一磕，以此表示对药王的虔诚。这种典礼称为“拜香”或“拜台”。成都居民还有许多治病的习俗，比如出十文钱去摸一摸青羊宫里的两只铜羊。他们相信头痛的病人只要去摸一摸铜羊的头，肚子不好则摸其肚子，就会痊愈。[50]

为保佑平安和祝福健康，人们逐渐创造了许多相关的民间宗教仪式。例如，当瘟疫爆发时，他们会组织打瘟醮的活动，或是在街上建祭坛以接灵官。这样的典礼在其他地区也有，康豹（Paul P. Katz）和班凯乐（Carol Benedict）都研究过中国人是如何对瘟疫作出反应的。他们发现在很多地方，当地居民创造了疫鬼、瘟神和瘟元帅的形象，并在其庆祝日举行各种仪式，这成为大众信仰和宗教崇拜的一个重要部分。成都与沿海地区一样，这些节日“带有较强的象征主义色彩，既反映了强烈的原罪意识，也表现出对边缘或外部力量根深蒂固的恐惧”。[51]这样的一种“疾病文化”深深扎根于人们的日常生活之中。几个世纪以来，“瘟”在成都方言里不仅意味着“病”，而且代表着“邪恶”或“不幸”。今天，“瘟神”仍保留在成都方言里，但却用来描述行为不端、惹是生非或总是做错事的人。今天当我们穿行在居民院落鳞次栉比的小街小巷时，间或还可以看到一个妇人追着闯了祸的儿子，一边口里愤愤地骂着：“你这个瘟神!”或者“你这个瘟丧!”这也可以算是过去大众文化渗入到人们日常生活，如今仍顽固存在的一个例子吧。

观音菩萨在成都——尤其在妇女们中间——是最重要的神之一。人们可以看到，在街上或许多家门口到处都贴有观音能防灾消难的帖子。妇女们一年要去观音庙烧三次香，即阴历一、六、九月的十九日（见地图5和插图3-18）。男人们也去那里，地方精英批评他们去那里不是为了敬神，而是为了看女人。精英对尼姑们借机敛钱的行为也颇有微词，不

图3-18　观音庙的妇女。
资料来源：《通俗画报》，1909 年第6 号。

少来庙里烧香的人，会在此捐一百文钱或一点儿大米换一顿斋饭。[52]

和尚和道士并不总是住在寺庙里，他们中的许多在街上化缘，有的被人批评为“疯言疯语，故作谜语”。例如他们来到某家门口，预言这家人将有血光之灾。当主人战战兢兢地询问怎样免灾时，和尚或道士们就会索要钱米，然后才肯吐露详情。这些游方僧通常带有一份隶属于某座寺庙的度牒。从清初起，游方僧道就被认为是社会不稳定的因素。精英们指责他们诱人“迷信”，甚至“入民家引人妇女”，所以“其弊不可胜言”。正如孔飞力描述的那样，即使随时有被清朝政府抓捕的可能，仍然有成千上万的游方僧道到处云游，无论他们的身份是合法的，还是由乞丐穿上袈裟或道袍扮演的。[53]

在成都，日常生活的很多方面都强调和谐、对传统的毕恭毕敬以及积德积善，“敬惜字纸”就是一个典型例子。多年来，中国人一直认为汉字是神圣的，所以“对书写的汉字保持了极大的尊重”。因此，任何写有文字的纸张，无论是印刷的还是手写的，都不能作为垃圾扔掉，人们还认为收集这样的字纸是一件“善事”，想要“积德”的人们就挨家挨户地去收字纸。他们大多数是老人、穷人和没有受过教育的人，但是他们崇拜文字，即使他们中很多人大字不识。这些穷人经常拎着一个大篮子和一把长夹子去撕剥墙上的旧招贴、启事、公告等。他们也会把废纸篮分给居民，在上面写着“敬惜字纸”“惜字得福”“惜字延年”等字样。他们还在街口的栅栏上挂一些小布袋，路人可以将零散的有字之纸放在里面。他们把收集的字纸送到“字库”，即专门修建的焚烧字纸的宝塔形火炉或寺庙里的钱炉里烧掉。他们还有自己的社会团体——惜字会，会址便设在惜字宫。[54]

“敬惜字纸”既是全国性的也是带有地方色彩的风俗，直至民国时期仍然普遍存在。这种习俗一方面受正统思想的主导，但同时又与大众文化融和在一起，可以说是精英文化影响大众文化和两种文化相互交融的一个极好例子。很多记录显示，清代以来，这一活动在华北、沿海、内地仍然十分流行。20世纪20年代，成都地方报纸的一篇文章指责一些使用印刷纸作为手纸的人，是“贱视祖国文字”，还大张旗鼓地反驳一些人士对这一活动的指责，宣称“惜字非迷信”。到了30年代，这样的风俗还是根深蒂固，鲁迅在他的文章中对此也有提及。中国人类学的先驱费孝通曾回忆道，他的祖母总是告诉他尊敬印有文字的纸张。我们知道，过去废纸经常是可用作他途，特别是作为包装纸。民间虽然敬惜字纸，但人们并不反对这种废物利用。虽然印有文字的纸张是一种崇拜对象，但将可用之纸焚烧，又有违节省的古训。因此，崇拜与利用，是这样和谐地结合在一起，这也反映了大众文化的一种适应性，也表明了中国民间传统的实用本质。具有讽刺意义的是，尽管许多不识字的穷人尊重字纸，但是一些受过教育的新式精英对此却嗤之以鼻。傅崇矩便愤怒地指责道，那些收集字纸的人有“一种特别之恶习，无人不切齿”：撕破墙上的通告和广告。傅认为这项活动有损商业，应该取缔。[55]到了新文化运动期间，这种对传统的攻击进一步白热化，大众文化和大众宗教被视为“迷信”“愚昧”“落后”的最好证明。在当时西化思潮的影响之下，精英知识分子对传统文化采取这样的态度不足为奇，例如鲁迅就认为汉字本身即“落后”传统的承载体，因此他奉劝青年人最好不读中文书。

## 公共妇女：街头娱乐

到目前为止，史学家们对中国城市普通妇女的研究非常薄弱，晚期中华帝国的大多数妇女是如何生活的？对于她们我们仍知之甚少。20世纪90年代以来，出版了一些关于清朝妇女的优秀研究著作。这些最新的研究与先前我们对中国妇女的认识形成了有趣的对比，例如高彦颐（Dorothy Y. Ko）的《闺塾师》（*Teachers of the Inner Chambers*）和曼素恩（Susan Mann）的《缀珍录》（*Precious Records*）。但是，这些作品主要研究的是17世纪和18世纪长江下游的受过教育的女性以及她们的闺中生活和作品。这些关于传统中国妇女的研究强调，精英女性与男人们一样具有“儒家伦理的各种观念”。我们看到，在中国江南地区，有相当一些妇女受到过很好教育（虽然是家庭教育），她们有自己的精神和文化生活。[56]但她们的研究仍然很难给我们一幅关于晚期中华帝国时期的妇女的完整图画。这除了因为她们所研究的主要是精英家庭的妇女外，我们还知道，江南是中国经济和文化最发达的地区，如果用江南精英妇女来代表中国妇女，那么局限性是显而易见的。因此，内陆地区的妇女特别是下层妇女的社会生活是值得我们认真讨论的，至少可以为我们理解中国妇女提供另一个参照系。

学者们对下层妇女的研究很薄弱，我们对她们的日常生活的细节了解并不多。过去我们一般认为，中国妇女被限制在家庭和家族之中，她们的抛头露面受到社会风俗和传统道德的限制，尤其是在那些有男人出现的地方。但现有的资料表明，在传统的成都，妇女特别是下层妇女，实际上在公共场所享受到了相当大的自由。即使是在习惯上男性处于统治地位的领域，妇女们仍然占有一席之地。她们在成都街头生活中也起到了至关重要的作用。过去对妇女在公共场所的限制，至少从成都看来，不像我们一度所想象的那么严格。

大多数成都妇女都属于下层阶级，她们住在沿街破烂的房子里，与街就是一个门槛之隔，在日常生活中她们不断直接地与小贩、水夫、邻里和其他各色人等打交道（见插图 3-19）。由于室内光线不好，她们喜欢坐在门口，一边做着手工活，如缝补衣物、糊火柴盒、绣花边等，一边还可以与人聊天，这成为她们公共生活的重要部分。即使无事可做时，她们也可以坐在门口观看过往人群，或与邻居闲聊（成都人称“摆龙门阵”），以摆脱一成不变日常生活的沉闷。另外，她们还经常出去买食物或其他生活必需品，这说明她们对户外的活动并不陌生，男人们见到她们也不会感到惊讶。这同精英阶层的妇女完全不同，她们出现在街头将会引来人们惊奇的目光。如小说和竹枝词所描写的那样，上层妇女出门时，总是乘着轿子。[57]因此，过去我们认为中国妇女缺乏公共生活，主要

图 3-19 河边洗衣物的妇女。
资料来源：Brace，*Canadian School in West China*，p. 67。

是根据那些精英家庭妇女的经历。文学作品所描写的，也主要是她们的生活，从曹雪芹的《红楼梦》到巴金的《家》所展示的，仅仅是在中国城市中占很小一部分的精英家庭中妇女的故事，很难代表那些大多数下层妇女的日常生活。

成都妇女出现在公共场所也给外国旅行者留下了深刻印象。伊莎贝拉·伯德写道，当她在 19 世纪末进入成都时，在街头“很新奇地看到，高大健康的‘大脚’女人，穿着长边外套，头上扎着玫瑰花……她们站在门口同朋友——有男有女——聊天，颇有几分英国妇女的闲适与自由”。[58]她看见的那些妇女应该是没有缠足的满族人，但是满族的习俗无疑影响了汉族妇女的公共活动，尽管这种影响不应被夸大。1911年辛亥革命之前，一堵城墙将满人和汉人隔开。汉族妇女特别是精英妇女，看不起满族妇女和她们的公众行为。这些差别对于下层妇女并不重要，她们每日为维持生计辛苦操劳，传统的“妇道”对她们没有多大的约束力。

节日庆典给了妇女们参加公众活动的极好机会，在这个时候，阶级或阶层的畛域不像平时那么重要，即使是精英家庭的妇女也加入了公共庆祝活动的行列。妇女们几乎参加了所有的庙会和节日庆典，她们扮演了比男人更为热心和重要的角色（见插图3-18）。在这种场合，尽管富家女人经常能引起更多的注意，但各阶层的妇女都能融合在一起。女人们精心地打扮自己，以便在节日里显示她们的美丽，而成都发达的丝绸产业，又为她们提供了最流行的高质量的丝绸服装。正月初一大清早，很多妇女都会赶到庙里，因为她们相信“烧香幸得占头香”。清明节是家人去给祖先和亲人上坟扫墓的日子，城里的居民乘机到郊外去踏青。一位地方文人写道：“城中上冢趁晴天，女轿夸多走接肩。穿过街坊来狭陌，菜花黄到绣裙边。”光绪年间的举人冯誉骧写了十首关于药王庙的竹枝词，词中表明女人是寺庙活动的重要参加者。一首词这样写道：“花飞草长雨初晴，游女如云数不清。一辆笋舆隔纱幔，钗光鬓影未分明。”她们许愿时，“暗祝恐防人窃听，自家心事自家知”。很多女人去大慈寺后面的广生庙祈求生子。在青羊宫，“摩抚青羊信女流，灵签默默对神抽。赧颜不管旁人笑，郎自烧香妾磕头”。阴历正月十六“游百病”那天，成都的女人们就会沿着整个城墙漫步，19世纪初的一首竹枝词是这样描述的：“为游百病走周遭，约束簪裙总取牢。偏有凤鞋端瘦极，不扶也上女墙高。”一个世纪后，相同的活动在另一首词里被提及：“大方天足行飞快，反觉金莲步步羞。”这表明“三寸金莲”的脚已开始日渐失去了往日的光彩。[59]

而且，在节日期间，性别的界限同社会阶级一样也略微松弛。在传统中国社会里，妇女在公众场合与陌生人的直接社会接触或交往是“不道德”的，但是这个传统不适用于宗教活动和节日庆典。例如，阴历二月间，“进会朝山二月天，初绸旗一面伞新鲜。男人妇女沿街走，遇庙烧香礼拜虔诚”。当春天来到，市民们在街上搭竹拱门，人们便拜药王，“妇女丁男齐结束，药王庙里烧拜香”。“游百病”期间，男男女女在城墙上游走穿梭，一位文人讥讽男女在街上暗送秋波：“厚脸今朝百病游，红男绿女烂盈眸。”[60]虽然这个评论反映出作者对这种公共行为的不满，但也的确证实了上面提到的伯德的观察。实际上，只要有女性参加的活动就会吸引更多的男人，这些男人大都在尽力寻找合法的机会，去尽情欣赏衣着美丽的女性群体。

妇女的外表和姿态显示出她们的家庭背景。一些年轻女人坐轿时，轿帘一定要拉下来以回避行人的注视，而其他女人则“不乘小轿爱街行”。对于后者，一位观察者注意到，她们的头发精心梳理过，发型新颖，还插着花，“苏样梳装花翠明”；她们不再羞羞答答，“一任旁观闲指点”；而且她们的小脚非常让人着迷，“金莲瘦小不胜情”。这些记录表明，坚持正统、保守和害羞的女人和不受社会习俗限制的女人之间有了分化。通常前者来自精英家庭，而后者来自下层阶级。吴好山有几首竹枝词描绘了这些阶级差别：“满头珠翠绮罗身，玉钏金环不羡银。出入玻璃新轿子，端因嫁得是红人。”这些竹枝词让我们对当时的时尚有了进一步的了解，可以看到女人们很善于打扮：“鬓梳新样巧趋时，淡点朱唇淡扫眉。云绿色衫镶滚好，扎花裤脚一双垂。”一些词描绘了女人们的姿态：“浓妆淡抹费安排，姊妹相邀步履偕。珍重街头须缓缓，恐他泥污踏青鞋。”[61]这些以妇女公共行为为主题的竹枝词，用写实的手法，把她们的风情描绘得十分生动。

另一些资料记载了下层妇女在公共场所的谋生。傅崇矩批评说，一种叫“花婆子”的小贩“以售首饰、玉器为名，其实勾引良家妇女，无所不至”。[62]在成都，接生是一个繁荣的行业。接生婆在她们的屋檐下悬挂一块木牌作为招牌，如果接生出男孩，她们还会得到“红包”。竹枝词有云：“门前挂得接生牌，老妇神情尚不衰。接得男娃忙万福，三朝还要喜红来。”一首竹枝词是这样描述一位酒馆女老板的：“卓女家临锦江滨，酒旗斜挂树头新。当炉不独烧美春，便汲寒浆也醉人。”虽然写竹枝词的地方文人有时也批评女性，但他们描写女人的基调是愉快的，并且敢于直接欣赏女人的美丽。这与 20 世纪初的社会改良者完全不同，他们对女人的公共活动和容貌的展示似乎有一种强烈的敌意。[63]

在这部分中很多关于成都女性的描述，都来源于当地文人所写的竹枝词。在现存的诗词中，很少有关于节日庆典中男性角色的描述。原因显而易见，那就是公共场所的女性会引起更多的社会关注。因此，我们不应当有男人在公共庆典活动中缺席的错觉。毫无疑问，男人们在街头度过的闲暇时间比女人要多得多，但是为什么这些文人却对女人的公共娱乐更感兴趣呢？也许，按照通常的理解，街头的男人总是与工作有关，而街头的女人则意味着娱乐或休闲。[64]那些以写竹枝词来消遣的文人骚客，对女人情有独钟也并不奇怪。现有资料充分表明，成都妇女与男人一样，已成为街头生活不可分割的一部分，并且极大地推动了街头文化的发展。对这些妇女的公共活动和抛头露面的描述，或许可以为我们重新认识传统中国妇女的日常生活，提供一个不同的视角。

## 忙人闲人：街头茶馆

如前所述，街头是适合各种各样人物活动的广阔空间，是公共生活的一个重要舞台。相较而言，茶馆则是小得多的公共场所，但同样吸引了各行各业、三教九流。茶馆又是如此紧密地与街头联系在一起。当它们每天早上把门板取下开始营业时，桌椅被摆放在屋檐下，街边自然而然地纳入其使用范围。毫无疑问，茶馆为人们提供了一个休闲娱乐和社会生活的地方，同时它也承担着从交易市场到娱乐舞台等几乎所有的街头空间之功能。并且，茶馆的环境更为舒适，它不受恶劣天气的影响，有助于人们从事各种诸如共同爱好的聚集、商业交易甚至处理民事纠纷等名目繁多的活动。

20 世纪 30 年代，著名的教育家黄炎培访问成都时，写了一首打油诗描绘成都人日常生活的闲逸："一个人无事大街数石板，两个人进茶铺从早坐到晚。"教育家舒新城也写道，20 世纪 20 年代成都给他印象最深刻的是人们生活的缓慢节奏，茶客人数众多，他们每天在茶馆停留时间之长让他十分惊讶，"无论哪一家，自日出至日落，都是高朋满座，而且常无隙地"。另一位中国旅行者也注意到，在成都"饭吃得还快一点，喝茶是一坐三四个钟点"。外国来访者也注意到了这种普遍的休闲文化，如地理学家乔治·哈伯德也发现成都人"无所事事，喜欢在街上闲聊"。[65]这就是 20 世纪初成都人日常生活的景观，人们似乎看不到近代大城市生活的那种快节奏。

外来的人们对成都有这种感觉并不足为奇，因为成都人自己便有意无意地推动这样一种文化。正如一个茶铺兼酒馆门上对联对人们的忠告："为名忙，为利忙，忙里偷闲，且喝一杯茶去；劳力苦，劳心苦，再倒二两酒来。"在街头摆赌局的地摊主也以其顺口溜招揽顾客："不要慌，不要忙，哪个忙人得下场？昨日打从忙山过，两个忙人好心伤。一个忙人是韩信，一个忙人楚霸王。霸王忙来乌江丧，韩信忙来丧未央。……"这些话把成都鼓励悠闲、讥讽忙人的生活态度，表现得淋漓尽致。成都居民也自嘲这个城市有"三多"：闲人多，茶馆多，厕所多。[66]对此他们并不认为是什么有伤颜面之处，反而流露出有几分自豪。

谁是茶馆的常客？1938年的《成都导游》和1943年的《锦城七日记》列举了两类人：一是"有闲阶级"，二是"有忙阶级"。[67]按一般理解，有闲阶级是指那些地方文人、退休官员、有钱寓公和其他社会上层。有忙阶级则包括那些不得不为生计而工作的人。茶馆里的有忙阶级可分为三类：一是将茶馆作为舞台，如评书和戏曲艺人；二是借茶馆为工作场所，如商人、算命先生、郎中及手工工人；三是以茶馆为市场，如小商小贩和待雇的苦力等。[68]不过，应当意识到，"有闲阶级"和"有忙阶级"的概念十分松散，并非严格的阶级划分。虽然我们常用"有闲阶级"形容那些没有正经工作和享受生活的人，但他们并不是一个独立阶级而且可以有不同的经济背景。在中国城市里，无所事事的富人和穷人通常都被称为"闲人"。不过，这两个词的确代表了聚集在茶馆里的这两类人。无论经济背景和社会地位如何，他们都共同分享这样一个公共空间。

**闲谈和嗜好的聚集**　茶馆是会友、交易、推销、卖艺、闲聊，或无所事事、观看街头行人的好场所。与西方工业国家和中国沿海大城市工人严格上下班工作制不同，成都市民基本没有固定工作日程，他们的时间十分灵活。只要他们不工作，无论白天还是晚上，都可待在茶馆。20 世纪初西方人曾把成都“沿街营业的茶馆”（tea-drinking saloons，直译为“茶吧”）比作“英国的酒吧”（public houses），并评论说，这样的地方用于“社会闲聊”时，“危害极小”。这些茶馆有着明显的社区特点，民国初期一位住在“推车巷”的外籍教师就认为，[69]他所住小巷的茶馆便是“这个巷子的社会中心”。与美国城市里的酒吧一样，成都茶馆也为下层阶级提供了“一个能摆脱窄小住所而度过闲余时光”的公共空间。然而，我们也可以说，茶馆为社会上层人士提供了一个远离宽敞的私家宅院、接近更热闹鲜活的社会生活的聚会场所。茶馆太有吸引力了，一些政府工作人员甚至在上班时间也去茶馆喝茶，没想到被上司撞见而受到处罚。[70]

茶馆对于男人来说是一个毫无拘束的地方。如果他感觉燥热，可以剥去衣服赤裸上身；如果他需理发，即使剪掉的头发会落入其他顾客的茶杯中，也可以叫剃头匠到座位上为他服务；甚至脱下鞋让修脚师修趾甲、挖鸡眼、削茧皮，在茶馆也无伤大雅。[71]如果他感到寂寞，可以听别人闲侃，或加入其中，即使互不认识，大家也并不见怪，而且畅所欲言，既可以同声附和，亦可以抬杠。在茶馆里喝茶从不受时间限制，如果有急事去办，只需要把茶碗推到桌中央告诉堂倌“留着”，数小时后，还可以回来继续品那杯茶。[72]

在早期近代美国城市，各种娱乐形式丰富，市民的闲暇活动可以有多种选择。[73]但在 20 世纪初的成都，特别是当夜幕降临、街头变得冷清之时，茶馆几乎是那些难耐寂寞的人的唯一去处。茶馆也成为有共同兴趣爱好之人的聚集地，就像一个“社会俱乐部”。如操练箭术的射德会把少城公园的茶馆作为会址；中山街的茶馆邻近鸽子市，因而成为

"养鸽人俱乐部";百老汇茶馆地处鸟市,便当然被爱鸟人选为大本营。爱鸟人每天早起,把鸟笼挂在屋檐下或树枝上,一边喝茶,一边享受鸟儿的歌唱。当然,养鸟和驯鸟成为他们永不厌倦的谈论主题。一些茶馆,例如中山公园的惠风茶社,就成为定期的雀鸟交易市场。业余川剧爱好者是茶馆中的另一类活跃分子,他们定期到茶馆聚会唱戏,称"打围鼓",亦称"板凳戏",以参加者围坐打鼓唱戏而得名。参加者不用化装,也不需行头,自由随意,他们自己既满足了戏瘾,也给茶客增添了乐趣。《成都通览》里的一幅画描绘了这项活动。[74]

但是,对茶客来说,闲聊是茶馆最具魅力之处。成都的茶馆,与19世纪汉口的茶馆一样,是"不受阶级限制议论时政"的场所。在茶馆里,人们可以谈论任何事情,甚至在西门有家茶馆就叫"各说阁"。据《新成都》旅行指南说,人们在茶馆"谈古论今,议论社会,下棋赌赛,议评人物,刺探阴私,妄论闺阁"。[75]人们在茶馆交谈的具体内容留下的记载不多,但幸运的是,《国民公报》有个专栏记载记者所见所闻,其中颇有些是从茶馆得来的,我们因而得知人们在茶馆里抱怨世风日下,议论新公布的规章,交流各种社会新闻。[76]

民间也流传不少关于茶馆中发生的故事,下面这个故事便是其中之一:有个人喜欢摆阔,成都人称"绷面子",如果恭维他富,他便喜形于色,反之则怒气冲冲。有一天他在茶馆喝茶,茶客们都抱怨生活艰苦,每天只能泡菜下稀饭。他却说:"只怪你们不会过日子。我不但一天三顿白米干饭,而且顿顿都吃肉。"别人不相信,他就撅起油得发亮的嘴唇,就像他刚刚吃过肉一样。不一会儿,他儿子冲进茶馆,焦急地大喊:"爸爸,你的那块肉遭猫偷吃了。"他装着若无其事,一边给儿子使眼色,一边问儿子:"是偷吃三斤的那块?还是五斤的那块?"儿子没明白父亲的暗示，回答说："哪有三斤、五斤的肉啊！就是你留下来抹嘴皮子的那二两泡泡肉！"那人气急了，打了他儿子一耳光，儿子大声哭道："是猫偷的，又不是我偷的。"众人听了，哈哈大笑。[77]

这件发生在茶馆的小事可以被认为是一场生动的"社会戏剧"，我们可以看到，人们经常从一些茶馆里的小插曲中得到乐趣。各种故事每时每刻可能都在不同的地方上演，茶客们作为"公众"在茶馆既是看客，又在公共舞台上充当了"演员"的角色。[78]正如理查德·桑内特所言，巴尔扎克的作品为学者研究19世纪巴黎的公众生活提供了丰富的资源。那么，成都的地方口头文学也让我们知道了许多关于街头生活的特征。虽然这些故事可能经过了讲述者的渲染，在流传过程中也可能增加或改变细节，但这些故事所烘托的那种公共生活的生动气氛，却是真实可感的，我们也情不自禁地进入到茶馆的那种热闹自在而又并不烦人的喧嚣和氛围之中。

不过，茶馆也并不是一个毫无顾忌的地方，地方精英和政府在此也并非毫无作为。茶客们的闲聊经常被当局视为闲言碎语和"散布谣言"，并被视为茶馆中的"不健康"现象。其实那些所谓"闲言碎语"和"谣言"经常透露了更深层而且值得探索的因素，因而一些社会学家认为，饶舌是"社会交往的一种形式"和"一种表达的方式"。因此，飞短流长"是日常生活中不可避免的表现之一"。詹姆斯·C. 斯科特（James C. Scott）更将其定义为大众"日常反抗（daily resistance）的一种形式"和一种"民主的声音"。控制茶馆里的流言蜚语几乎不可能，或许穷人们说闲话不仅仅是为了满足好奇心或开玩笑，而且根据斯科特的理论，允许"人们发表意见，表示轻蔑和不赞同，将降低因不同的文化认同和报复心理带来的危险"。[79]下层民众饶舌的主要对象是当地名人或富人，他们议论富人的奢侈生活和豪华婚丧礼，以此来发泄他们对不公平社会的不满；关于某某通奸的谣传让人们觉得富人“不道德”；有权有势者遭遇突然的灾祸，使人们为“因果报应”而幸灾乐祸。他们在公共场合的发泄，是他们摆脱心中苦闷和不满的一个重要途径，也是他们不自觉地运用“弱者的武器”（weapons of the weak）所进行的日常反抗。关于这个问题，我将在第七章进行进一步的阐发。

**作为自由市场和交易场所的茶馆**　毫无疑问茶馆是人们休闲的地方，但这远远不是茶馆的全部，实际上茶馆具有十分重要的经济功能。这就是说，在人们悠闲的背后，在茶馆中无时无刻不在进行着某种形式的经济和交易活动。茶馆被称作“自由市场”，手工匠以及其他雇工在茶馆出卖他们的技术或劳力，小贩则流动于桌椅之间吆喝其所售物品。他们在茶馆里非常活跃，“喊茶客尚未停声，食物围来一大群。最是讨厌声不断，纸烟瓜子落花生”。小贩的销售方法非常灵活，如果茶客愿意，他们甚至可以按根数而不是包数购买香烟。小贩出卖其他如刷子、扇子、草鞋和草帽等日用品。[80]

小贩经常利用一些反映当地民间文化特色的“绝技”来取悦顾客，推销商品。如卖瓜子的小贩，他们的生意“不受季节变化的影响”，在街头、茶馆、鸦片烟馆和其他地方到处都能见到他们的身影。一位传教士对这些小贩的技能印象颇深，剥瓜子“是一门相当不错的艺术……牙齿轻轻一嗑，瓜子就剥开了”。卖瓜子的小贩按盘出售，还与茶客玩博彩游戏。有两种方法参加赌博：一种是猜瓜子的数目，另一种是抓得准。在第一种赌博里，买者手里抓一把瓜子（一般有十来颗）让小贩来猜。如果小贩猜错，瓜子就放到一边，接下来继续猜，直到小贩猜到正确答案为止。另一种赌博要求小贩一把抓出正确数量（按双方约定）。如果小贩数目抓错了，瓜子就放到一边，小贩又抓另一把，直到他抓出正确的数量。熟练的小贩一次就能抓中。20 世纪 30 年代的一位作家便在茶馆看到，一个女孩儿的瓜子卖得特别快，因为她能按顾客的要求一把抓出准确的瓜子数量。[81]由此可见，小贩不仅出售商品，也给茶客带来了娱乐。

茶馆也是一个劳动力市场，许多人在茶馆等候雇佣，其中许多是来自农村的季节性自由劳动力。一般来讲，同类雇工总是聚集在同一茶馆，这样雇主很容易找到他们需要的帮手。例如，扛夫（当地人称“背子”）一般聚在锣锅巷和磨子桥的茶馆，无论何时，随喊随到，非常方便。据徐维理回忆，当他夫人准备雇一个保姆时，她的中国朋友建议她去“南门外的茶铺，每天早晨，许多女人都在那里待雇”。[82]可见，20 世纪 20 年代，女人和男人一样都把茶馆作为寻找工作的劳力市场。

茶馆里聚集着“各行各业的人”。很多手艺人在茶馆找生活，为茶客修理日常用品。在一本由加拿大传教士编辑出版的关于中国西部教会学校的书中，有一张成都茶馆的老照片（见插图 3-20）。图中男女老少几个茶客围坐在一张矮小茶桌旁边，喝茶谈笑，一旁一个穿破旧衣服的手工工人坐在一只小板凳上，修补什么东西。显然，他不是在那里饮茶或要参加谈话。虽然我们不能肯定，但极有可能他正在修鞋。算命先生常在茶馆里为人预测吉凶。修脚师和剃头匠，不顾卫生条例，也在茶馆里提供服务。一些乞丐甚至在那里卖“凉风”——给顾客打扇挣钱，这实际上是一种变相乞讨。在炎热的夏季，当一个乞丐不请自来给一个茶客打扇，如果那茶客觉得舒服而且心情不错，他会赏给乞丐几个小钱。茶馆里最有趣的职业是挖耳师傅（见插图 3-21），他们用十余种不同的工具掏、挖、刮、搔等，尽一切可能使顾客进入一种难以言喻的舒

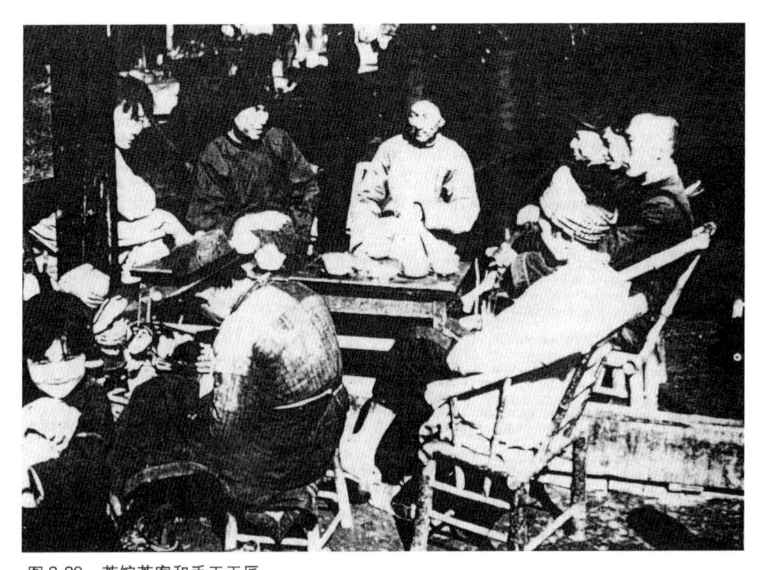

图 3-20　茶馆茶客和手工工匠。
资料来源：Brace，*Canadian School in West China*，p. 245。

图 3-21　挖耳匠和他的顾客。
资料来源：作者 2002 年夏摄于成都鹤鸣茶馆。

服境界。通常他们的顾客并不一定想要清洁耳朵，只是寻求掏耳过程中的这种感觉。[83]

成都人习惯于把茶馆当作他们的“会客室”。由于一般人居住条件差，在家会客颇不方便，人们便相约在茶馆见。[84]他们经常不用约定，也能在茶馆见到朋友，茶客们一般都有他们固定去的茶馆。据何满子回忆，20 世纪三四十年代他在成都为报纸编副刊，成都文人有其特定相聚的茶馆，他就在那里与作者碰头，约稿或取稿，既节约时间又省邮资。居民也在茶馆里商量事宜。徐维理在回忆录里讲道，当他的一位朋友遇到麻烦时，他们便在茶馆里商讨对策。一些组织和学生也常在茶馆开会。枕流茶社便是学生的聚会处，周末和假期尤为拥挤。文人们则偏好文化茶社，教师则在鹤鸣茶社碰头（见插图 3-22）。即使是人力车

图 3-22　现在鹤鸣茶馆仍然存在，每天顾客盈门，是人们休闲的好去处。
资料来源：作者 2002 年夏摄于成都鹤鸣茶馆。

夫、收荒匠、粪夫等，也都有他们自己的茶馆。[85]

商人有固定的茶馆洽谈生意，许多交易都在茶馆做成。如粮油会馆以安乐寺茶社为交易处，布帮在闲居茶社，走私鸦片、武器的秘密社会在品香茶社活动。南门边的一家茶馆因靠近米市，便成为米店老板和卖米农民的生意场。究竟每日有多少交易在茶馆做成还不得而知，但可以确信数量非常可观。一则地方新闻称：当警察平息一场茶馆争端后，一位顾客以这场斗殴搅了他的一桩生意而要求赔偿。[86]韩素音在回忆录中写道："'来碗茶'是茶馆中最常听到的吆喝……这也是洽谈生意的开端，对长辈的尊敬，对亲情的需求，或者地产和商品的买卖，诸如此类的活动都在茶馆或餐馆里进行。"[87]西方旅行者也注意到了茶馆的商业功能，他们发现，茶馆不仅是公众闲聊的地方，而且"大部分的生意也在这里成交"。在20世纪20年代的成都，乔治·哈伯德看见"商人急于去茶馆见他们的生意伙伴，在那里小贩用哨、小锣、响板等招徕买主"。成都并不是唯一将茶馆作为市场的城市，但没有任何一个地方的茶馆能像成都那样，在普通市民的生活中发挥这么多和这么大的功能。[88]

**"吃讲茶"** 茶馆不仅具有经济、文化功能，而且在维护社会稳定方面也发挥着重要作用。在成都形成了一条不成文的规定，市民间的冲突一般不到官府解决，而是去茶馆调解。黄宗智指出，清代民事诉讼一般要经过三个阶段，首先是对涉讼双方进行调解。但实际在这个阶段之前，还有一个更为基础的过程——社会调解，许多纠纷在诉讼之前便已经过社会调解而化解，而这个社会调解便是在茶馆进行的，称为"茶馆讲理"或"吃讲茶"。从这个角度看，我们可以把茶馆看作一个"半民事法庭"。茶馆讲理一般是双方邀请一位"德高望重"的长者或在地方有影响的人物做裁判，据传教士的观察，这便是过去成都为何“真正的斗殴少有发生”的主要原因，虽然这种说法也许有些夸张。[89]不过，在茶馆里解决的争端通常是市民日常生活和生意上的小冲突，如吵架、债务、财产争执，以及没有涉及命案的暴力殴斗等，否则，事情就要交给衙门处理。

因为这种事情时有发生，所以一些人，特别是当地有权有势的秘密社会首领，成为经常的茶馆调解人。沙汀在其短篇小说《在其香居茶馆里》，描写了这样一个调解人：“新老爷是前清科举时代最末一科的秀才，当过十年团总、十年哥老会的头目，八年前才退休的。他已经很少过问镇上的事情了，但是他的意见还同团总时代一样。”[90]那些有科举功名者、在地方保甲团练中曾经任职者、对地方公益事业积极或有贡献者，都可以扮演这样的角色。至于那些大家族的族长、地方社团的头面人物以及大商号的老板掌柜等，也经常是茶馆讲理的座上宾。

虽然目前还缺乏关于这个活动系统和详细的记载，但我们还是可以发现一些有关记录。一位住在成都的外国人描写了出现争吵时的情景，“一旦纠纷发生，人们即往茶铺讲理，众人边喝边聆听陈诉，许多愤恨也随之消弭。最后由错方付茶钱”。[91]从各种资料中，我们知道茶馆讲理几乎每天都会发生。在李劼人著名的历史小说《暴风雨前》里，李劼人以讥讽的语调描述了成都茶馆讲理的情景：

> 假使你与人有了口角是非，必要分个曲直，争个面子，而又不喜欢打官司，或是作为打官司的初步，那你尽可邀约些人，自然如韩信点兵，多多益善……你的对方自然也一样的……相约到茶铺

> 来。如其有一方势力大点，一方势力弱点，这理很好评，也很好解决，大家声势汹汹地吵一阵，由所谓中间人两面敷衍一阵，再把势弱的一方说一阵，就算他们理输了，也用不着赔礼道歉，只将两方几桌或几十桌的茶钱一并开销了事。[92]

但是，如果双方都有错，那双方就有责任分摊茶钱。因此，民间有这样一句谚语：“一张桌子四只脚，说得脱来走得脱”，就是说如果你有道理，不用付茶钱便可走路。解决争端有时可能酿成斗殴及伤亡，茶馆也因此遭殃。当此不幸发生，街首和保正将出面处理，参与打斗者将赔偿茶馆损失。按李劼人的描述，“这于是堂倌便忙了，架在楼上的破板凳，也赶快偷搬下来了，藏在柜房桶里的陈年破茶碗，也赶快偷拿出来了，如数照赔”。李劼人对此嘲弄道，由于这个原因，许多茶铺很高兴常有人来评理。[93]其实，虽然茶馆老板欢迎人们讲理，这样可以赚不少茶钱，但他们还是害怕引起暴力冲突，因为这种事件不但吓跑了顾客，还可能使茶馆无法营业，财产损失更难完全弥补。因此李劼人所说茶馆欢迎“吃讲茶”的理由未免太牵强，作为一个新知识分子，他对这个活动显然是持批判态度的。

遇到争端，居民们大多喜欢选择茶馆讲理，而不是到地方衙门告状，这一情况不仅表明人们不信任那些贪官和“糊涂官”，而且也可以反映出地方非官方力量的扩张。一些研究中国历史的学者，如冉枚烁和罗威廉，曾经十分强调精英活动——灾荒赈济、常平仓、慈善事业、地方修建和其他管理活动——在 19 世纪中期之后的极大发展，以及其对社会的深刻影响。但他们的分析并未将茶馆讲理这种社会调解包括在内。尽管冉枚烁、罗威廉和史谦德采用“公共领域”的概念来分析社会变迁。但黄宗智认为，司法系统在国家和社会之间，存在一个半制度化的（semi-institutionalized）“第三领域”（third realm）。[94]但是，我认为，精英们参与“吃讲茶”的活动，表现了精英活动的另一个侧面，那就是精英们如何处理个人之间以及个人与社会之间的冲突。这也是一个观察成都基层社区如何维持社会稳定、民间秩序如何存在于官方司法系统之外的窗口。

当然，这样的民间调停活动在早期近代和近代中国的其他地方也能找到，并且已经成为社会自治的一个重要部分。如前所述，社会的许多领域中政府权威的缺乏，为当地精英留下了巨大的权力真空，其活动成为社会稳定的基础，茶馆讲理被人们接受的原因之一是，在一个公共场所处理争端，实际上是在公众眼睛的密切注意之下，使判决者或调解者尽量“公平”行事，否则，民众的舆论会对调解人的声誉不利，这也就是“吃讲茶”成为社会调解的同义词的由来。另外，即使调解不成功，暴力也不是那么容易发生，一般人们在这样的公共场合还是尽量保持理性，而且万一斗殴发生，有众人的劝解，也可以在相当程度上避免事情发展到不可收拾的地步。

我们还应该看到，社会调解不仅仅是帮助人们解决争端、处理矛盾，这种活动还具有更深刻的意义，因为它表明，在中国社会非官方力量始终存在，并在日常生活中扮演着极其重要的角色，虽然这种非官方力量从来没有发展到与官方对立或直接挑战的地步，但是它的存在及其对社会的影响，都使官方的“司法权”在社会的基层被分化。人们把自己的公平、正义和命运尽量掌握在自己手中，至少是自己认可的人的手中。当然我们可以指出这种所谓调解也是很有局限的，也没有一种力量保证其公正，更何况政府对此加以控制和取缔，在国家的权力之下，这种社会力量显得是那么脆弱。的确，可能这种怀疑态度便是我们经常忽视和低估中国民间社会力量的原因之一。其实，我们也知道要求一种自发的社会调解维持绝对的公平和正义是无稽之谈，企望这种活动能够演变成一种与国家权力对立的力量更是不切实际的幻想。如果我们认真考察这种活动的存在及其存在的环境，我们便不得不惊叹其韧性和社会的深厚土壤。许多事物在政治经济的变迁中，在国家的控制和打击下，在各种思想文化浪潮的冲刷下，都一个一个地消失了，但茶馆讲理却顽强地生存下来。这种文化与社会生活的韧性和持续性，是值得我们认真注意和研究的。

## 注 释

1. Hartwell, "Reminiscences of Chengdu," *West China Missionary News*, 1921, No. 8 & 9, p. 5. 根据《成都风俗调查表》，大量的以做手艺为生的工匠，是与小贩一样活跃在街头的群体。下层妇女的主要职业是手工店的帮工或家庭女佣（《成都市市政公报》，25～27页，1930）。轿夫、妓女、流浪者和乞丐也依赖街头为生，我会在第六章详细地对他们进行讨论。
2. 这种现象在成都甚至在中国来说都不算独特。我们发现，在美国的工业城市，大部分街头空间都属于工人阶级（Stansell, *City of Women: Sex and Class in New York, 1789–1860*, p. 203）。研究中国的史学家已经对街头和下层社会之间的关系作了一些评论，如司马富认为，"那些在公共场所表演气力和武术的人，一举一动无不反映出他们低微的社会地位"（Smith, *China's Cultural Heritage: The Qing Dynasty, 1644–1912*, p. 262）。在史谦德的《人力车北京》里，他描述了人力车夫在街头的艰苦生活（Strand, *Rickshaw Beijing: City People and Politics in the 1920s*, pp. 38–43）。贺萧在其《天津工人》里，也展示了工人的日常生活与饮食摊贩、街头郎中以及各类民间艺人之间的关系（Hershatter, *The Workers of Tianjin*, pp. 182–187）。
3. 这种模式不同于19世纪西方的工业城市，在那里"住在城里不同社区的人们过着不同的生活"，并且那些工作场所与居住地有明显的间隔（Sennett, *The Fall of Public Man: On the Social Psychology of Capitalism*, p. 221）。

4. 卢汉超研究过近代上海的小贩，见 Lu，*Beyond the Neon Lights：Everyday Shanghai in the Early Twentieth Century*，pp. 198-217。
5. Vale，“The Small Trader of Szchuan，” *West China Missionary News*，1906，No. 10，p. 237.
6. Vale，“The Small Trader of Szchuan，” *West China Missionary News*，1906，No. 10，p. 237. 17—18 世纪的巴黎都市生活节奏似乎与成都的市民节奏很相似。布罗代尔认为，可以用“一整本书”来写那些巴黎的市场。他描述了每天黎明定时来自外地的面包商，以及每天半夜出发，在车上打着瞌睡的五六千个农民，给城镇带来了蔬菜、水果和鲜花。他还生动描绘了那些小贩的叫卖：“活鲭鱼！鲜鲱！烤苹果！……牡蛎！橙子！橙子！”在这样的城市里，“住高层的仆人的耳朵已训练成很能判断这些叫卖声的方位，不会在错误时刻走下去”（Braudel，*Capitalism and Material Life，1400-1800*，vol. I. p. 390）。从现存的研究来看，我们发现对近代中西方在政治、经济、社会和文化方面的差异，已经做了很多比较研究，但是缺乏对中西之间的相似点给予足够的关注。居住在世界上不同地方的人们，是怎样建立了如此相似的都市商业文化，这样的思考是非常有意义的。
7. Vale，“The Small Trader of Szchuan，” *West China Missionary News*，1906，No. 10，p. 237；傅崇矩：《成都通览》上，397 页。卖彩带、丝线和其他小饰物的妇女敲一面有把手的小鼓，而卖小饰物、手镯和玉戒的小贩带着一面小的黄铜锣，卖针线和棉花的小贩使用小黄铜锣和鼓（Vale，“The Small Trader of Szchuan，” *West China Missionary News*，1906，No. 10，pp. 237-238）。我们从徐维理的描述中得知，到了 20 世纪二三十年代，这些街头小贩的招揽形式几乎没有什么变化（Sewell，*The Dragon's Backbone：Portraits of Chengdu People in the 1920's*，p. 80）。
8. 杨燮：《锦城竹枝词百首》；见林孔翼编：《成都竹枝词》，51 页。
9. 余迅，73 岁，作者于 1997 年 6 月 21 日在悦来茶馆的访谈记录。
10. 崔显昌：《旧蓉城的市声》，载《龙门阵》，1982（4），82～92 页；苑罕：《市声琐记》，载《龙门阵》，1992（4），108～111 页。
11. Sewell，*The Dragon's Backbone：Portraits of Chengdu People in the 1920's*，p. 120. 很多竹枝词对这些人进行了描述，一首竹枝词说，“春郊买食百忧宽”。另一位当地文人写道：“豆花凉粉妙调和，日日担从市上过。生小女儿偏嗜辣，红油满碗不嫌多。”（杨燮：《锦城竹枝词百首》，见《成都竹枝词》，47 页；邢锦生：《锦城竹枝词钞》，见《成都竹枝词》，165 页）
12. 刘可继：《“九里三分”的饭摊子》，载《龙门阵》，1996（4），98～101 页；Vale，“The Small Trader of Szchuan，” *West China Missionary News*，1906，No. 11，p. 261；Sewell，*The Dragon's Backbone：Portraits of Chengdu People in the 1920's*，pp. 121-124。
13. Sewell，*The Dragon's Backbone：Portraits of Chengdu People in the 1920's*，pp. 82；傅崇矩：《成都通览》上，390、397～398 页；Vale，“The Small Trader of Szechuan，” *West China*

*Missionary News*，1906，No. 11，p. 261。

14. Vale，"The Small Trader of Szechuan，" *West China Missionary News*，1906，No. 11，p. 259. 黄尚军在东大街长大，现在是一家出版社的编辑。他告诉我，他在20世纪五六十年代还看见这样的水烟贩在他家隔壁的一家茶馆做生意（黄尚军，42岁，作者于1997年6月26日在四川民族出版社的访谈记录）。在李劼人的小说《大波》里，描述了水烟贩怎样为顾客提供服务（李劼人：《大波》，见《李劼人选集》，第2卷，154～155页）。
15. Vale，"The Small Trader of Szchuan，" *West China Missionary News*，1906，No. 11，p. 259。烘笼每年冬天都引起不少火灾，见第六章。
16. Sewell，*The People of Wheelbarrow Lane*，p. 125；《国民公报》，1917－05－26、1922－08－15；傅崇矩：《成都通览》上，397、399页。这些做法被认为有欺骗性，精英们想方设法予以禁止。
17. 傅崇矩：《成都通览》上，399～401页。
18. 傅崇矩：《成都通览》上，399～401页。Sewell，*The Dragon's Backbone：Portraits of Chengdu People in the 1920's*，pp. 48，64，68，144-161。竹枝词作者描写了各种各样的劳动者。一位文人描述了一石刻匠："曹老爷称名塑匠，水侵不坏蜕沙神，阿罗汉与阎王殿，活像装成亿万身。"（杨燮：《锦城竹枝词百首》，见《成都竹枝词》，50页）有些人把注意力集中在手艺人的日常生活上："每逢佳节醉人多，都是机房匠艺哥。一日逍遥真快活，酒楼酢罢听笙歌。"另一首词描绘了宰杀牛羊的屠夫："屠牛为计更屠羊，身寄成都算异乡。人物衣冠俱不类，还多一副狠心肠。"（定晋岩樵叟：《成都竹枝词》，见《成都竹枝词》，63页；吴好山：《成都竹枝词》，见《成都竹枝词》，70、74页）
19. 傅崇矩：《成都通览》上，393～394页；Sewell，*The Dragon's Backbone：Portraits of Chengdu People in the 1920's*，p. 2。
20. 李劼人：《暴风雨前》，见《李劼人选集》，第1卷，413～414页；傅崇矩：《成都通览》上，389页。
21. 可能也有例外。如插图3-8中那位挑水夫便穿着鞋，但是他也可能是一个挑井水的水夫。
22. Sewell，*The Dragon's Backbone：Portraits of Chengdu People in the 1920's*，p. 1；何满子：《五杂侃》，214～215页；吴晓飞：《卖水人与机器水》，载《龙门阵》，1994（3），9～14页。
23. 1735年一位传教士描述了北京的情形："街上挤满了人……无数的各种各样的人群，动则一两百号人，聚在一起听算命先生、杂耍者、唱戏的表演，或听引人发笑的故事或趣事，甚至去听那些卖药人对其疗效的吹嘘。"（转引自Braudel，*Capitalism and Material Life，1400-1800*，vol. 1. pp. 426-427）布罗代尔认为这是中国大城市拥挤的街道和市场的特点。

24. Rowe, *Hankow: Conflict and Community in a Chinese City, 1796-1895*, p. 22.
25. 王笛:《跨出封闭的世界——长江上游区域社会研究,1644—1911》,235 页;Mair, "Language and Ideology in the Written Popularizaions of the Sacred Edict," in Johnson, Nathan, and Rawski (eds.), *Popular Culture in Late Imperial China*, pp. 354-355; Davidson and Mason, *Life in West China: Described By Two Residents in the Province of Szechwan*, p. 48; Grainger, "Street Preaching, etc.," *West China Missionary News*, 1918, No. 4, p. 5。
26. 方崇实、石友山:《"墨状元"智折周孝怀》,载《龙门阵》,1989(1),15~19 页。
27. 汪青玉:《四川风俗传说选》,303~304 页;罗尚:《茶馆风情》,载《四川文献》,1965(10),22 页。后来评书又改称"评话",一则民间故事解释了"评话"的来源。晚清的说书人总是悬挂一只白色的方灯笼,其上写着"某某评书",写明他们要讲的故事。"评书"广泛地用来指"讲故事",但是照原文的意思是"评论书"。一次当钟晓凡在总督衙门附近的茶馆说书时,四川护督赵尔丰碰巧经过,看见钟的灯笼上写着"钟晓凡评书"。赵认为称"评书"不妥,因为在赵看来,"评书"是学者们的事,是不容下层民间艺人随便亵渎的,遂命令钟予以撤换。钟晓凡那时是亚圣会(成都说书人的行会)的会长,为避免麻烦,便叫所有说书人停止使用"评书",而改用"白话演义",随后又改称"评话",直到20世纪50年代才又恢复使用"评书"一词(罗子齐、蒋守文:《评书艺人钟晓凡趣闻》,载《龙门阵》,1994(4),59~60 页)。当然,这仍然是一个没有史料印证的说法,然而民间的这种解释也的确反映了官方在某种程度上对大众文化的干预。
28. Grainger, "Street Preaching, etc.," *West China Missionary News*, 1918, No. 4, pp. 5-6;刑锦生:《锦城竹枝词钞》,见《成都竹枝词》,165 页;Sewell, *The People of Wheelbarrow Lane*, pp. 86-87;周止颖:《新成都》,225 页;傅崇矩:《成都通览》上,293 页;罗子齐、蒋守文:《评书艺人钟晓凡趣闻》,载《龙门阵》,1994(4),61 页。
29. 关于孟丽君的故事大意是这样的:元承宗时,才女孟丽君与皇甫少华定亲,但后来两家同遭奸臣陷害,从而失散。孟丽君女扮男装,改名郦君玉,科举夺魁,后又被拜为相。皇甫少华因剿贼有功,封为王,尊郦为师。后皇甫探出郦即失散多年的孟丽君,几欲相认,但孟恐真情暴露,有欺君之罪,而且可能牵连皇甫,因而拒绝承认。后承宗识破孟之秘密,欲强纳为妃,但孟至死不从。后孟与皇甫终成眷属。
30. 陈浩东、张思勇主编:《成都民间文学集成》,403~404 页。说书人的故事也出现在竹枝词里,其中一首诗中写道:"说书大半爱吴暹,善拍京腔会打趾。一日唱来闲半日,青蚨一串尚嫌廉。"(定晋岩樵叟:《成都竹枝词》,见《成都竹枝词》,62 页)这首竹枝词既描绘了他们说书的特点、技巧,亦透露了他们的生活方式。
31. 定晋岩樵叟:《成都竹枝词》,见《成都竹枝词》,62 页;邢锦生:《锦城竹枝词钞》,

《成都竹枝词》，165 页；Sewell，*The Dragon's Backbone：Portraits of Chengdu People in the 1920's*，pp. 140–141；周止颖：《新成都》，220～221、224 页；迪凡：《成都之洋琴》，载《四川文献》，1966（5），23 页；Buck，*Urban Change in China：Politics and Development in Tsinan，Shantung，1890–1949*，p. 34。

32. 例如，人们可以去新世界茶园听李德才的洋琴，到芙蓉亭听贾树三的竹琴，或者到靠近新南门的茶馆听李月秋的清音。想要观看曾秉昆的口技表演，可以早晨去南门的茶馆，或下午去圣清茶园。曾秉昆藏在一块布罩住的柜子里，模仿各种各样的人、鸟和动物的声音，滑稽故事也是其拿手好戏（周止颖：《新成都》，22 页；陈三：《旧蓉城艺人忆片》，载《龙门阵》、1989（5），60～61 页）。清末民初，高把戏在青龙巷的茶馆外悬挂一块木板，上面写明任何人想要他在寿宴或婚礼上表演，可以与茶馆联系。其他评书、相声和大鼓等流行的娱乐形式，在成都的茶馆也很普遍（张达夫：《高把戏》，载《成都风物》，1981（1），109 页；文闻子：《四川风物志》，457 页；车辐：《周连长茶馆与李月秋》，载《龙门阵》，1995（2），1～6 页）。一些茶馆里的民间艺人在某种程度上是受过教育的，例如川剧名优张士贤，喜欢吟诗作赋，经常待在茶馆酒店与顾客讨论唐宋古典诗歌和散文。另一位艺人曾双彩擅长绘画（杨燮：《锦城竹枝词百首》，见《成都竹枝词》，54 页）。
33. Grainger，"Street Preaching，etc.，" *West China Missionary News*，1918，No. 4，pp. 6–7；傅崇矩：《成都通览》上，295 页；罗尚：《茶馆风情》，载《四川文献》，1965（10），22 页。
34. Grainger，"Street Preaching，etc.，" *West China Missionary News*，1918，No. 4，pp. 78.
35. 熊倬云，85 岁，作者于 1997 年 6 月 22 日在悦来茶馆的访谈记录。柳连柳是民间表演的一种形式，被批评为"淫荡"的表演。见第四章的进一步讨论。
36. Sewell，*The Dragon's Backbone：Portraits of Chengdu People in the 1920's*，p. 20；傅崇矩：《成都通览》上，285 页；周少稷，75 岁，作者于 1997 年 6 月 22 日在悦来茶馆的访谈记录。
37. 阴历正月表演的节目被叫作"清醮戏"，二月叫"观音戏"，三月、四月叫"秧苗戏"。剧团接下来要休息一两个月（即在阴历五月、六月）。在阴历七月、八月稻米收获季节，他们恢复演出，节目名曰"虫蝗戏"。阴历九月，观音戏再次上演，然后剧团就在最后两个月休息（王志行：《资中木偶戏今昔》，载《四川文史资料选辑》，第 36 辑，67 页）。
38. 傅崇矩：《成都通览》上，285 页；Sewell，*The Dragon's Backbone：Portraits of Chengdu People in the 1920's*，p. 12。
39. 在十六门江湖中，有"四大江湖"："惊门"（算命先生）、"培门"（郎中）、"飘门"（卖画制谜猜谜的文丐）、"测门"（风水先生）；"四大门头"："风门"（见风使舵诈骗）、"火门"（假炼金术）、"爵门"（冒充达官行骗）、"耀门"（冒充富人行骗）

(Vale, "The Art of the Startler," *West China Missionary News*, 1914, No. 3, p. 28)。这些类别的组成非常复杂，单以“惊门”为例，就有九男和十女等区分（郑蕴侠、家恕：《旧时江湖》，载《龙门阵》，1989 [3]）。外国人称他们为“令人惊骇的人”，可能是因为他们那些赖以谋生的“绝技”吧。

40. Cheng, "The Challenge of the Actresses: Female Performers and Cultural Alternatives in Early Twentieth Century Beijing and Tianjin," *Modern China*, 1996, No. 2, pp. 197-233; Dong, "Juggling Bits: Tianqiao as Republican Beijing's Recycling Center," *Modern China*, 1999, No. 3, pp. 304-342. 傅崇矩在其《成都通览》中，写了这些人如何使用“诈骗”来谋生，描述了六十多个关于江湖骗子骗术的生动有趣的故事（傅崇矩：《成都通览》上，463～500页）。
41. 地方文献中有不少关于江湖骗子的记载，地方报纸也时有报道（见郑蕴侠、家恕《旧时江湖》，载《龙门阵》，1989（3）；傅崇矩：《成都通览》上，459～500页；载《通俗日报》，1909-03-27、1909-03-31）。本书并不研究那些具有传奇色彩的、真正的中国武术家，他们的故事经常出现在文学作品中。与那些在街头角落或公共广场表演武术的人不同，他们一般不依靠街头谋生，而从事开办武馆、当保镖等活动。
42. Vale, "The Art of the Startler," *West China Missionary News*, 1914, No. 2, p. 29；傅崇矩：《成都通览》上，464页。
43. 《国民公报》，1914-12-29、1917-07-28。骗子假装顾客欺骗店主的事经常发生，如1917年1月14日在《国民公报》上还有一则类似的报道。
44. Vale, "The Art of the Startler," *West China Missionary News*, 1914, No. 3, p. 29.
45. 徐维理便观察到，“成都是一个集散市场，大多数中草药经此销往中国各地和国外有华人居住的地方”，各种各样的草药和药用植物“主要在春天收集，运到成都平原，然后从这里发往平原以外的地方去”（Sewell, *The Dragon's Backbone: Portraits of Chengdu People in the 1920's*, p. 176）。
46. 傅崇矩：《成都通览》上，195、394页；Sewell, *The Dragon's Backbone: Portraits of Chengdu People in the 1920's*, pp. 84, 176。
47. Sewell, *The Dragon's Backbone: Portraits of Chengdu People in the 1920's*, p. 128；傅崇矩：《成都通览》上，460、462页。那些算命先生是怎样赢得人们信任的？一则故事揭示了一个外号“神童子”的算命先生出名的秘密。其人主要在少城公园的茶馆揽生意，只要他一出现，便顾客盈门。据说他有一次给一个高官算命，说出此人身上某处有个胎记，使这位官员对他佩服得五体投地，“神童子”也因此暴得大名。后来有人披露，那个算命先生是一次偶然在公共澡堂看见了那位官员的那个胎记（杨槐：《神童子与满天飞》，载《龙门阵》，1982 [1]，67页）。这个故事说明了算命先生擅长收集各种对其有用的信息。民间文学里有很多关于算命先生的故事，如徐式文《青羊宫外骗神仙》，载《龙门阵》，1983（4）；成基、何淳《神摸，苦骗，理骗》，载《龙门阵》，

1982（2）。

48. 定晋岩樵叟：《成都竹枝词》，见《成都竹枝词》，62 页；杨燮：《锦城竹枝词》，见《成都竹枝词》，50 页；Sewell, *The Dragon's Backbone: Portraits of Chengdu People in the 1920's*, pp. 128-129。也可能图中所画是讲圣谕旨，如果是这样的话，仍然足以证明精英文化和大众文化之间的连带关系。参见上节关于评书与讲圣谕关系的讨论。

49. Smith, *Fortune-tellers and Philosophers: Divination in Traditional Chinese Society*, pp. xii, 9, 269. 但是司马富指出这个解释难以令人信服："对算命感兴趣的重要原因是——不仅仅是西方国家而是全世界，不管科学是多么强有力的探索工具，人们在感情上却是无法满足的。"（*Fortune-tellers and Philosophers: Divination in Traditional Chinese Society*, p. 283）。他批评那种简单化的结论，而试图找到更为复杂和深层次的原因，这无可厚非。但是也难以否认，在科学知识进一步普及和算命现象走向衰落之间存在着一种因果关系。

50. 傅崇矩：《成都通览》上，550 页；杨燮：《锦城竹枝词》，见《成都竹枝词》，46 页；《国民公报》，1914-03-12、1922-03-17、1928-04-13。

51. Grainger, "Various Superstitious," *West China Missionary News*, 1917, No. 9, p. 14; Katz, *Demon Hordes and Burning Boats: The Cult of Marshal Wen in Late Imperial Chekiang*, p. 1; Benedict, *Bubonic Plague in Nineteenth-Century China.*

52. 《国民公报》，1914-07-01、1914-11-08；傅崇矩：《成都通览》上，553 页；Grainger, "Chinese Festivals," *West China Missionary News*, 1917, No. 4, p. 6。

53. 傅崇矩：《成都通览》上，465、556 页；余迅，73 岁，作者于 1997 年 6 月 21 日在悦来茶馆的访谈记录。一些人"穿着和尚道士的衣服来逃避法律"，引起了政府对社会稳定的担忧。孔飞力曾指出，"就官僚政治思想而言，任何流浪的乞丐都威胁了公众安全，没有家庭的流浪汉是失去控制的人"（Kuhn, *Soulstealers: The Chinese Sorcery Scare of 1768*, p. 44）。

54. Grainger, "Various Superstitious," *West China Missionary News*, 1917, No. 9, p. 10, No. 11, p. 10；傅崇矩：《成都通览》上，393 页。

55. 《国民公报》，1928-05-26；李乔：《敬惜字纸的习俗》，载《龙门阵》，1990（1）；王铭铭：《山街的记忆——一个台湾社区的信仰与人生》，224~225 页；傅崇矩：《成都通览》上，393 页。

56. Ko, *Teachers of the Inner Chambers: Women and Culture in China, 1573-1722*; Mann, *Precious Records: Women in China's Long Eighteenth Century*, pp. 3-4。

57. 见巴金：《家》；李劼人：《大波》；林孔翼编：《成都竹枝词》。

58. Bird, *The Yangtze Valley and Beyond: An Account of Journeys in China, Chiefly in the Province of Sze Chuan and Among the Man-sze of the Somo Territory*, p. 346. 一些竹枝词提供了与我们既定观念相反的资料，例如我们知道，在传统社会中中国人重男轻女，但

一首竹枝词则称："比户十儿长受饿，谁家五女乐炮羔。生儿不若多生女，儿价平常女价高。"（吴好山：《成都竹枝词》，见《成都竹枝词》，75 页）因此，至少在成都的那个时候，妇女的社会价值有时候并不是我们想象的那么低。

59. 刘沅：《蜀中新年竹枝词》，见《成都竹枝词》，127 页；杨燮：《锦城竹枝词百首》，见《成都竹枝词》，44～45、53 页；陈宽：《辛亥花市竹枝词》，见《成都竹枝词》，151 页；傅崇矩：《成都通览》上，559 页；冯家吉：《锦城竹枝词百咏》，见《成都竹枝词》，86 页。

60. 定晋岩樵叟：《成都竹枝词》，见《成都竹枝词》，61、66 页；杨燮：《锦城竹枝词百首》，见《成都竹枝词》，44 页。

61. 杨燮：《锦城竹枝词百首》，见《成都竹枝词》，46 页；定晋岩樵叟：《成都竹枝词》，见《成都竹枝词》，64 页；吴好山：《笨拙俚言》，见《成都竹枝词》，75 页；冯誉骧：《药王庙竹枝词》，见《成都竹枝词》，142 页。19 世纪 90 年代的一首竹枝词详细叙述了精英主妇的日常生活："梳妆初毕过辰牌，小唤童奴且上街。米菜油盐和酱醋，出门犹说买干柴。"我们甚至发现对吸鸦片成瘾妇女的描述："流毒中华隐祸深，红闺日午傍鸳衾。不辞典卖金钗钏，鸦片烟迷女眷心。"（吴好山：《笨拙俚言》，见《成都竹枝词》，73～76 页）一位文人描述了妇女们植树的情况："成都蚕市正春光，妇女嬉游器具场。买得鸦锄勤拂拭，夕阳桥畔种新桑。"（庆余：《成都月市竹枝词》，见《成都竹枝词》，181～182 页）我们能从另一首词里看到女人和花之间的关系："百花潭对百花庄，小小朱楼隐绿杨。听得门前花担过，隔帘呼买夜来香。"（彭懋琪：《锦城竹枝词》，见《成都竹枝词》，131 页）女人和夜来香总是被紧密地联系在一起，另一首一个世纪后写的竹枝词描绘了一幅相似的图画："绣余摇扇共招凉，斜挽云鬟时样妆。忽听卖花声过去，隔帘争唤夜来香。"（邢锦生：《锦城竹枝词钞》，见《成都竹枝词》，165 页）

62. 傅崇矩：《成都通览》上，397～398 页。但傅崇矩没说明她们为什么和怎样"勾引"妇女，但是一般认为"老媪卖花兼卖玉，骗人闺阁善能言"（定晋岩樵叟：《成都竹枝词》，见《成都竹枝词》，61 页），当地报纸也不时报道某某妇人被诱拐成为一个妓女（如《国民公报》，1914－07－22）。当然也可能地方精英对这些妇女存在偏见，以偏概全。

63. 定晋岩樵叟：《成都竹枝词》，见《成都竹枝词》，60 页；林孔翼编：《成都竹枝词》，123 页；Wang，"Street Culture; Public Space and Urban Commoners in Late-Qing Chengdu，" *Modern China*，1998，No. 1，p. 44。

64. 具有讽刺意义的是，20 世纪初期的改革反而增加了对妇女行为的限制。例如，出于担心"男女杂沓"，警察禁止了阴历二月十五那天（据说是道教创始人之一的太上老君的生日）在青羊宫过夜的传统惯例（傅崇矩：《成都通览》上，549 页）。改良者似乎对有妇女参加的公众活动，比对民间其他传统活动持更多的反对态度。进一步的讨论见第五章。

65. 陈锦：《四川茶铺》，12～13页；舒新城：《蜀游心影》，142～143页；薛绍铭：《黔滇川旅行记》，166页；Hubbard, *The Geographic Setting of Chengdu*, p. 17。

66. 正云：《一副对联的妙用》，载《成都风物》，第1辑，82～83页；余迅，73岁，作者于1997年6月21日在悦来茶馆的访谈记录；陈锦：《四川茶铺》，32页。还有另一个"三多"的说法：茶馆多、公馆多、餐馆多（姚蒸民：《成都风情》，载《四川文献》，1971 [5]，17页）。

67. 胡天：《成都导游》，62页；易君左：《锦城七日记》，见《川康游踪》，194页。

68. 这里我们只讨论顾客。实际上在茶馆里最忙的人是那些体现了茶馆文化的掺茶师傅，川人称其为"堂倌""幺师"甚至"茶博士"。他们为什么会被称为"博士"呢？根据何满子考证，这个名字来自唐宋时期，那时人们有把各种职业、三教九流冠以官职的习俗，例如医生被叫作郎中，地主被称为员外（何满子：《五杂侃》，155～156页）。但是在美国的城市，那些酒吧的主人是"非常显眼的人"（Duis, *The Saloon: Public Drinking in Chicago and Boston, 1880－1920*, p. 141）。而在成都，则是那些"茶博士"更受瞩目，他们可以说是"茶馆的灵魂"。当顾客进门，他们便"某先生""某师傅""某老板"地热情招呼，给他们指引位子，问他们喝哪种茶，经常给顾客添水，保持桌面干净，准确地找零钱，同时还要招呼不断进来的顾客（陈茂昭：《成都的茶馆》，载《成都文史资料选辑》，第4辑，183～184页）。堂倌必须始终保持服务的状态，以便能立即回应顾客。他们的吆喝声逐渐形成一种非常特别的风格，在高峰期，即使是人声鼎沸，顾客仍能听到堂倌一个又一个的回应，顾客并不介意他们抑扬顿挫的吆喝，相反，那些变化无穷、诙谐风趣的长吟短唱，为顾客增加了许多乐趣。堂倌还必须恰当处理各种特别的情况。例如仅仅是从顾客那里收钱，也需要相当的经验。像这种情形他们便常常碰到：一位顾客进入茶馆，遇到了他的若干朋友也在那里喝茶，为了显示他的慷慨或对朋友的尊重，他会告诉堂倌其他人的账由他来付，即使他朋友的茶钱已经付过了。这时堂倌必须决定是否把钱退给他的朋友并从他那里收钱。这个决定要取决于许多社会因素，包括顾客的社会地位、年龄、内在或者外在的形象，是不是常客。如果茶馆是个秘密社会的码头，那些堂倌还必须应付那些来自不同公口的同党，他们一般都有秘密手势和行话来进行交流（崔显昌：《旧成都茶馆素描》，载《龙门阵》，1982 [6]，100～101页；罗尚：《茶馆风情》，载《四川文献》，1965 [10]，21页）。一首民谣生动地描述了那些堂倌："日行千里未出门，虽然为官未管民。白天银钱包包满，晚来腰间无半文。"（陈浩东、张思勇主编：《成都民间文学集成》，1569页）他们最了不起的技术就是为顾客掺开水，他们可以一手提着一只大紫铜茶壶，一手托着一大摞茶具（有时多达二十多套），离桌子一定距离时，将茶托撒在每位顾客面前，再把茶杯掷到每个茶托上，每位顾客点的不同的茶也绝不会弄错。然后，在距桌子两三尺开外，将水壶的沸水倒进每只杯子。然后走上前用幺拇指将杯盖一挑，把它们盖在那些杯子上。整个过程干净利落，一气呵成，而且一滴水也不能溅到桌上（文闻子：《四川风物志》，454 页）。外国旅行者注意到了堂倌的这种技能，也十分赞叹："这排锃亮、沸腾、崭新的长嘴水壶，从茶铺后面提来，他们带着令人自豪的技能，滚烫的水由高而下倾泻到碗中的绿叶上。"（Sewell，*The People of Wheelbarrow Lane*，p. 119）顾客品茶的同时，仿佛也正欣赏一场魔术表演。

69. 这是根据徐维理的回忆录，他的英文原文是 Wheelbarrow Lane，是一个小巷，由于无法确定中文的原街名，故按意译。
70. Davidson and Mason，*Life in West China：Described By Two Residents in the Province of Szechwan*，p. 86；Sewell，*The People of Wheelbarrow Lane*，p. 15；Rosenzweig，*Eight Hours for What We Will：Workers and Leisure in an Industrial City，1870-1920*，p. 49；《国民公报》，1930 - 03 - 22。
71. 修脚师傅经常在茶馆工作，用一块小的、方木板做标志（傅崇矩：《成都通览》上，383 页）。
72. 李劼人：《暴风雨前》，见《李劼人选集》，第 1 卷，340 页。
73. Kasson，*Amusing the Million：Coney Island at the Turn of the Century*；Rosenzweig，*Eight Hours for What We Will：Workers and Leisure in an Industrial City，1870-1920*；Nasaw，*Going Out：The Rise and Fall of Public Amusements*；Peiss，*Cheap Amusements：Working Women and Leisure in Turn-of-the-Century New York.*
74. 杨槐：《神童子与满天飞》，载《龙门阵》，1982（1），67 页；崔显昌：《旧成都茶馆素描》，载《龙门阵》，1982（6），96 页；周止颖：《新成都》，236 页；傅崇矩：《成都通览》上，297 页。这类事情经常会吸引一大群围观者，欣赏免费表演。一些后来成为专业演员的艺人，就是在这样非正式的茶馆戏剧里，开始了他们的演艺生涯（文闻子：《四川风物志》，455 页；静环、曾荣华：《锦城艺苑话天籁》，载《成都文史资料选辑》，第 3 辑，133 页）。
75. Rowe，*Hankow：Conflict and Community in a Chinese City，1796 -1895*，p. 60；文闻子：《四川风物志》，454 页；周止颖：《新成都》，246 页。
76. 《国民公报》，1917 - 04 - 09、1917 - 05 - 10、1922 - 02 - 20。第七章将分析人们在茶馆中闲聊与政治的关系。
77. 陈浩东、张思勇主编：《成都民间文学集成》，1443 页。
78. Sennett，*The Fall of Public Man：On the Social Psychology of Capitalism*，p. 107.
79. Yerkovich，"Gossiping as a Way of Speaking，" *Journal of Communication*，1997，No. 1，p. 192；Abrahams，"A Performance-Centred Approach to Gossip，" *Man*，1970，No. 2，p. 293；Scott，*Weapons of the Weak：Everyday Forms of Peasant Resistance*，p. 282.
80. 易君左：《锦城七日记》，见《川康游踪》，104 页；林孔翼：《成都竹枝词》，113 页；王庆源：《成都平原乡村茶馆》，载《风土什志》，1944（1），34 页。

81. Vale, "The Small Trader of Szchuan," *West China Missionary News*, 1906, No. 11, p. 260；崔显昌：《旧成都茶馆素描》，载《龙门阵》，1982（6），97～98页；何满子：《五杂侃》，193页。

82. 王庆源：《成都平原乡村茶馆》，载《风土什志》，1944（1），35页；周止颖：《新成都》，251页；Sewell, *The People of Wheelbarrow Lane*, p. 73.

83. Brace, *Canadian School in West China*, p. 245；李劼人：《暴风雨前》，见《李劼人选集》，第1卷，339页；《成都市市政年鉴》，1927，511～512页；崔显昌：《旧成都茶馆素描》，载《龙门阵》，1982（6），98页；陈锦：《四川茶铺》，59页。

84. 地方文学常描述这样的情形（见钟茂煊《刘师亮外传》，59页；李劼人《大波》），正如一首竹枝词所说，"亲朋蓦地遇街前，邀入茶房礼貌虔"（吴好山：《笨拙俚言》，见《成都竹枝词》，70页）。令人惊奇的是这种传统在现代成都仍保留了下来。1997年夏，我做这一课题研究时，经常约一些长辈进行采访，他们几乎都要我去茶馆碰面。

85. 胡天：《成都导游》，69～70页；易君左：《锦城七日记》，见《川康游踪》，194页；《四川省政府社会处档案》，四川省档案馆，全宗186，案卷1431，34～35页；何满子：《五杂侃》，193页；Sewell, *The People of Wheelbarrow Lane*, pp. 131–132；《国民公报》，1929－10－17；杨槐：《神童子与满天飞》，载《龙门阵》，1982（1），67页；文闻子：《四川风物志》，456～457页。

86. 《通俗日报》，1910－05－15；《国民公报》，1914－09－11。

87. Han Suyin, *The Crippled Tree: China, Biography, History, Autobiography*, pp. 228–229.

88. Davidson and Mason, *Life in West China: Described By Two Residents in the Province of Szchwan*, p. 86; Hubbard, *The Geographic Setting of Chengdu*, p. 17. 在沿海地区，我们发现茶馆具有相似的功能。见鈴木智夫：『清末江浙の茶館につじて』，『历史における民众と文化——酒井忠夫先生古稀祝賀纪念論集』；Goodman, *Native Place, City, and Nation: Regional Networks and Identities in Shanghai, 1853–1937*, p. 17; Shao, "Tempest over Teapots: The Vilification of Teahouse Culture in Early Republican China," *Journal of Asian Studies*, 1998, No. 4。

89. Huang, *Civil Justice in China: Representation and Practice in the Qing*; Davidson and Mason, *Life in West China: Described By Two Residents in the Province of Szechwan*, p. 86.

90. 沙汀：《在其香居茶馆里》，见《沙汀选集》，第1卷，147页。

91. Davidson and Mason, *Life in West China: Described By Two Residents in the Province of Szechwan*, p. 86.

92. 李劼人：《暴风雨前》，见《李劼人选集》，第1卷，338页。

93. 文闻子：《四川风物志》，455页；何承朴：《成都夜话》，351页；《国民公报》，1914－07－24、1928－06－10；李劼人：《暴风雨前》，见《李劼人选集》，第1卷，338页。

94. Rankin, *Elite Activism and Political Transformation in China: Zhejiang Province, 1865–1911*, *chap.* 3; "The Origins of a Chinese Public Sphere: Local Elites and Community Affairs in the Late Imperial Period," *Etudes Chinoises*, 1990, No. 2; Rowe, *Hankow: Conflict and Community in a Chinese City, 1796–1895*, chaps. 3 and 4; "The Public Sphere in Modern China," *Modern China*, 1990, No. 3; Strand, *Rickshaw Beijing: City People and Politics in the 1920s*; Huang, "'Public Sphere' / 'Civil Society' in China? The Third Realm between State and Society," *Modern China*, 1993, No. 2.

# 第二部

# 下层民众与社会改良

# 第四章　改　造

在20世纪初，整个中国经历了巨大的社会文化变迁。成都的变化尽管不如沿海城市那样剧烈，但许多新的现象仍然在街头显现出来。外国商品和传教士的进入，以及随之而来的西方文明模式，都不可避免地影响着城市社会生活。与此同时，城市民众与公共空间使用的相互影响，使成都城市文化在晚清经历了重大的变化。社会改良者由于不满意城市公共空间的利用方式和市民在公共场所的表现，试图重新构建公共空间，并对市民进行他们感到迫切的"启蒙"。这个过程使民众与社会改良者建立了一种新的关系，这种关系便是本书的第二部将着重探讨的主题，同时我们还将观察在20世纪初发生的、由国家和地方精英主持的社会改良运动。在这些运动中，改良者试图改造公共空间，改变城市面貌和普通民众的街头生活。促进这些变革的原因是多方面的，其中包括：地方乃至国家的改良风潮，精英人士对民众公共行为的不满，西方文明对中国社会生活的影响，以及由新的物质文明所产生的新文化。

推动成都城市变革主要有两股力量。一是肇始于19世纪末的维新运动，主要由非官方的精英人士领导；二是由清中央政府主持、地方政府积极倡导的20世纪初的"新政"。[1] 改良者试图以日本和西方城市为模式对中国城市进行改造。20 世纪初的新政在经济、政治、教育等领域给成都带来了巨大变化。经济方面，开办了许多新的工厂、作坊、股份公司、商会和各种职业协会；政治方面，清廷颁诏预备立宪，建立了咨议局和城市议事会，司法改革也在逐步推进，这使更多的社会精英可以参与到当地的政治生活中去。但最深刻的变化发生在教育领域，1905 年废除科举考试后，近代学堂逐渐取代了传统私塾。无论是已有科举功名者，还是仍然刻苦攻读的学生，都进入新式学堂学习。同时许多人出洋留学。这一时期，新型知识分子还出版发行了大量的报纸、杂志和书籍，新知识得到普遍传播。[2]（见插图 4-1）

这些变化对成都普通市民的日常生活产生了极大影响。新式商品的流入不仅丰富了他们的物质生活，也激发了他们对外部世界的好奇心。这个相对闭塞的城市出现了不少新式学校、书局和报纸，进一步推动了对公共空间和街头文化的改革运动。改良者提出而且使人们相信，这个城市在许多方面，无论是面貌格局还是市民的思想道德，都需要进行积极的改造。改革运动的倡导者认为，下层民众应该是被控制和规范的对象，社会改良者才是运动的中坚。如果说传统公共空间和街头生活模式是经济文化环境的自然形成的产物，那么新格局则是依靠政治力量来推动的。精英们企图以改革作为工具来重塑公众行为，按照他们的模式来改造城市，而不是以普通民众的利益为出发点，因此民众是否从改良中受益并非他们所关心的中心议题。

毫无疑问，20 世纪初的成都经历了一个“维新时代”。但这些改良者究竟怎样理解“维新”这个词？他们的标准和模式又是什么？《通俗日报》上一篇题为《说维新》的文章，部分回答了这个问题。这篇文章写道，“新”是“旧”的反义词，作者认为以过去为基础的事物代

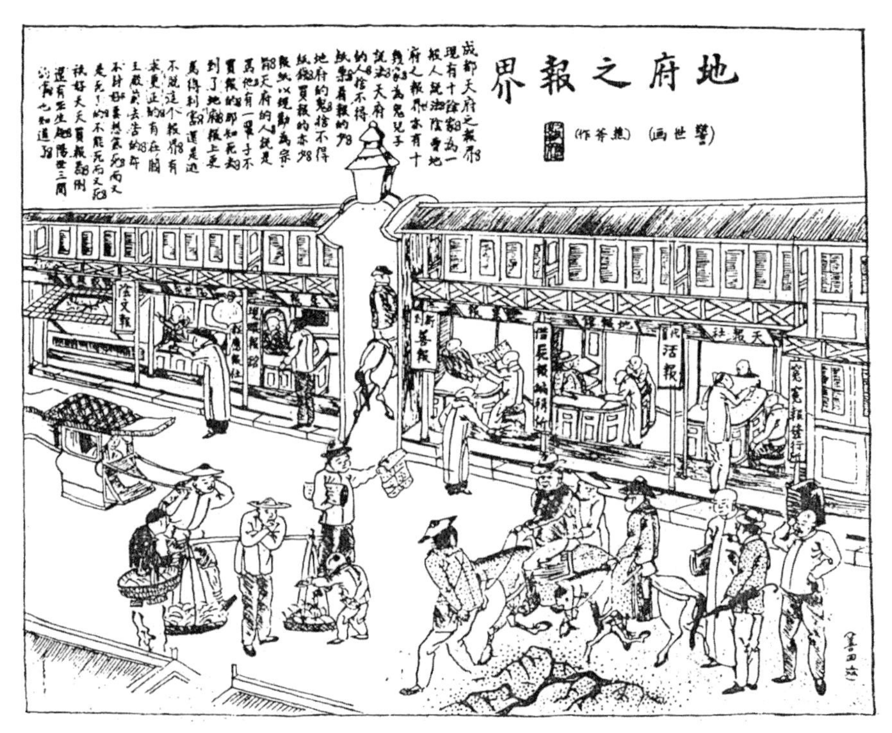


图 4-1 “地府之报界”。这幅漫画讽刺成都报界之状况。题图称：“成都天府之报界现有十余家，为一般人说法；阴曹地府之报界亦有十几家，为鬼儿子说法。天府的人舍不得纸票，看报的少；地府的鬼舍不得纸钱，买报的亦少。”

资料来源：《通俗画报》，1912 年第 22 号。

表“旧”，以现在为指向的事物代表“新”，因此既有的传统和风俗都是旧的和不可靠的，需要改革，改革的结果就是“新”。按这篇文章的说法，所有的传统都是愚昧落后的，因为它们是旧的东西。“文明”这个词在晚清流行一时，但它主要是指西方的观念和行为，改良者把这些观念和行为介绍到了成都。[3] 这一认知反映了改良者追求西方的紧迫感。然而，另外一些人则认为，中国传统道德与西方伦理相结合，能构筑最理想的公众行为模式。他们认为民众的“不文明”行为既有悖于新的西方道德标准，也不符合像仁、义、礼、智、信以及忠、孝等中国的传统价值观。尽管以前的精英在正统儒家学说的基础上形成了其文化优越感，但在晚清，随着西方意识形态的渗入，作为社会改革者的地方精英开始感到维持其文化正统地位的迫切性。

## 精英眼中下层民众的公共行为

精英们留下的描述和批判公众行为的记录，是我们考察他们对普通民众和大众文化态度的极好资料。他们对普通人和大众文化的批评态度可以追溯到远在改良运动发轫之前，他们对民众日常生活的每一个方面——从穿着到行为方式——都进行了抨击。在他们眼里，普通市民卑下、愚昧、空虚、不诚实，“镇日斗牌无别事，偷闲沽酒醉陶陶”便是他们对民众的画像。[4] 他们也批评那些行为不端的“街娃儿”：蓄着长发，与狗逗乐，揣着匕首，酗酒赌博，结交妓女。街娃儿经常到某个固定场所聚集，比如御河岸边。因此，他们就告诫：“莫向御河边上去，染成逐臭一班人。”然而，精英文人抨击最猛烈的是所谓“迷信”活动。例如，每年正月初五，人们都会拣回一些象征金元宝的鹅卵石，以驱除“穷鬼”。精英以一首竹枝词嘲笑这种行为曰：“牛日拾来鹅卵石，贫富都作送穷言。富家未必藏穷鬼，莫把钱神送出门。”[5] 对那些大众宗教仪式的批评则更为猛烈，认为人们烧香拜佛都是“不文明”的愚昧行为。

20 世纪初，精英们总是将普通民众与西方“文明人”进行比较，批判的调子达到了新的高度，似乎无论在哪一个方面，民众的行为都难以接受。上了年纪的人在茶馆里散布流言蜚语，年轻人藏身于城墙上偷看妓女（妓女集中的新化街靠近城墙，在城墙上可看见妓院里的动静），女人们被算命先生或江湖郎中的瞎话弄得神不守舍等。精英们甚至对一些细枝末节的问题也看得很重，《国民公报》的《时事评论》栏有一篇题为《可恨》的短文，严厉谴责了那些折断树枝的人。作者声称，在上海的休闲公园里，外国人挂出“华人与狗不得入内”的告示牌，并不是蔑视和羞辱中国人，而只是希望借此杜绝国人对树苗的损坏。这样的论点未免太牵强，但可见他们对民众所谓落后行为的痛心疾首。这篇文章还提到了“文明”这一概念，指出攀折树枝的举动与动物无异。我们知道，“华人与狗不得入内”这一标志，历来就被中国知识分子用作例子，证明洋人是怎样无所不用其极地对中国人进行污辱和歧视，从而激起国民的反帝情绪。[6]然而这篇文章却从西方的观点着眼，反其道而用之，来揭示改革和教育下层人民的重要性。[7]

改良者认为大众娱乐是造成公众“丑恶”行为的重要原因之一。在他们眼里，所有男女演员的表演都是“故作丑态”“俗不可耐”，其表演是“不健康”的。街头表演的相声吸引了数以百计的人观看，但语言却“下流”“放荡”。“柳连柳”被他们认为是“最下流”的表演，唱者拿着一根挂满了铜钱的竹棍，边唱边用竹棍敲击身体作为伴奏。他们经常使用一些很粗俗的方言，让精英们觉得“不堪入耳”。其中最常演的曲目是“小寡妇上坟”，精英们认为这种节目十分“丑陋庸俗”。[8]

与中国传统的知识分子一样，20世纪初的精英们猛烈抨击所谓的迷信思想，诸如邪神崇拜、惧怕厄运、笃信巫医等，并且不遗余力地嘲笑贬低那些所谓“迷信”的人。一次，一个女人在家里给观音菩萨烧香时引着了火，当地报纸以一种讽刺的口吻报道了这件事：“拜观音请到火神。”在成都，人们认为菜油洒在街上是不吉利的，谁要是不小心把菜油洒在街上，就得买来“纸钱”放在油上，点着火，嘴里还念念有词，求神灵保佑避祸，当地叫“烧街”。有一次，“烧街”的火势蔓延，堵塞了交通，而人们却站在一边袖手旁观，精英对此愤慨不已：“正当烈日，偏有十余人围观烤火，真是不可解。”他们还嘲笑许多市民每当新年将至，就在自己的家门上贴门神，真是迷信、愚蠢至极：“街头爆竹响愁人，肖像桃符彩换新。堪笑成都迷信久，年年交替说门神。”农历七月二十二是供奉财神的日子，那时街上要放鞭炮，市民忙着敬神烧香。如此做法又引起了改良者们的讥讽，《通俗日报》上的一篇文章指责道：

> 每年七月二十二，是佛教人敬财神的日子，大街小巷爆竹连声，磕头烧香，大家忙乱，究竟这件事极是一段笑话。……可笑各店铺各住户，年年到那一天全都拿敬财神为最要紧的一件事（也有人不信这个，但不能不随俗的），请问敬财神的准可以发财吗？近来穷人一年比一年多，难道说是没有敬财神吗？……要说不敬财神就不能发财，凡是不敬财神的就该全是乞丐，怎么教人不敬财神的，也有发财的呢？怎么外国人不敬财神，人家国家合商人，多有比中国富足呢？可叹愚民不信真理，偏信假话。其实敬财神发不了财，反倒先破财。你们看街面店铺，要是讲究一点的，这敬财神一天的费用，如买爆竹、买贡物、买香烛等件，热闹一日点灯一夜，就须二三十两银子。那穷家小户，也敬财神，这一天的费用，足够过三天的。这不是没发财先破财了吗？要说这是下本钱，以后必可以发财，怎么中国的商民，都一年比一年穷呢？怎么大家都不醒悟呢？要是果真坐在屋里什么都不干，专敬鬼神，自然就会从天上落

洋钱，我就信那财神真有灵。到底哪里有什么财神，哪里有这个事呢！[10]

这样的观念也反映出社会精英的信条，即成功来自辛勤的劳动，而不是烧香敬佛。但他们却不懂得对物质生活贫乏的民众来说，这样的精神寄托有多么重要。

端公是改良者经常攻击的对象。端公号称有超自然力量，可以驱恶除魔，救治病人。当时成都许多人都相信巫术，精英对此多有批评。他们指责端公施法过程中，午夜时分方圆几里都可以听见鬼神哭嚎的声音。端公跳神时还要敲锣打鼓，却全然不顾病人恐惧得全身发抖。端公在屋顶上挂上符咒，号称能够驱散游魂野鬼，但精英却揭露，他们未能驱散鬼魂，却使病人情况恶化，还趁机敛钱，因此端公实际是“阎罗”的帮凶，因为他们“无刀会杀人”。当时有一家报纸报道了这样一件事：一个端公在一天晚上驱鬼后回家的路上掉进了水塘，他抱怨说自己是被魔鬼缠上了身。报纸称他为“水端公”，质疑道：“端公自谓为鬼所祟，能为人驱鬼，而不能自御其鬼，该端公之法术，亦可想见矣！”[11]虽然精英激烈批评，但巫医治病的习俗一直延续下来。我们在巴金的小说《家》中可以看到，在20世纪20年代端公驱鬼仍然流行。在主人公觉慧的祖父临死之前：

一天晚上天刚黑，高家所有的房门全关得紧紧的，整个公馆马上变成了一座没有人迹的古庙。不知道从什么地方来了一个尖脸的巫师。他披头散发，穿了一件奇怪的法衣，手里拿着松香，一路上洒着粉火，跟戏台上出鬼时所做的没有两样。巫师在院子里跑来跑去，做出种种凄惨的惊人的怪叫和姿势。他进了病人的房间，在那里跳着，叫着，把每件东西都弄翻了，甚至向床下也洒了粉火。不管病人在床上因为吵闹和恐惧而增加痛苦，更大声地呻吟，巫师依旧热心地继续做他的工作，而且愈来愈热心了，甚至向着病人做出了威吓的姿势，把病人吓得惊叫起来。满屋子都是浓黑的烟、爆发的火光和松香的气味。[12]

尽管巴金以一种写实的笔触描写了这个片段，但从字里行间我们还是可以看出他对端公的反感态度，其实当时的新知识分子都存在类似的看法。正如杜赞奇（Prasenjit Duara）所说："现代化的改良者和社会精英们认识到，要建立起一个理智的、富裕的、'不再迷信'的国家，大众文化和宗教是最大的障碍。"改良者傅崇矩支持将当地的寺庙改建成学校、向和尚及道士们收税，认为"其义最正"，这一做法当时在中国其他地方已经十分普遍。与傅崇矩一样，其他一些改良者，特别是咨议局的成员们，都极力禁止他们称之为"怪诞"和"迷信"的作品出版发行，这其中包括《封神演义》和《西游记》等古典名著，以及所有与妖怪神鬼、佛教、道教相关的书籍。[13]晚清时期，一场由新型的和西化的社会改良者领导的，旨在抨击大众文化和大众宗教的激进运动，已经轰轰烈烈地开展起来。

改良者在他们的文章中始终鼓吹这样一个观点：中国的传统愚昧落后，外国的文化则文明进步。例如，《通俗日报》曾撰文指出，日本人和西方人经常会在各种场合阅读报纸，不管是在火车站、商店，还是在理发店、人力车上或餐馆里。据这篇报道说，1908 年，有些新型茶馆开始给茶客提供报纸，这其中有怀园、宜春茶楼等，一些餐馆也纷纷加以仿效。新兴的精英们认为这是一条文明之道。当时，成都有一家人突破传统习俗的束缚，举行了新式婚礼，当地报纸称赞“此举极端文明，既能破除旧习，又复节减金钱”。同时，他们嘲笑旧式婚礼，称用喇叭吹奏助兴是“形式腐败”，而用西式乐队举行娶亲，“彩舆之前，列军乐队，十余人随走随奏”，则是“文明可喜”。[14]可见西方文化在这些精英心目中的形象和地位多么崇高，对西方的崇拜和中国传统的蔑视形成了十分鲜明的对比。

与这一趋势相反的是，另一些精英成员则不赞成一味地崇洋媚外。他们看不惯那些穿西式服装的人，《通俗画报》上曾刊登了这样一幅漫画：一位男人因为服装样式不中不西，被骂为“中西人”，作为“社会百怪”之一种（见插图4-2）。《通俗日报》刊登一篇题为《真阴沟跌假洋人》的消息，作者嘲讽一个穿着洋服装的人，掉进了土坑，弄破了衣服。记录者没有表示同情，反倒取笑“假洋人”的不幸。[15]在晚清，崇拜西方已非常流行，《通俗日报》上的一则故事讥讽的就是这类人。有一个人到国外旅行，带回了许多稀奇古怪的玩意儿。他的亲戚朋友来看他的时候，发现他的外貌改变了不少，他剪掉了长辫子，穿着西服，蓄西式小胡子，“文明的了不得”。亲戚朋友们问他去了一趟外国，都有哪些收获。他一边从箱子里拿出东西来炫耀，一边说：

> 你们诸位看，人家外人的东西，够多好！咱们中国人是不能的。……临末了拿出一个小藤子枕，遂对众人说道：“你们诸位看，这藤子枕作的（做得）够多么精致！又凉爽，又轻秀，大概是机器做的。我们中国人是万万不能的。”旁边有一年老人，实在闷不住，遂插口道：“先生这藤子枕，是阁下祖上传下来的东西，

图 4-2 “中西人”（社会百怪之六）。题诗写道：“一身洋装，满口华语。周身洋货，不遗下体。又非讨口，狗棍夹起。好像闷头，软帽穿起。又不阿屎，把烟咬起。金钱外输，国货不喜。只恨父母，非洋种子。不中不西，人而无耻。社会改良，个个笑你。”画和题诗把那些力图在装束上趋新的人讽刺得淋漓尽致。

资料来源：《通俗画报》，1912 年第 24 号。

你临上外洋去的时候，带了走的。如今你把他（它）当作外洋作（做）的了。”某甲面红过后，遂说道：“虽然是中国作（做）的，可是从外洋游了一趟回来，可就显得高的（得）多了。”闻者无不大笑。[16]

从这个“枕头”故事，我们可以觉察到对盲目崇洋的批判态度。持崇洋态度的知识分子在那时为数不少，巴金和李劼人的文学作品中对此表现得十分充分。他们关于成都的描述，反映出在当时确实存在很深的代沟，年轻人多提倡接受西方观念和文化，而老年人更倾向于维持传统。在新旧两极之间，也有人力图找到一个中西方文化的平衡点。他们提倡借鉴对中国改革有用的西方观念，同时也坚持中国的传统价值。对他们来说，两种文化并不一定就相互抵触。20 世纪初新式精英发起了一场轰轰烈烈的改良运动，给这个城市改头换面，并且构筑了新的公共空间。虽然西化的精英们对传统文化持有偏见，但大多数改良者既沿袭了中国传统儒教的价值观，亦同时认为西方观念并不与之冲突。他们的所作所为无不证明，尽管他们接受了不少西方新思想，其传统价值观念依然十分珍贵。换句话说，不管是源于西方文化，还是东方文化，只要对改革有用，他们都会持积极的态度。总的来讲，这部分精英改良者对中西的价值取向所持的是一种现实和适用的态度，因此他们的改良措施经常表现出新旧兼具的特点。

## 创造新的大众娱乐

社会改良者深信，博览会是推动社会文化发展、促进技术和工商业进步的动力，同时为了实现自己的目标，他们也极力提倡举办庙会，并赋予其新的内容。1904 年，劝工局“仿日本劝工场方法”，设立产品陈列所。第二年，成都总商会举办劝工会，商品可在该处进行展销。另外，劝工局和总商会搜集了数百件传统和西式商品在商会总部展览。此后，新型的公共商品陈列场所迅速发展起来。1909 年劝业场建成，可容纳一百五十多家销售高质量产品的店铺，并且以展览国外和地方产品为特色。改良者将其看作成都迈向商业近代化的一个重要步骤。这个商业中心充分展示了清末民初成都新兴的商业空间和文化。1910 年，更名为商业场。在经历一场大火之后，1918 年扩充到可容约三百多家铺面。[17]（见插图 4-3、4-4）

商业场在整个成都乃至四川地区都是首屈一指，它集众多商店于一体。此外，其把西洋和传统商品共同陈列，堪称前所未有，从而也改变了城市的景观和公共设施的面貌。这一新兴场所不仅吸引了众多的消费者，也启发了人们新经济观念的产生。社会改良者利用这个中心向民众鼓吹“新亦优”“旧亦劣”的观念，希望人们通过商业场了解世界，并

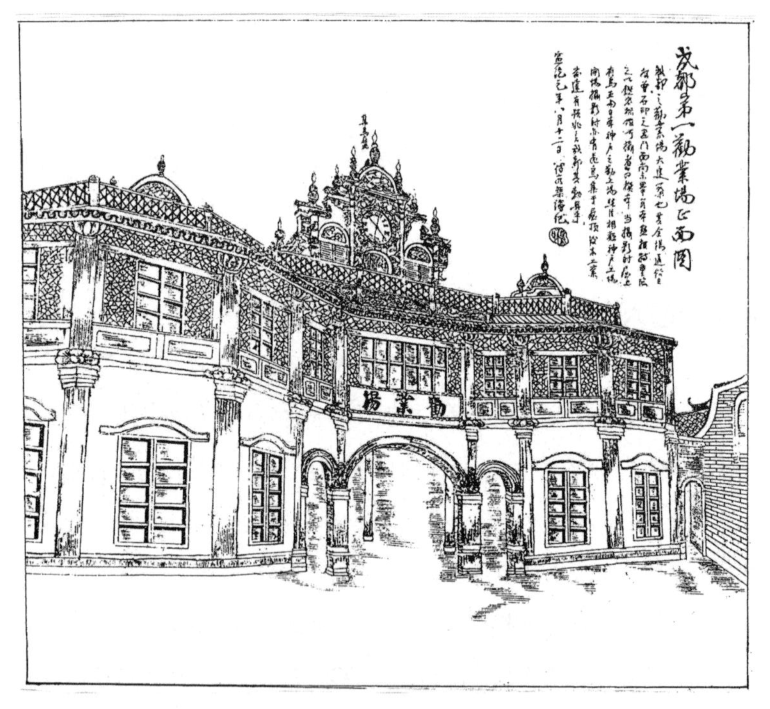


图 4-3 劝业场。该商场建于晚清，从图中看是典型的欧式风格。如果我们将房屋顶部的钟看作“钟楼”，那么它比前面提到的陕西街的钟楼历史还要悠久。劝业场后改名“商业场”。

资料来源：《通俗画报》，1909 年第 3 号。

图 4-4 今日之商业场。虽然商业场昔日的风光已经不再，面目也大有不同，但它仍然还存在。其不远便是大型超市“王府井百货”，更使商业场相形见绌。可以说它见证了整个 20 世纪成都商业的发展。

资料来源：作者摄于 2003 年 6 月。

学会新的经商之道。事实上，商业场的确反映了成都新兴商业文化的萌芽。在这里，所有的商品都被要求明码标价，以减少价格欺诈，这在成都是前所未有的。因此，中心吸引了全省各地来的买卖人和消费者，商业日趋繁荣。商业场的成功对其他主要商业街区的店铺产生了一定影响，如走马街、东大街和总府街以及大多数商业区也逐渐采取了同样的标价方式。[18]

商业场不仅是一个购物中心，同时也成了公众娱乐的场所。比如，孩子们往往把它当作游乐场。据当地报纸反映，孩子们在那里惹事讨嫌，吵吵闹闹，跳跃爬栅，使商铺和游人都烦恼不已，以致警察出面予以控制。例如，当两个小孩儿对警察的警告置之不理时，警察便强行让他们跪在地上，“以肃场规”。商业中心的游览者越来越多，当局担心男女混杂会惹是生非，于是禁止妇女夜间入内。为安全起见，二楼也禁止大量的人流。据《通俗日报》的一名记者统计，仅1910年的正月初一，白天有33756名男性和11340名女性游览商业场，当天晚上，有超过5000人到此游逛。中国现代著名学者郭沫若，当时还是一个读书孩童，就曾在他的作业中写了若干关于商业场的竹枝词。其中一首提道："蝉鬓疏松刻意修，商业场中结队游。无怪蜂狂蝶更浪，牡丹开到美人头。"[19]十分生动地描绘了许多精心打扮、惹人注目的妇女游商业场的景况。

改良者还注意到旧式店铺的种种弊端，指出商人们养成了很多"恶习"，如对顾客态度的不端。当一名顾客走进一家商店时，店主并不总是起身相迎。对于农民，他们往往都很歧视或怠慢。他们经常拒绝回答顾客的问题，也不想查验是否存有顾客询问的货物。如果顾客想讨价还价，店主便会大怒并口出恶言，似乎这些店主并不想跟人做生意，他们的所作所为就是要把顾客赶快打发走。[20]1909年，由改良人士周善培主持的四川劝业道发布了若干公告，以促进新商业文化，提高当地商业发展水平。其中包括若干项改善顾客服务的规定，如热诚待客、清验存货、引导顾客货比三家等。训令要求店主不能回绝顾客开价，而要礼貌地同顾客磋商，同时也要求他们更有耐心地对待顾客，甚至端茶上烟。劝业道希望店主们懂得，如果他们优待顾客，顾客可能会因不买东西就走而备感愧疚，至少会改日再访。如果店主谩骂顾客，或者违背职业道德，劝业道将给予警告，甚至令其店铺关门。劝业道还要求所有商店将这一告示张贴在各家铺门上，严格照章执行。要求"东家教导管事，管事教导先生，先生教导徒弟，彼此自劝自惩。一面真正教道（导），一面稽查留心。先生如果不听，换去另用好人；学徒如果不听，尽可店主告之铺主，铺主告之师傅，师傅告之学徒。所有商店都要严格执行规定。如果师傅没有照章办事，将被他人取代；如果学徒没有履行，戒责手心。总要从前恶习，从此斩草除根”。[21]对店铺学徒的身体责罚已约定俗成，看来“西化”精英们并不打算改变这个“落后”的做法，他们的措施也有新旧兼具之特点。

改良者还顺利地将传统花会改为劝业会。如第二章已讨论过的，花会曾是成都最大的公共聚会，对改良者来说，这是可利用的极好资源。1905 年，商务局总办沈秉仿外洋赛会之意，提出将省城青羊宫花会改为商业劝工会，此年候补道周善培主管四川商务总局，遂将每年春在成都青羊宫举行的花会改为劝业会，“征求各属所出之天然物品及制造物品，于此时运省赴会，陈列出售，藉资观摩砥砺”。劝业道把青羊宫的传统花会变为商业劝工会后，那里可以销售来自整个巴蜀地区的货物。1906 年春，第一次盛会展出了 3400 多种源于各店铺、工厂及作坊的货物，并提供了住宿、休闲和娱乐的场所。之后，一家动物园在劝工会开业，展出珍奇动物，如独脚鸽子和有鸦片瘾的猴子等。在 1911 年前，此类盛会在成都举行过六次。[22]这的确推动了城市改良的进程，参观者无不留下深刻印象。官方在每届盛会期间还举行评奖活动，以此鼓励各业积极参与新产品的制造和销售（见插图 4-5、4-6、4-7），每年春季，商业劝工会就成为成都一大游览胜地。当春天到来，整个城市生机勃勃，充满活力，人们热衷于户外活动，商业劝工会便成为首选之地。[23]由于这个活动有相当大的人流，因此城市的第一条大马路也借机修建，并提供马车以方便市民。在花会期间，农村中常见的运输工具“鸡公车”以其价廉很受青睐，有一竹枝词半嘲讽地写道：“水程陆路免周旋，花市游人惯省钱。一二十文廉价雇，独轮车子半头船。”[24]

清王朝解体后，花会恢复了旧名，每年春天它仍是成都最大的公众

图 4-5 花会。每年春天在青羊宫和二仙庵之间举行，为成都传统的最大规模的公共聚会。长卷风情画《老成都》局部。

资料来源：根据原作翻拍。作者：刘石父、李万春、谢可新、潘培德、熊小雄、孙彬、张友霖。使用得到作者授权。

聚集活动。许多记录里都描述了那里盛装的游客、为商贩兴建的棚子、美貌而引人注目的姑娘，以及人们在这里获得的无尽的欢乐。按惯例，花会应在农历二月底结束，但不断上涨的人气使其时间延长，甚至到农历三月中旬才闭幕。过于拥挤的人群也引发了许多问题，如秩序混乱、丢失小孩儿等，当地报纸甚至呼吁家长们不要带小孩儿来此。从 1919 年开始，花会还办起了一年一度的武术比赛，吸引了更多的人群。20 年代，劝工会在停办多年后重新开放，在举行展览的同时又增设了赛马活动。[25]

公园的建立是成都晚清改良活动的又一里程碑。少城公园开放于 20 世纪初，旧址是早年供少城里的旗人训练骑射的场地（见地图 3）。[26] 随着八旗制度的衰落，其训练场逐渐转化为稻田和菜园。晚清时，该旧

图 4-6 1911 年第四次劝业会，会场在青羊宫和二仙庵之间。我们可以看到临时搭的展览棚。
资料来源：当时任教于四川高等学堂的美国人那爱德所摄。照片由来约翰先生提供，使用得到来约翰先生授权。

场地上修筑了亭子、茶馆、店铺、戏园、花圃，新辟的公园成为成都市民的最佳休闲场所。1911 年辛亥革命以后，少城公园继续发展。1913 年，教育、实业、内务三司合作兴建了一座展览厅和图书馆。尽管女性不允许夜间在那里逗留，但因为装备了电灯，公园傍晚后也能对外开放。1914 年，还新增了一间展厅、一座动物园、一条小人工河和一个池塘，风景也大有改观。公园是由政府出资兴建的，学生可以免费参观，这一做法使不少市民非常不满，认为所有成都市民都应免费入内，由此引发了市民与公园门卫频繁的争执。[27]

除了优化公共场所之外，社会改良者也致力于精神生活方面的改

图 4-7 劝业会的颁奖仪式。这是 1911 年第四次劝业会，会场在青羊宫和二仙庵之间。
资料来源：当时任教于四川高等学堂的美国人那爱德所摄。照片由来约翰先生提供，使用得到来约翰先生授权。

善。由于地方戏是最受欢迎的公共娱乐方式，改良者便从这里入手，首先进行戏曲改良。改良者怎样理解地方戏剧与社会的关系？他们明白戏曲会影响甚至培养公众的品质，也相信改革地方戏是改革社会风俗的最好方法之一。他们宣称“时常演些改良的新戏，大概于社会人心上不无小补吧”。《通俗日报》上有篇文章解释了人们花钱，花时间看戏剧的原因。首先，看戏能帮助人们“排除忧闷”，如果让一个病人或身陷困境的人成天待在家里，他极有可能沉湎于苦境而更感不快。但如果他花一点儿钱，和朋友们一起去看场戏，他也许会想点儿其他的事，感觉也会好些。其次，看戏可以“活泼心思”，当学者或学生“脑筋枯窒”时，看戏能使他们茅塞顿开。再次，看戏能“陶冶道德”，尽管戏剧情节时有荒谬并曲解历史，但却能触动人们的心灵，并引导他们明辨是非。文章总结说，戏曲改良能促进一种新社会环境的形成。[28]

正如田仲一成所指出的，社会精英和政府都担心旧戏曲会给人们的思想行为带来负面影响，因而戏剧改革就非常有必要。1903 年，新成立的警察局专门制定了《检查戏本肃清戏场规则》，要求“各戏班先以其所有戏文呈验警察局，凡‘悖逆淫荡、有害风俗者，应行禁止’”。甚至警察还可以规定“禁唱某句或某节”，“其演唱之时或有戏异而词气之间不免悖逆淫荡者”，警察也可随时令其停演。试图以此办法来“净化”戏园。在成都总商会的支持下，以谱写和排演“感化愚顽”戏曲为宗旨的戏曲改良会成立了。该会以良家女子、处女和寡妇为最关注的对象。改良者认为如果让她们观看“淫戏”，其影响不堪设想。因此，改良者提出，“劝劝认识字、懂得理、顾廉耻、保名誉、管得了家里的人、作的（得）了女子主的诸君子，千万别叫妇女听戏”。[29]这里作者对戏剧的社会功能基本持否定态度，虽然他一方面谈改良，但另一方面则鼓吹男人对女人的进一步限制。他甚至暗示如果让自家妇女去看戏的话，便是“作不了女子主”，以利用过去男人普遍具有的大男子主义和自尊心，来达到约束妇女公共活动的目的。因此，对这些精英来说，当谈到戏曲改良时，他们是改良者；但当涉及妇女进戏院时，他们又成为保守派。这种自我角色的冲突经常体现在他们身上。

改良者把他们的主要矛头对准“凶戏”和“淫戏”。那么什么是他们所定义的“凶戏”和“淫戏”呢？傅崇矩认为，“淫戏”是指那些有男女演员拥抱，或女演员裸露部分身体的戏剧，还有一些更不能登大雅之堂的动作和声音，如“生旦狎抱也，袒裼露体也，帐中淫声也，花旦独自思淫、作诸丑态也”，此外若“目成眉语”“手足勾挑”“荡人情思”等，都可以是“淫戏”的证据。而所谓“凶戏”，是那些在舞台上“真军器比武也，开腔破肚也，分解尸体也，活点人烛也，装点伤痕、血流被体也”。他们认为这种戏鼓励“失教之子弟，习于斗狠”，传授持刀耍横的坏招。这些定义反映出了极强的儒家伦理观、价值观及思想体系。精英们相信，“淫戏之关目禁，可使成都奸淫之风渐稀；凶戏之关目禁，可使成都人命案日少”。[30]在他们所谓“凶戏”和“淫戏”的定义下，许多传统的鬼怪、情爱、公案等主题的戏剧都可以成为禁止的对象。因此，在戏曲改良的大旗下，传统大众文化面临精英和正统文化的又一次打击。

随着城市改革浪潮的推进，新兴的地方戏和其他娱乐形式在成都相继诞生，出现了一些从内容到语言都有明显变化的剧目，一些以历史和时事为基础创作的新戏也应运而生。总的来说，这些新地方戏剧表达了一个明确的政治动向，那就是支持“新思潮”。改良者在悦来茶馆里建悦来剧场，成为成都最早的新式剧场之一（比下面提到的“可园”稍晚一点儿），并筹备了一个旨在改良地方戏剧的新戏班。这种新式戏园为新兴知识分子提供了沟通合作的中心，并在地方政治的转型过程中发挥了重要作用。[31]

尽管精英们全力支持这些新戏剧的发展，然而对待艺人的态度则依旧如故，对这些推行新戏的主体——“优伶”仍十分歧视，甚至他们最低的要求也常被无理回绝。例如，花会的巡警报告，是否应该让男演员从女性入口进入，当然官方并不支持这个荒唐的提议，但官方的答复和解决办法却清楚地反映了当时社会对演员的看法：“该优伶虽与普通男人有别，但仍属男人。未便如照准。令其由大西门绕道入会场。”其他人也认为“优伶”品质低下：“我们中国向来把优界中人看得最贱，所以文界人，不为出头提倡。你想既拿优界中人，当着娼优隶卒，并且把唱戏的人，拿在妓女一块儿比较，这门（样）一来，那些个高明的人，还肯到大舞台来演戏吗?”这个例子以及警察关于演员的规章限制，都表明了社会改良者对演员持有的强烈偏见，他们甚至不把演员当成享有和他人同等权利的正常人看待。改良者认为，正是那些演员，使得戏剧的改革变得愈加困难。因此，他们强调“提倡新戏，须先改良优界之人格”。[32]

引进其他的娱乐方式与改革地方戏剧同等重要。电影至少在1909年已引进成都，可能是成都的第一个“现代”意义上的娱乐。这可以从《成都日报》上若干则“活动电戏”的广告上看出来。在《成都通览》中，一幅“电光戏”图画的说明称，傅崇矩从日本带回了一台可在公共场地放映的电影机。电影吸引了许多人，如在新式茶馆戏园启智园、可园和玉带桥等地放映外国电影，总是顾客盈门。一则1909年刊出的节目广告，其中包括了鬼怪故事、伦敦景致、海军训练、日俄战争和西方魔术等内容。改良者认为，外国电影在倡导英雄主义、忠诚、信任方面有独到的效果，因为这些电影总的来说是写实主义的，而且合乎情理。[33]（见插图4-8、4-9）

在这种趋势的影响下，茶馆和戏园也开始引入新风格和新时尚。1906年，成都的第一家新式大众剧院可园（前身是咏霓茶社）在会府北街开张（见插图4-10）。开张之初，允许妇女进入，但男女座分开。然而妇女进入戏园，人们好奇围观，不时引起骚乱，随后女性即被禁止入内。民国初期，一些新茶馆也试着引入了几种新的娱乐方式。例如，1912年开办的陶然亭茶馆，其“本亭特色”就有所谓“文明游戏”，包括“地球”和“盘球”。据称这些运动“（仿）自泰西，盛于京沪”，

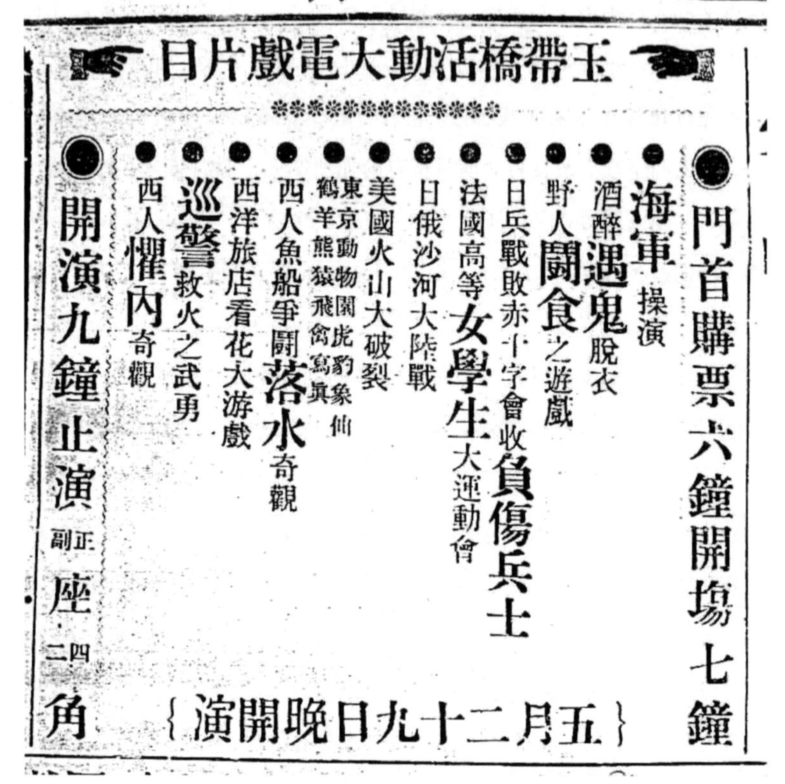


图4-8 晚清成都的电影广告。这是“玉带桥活动大电戏”的广告，当时电影叫“电戏”或“电光戏”。广告说明了开演时间、票价和所演电影片目。从广告可见，当时所演电影几乎都是美、日、欧的纪录片。

资料来源：《通俗日报》，1909－07－15。

而且“足资消遣，有裨卫生”。这个新茶馆还提供电话，从而“信息速于置邮”；并准备了报纸，“世界之情形，了如指掌”。一直扮演开拓者角色的悦来茶馆，第一个在20年代引入了话剧。[34]新的娱乐设施常常能吸引更多的顾客，所以这些茶馆得到的利润也就更为丰厚。社会改良之风无疑有助于这些茶馆的趋新，但毫无疑问推动这些创新的根本动力是

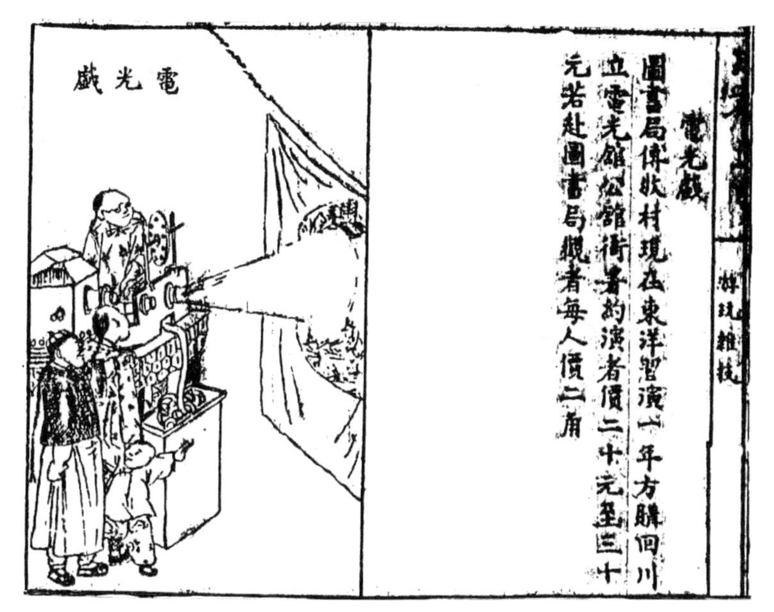


图 4-9 “电光戏”。图上的文字是：“图书局傅樵村（即傅崇矩）现在东洋习演一年，方购回川，立电光馆。公馆衙署约演者，价二十元至三十元。若赴图书局观者，每人价二角。”
资料来源：傅崇矩：《成都通览》。第 3 册（1909－1910 年印），114 页。

追逐利润。

当成都的大众休闲活动越来越丰富的时候，改良者又试图通过新的休闲、音乐、体育等方面的改革来改变下层民众的生活习惯。从一幅 1909 年所绘的图画中可以看到，许多市民在观看飘荡在东较场上空的巨型热气球（见插图 4-11）。1915 年，成都市民第一次看到了飞机表演，听到空中传来飞机的声音时，他们爬到屋顶去观看。飞机撒下五彩缤纷的纸片，“见者无不拍掌称快”。这时，成都人还第一次看到了外国表演团的演出，上千人在关帝庙观看了日本魔术团表演的“电术”和“变术”。新式学堂带来了西式的公共演出和体育运动。在某种程度上，学生已成为传播新型大众休闲娱乐方式的一个重要群体。例如，

图 4-10 新戏园“可园”广告。从中可看到剧目和演员。

资料来源：《通俗日报》，1909－03－31。

“幼孩教养工厂”就组织了一支行进乐队，经过几个月的排练，这支队伍已能胜任“行奏”和“坐奏”，工厂还对外出租乐队以“改进文明”，据称“声音之道，感人最深，移风易俗，莫善于乐”。成都市民经常在大街上看到学生们“排队前行，大大小小的队伍，或走单排，或成双列，举着旗帜，拿着鼓号，径直朝操练场走去”。1906 年，第一届学校运动会在北较场举行，那里平出了一大块椭圆形场地，四十多所学校和一支军乐队参加了这次比赛活动。20 世纪 20 年代后期，成都引进了一些诸如足球等新运动项目。跳舞补习社也修建了训练的舞厅，男女分开学习。甚至贝多芬的作品也开始公开演奏。在新式娱乐活动的冲击下，一些传统的娱乐形式，如木偶戏和皮影戏，由于缺乏竞争力而逐渐失去

图 4-11　观气球飞越东较场。
资料来源：《通俗画报》，1909 年第 3 号。

了观众。[35]

这些对新文化生活的描述虽然不尽完备，但清楚地表明了这个年代所发生的种种变化。人们的消费方式无论是内容上还是形式上，都发生了很大的转变——从地方戏剧的改革到新剧场、新茶馆、电影、热气球、飞行表演、乐队、舞厅及交响乐队等。所有这些变化中最具深远意义的，是流行的休闲娱乐方式吸取了西方的新元素。这个内陆城市有机会接触到非中国式的娱乐方式。这种文化观念的转变，反映出了物质生活方面出现的新因素以及整个社会的演化。

## 物质文化的变迁

任何社会的变革都会在人民的生活中有所显现。在物质生活方面，最主要的变化表现为日渐增多的进口商品。早在 19 世纪中叶，西方商品便开始登陆成都，但直到 20 世纪早期才广为大众接受。刊登在当地报纸上的广告足以说明这一点。[36]国外产品主要来自法国、英国和日本。它们取道长江进入中国内地，包括服装、鞋类、钟表、玻璃器皿、金属制品、烟酒、水果、药品、食品、瓷器制品、纸张和文具等。“这些商品物美价廉，精致美观，很符合中国人的品位。”这些舶来品在某种程度上给中国传统的家庭手工作坊带来了挑战。[37]劝业场中心的一家商店出售望远镜、金银钟表和西式小鼓。另一家商店为招揽顾客而用留声机（当时称为“留音戏”）播放“高雅”的音乐，据称来到他们的商店就像是在剧场里听音乐一样。成都还出现了照相馆，人们可以穿洋装扮洋相拍照，给人们的日常生活增添了新奇的东西（见插图 4-12、4-13）。新开的商店开始出售中国和外国制造的玩具武器，而提督街那些传统出售弓箭的商店则越来越不景气。1920 年后，外来商品已占领了相当大的成都市场，这使一些店主感到不安，他们在评论花会时说道：“骈罗商品无余地，外货多于国货陈。土物不来难比赛，提倡催促更何人?”随着日渐增多的外国产品涌入成都，人们的生活方式也有了很大的变

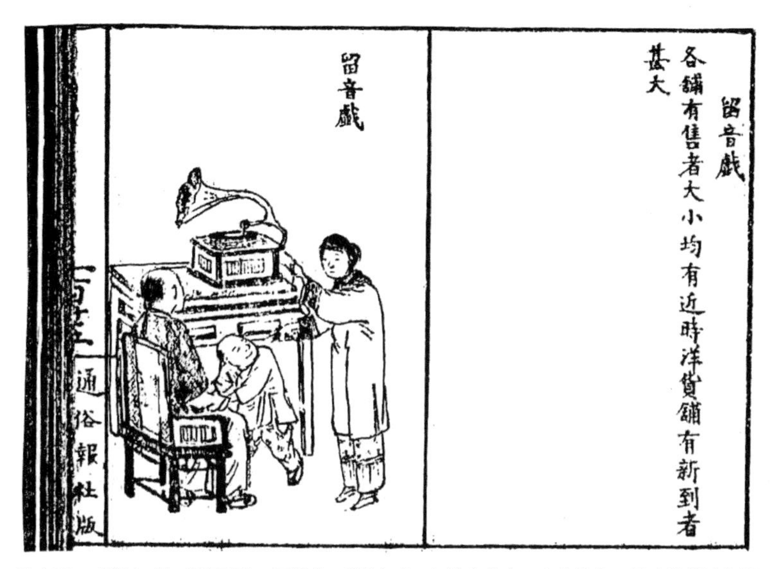


图 4-12 “留音戏”（留声机）。图解为：“留音戏，各铺有售者，大小均有。近时洋货铺有新到者甚大。”

资料来源：傅崇矩：《成都通览》，第 3 册（1909－1910 年印），115 页。

化。据《通俗日报》报道，过去由于本地产品价钱低廉，那些年收入只有几十块钱的老百姓仍能养活自己。但随着清末对外贸易的发展。情况有所改变，本地产品的价格直线攀升，从而导致了手工匠人和其他普通劳动者的生活日渐困难。[38]

20 世纪初，成都在物质文化方面的变化尤其表现在新交通工具上。三种新的交通方式——人力车、自行车和汽车——相继出现在清末民初。人力车是 1906 年从日本引进的，当时商务局责成傅崇矩制造本地人力车，仅用于花会。不久即达到一百多辆，人力车夫都统一着装。几乎在同时，成都人开始骑上了外国制造的自行车，由于来自外国，直到 20 世纪 60 年代自行车在四川仍被叫作“洋马”。当时也有四川人仿造

光化照相

本社開設成都北打金街精究特別新法化學日光留影莫不盡美盡善價極公道已歷數年早蒙各界稱許方今文明日盛全球維新小社不惜重資特備東西洋裝陸軍靴帽指揮配刀一應俱全中外衣冠隨便裝式兼用外國時派紙板裱不加費已酬◎諸君雅意倘蒙賜顧請認明萬有店內西式上房門面庶不致誤

图 4-13　照相馆的广告。资料来源：《通俗日报》，1909－03－27。

的自行车，但十分笨重，“以铜板为轮，约重一二百斤，须四人抬之，方能过门限，亦可笑矣”。20 年代成都出现了汽车，当一辆美国制造的卡车第一次作为交通工具出现时，很多好奇的人都涌去观看，他们把卡车叫作“洋房子走路”或是“花轿打屁”。因为对那些从未见过汽车的人来说，排气管的声音听起来就像放屁。当然还有人被这个新玩意儿给吓坏了，把它叫作“市虎”，因为汽车所引发的交通事故经常是致命的。汽车的出现还诱发了许多谣言，它被描绘成一个会杀人的怪物，它的“屁”还散发出能置人于死地的毒气。[39]据说大部分的谣言来自人力车老板和人力车夫，他们希望通过谣言来和这个新的竞争者对抗。十几个人力车夫还到码头去示威，抗议卡车的出现。虽然汽车并没有取代人力车，但它开启了车辆靠右行驶的先河。由于常常有汽车撞到人力车夫的事故发生，人们害怕汽车会带来危险的顾虑绝不是无中生有。但这一新式交通工具的引进确实为道路建设带来了进步，因为它要求修建质量较好的更宽的道路。

在这一时期，成都的其他基础建设也得到了改进，特别是引进了自来水、电力和电话。劝业场第一个建立了自来水装置。成都最早的“自来水”是由水车从河中取水，注入到市里的水池，再由挑水夫送到居民家中，故有人将这讥讽为“人挑自来水”。《通俗日报》上的这幅图画展示了这种早期的自来水装置和挑水工是如何送水的（见插图4-14）。图片上的解释说：“自来水用人去挑，名实不符多，尚待改良。”当西式自来水装置出现在成都时，许多挑水夫失去了他们的工作。尽管居民们对这些挑水夫深表同情，但他们没有理由拒绝使用如此方便的自来水。有则伤感的故事描述了一个挑水夫试图阻止这一新设施的运用，却遭到了失败。从这一故事中我们可以看出，随着成都现代化的推进，许多下层民众遭遇了不幸的命运，他们因此失掉了自己的生计。[40]

与此同时，成都开始使用电灯，这一举措重新构建了城市生活，尤其是人们的夜生活。开始时，电灯仅用于劝业场的商店、茶馆和公共浴室。随着电灯的安装，市中心区吸引了更多的人，他们中的许多人来到市中心仅仅是为了观看开灯的那一瞬间。每天晚上茶馆都挤满了顾客，一边喝茶一边等待夜幕降临，开灯的时候，“电灯骤明，华光四射，欢声雷动”。因为“自劝业场电灯开后，游人如织”，由此刺激了茶馆的兴办。到1909年，据地方报纸称，“成都茶园发达，几有一日千里之势”。那些新开张的茶馆里，“主人亦应接不暇，后来者均有座满之叹”。

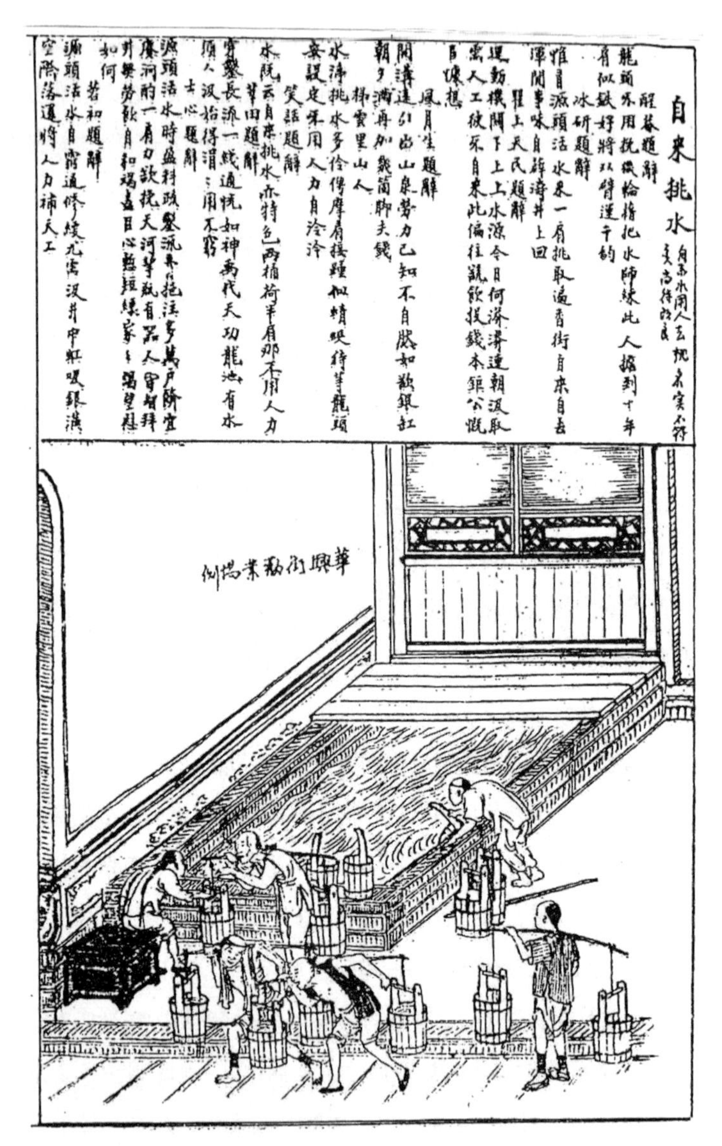


图 4-14　人挑自来水。讽刺所谓“自来水”还需人挑。

资料来源：《通俗画报》，1909 年第 5 号。

同年，启明电灯公司开始为主要的商业区域提供电力。[41]这使商店得以在夜晚继续营业，从而吸引顾客和逛街的人。一开始，大多数人家里都不用电灯，因为电灯比煤油灯要贵得多。但是，启明电灯公司将电灯价格下调了百分之三十到百分之五十，成功地吸引了大量顾客。电灯不仅使商店得以在夜幕降临时能够继续营业，而且鼓励了人们到灯火通明的公共场所度过夜晚的闲暇时光。这个时期在成都出现的另一个现代化设施就是电话，虽然我们不清楚具体的发展过程，但是1909年的资料说明，当警察为了更快地对自然灾害和犯罪作出反应而架起电线杆时，谣言就传开了，说电话会给城市带来厄运。警察发布了通告，劝告人们不要相信谣言。[42]

不断增长的物质财富同样刺激了时尚的发展。社会学家理查德·桑内特将其称之为“身体的新面貌”(new image of the body)，据《成都通览》报道，尽管成都与外界相对隔绝，但每年女性的时尚装扮都不相同。傅崇矩写道：“衣服妆束，随时改变，一年一变，大约因戏台上优伶衣服式样，为妇女衣服改革之模范。”（见插图4-15）成都妇女也受长江下游风气影响，所以“近来妇女多下江妆束，前留海也，画眉毛也，短袖口也”。随着风气的改变，成都“近年大脚风行”，为顺应这种变化，“鞋铺添出一种特别生意，专售放脚后所穿之靴鞋，蛮靴样小，颇觉可人”。年轻人也开始戴眼镜“冒充学生，及学洋派”，可见“洋派”在内地也成为时尚。随着现代学校的发展，学生们的校服有了一些共同特点。一位传教士观察到：“在街上遇到的学生尽管来自不同的学校，穿着不同的校服，但无一例外的都是高帽、长靴、西式长裤和制服。制服上通常带有黄铜扣子、金色穗带、银色领口和左袖上绣着的代表不同学校的龙，亮灿灿地，很是耀眼。”[43]《通俗画报》刊登了不同风格的帽子和衣服的式样，仅帽子就有二十四种。图中的帽子和男女服

图 4-15　广告上的妇女。

资料来源：《国民公报》，1921－07－06。

装，使我们了解到一些20世纪早期成都“人们的新形象”（见插图4-16、4-17）。

经济的变革和改良者的努力，使人们的物质文化生活有了相应的变化。新式交通工具、自来水和电力的引进，不仅为人们提供了便利，还改变了人们的生活方式。20世纪初是一个传统意识形态和物质生活与西方观念和生活方式共存的年代，人们的日常生活虽然没有发生本质的改变，但他们已开始接受一些新的东西，并愿意将某些新的东西纳入他们的生活当中。改良者将他们的改革从物质层面到文化生活逐渐推开，取得了明显的效果。对新事物的接受逐渐渗透进了精神生活，人们不仅能接受新的时尚和娱乐方式，也逐渐接受了新的思想（将在第七章中进行讨论），我们不能说所有的变化都是由于改良者的努力而形成，因为其中有一些变化是社会和经济的进步带来的必然结果。但不可否认，社会改良者在将新的物质生活引入成都居民的日常生活方面，的确起到

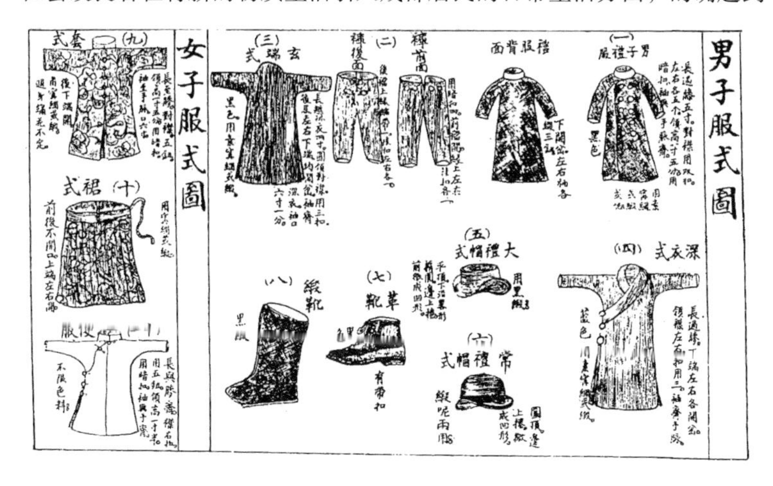


图 4-16　民国初年的男女服饰图。
资料来源：《通俗画报》，1912年第17号。

图 4-17 “戴帽之二十四派”。
资料来源:《通俗画报》,1912 年第 40 号。

了积极能动的作用。

## 重建公共空间

随着物质生活的发展和商业的扩大，成都的城市布局和人文景观也有所改变。新的商业中心、剧院、公园、街道等如雨后春笋般出现，而旧城墙、城门、寺庙则不断被拆除。因此，改造公共空间是一个边建边拆的过程，既为这座城市带来了新气象，又持续地摧毁代表其传统的古老格局。

外国商品的流入也为成都带来了新景观，至少在 1909 年成都便出现了第一座钟楼，虽然没有具体的文字资料的描述，但这座钟楼清楚地出现在1909年所绘的劝业场的房顶上（见插图4-3）。1916年，陕西街的教会医院便有了一座更为醒目的钟楼，并成为成都的“社会之钟”，据称“凡讲究钟点者，无不以此钟为准”。[44]当时中国人的时间观念正在改变。以前市民主要根据传统的报时工具：破晓时公鸡鸣叫，白天日影记时，夜晚有打更人敲鼓或竹梆报时。比如说，过去一个女人走在街头，她可能会说：“太阳已到树梢，我要回家做午饭了。”随着社会的发展，人们对时间精确性的要求越来越高，如学校开始按照具体的时间表开课，政府部门和工厂规定了工作时间，商铺、公园等其他公共服务设施也都有开关门时间。

在城市改革中，一些传统的公共场所逐渐被挪为他用，比如簸箕街的县城隍庙成了剧院。改良者将寺庙和庙产视为城市改良资金的重要来源，把寺庙改作其他用途视为理所当然。而成都的人口不断增长，进一步刺激了商业的发展。从小南门到小北门，以及祠堂街都不断有新的商店开张。从辛亥革命后到20年代初，少城的街道变宽变直了。而且，由于旗人对商业日渐发生兴趣，很多汉人迁到这里寻求新的商机，也给旗人提供了不少就业机会，已萧条了的少城在辛亥革命后的两三年内又重新热闹起来。[45]

经过晚清和民国初期的改革和重建，成都大城和少城的旧城墙都遭到了巨大的破坏。随着人口的增长，四个城门已无法承担起交通枢纽的重任。人们开始抱怨城墙的种种弊端，有些人甚至认为旧城墙成为城市发展的障碍，他们的理论是：“文明各国，大都无城（墙），天津折（拆）城，商务以新。上海精华，不在城内。由此足征，城之为物，实足以阻商业之前途。非闭关自守时代，似不容有障碍物也。”这种认识，是与当时人们“新亦优”“旧亦劣”的观念共存的，所以这种主张得到很多人的支持。有人提出成都至少需要八个城门，还有人建议拆除所有的城墙。1913 年，开凿了位于西较场附近的通惠门，沟通了青羊宫和少城公园这两个成都最重要的公共场所（见插图 2-3），并由此开启了城墙消亡的历程。城墙的其他部分也被凿开，允许人们进出。1915 年，位于东较场的武城门建成，连接上莲池街和下莲池街的复兴门也于 1939 年打通。[46]新城门的建成使一些地区日趋繁荣，通惠门附近的地区成为从市区到花会的主要通道，这一地区变得越来越拥挤，地方政府又通过增加商业中心和市场将贸易扩大到了周边街区。[47]增开新的城门、拓展了城市空间，加强了城墙以外的地区同城内经济和日常生活的联系。

除了城市建设对城墙的巨大破坏外，市民也使这个古迹遭到进一步毁坏。偷城墙砖的活动可以说是日夜进行，那里成为人们取得建筑材料的最佳场所。旧城墙被挖得千疮百孔，几乎没有人理睬它在那里垂死地呻吟。城墙中有许多从汉代到明代的古砖，上面饰有美丽的浮雕。因而，所有的人不论是居民、士兵还是军阀，也不论是合法还是不合法，都把古城砖拿回家去建房、铺街或修下水道。那些达官贵人更是贪婪地将城砖运回去装饰他们富丽堂皇的宅邸。1913 年在开凿通惠门的同时，城市当局拆除了少城的城墙，将“大城”和“小城”连接起来。1917 年的巷战（将在第七章中具体讨论这场灾难）后，有人提出了一个更为彻底的建议：将皇城拆除以免其被用于军事堡垒，拆除的砖木用于为巷战中无家可归的人修建房屋。[48]

那些希望将皇城作为历史古迹保存下来的人实在是势单力薄，无法与反传统的势力相抗衡。但皇城最终还是逃脱了被拆毁的厄运，不是因为当地政府试图保存它，而是因为 1917 年四川省政府进驻此地。第二年因为该处修建新学校，四川省政府又搬了出来。1919 年四川省政府及时阻止了皇城的拆除工作，并将其列为历史古迹。[49]皇城虽然又苟延残喘了半个世纪，但在“文化大革命”中终被完全拆除。它虽然在战争的炮火中幸存，但却在思想的“革命”中被彻底摧毁。今天当我们经过成都人民南路广场，看到模仿人民大会堂的方形宏大建筑和毛泽东挥手的巨型塑像时，有多少人会知道那就是有上千年历史的皇城遗址，又有谁会为之发出一声遗憾的叹息？成都城墙的坎坷经历，折射出这座城市所经历的政治、经济和社会的变迁，也反映了传统的生活方式、社会习俗和街头文化的必然命运。那里的人们不论是精英还是民众，都眼睁睁地看着自己的传统渐渐消失。

当地政府也力图改善城市街道。1920 年年初，军阀杨森进行了一项大规模的道路修建工程。这一举措的确改善了一些地方的道路条件。比如，“推车巷”用石板铺了街面并盖住了下水道，据住在那里的外国教师徐维理说，它成了“一条真正的大道”，崭新而坚硬的泥灰路面覆盖了旧时车辙，铁轮鸡公车禁止驶入该道。春熙路也是在这个时期建成的（见插图 4-18、4-19）。它位于总府街和走马街之间，成为继东大街和商业场之后最为繁华的商业中心之一。[50]成都街道的改造为四川其他地区树立了榜样，一位英国外交官感到“这时的四川具有令人惊奇的现代化程度，许多大城镇都很现代”。成都在过去的几年中经历了“一场全面的改造，它的街道宽敞平坦，房屋商店鳞次栉比，卫生设施完善齐备”。[51]从这个方面，我们可以看出城市改革取得的显著成效。街道的改善在城市面貌的变化中最为明显。然而，随着街道的变宽、交通的便利，一些下层民众的传统空间或遭到破坏，或不断消失，同时日益增加的针对他们使用公共空间的规章也激起了他们的不满。

图 4-18　春熙路。长卷风情画《老成都》局部。
资料来源：根据原作翻拍。作者：刘石父、李万春、谢可新、潘培德、熊小雄、孙彬、张友霖。使用得到作者授权。

从本章的研究中我们看到，城市改良者把改造公共空间和公共生活作为他们的重要使命，在城市改良中所取得的成功使他们的影响力日益提高。为实现城市改良的目标，他们采取了两项策略：一是根据他们的构想来重新塑造城市空间，二是巩固他们对普通民众的领导地位。从20世纪初开始，这些改良精英便在政府的支持下，谱写了一首意义深远的改革变奏曲。在现代西方城市，社会改革与控制常常成为城市公众生活中的政治和阶级斗争的焦点，20世纪初的成都也一样，“社会价值和习俗的变革，不可避免地纳入到与‘公共秩序’相关问题的范畴中”。[52]这些变革所针对的经常是处于社会最底层的人们，反映出了贫富

图 4-19　1997 年的春熙路。春熙路最近又进行了大规模的改建，已经几乎不见原来的面貌。
资料来源：作者摄于 1997 年。

之间、受教育者与未受教育者之间、本地居民与外来人员之间的鸿沟。当精英们努力向他们的目标迈进时，由于文化偏见和阶级歧视，不可避免地引发诸多的社会冲突。事实上，精英对民众公共行为的批评和改造反映出他们对街头控制的一种权力之争，并表现出试图按自己的蓝图“文明化”下层民众的动机。

## 注　释

1. 这与 19 世纪起源于宗教团体的美国社会变革形成了鲜明对比。见 Walters，*American Reformers, 1815-1860*，chap. 1。
2. 更多关于新政对国家和地方社会影响的研究，见 Esherick，*Reform and Revolution in China: The 1911 Revolution in Hunan and Hubei*. chaps. 2-4；Rankin，*Elite Activism and Political Transformation in China: Zhejiang Province, 1865-1911*，chap. 6；Thompson，

*China's Local Councils in the Age of Constitutional Reform*, *1898-1911*。我自己在这个论题上发表了一些论文，主要有：《清末新政与挽回利权》，载《四川大学学报》1984（2），91～101页；《清末新政与近代学堂的兴起》，载《近代史研究》，1987（3），245～270页；《论清末商会的设立与官商关系》，载《史学月刊》，1987（4），39～44页；《清末设立商部述论》，载《清史研究》，1987（1），23～27页；《清末实业政策与经济发展》，载《四川大学学报》（专号），第37辑，148～161页；《晚清重商主义与经济变革》，载《上海社会科学院学术季刊》，1989（4），63～70页。四川新政也一度是我研究的重点，见王笛：《清末新政与四川近代教育的兴起》，载《四川大学学报》，1985（2），95～111页；《清末四川农业改良》，载《中国农史》，1986（2），38～51页；"Educational Reform and Social Changes in Sichuan，1902-1911"（paper presented at the annual meeting of the Association for Asian Studies. Washington，D. C. 1992）和《跨出封闭的世界——长江上游区域社会研究，1644—1911》。司昆仑最近的新书，对新政在成都的实施程度进行了深入的分析，并认为这些改革是国家和市政建设的重要阶段（*Civilizing Chengdu*：*Chinese Urban Reform*，*1875-1937*，chap. 2）。

3.《通俗日报》，1909-08-18。"文明"在晚清经常意味着"来自西方的文化"，例如"文明棍"（西式拐杖）、"文明戏"（话剧）、"文明帽"（西式帽子）、"文明脚"（未缠缚的所谓"天足"）等。

4. 吴好山：《笨拙俚言》，见林孔翼编《成都竹枝词》，74页。他们嘲笑那些被"挑牙虫"（主要来自安徽凤阳）愚弄的人："南门桥畔喊牙虫，也与扬州一样风。持伞如来凤阳郡，愚人多少受朦胧。"（定晋岩樵叟：《成都竹枝词》，见《成都竹枝词》，65页）据作者的采访，以前大多数人认为牙齿的腐坏是由虫所致，挑牙虫的人使用小伎俩来欺骗顾客，一只手里藏着虫，然后宣称他从顾客的牙齿里挑出一条虫来（余迅，73岁，作者于1997年6月21日在悦来茶馆的访谈记录）。地方文人也嘲笑一些普通居民的虚荣："肆外衣裳亦美哉，携他一个大壶来。分明贮米归家去，却道街前打酒回。"有人买了大米谎称打酒，因为米是日常生活的必需品，而酒是奢侈品，以此来显示一种优越感。我们在同样的资料中找到相似的故事："街东走过又街西，巾帕斜包手自提。买得豆渣归去后，声声说是削皮梨。"（吴好山：《笨拙俚言》，见《成都竹枝词》，77页）买了豆渣羞于提及，而称是买了梨子。这可能是爱面子但又捉襟见肘的小市民经常玩弄的花招，地方文人对此竭尽讥讽之能事。

5. 杨燮：《锦城竹枝词百首》，见《成都竹枝词》，44、57页；吴好山：《笨拙俚言》，见《成都竹枝词》，70页。

6. 傅崇矩：《成都通览》上，272～273页；《国民公报》，1914-03-24。更多关于"华人与狗不得入内"的讨论，见 Bickers and Wasserstrom，"Shanghai's 'Dogs and Chinese Not Admitted' Sign：Legends，History and Contemporary Symbol，" *China Quarterly*，1995，No. 142，pp. 444-466。

7. 当然，我们不能说所有的精英对民众都持批评的态度，他们中的一些人也记录了普通人的美德。在他们的作品中，我们可以看到民众的种种善举，这同流行的下层民众“不文明”的观点形成了鲜明对比。例如，在一则新闻中，有一位孤老贫穷的满族妇女跳河自杀。一个过路人将其救起，并给了她钱，还雇轿送她回家。另一则报道中，一个小孩儿在玩耍时掉进了河里，附近茶馆的一位客人救起了他。根据另一记载，一个中暑的行人在街上失去知觉后，一位住在街边的居民给他服了药，第二天被救者带来了一只鸡和一些点心表示感激，但施救者拒绝了。苦力一般被精英们认为道德标准低下，但另一个故事的叙述却并非如此。一个帮人搬家的苦力发现了一个装有二十多元钱的钱包，对穷人来说这可是一笔不小的钱，但他却归还给了失主。这种行为使一位文人不胜感慨，指出：“并没有见什么伟人阔人等拾金不昧的，只有什么伟人阔人争权夺利的。可见世上的人，智识愈多，道德愈少。要有道德，还是无智识的人。”这种议论，在当时可以说是十分异类的了。见《国民公报》，1913 - 04 - 14、1916 - 04 - 03、1917 - 06 - 23、1922 - 06 - 30。

8. 《国民公报》，1917 - 04 - 06；周止颖：《新成都》，225 页；傅崇矩：《成都通览》上，190 页。

9. 《国民公报》，1914 - 05—04；《通俗日报》，1910 - 06 - 06；庆余：《成都月市竹枝词》，见《成都竹枝词》，184 页。

10. 《通俗日报》，1909 - 03 - 31。

11. 邢锦生：《锦城竹枝词钞》，见《成都竹枝词》，165 页；《通俗日报》，1909 - 08 - 26。

12. 巴金：《家》，355 页。

13. Duara, “Superscribing Symbols: The Myth of Guandi, Chinese God of War,” *Journal of Asian Studies*, 1988, No. 4, p. 792; “Knowledge and Power in the Discourse of Modernity: The Campaigns against Popular Religion in Early Twentieth-Century China,” *Journal of Asian Studies*, 1991, No. 1, p. 75；傅崇矩：《成都通览》上，547、549 ~ 553 页；《四川咨议局第一次议事录》，1910 年，收入隗瀛涛、赵清主编《四川辛亥革命史料》上，61 页。

14. 《通俗日报》，1909 - 04 - 22、1910 - 04 - 27；《国民公报》，1914 - 02 - 14；傅崇矩：《成都通览》上，380 页。

15. 《通俗日报》，1909 09 10。

16. 《通俗日报》，1909 - 10 - 18。原文中有的文句不通，这里不改。但用字不准确处以括号内为改正字。

17. 《四川官报》，1904 年第 10 号，1905 年第 32 号；《通俗日报》，1909 - 11 - 18；陈祖湘、姜梦弼：《成都劝业场的变迁》，载《成都文史资料选辑》，第 3 辑，144 ~ 159 页；晓晗：《成都商业场的兴衰》。载《龙门阵》，1986（6）。

18. 晓晗：《成都商业场的兴衰》，载《龙门阵》，1986（6），43 页。

19.《通俗日报》，1909-06-15、1909-10-01、1910-02-17；林孔翼编：《成都竹枝词》，149~150页。
20.《通俗日报》，1909-07-22。
21.《通俗日报》，1909-07-22。
22.《四川官报》，1906年第3号；《四川成都第一次商业劝工会调查表》，1906年；《通俗日报》，1910-03-24；四川省文史馆：《成都城坊古迹考》，459页；王笛：《跨出封闭的世界——长江上游区域社会研究，1644—1911》，266~270页。
23. 周询：《芙蓉话旧录》，59页。有人描述道，尽管下着大雨，人们还是热情地参加这些活动。实际上，当地人声称喜爱春雨，有“春雨贵如油”的谚语为证。威廉·埃德加·盖洛在《中国十八都》一书里，将这一谚语用在关于成都一章的题头（*Eighteen Capitals of China*, p. 287），看来他还真的体会到成都人对春雨的心情。一首竹枝词写道，当春天花市开张时，到处是“澹烟和雨润香泥”，给人以心旷神怡的感觉。庆余：《成都月市竹枝词》，见《成都竹枝词》，181页。
24. 陈宽：《辛亥花市竹枝词》，见《成都竹枝词》，151页；王笛：《跨出封闭的世界——长江上游区域社会研究，1644—1911》，266~270页。
25.《国民公报》，1913-02-23、1913-04-10、1914-04-01、1919-03-02、1928-04-10。
26. 晚清的成都有很多私家花园，但是只有五个向公众开放。见傅崇矩；《成都通览》上，24~25页。
27. 四川省文史馆编：《成都城坊古迹考》，461页；李劼人：《大波》，见《李劼人选集》，第2卷，120~121页；《国民公报》，1913-04-17、1913-06-01、1914-06-18、1914-07-11。
28.《通俗日报》，1909-07-27、1910-04-12。
29. Tanaka, “The Social and Historical Context of Ming-Ch’ing Local Drama,” 143-160 in Johnson, Nathan, and Rawski (eds.), *Popular Culture in Late Imperial China*, p. 148；《检查戏本肃清戏场规则》，见《四川通省警察章程》；傅崇矩：《成都通览》上，277页；《通俗日报》，1910-04-29。
30. 傅崇矩：《成都通览》上，277~279页。
31. 关于地方戏改良的进一步讨论请参阅第七章。
32.《国民公报》，1917-03-14；《通俗日报》，1910-04-12。
33.《成都日报》，1904-11-09；傅崇矩：《成都通览》上，284页；Wang, “Street Culture: Public Space and Urban Commoners in Late-Qing Chengdu,” *Modern China*, 1998, No. 1, p. 52；《通俗日报》，1909-07-27、1909-09-17、1909-10-19。
34. 傅崇矩：《成都通览》上，277页；《国民公报》，1912-09-07；周止颖、高思伯：《成都的早期话剧活动》，载《四川文史资料选辑》，第36辑，55页。关于这个“文明游戏”的广告，并没有具体描述什么是“地球”和“盘球”，我估计是保龄球和桌球。

35.《通俗日报》，1909-08-24、1909-09-17、1909-09-27；《通俗画报》，1909年第3号；《国民公报》，1913-04-11、1914-07-22、1914-09-03、1915-09-17、1927-10-04、1927-11-20、1927-12-13、1928-06-30；*West China Missionary News*，1906，No. 1，p. 28；周止颖：《新成都》，226~228页。

36. 这种趋势可以在一位地方文人的抱怨中看到：“不解何心尊异域，中华造作等弁髦。夸来百货洋真好，实得些微兴亦高。”（吴好山：《笨拙俚言》，见《成都竹枝词》，77页）

37. 山川早水：『巴蜀』，103页。关于外国商品对中国内陆的影响，见王笛《跨出封闭的世界——长江上游区域社会研究，1644—1911》，281~295页。一方面对一些传统手工业的需求减少，但另一方面一些新的手工业出现了。参见王笛上引书，第五章。

38.《通俗日报》，1909-07-23、1909-07-30、1910-03-05；傅崇矩：《成都通览》上，134页；林孔翼编：《成都竹枝词》，213页。

39. 傅崇矩：《成都通览》上，307页；李伯雄：《洋房子走路——汽车初到成都的故事》，载《龙门阵》，1988（6），29~30页；《国民公报》，1917-10-04；林孔翼编：《成都竹枝词》，206页。但是公共空间的重建引起了民众的抵抗，这个问题将在本书第七章讨论。

40. 晓晗：《成都商业场的兴衰》，载《龙门阵》，1986（6），43页；《通俗画报》，1909年第5号；吴晓飞：《卖水人与机器水》，载《龙门阵》，1994（3）。

41. 包括上新街、中新街、下新街、总府街和中东大街。

42. 晓晗：《成都商业场的兴衰》，载《龙门阵》，1986（6），42页；《通俗日报》，1909-10-20；王笛：《跨出封闭的世界——长江上游区域社会研究，1644—19110》，332~333页；《通俗日报》，1909-10-18。

43. Sennett，*The Fall of Public Man: On the Social Psychology of Capitalism*，p. 161；傅崇矩：《成都通览》上，112、272~273页，下，71页；*West China Missionary News*，1906，No. 1，p. 28；《通俗画报》，1912年第17号。

44.《国民公报》，1916-09-15。邵勤（Shao，“Space，Time，and Politics in Early Twentieth Century Nantong，” *Modern China*，1997，No. 1）研究了20世纪初期江苏南通钟楼对现代社会生活的意义。

45.《国民公报》，1914-07-23、1914-11-15、1918-06-13、1922-01-09。

46.《国民公报》，1913-01-10、1913-08-02、1913-11-12、1917-05-23、1919-04-19；四川省文史馆编：《成都城坊古迹考》，98~99页。这些门还有其他的名字，通惠门又称新西门，武城门也称新东门，复兴门也称新南门。

47.《国民公报》，1915-01-12。

48.《国民公报》，1913-03-15、1917-05-05、1917-06-19、1917-07-24、1918-

01 - 23、1919 - 02 - 16；钟茂煊：《刘师亮外传》，202 页。在战争期间，两千多名士兵占领了皇城，并把它当作堡垒使用（见第七章的详细讨论）。

49. 四川省文史馆编：《成都城坊古迹考》，100、421 页；《国民公报》，1917 - 05 - 27、1917 - 06 - 19、1919 - 02 - 16。

50. Sewell, *The People of Wheelbarrow Lane*, p. 101；钟茂煊：《刘师亮外传》，25 页。

51. 转引自 Kapp, *Szechwan and the Chinese Republic: Provincial Militarism and Central Power, 1911-1938*, pp. 57-58。

52. Stansell, *City of Women: Sex and Class in New York, 1789 - 1860*, pp. 194 - 197; Rosenzweig, *Eight Hours for What We Will: Workers and Leisure in an Industrial City, 1870-1920*, p. 225; Kasson, *Amusing the Million: Coney Island at the Turn of the Century*, p. 98; Brennan, *Public Drinking and Popular Culture in Eighteenth-Century Paris*, pp. 269-310; Storch, "Introduction: Persistence and Change in Nineteenth-Century Popular Culture," in Storch (ed.), *Popular Culture and Custom in Nineteenth Century England*, p. 3. 约瑟夫·哥斯菲尔德（Joseph Gusfield）在其《象征的十字军》一书中说，中产阶级改革者参加戒酒运动是为了使他们自己社会地位稳固，并树立榜样，以便他们的思想支配下层阶级的行为（*Symbolic Crusade: Status Politics and the American Temperance Movement*, chap. 2）。成都的社会改良者反映出了类似的动机。

# 第五章　控　制

20 世纪初成都城市社会最重要的变化之一，是履行城市管理职责的近代警察的设立。成都的警察机构建立于 1902 年，在此之前，成都的住户被纳入保甲制度中以确保地方控制和安全，并没有专门从事城市管理和行政的机构。正如本书第二章所揭示的，传统城市社会生活的许多方面主要是由地方精英而不是官方来承担的。在 20 世纪的头二十多年里，由于没有正式的市政机关（成都市政府直至 1928 年才成立），警察不得不扮演三重角色，即负责地方安全、进行城市管理、推行社会改革。警察实际上为以后的成都市政机构奠定了基础。

城市精英一直设法重塑下层社会的价值观念和行为习惯。在此期间，精英和政府官员都在努力加强他们对民众生活的影响，而警察机构的建立，为推行他们的理想提供了有力的保证。因此，在晚清，社会改良者们热切地支持警察主持的社会改革。改革的很多措施是从日本直接借鉴而来的，与欧洲早期现代化一样，精英和地方权威借由警察机构推行社会改革。[1] 成都警察一开始是通过整顿街道和公共空间来扮演社会改良者的角色的，他们希望通过改造城市公共空间和纠正下层民众的公共行为，来提高“文明”程度，使之与这个正在进步、充满魅力的城市相符合。

警察成立之初，便解散了所有旧的“街班”和“海察”，指定了50个分局的局正和383条街道的街正。[2] 同时招募了大约900名年纪在20～40岁，没有疾病也不吸鸦片的男子当警察。据称这些最早的警察都是年轻体壮、朴实耐劳的人。[3]成都的警察机构一成立，便开始进行街头管理。老百姓的外表和行为——包括他们的穿着和言行，都是其关注的对象。在街头，警察可以调查或逮捕那些他们认为“危害”公共安全的人，他们可以使用各种含糊不清的借口，诸如“言语粗鄙”“行为不端”“装束怪异”“胡言乱语”，唱“乱七八糟”的小调，或是聚众喧闹、“扰乱秩序”等，这些都可以成为警察干预的对象。警察还首次对交通、卖淫、赌博、卫生以及特殊人群的行为进行规范，对和尚、尼姑、收荒、端公等严加控制。[4]这些新的街头规章证明，这个城市已经开始有专门的机构来进行现代都市管理，虽然这仅仅是尚不成熟、很不完善的阶段。

警察机构从过去的民间组织手中——包括土地会、善堂、行会、会馆等——接替了不少职责。新政时期，精英和地方警察经常合作推行改革，因此尽管有时精英人士和警察的想法大相径庭，但很难区分这些改革到底是精英的想法还是政府的意思。警察是改革的中坚力量，代表着国家的权力，但他们是由地方精英领导的，他们的政策反映出本社会集团的构思，这些构思并非完全与政府所倡导的东西相一致。虽然在清末，地方政府为社会改革提供了大力帮助，地方精英也热情地支持新政，但到了民国初期，精英与政府在许多问题上的分歧愈发明显，他们对政府的改造计划日益失去热情。这一问题将在其后的第七章中进行讨论。

这一章主要讨论警察如何处理诸如交通、公共秩序、乞讨、鸦片、赌博、流氓、卫生、消防及卖淫等问题。司昆仑在她最近出版的著作中，就晚清新政相关的政策和领导权，提供了一个总的观察。[5]我在这里主要探讨新规章的具体实施情况，以观察改良到底如何对街头和民众产生影响。另外，我的讨论并不仅限于晚清，而是延伸到了20世纪20年代末，从而论证从晚清开始的街头改革并没有因革命而中断。尽管国家已从帝制转变为共和政体，但街头控制的措施基本上是大同小异。[6]这一章也将探讨一些其他学者少有接触的问题，比如地痞流氓、城市大众信仰、茶馆等，以揭示社会改良当中人们日常生活的真正变化。

## 街头管理

控制公共空间意味着对街头活动的限制，这样就给普通民众尤其是那些在街头谋生的人的生活带来了极大的不便。[7] 例如，成都首次进行交通整顿，当时轿子和马是城市最主要的交通工具，但它们的数量越来越多，交通事故和伤人的事件时有发生。为了改变这种局面，警方颁布了《整齐舆马及行人往来规则》，要求所有的轿夫、马车夫遵守交通信号，违者将受到处罚。同时，警察要求轿子和马车在晚上必须点灯，马车还要挂上铃铛。人力车是晚清才在成都出现的交通工具，也频繁地引发交通事故。[8] 为了解决这个日趋严重的问题，警方要求所有的人力车必须靠马路右边行驶，控制车速，不能乱停乱放。对违规者根据具体的情节分别处以50文的罚款或是体罚。警察局还给人力车夫颁发了一种印有红色号码的白色木牌作为执照，没有这种执照的人力车不能上街。如果出现事故，警察将根据情况没收车夫的执照。鸡公车（即手推的独轮车）也在被限制之列，例如那些居住在“整齐完善街道”上的居民，如果不想让鸡公车通过，可以要求警察局立一个禁止鸡公车出入的公告牌。新的交通规则还禁止人们在马车经过时燃放爆竹，如果马匹受惊狂奔，街众要关上街前街后的栅门，骑马者负责赔偿所有损失。此外，六岁以下的儿童禁止在街头玩耍。街上的居民不得把私人物品堆放在街道两旁，必须拆掉所有的附加在住宅外的棚子以及其他阻碍交通的建筑物。[9]（见插图5-1、5-2）

警察还对街头商业活动进行了限制。根据新的规章，小贩不得在十字路口摆摊设点，沿街的货摊不得超过建筑物的屋檐。四个城门附近那些临时蔬菜市场，一般在早上10点钟以前收摊，摊主们必须轮流清

图5-1 街头上的警察、街民和店铺。1911年初春。

资料来源：当时任教于四川高等学堂的美国人那爱德所摄。照片由来约翰先生提供，使用得到来约翰先生授权。

图 5-2 警察棒打违规者以示惩罚。

资料来源:《通俗画报》,1912 年第 16 号。

扫市场。警察也对食品卫生进行管理。比如不准出售不新鲜的肉类，如果有人违反规定，一旦发现，货物就会被没收。[10]为了交通安全，小贩和摊主不得在像北门大桥那样的交通繁忙地带摆摊设点。警察甚至对价格进行严格管理，例如当粮食价格增长太快时，警察就会在各个粮食经销点进行销售监督。[11]

警察对一些街头贸易进行了严密监视，特别是对经常有销赃行为的收荒市场进行限制，晚清的成都有七百多户人家以此谋生。根据新的制度，这些从事二手货经营的小贩必须有一个“铺保”，还要与其他两个住户构成一个“连环保”。这些小贩在警察的严格控制下从事经营，一切行动必须按规定进行。这些规定包括在早上开门和晚上关门时，收荒匠不得进店，交易也只能在户外进行。他们不能买进枪支、赃物、官方财产，不得从穿军服的人手中购买任何东西。他们必须记下出售者的姓名地址，必须保留货物至少五天才能再卖出。他们有义务协助警方追拿小偷，当有可疑人员来销赃时，他们必须报案。收荒者若要搬家必须得到警局的许可，而非成都居民不得从事这种买卖。另外，收荒者无论是开铺子、摆摊子还是挑担子，都必须在前面挂上牌照，没有许可证的人则会受到惩罚。[12]

警察还对街头劳务市场进行管理，特别是对所谓“人贩”进行控制。虽然“人贩”从字面意义上看似乎是指从事人口买卖的人，但实际上在清末民初的成都是指合法的雇佣经纪人，尽管他们当中也有少数人从事拐卖人口的违法勾当。从晚清开始，他们的活动就受到了警方的严密控制。按照警局的命令，所有的雇佣经纪人都必须迁到西御河和皇城边街居住，在警察的监视下经营和生活，那些不服从这一命令的人则不允许继续从事这一职业。民国初年，西御河沿的后子门成为最大的劳务市场。由于不少妇女特别是奶妈和女佣也在这个劳务市场求职，拐骗妇女的事件时有发生，这使警察对这里的活动也分外警惕。警察局力图控制经营的各个环节，例如要求所有的经纪人注册登记，必须在门上挂木制标牌，以表明已获得营业执照。一旦有人被雇佣，经纪人必须把受雇者的薪资和地址记录下来。那些从事婚姻介绍的经纪人有义务把当事人的背景打听清楚。经纪人不得为青楼妓院拉皮条。同时，如果被雇佣者偷了雇主家的东西，其经纪人将对他的行为负责。[13]（见插图5-3）

许多社会改良者认为，一个城市街道的面貌直接反映了这个城市发展的状况，这或许可以解释为什么许多社会改革都力图通过改善卫生状

图5-3 安乐寺的“人市”。长卷风情画《老成都》局部。
资料来源：根据原作翻拍。作者：刘石父、李万春、谢可新、潘培德、熊小雄、孙彬、张友霖。使用得到作者授权。

况来改善城市形象。过去的成都公共卫生很差，特别是下层民众的居住区环境恶劣。19 世纪后期，一位到成都的法国人曾抱怨道，他曾"误入不通之巷，时须跨过垃圾之堆。街石既不合缝，又极滑达，经行其上，跌撞不止一次"。有的街道正如傅崇矩在《成都通览》中提到的一样，"秽物之堆积，恶气触人"，若是阴雨天则道路泥泞，外加"屎酸粪汁及一切脏水"弥漫；晴天则"尘埃四塞，霉菌飞扬"。传教士也观察到，由于街头环境糟糕，女士们很难在街上行走。在街道的每个拐角处都会有"难闻的垃圾"，人们把垃圾倒在街上，而"肮脏的猪、家禽和老鼠就以这些垃圾为食"。[14]

警察对街头卫生进行整顿，下令清除垃圾和动物的死尸，病猪肉不准运入城，街边尿缸一律填平，各街厕所改良尽善。除此之外，社会改良者还提出了其他保持城市卫生的建议，比如要求赶牛车的车夫和街道清洁工随时清除牛粪，把难闻的皮革作坊迁到郊外等。他们还建议为了保护人们的健康，禁止挑水夫从御河取被污染了的河水。当时的成都人都有饲养家畜的习惯，像猪、羊、鸡、鸭等大都在街上放养。为了改进卫生状况，警察局严禁一切家畜出现在街道上。[15]

从晚清开始，警察局就已经雇用街道清洁工。根据传教士裴焕章记载，他们穿着前后写着"清道夫"三个字的制服，工具是一辆手推车、一只柳条编的篮子和一把扫帚。所有的家庭必须在 7 点钟清道夫收垃圾和清扫街道之前把家里的垃圾拿出去，清道夫把收集的垃圾运到指定的地方堆放。[16]然而在 20 年代以前，清洁工还不是很普遍，居民们仍是各扫门前雪。经常是"人们在自己家门前拿着一把小扫帚把垃圾任意地扫成一堆，直到有人想彻底地清洁街道时，这一堆堆的垃圾才会被弄走"。当局要求城市居民为公共卫生各尽其责。1928 年颁布的卫生规则规定："不准由楼上或墙上抛弃什物或倾倒茶水于街面或人行道上"，"打扫临街楼房，应先洒水，然后扫除，不得使灰尘飞扬"，"污秽之衣物，不准晒晾檐下及人行道上"，等等。[17]这些规定都说明了警察的卫生管理已经深入每家每户。

在城市卫生方面，公共厕所似乎总是一个很突出的问题。1903 年，警察局规定所有的厕所都要按照政府规定的设计进行修建。[18]在此之前，有些街道没有厕所，行人就在街道旁的"尿坑"里小便。根据新的规章，这些尿坑将被填平，如果有谁在街上小便就会被处以 50 文的罚款，对于那些付不起罚款的人则责令其劳作一天。但当时许多成都人并没有卫生的概念，在街上小便的事情时有发生，有时还会引发违规者同警察之间的冲突。一则新闻报道了这样一个故事，一个"粗人"晚上在街上撒尿的时候被警察逮个正着，他不仅不服管教，还攻击警察。当警察准备把这个藐视法律的人带到警局时，他猛击警察一拳，然后逃之夭夭。第二天，他以违反卫生法和袭击警察的罪名被逮捕。尽管有警察的努力，但直到民国初年，居民对卫生知识还是知之甚少，对有关法规也置若罔闻，公共厕所的问题也没有得到解决。1914 年 4 月，警察局命令警察和公共厕所改进卫生状况。警察局采取了一系列措施禁止街头小便，违者坐一天监狱或支付至少一元的罚款，但似乎并没有起到明显效果，当局认为这是执法不严之故。因此，7 月进一步颁布有关"训令"：

> 各街毛（茅）厕内，皆狼藉臭秽，最碍卫生。迭经勒限改良，添役清扫，以冀遵守。……查现在厕所仍多玩忽不治，与昔无异。臭秽之气，几于更有过之。此虽厕主等积久玩生，而该管员警等，督饬之疏，已可概见。合再令饬各区署所。查照先今训令，严加整

> 率，恒久忽懈。倘仍漫不加意，一经查出，定将该管署所员警等，并予处罚不贷。

尽管有了新的规定和公共厕所，但是仍有人继续在街头小便。当地一家报纸报道了这样一个故事：一家公馆坐落在一条僻静的街道，行人经常在其门口小便。它的主人便在墙上贴了这样一则告示：“往来人等不得在此小便。”但是有一天他正好撞见一个人在那里撒尿，便问道：“我有告白在此，汝无目耶?”那个男人答道：“我看清楚，才屙的。你那告白明明说是‘往来人，等不得，在此小便’。我至此实在等不得了，故尔小便。是你许的，然何又干涉我?”[19]如果在不同的地方断句，这个男人便是对的，但很显然他是在故意曲解意思，并对这个告白进行公然的挑衅。不过，这倒也显示了成都人常有的那种幽默感。

可见，推进公共卫生可谓步履维艰，但这从一个角度反映了整个城市改革的难度。我们应当认识到，改革并不是只要对民众有利，就会受到民众的配合和支持。事情往往是，民众在得益之前，首先是受了限制，他们传统的生活方式被迫发生改变，即使他们不公开反对，也会消极反抗。另外，从上面的训令我们也可以看到，执行者的不作为或不认真履行职责，也是卫生改革进展迟缓的原因之一。

警察局还强行对那些停放在寺庙里的死尸进行埋葬。成都是一个移民的城市，很多人是在明末张献忠起兵后来到成都的，有的则是在清初城市重建时来到这里，另外每年不知有多少外来人到此做生意或谋生活。像其他中国人一样，他们都有“落叶归根”的习俗。这些移民死后，他们的遗体必须送回家乡安葬。[20]在这一切安排好之前，灵柩会暂时停放在城外的寺庙内。由于种种原因，有些死者的家属未能按计划把这些棺材运回家乡安葬，有些在寺庙里一停就是几年，甚至是几十年，有的则完全被遗弃了。1909 年，警察公所报告，仅东门和北门外的寺庙里就有 327 口棺材，其中有些自同治年间开始，已经在那里停放了三十多年。据描述，在这些庙宇里，“木榭摧残，尸骸暴露，折肱断肢，四散横陈，惨状戚容，几难罄述”。政府部门因此发布了一个告示，要求死者家属在三个月内埋葬所有的棺材，无法找到家属者，其同乡应帮助安葬，否则警察将自行处理。尽管当局希望改变这个“陋习”，但显然这种由来已久的风俗并非一朝一夕所能结束，这种习惯在 20 世纪三四十年代仍然存在。[21]

对街头及其他公共场所的清理使成都面貌有很大改观，装上街灯则改善了城市的景观和夜生活，同时也扩展了公共空间。没有街灯的街道在晚上非常危险。正如一位西方犯罪学专家所言，“一盏灯就像一个警察”，他甚至还强调他“宁愿这里有更多的电灯和整洁的街道，而不是法律和公共准则”。[22]在成都，早期的街灯是油灯，由警察雇佣的更夫负责，一个外国人描述道：“油灯安装在间隔不远的一根根矮柱上，每天晚上都会点燃。”所有的住户都必须支付“灯油捐”。辛亥革命之后，街灯的管理转由地方“团防”负责。根据警察局当时收到的居民的抱怨可以看到，这个时期街头的油灯非常微弱，而且经常熄灭。尽管早期的街灯有许多这样或那样的问题，但是它们使夜晚的户外活动成为可能，并给城市带来了新的面貌。同时，这些街灯还有其他的用途，比如，轿夫们可以根据它来确定路程，从他们路过的街灯数来确定道路的远近，以收取相应的费用。[23]

所以，这些关于城市环境的改良，反映了警察当局为改变城市面貌做出的努力。警察所制定的各种规章，尽管在执行过程中面临不少的困难，但仍然取得了不小的成就。例如像强制的交通控制和市场管理，以前从未在城市中出现过，而有些管理和控制虽然曾经存在过，但是由民间组织负责。不论是前者还是后者，当警察接管之后，都大大地提高了运作效率，而城市面貌改观的事实又为进一步的改革运动提供了有力的支持。对于人们的行为和个人面貌的改革，也被纳入社会改良者的日程。他们最主要的目标就是“违法者”和穷人。

## 流氓、赌棍与警察

警察局将维护公共秩序视为其主要职责，即“管制坏人，杜绝坏事”。任何“行为暴戾”、扰乱公共治安的人都将受到警告甚至拘捕。当警察出现在街头，那些对此表示赞赏的人写道：“穿戴整齐的警察不时地在城内巡岗，每个警察都配有一根警棍，个个看起来都训练有素。毫无疑问，法律和治安事业取得了新的进步。”[24]警察的出现对当地恶势力来说确实是一大威胁。成都街头巷尾经常有三五成群的地痞闲荡，他们在公共场合聚众赌博，惹是生非，甚至调戏妇女，成为影响市民正常生活的一个令人头痛的问题，因此他们显然是警察首要控制的对象。但由于他们活动分散，警察不得不投入很大的精力来对付他们。

普通话和地方方言都有很多关于“歹人”的词语。在汉口，罗威廉就发现有“痞棍”“地痞”“棍徒”“忠臣”等词。除了最后一个“忠臣”，这些词在成都使用得也很普遍。不过成都还有其他很多描述流氓的词语，例如“弹神”“恶少”“轻薄少年”“无赖”“混蛋”“无业流痞”“撞客”等。来自富有家庭者则被叫作“纨绔子弟”。“弹神”一词为成都方言，使用频率很高，在清末民初的地方报纸中，这个词几乎和流氓同时使用。[25]

妇女——特别是那些出身普通，坐在门口做针线活或干其他家务活的妇女——是流氓们的主要骚扰目标。例如住在少城三道街的一个劳工的妻子，被几个“无人格之浑蛋”纠缠。在她丈夫出去工作时，他们便上门来窥视，并伺机调戏她，如果她反抗就暴力相向。[26]一些轻浮的年轻人也经常聚集在各种公共场合，如花会、庙会、戏园等出入口，对女人评头论足，并趁她们进出时占便宜。根据一项新的法令，警察将对那些貌似无赖、行为举止粗俗轻浮、引诱“良家少年”的人，对那些在剧院、茶馆或酒店纠集成群的人，进行跟踪调查。任何着“匪服”，即“绿面红里者”，或“邪服”，即“缘饰不伦者”，都将被强令脱下衣服。[27]当地报纸经常刊登关于警察怎样对付流氓的报道。有这样一则案例，有两个年轻女子游览劝业场，有些“轻浮子弟”对她们言语轻佻，还诽谤她们是妓女，警察把他们抓进了警局。另一个案例讲的是一个男子调戏一个店主的妻子，这个男子也被拘留并受到了惩罚。为了避免性骚扰，警察局在花会分别为男人和女人设立了不同的出入口，但是他们仍能逮到一些“扮作女人”想走女性通道的男子。[28]

有些流氓结成了团伙，警察对他们的打击也是不遗余力。这些人集体行动，欺凌弱小，对普通家庭、店铺、小本经营者进行敲诈勒索。有一伙由“无耻流痞”组成的集团，“三五成群，凶狠万状”，闯进妓院“任意需索”，警方发誓严禁。当地一家报纸报道，有“无业流痞”自称“姚大爷”，每天带着“同类数人”，到天涯石街的妓院“哄取酒食”。地方精英谴责姚和他的同伙“可谓无耻极矣！”呼吁警察如果“欲止风俗”就立即把他们抓起来。精英还批评那些妓女屈从他们的淫威，“乐其甘为奴隶”。[29]不过这些精英应该看到，这些青楼女子无依无靠，靠卖身和卖笑为生，怎敢得罪这些地痞？民国初年，一些有钱人家的纨绔子弟组成了一个名叫“斢神会”的帮伙，经常在剧院和饭馆里聚集，他们的“种种丑行”逐渐引起了公众的注意。由于他们经常在街头制造麻烦，警方贴出告示禁止他们的活动，命令其父母对儿子进行管教。根据新的规章，这些有钱人家的放荡子弟不允许在街上闲逛。如果他们违反了法令，他们的父母也将承担责任。[30]

警察对那些行为不检点的“无赖”进行严厉惩处，经常是采用公开羞辱的方式。比如，有些流氓经常朝那些坐着轿子路过的女人扔水果和石头进行骚扰，他们被抓住后就会被戴枷惩罚一天，被公众谴责，结果是“千人共观，大伤颜面”。后来警方还在二仙庵的大门外面竖起一根石柱，在上面刻着“锁示斢神处”几个大字，那些在花会骚扰妇女的“斢神”便被链子锁在柱上受罚。流氓们还经常被游街示众，而这种方式一般是用来对待死囚犯的。[31]每当警察惩罚这些流氓时，总是围观者甚众，当地人称之为“看热闹”，也因此最大限度地起到了公共警示的作用。

一些所谓的“调戏妇女”的事件，实际上是由于保守的社会环境而被夸大的。例如，一个年轻女佣傍晚去店购物，有一名轿夫“跟随使女”，无非是与她“笑谈”，结果她叫了警察，警察把这名轿夫带到警局惩处。在另一个案例中，一名衣着整齐、带着相机的男子看见几个漂亮的女孩儿在荷花池边喝茶，他假装拍景物，拍摄了那几个女孩。于是他被警察当流氓抓了起来，处以鞭刑。[32]还有一个案子，是一个被当作“流氓”的年轻人被警察用警棍打了“两千”下，又被捆到二仙庵门前“锁示斢神处”的柱子上，有近千人围观。他受到如此严厉的惩罚，是因为一个小脚女人在跨沟坎时，他说：“你的脚包的（得）太小了，等我牵你。”[33]即使这个男人的所谓帮助是居心不良，这样的行为在今天看来也仅仅是言语和举止轻佻，但是在民国初年，这却是一种严重的犯罪。

在街上抓几个行为不端的年轻人，要比禁止吸食鸦片和赌博容易得多。当吸食鸦片和赌博被当作犯罪之后，这些活动就成了警方打击的重要对象（见插图5-4、5-5、5-6、5-7）。晚清禁烟，到1911年，鸦片的吸食差不多就完全终止了。[34]而禁赌则艰难得多，因为其经常在公共场合发生，很难与其他许多娱乐活动特别是打麻将区分开来。而麻将既是娱乐手段，亦为赌博的主要工具。

清末的成都有各种各样的赌博，如斗鸟、玩牌、打麻将等，这些活动经常在街头、巷尾、桥下、茶楼、烟馆、妓院等地方进行。改良者认为赌博危害甚大，由此造成的家庭纠纷和悲剧比比皆是，也因此扰乱了社会秩序。他们揭露一些赌棍经常设置圈套，骗取没有经验的参赌者的钱财。在20世纪初，改良者就呼吁警察将这些“著名害人之赌棍”送进监狱，警察局也颁布了规章制度来禁止此类行为，打麻将这一传统活动也被禁止。[35]社会改良者写了很多关于麻将使人堕落的文章来支持这项政策。例如，《通俗日报》刊登了以韵律诗形式写成的“麻雀十害歌”（晚清成都称麻将为“麻雀”），每行四个字，便于理解和传诵。这首歌描述了麻将怎样毁掉人们的健康、道德和家庭，参与赌博的官僚、士绅、学生、教师、商人、士兵和年轻妇女最终会有什么样的严重后果。一些新式精英宣称消除赌博是建立“文明社会”的先决条件，甚至认为“赌博不除，宪法不立”，这把赌博与国家的政治前途联系起来。他们努力推行流行于欧美国家的“健康”活动，提倡人民“打球练习，赛船赛马”等，因为这些西式运动“均有

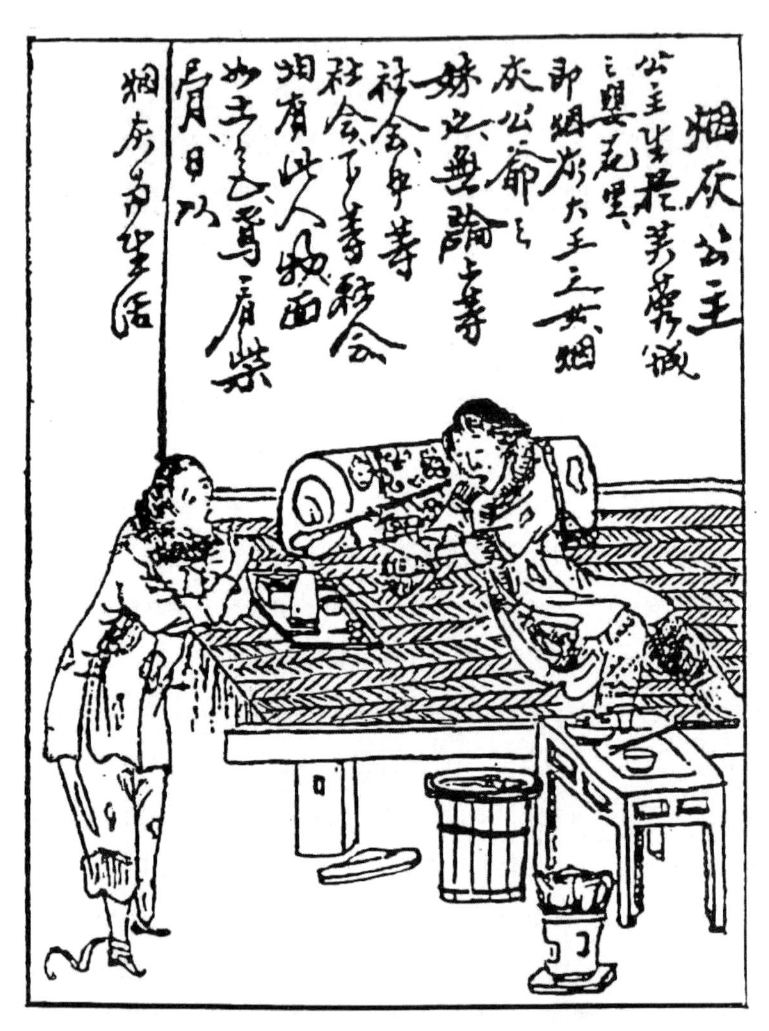


图 5-4　“烟灰公主”。这幅画讽刺了吸鸦片的女人。

资料来源：《通俗画报》，1909 年第 6 号。

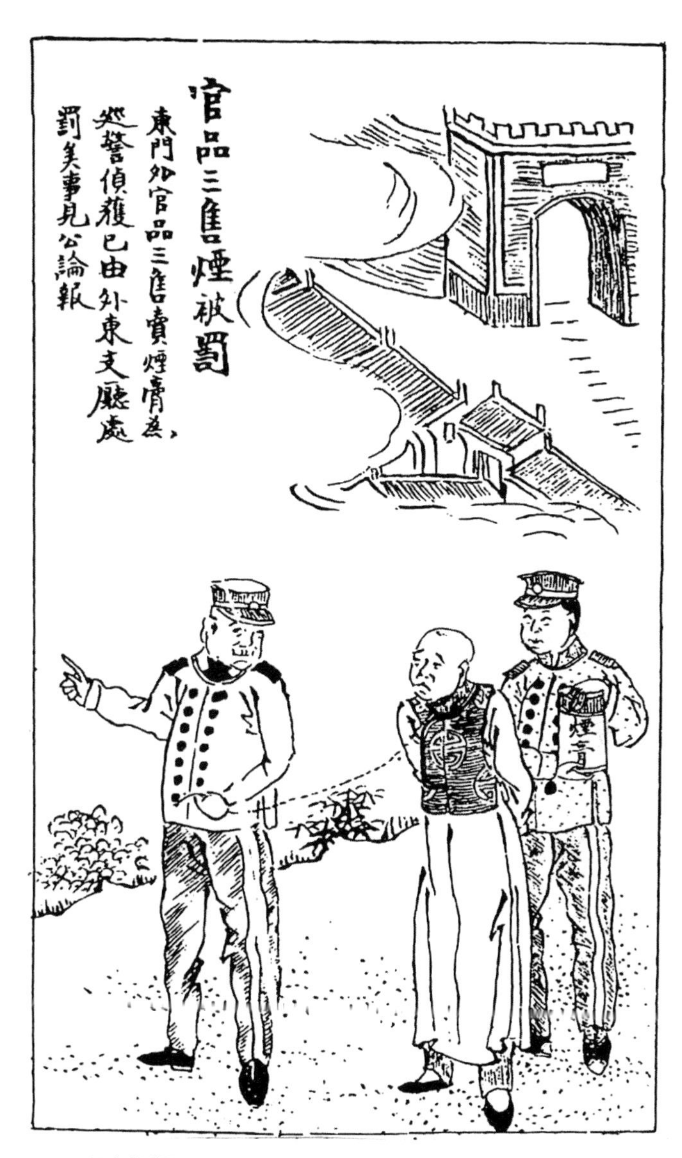


图 5-5 抓鸦片贩子。

资料来源：《通俗画报》，1912 年第 11 号。

图 5-6　为麻将打架。这称为“时事画”，即根据实际发生的事所画。题记称：“某街于十三夜人声鼎沸，乃某宅打牌，有雀角之争。因座中一人误打一龙，以至庄家吃亏。某君少年，得意气，火甚大，遂起冲突。后经路人解劝，其事始寝。”

资料来源：《通俗画报》，1912 年第 3 号。

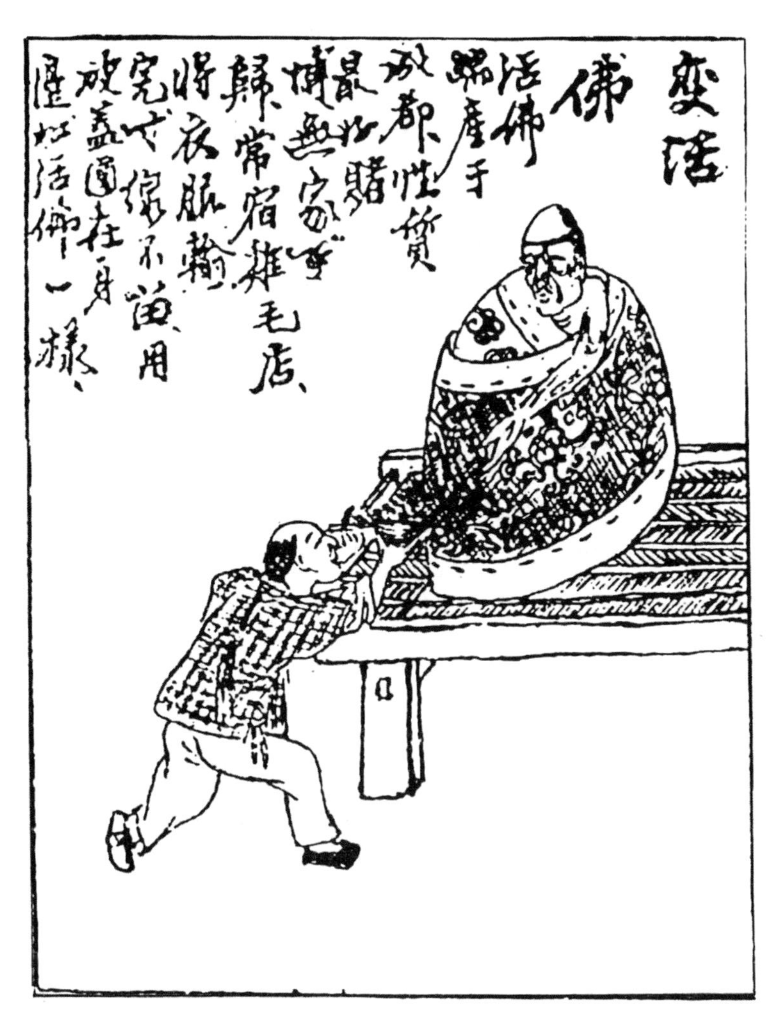


图 5-7 “变活佛”。这幅画讽刺了一个输光一切的赌徒，不得不待在“鸡毛店”里，用被子包裹着，活像一座佛。

资料来源：《通俗画报》，1909 年第 6 号。

大益”，相信这些活动都有利于社会改革。《通俗日报》还发表了一篇题为《宣讲禁止赌博白话》的文章，该文用日常口语描述了赌博的罪恶。这篇文章还提到，“赌棍”欺骗并引诱他人赌博，该文警告人们：“赌场中，哪有个天天赌、天天赢的道理?”赌输了的人，会卖掉他的衣服、家具、土地，甚至房子，这不仅伤害了自己，也伤害了整个家庭：“一家人有一个人赌，便惹出一家人都吃那赌饭，吃惯这赌饭，正经事大家不肯做了，是赌之为害。不但害了自己，并且害了子孙。”[36]

警察大肆搜捕赌徒，收集赌窝和赌棍的有关信息，一旦发现，立即抓捕，或罚款，或体罚。以前卖糖果、糕点、花生的小贩可以采用打赌或抽签的方式诱使小孩买他们的东西，这种被社会认可的流行方式现在也被禁止。在这样严厉的措施之下，赌博现象虽然没有完全消除，但得到了一些控制。1910 年春，警察机关试图斩断赌博的根源，规定三天之内停止一切麻将器具的生产和销售，销毁所有储存的麻将用品，任何人如果再制造麻将产品，都要受到严厉惩罚。[37]从禁止赌博到禁止麻将，反映出改良者对赌博的愤恨，同时，也是对成都最流行休闲活动的否定。警察机关的这一系列行动并没有杜绝赌博，反而引起了成都居民的强烈不满，短暂的沉寂之后，非法赌博又逐渐兴盛起来。[38]

## 清除街头乞丐

怎样解决贫困始终是城市改革的主要问题之一。长期以来，地方精英总是将慈善活动作为自己的重要职责。中国地方慈善机构也有着很长的历史，为现代福利事业的发展奠定了相当的基础。从 1903 年到 1906 年，随着城市改良的进行，地方政府为穷人设立了很多机构，这些机构与美国17—18世纪设立的救济院和19世纪为难民设立的避难所、收容院具有类似的功能。虽然这些机构的作用有限，但和同类美国机构的职能一样，是为了“帮助更多的人过上快乐和自食其力的生活”。晚清设立的“苦力病院”有300个床位，主要为生病的苦力提供医疗。除此之外，还成立了“老弱废疾院”，可接收一百多位病人。警察通知各轿行、力行、鸡毛店等，如发现任何无家可归的人或生病的苦力都应该送进医院，他们可以在医院得到帮助以缓解他们的病痛，如果是鸦片吸食者，则帮助他们戒毒。晚清时期建立的大多数慈善事业在辛亥革命后仍然保留，但一些控制权则从警察转移到了公共部门。[39]

街头改革的另一个主要目标是清理街上的“无业游民”和乞丐。据一名传教士的描述，一项新的规定授权警察可以逮捕任何一个在街头流浪的人，该传教士将这称之为“革命式”的行动。那些无家可归者被送进了工场，被遗弃的小孩儿也送进了孤儿院。那些坚持在别人家门口乞讨的“凶丐”，则是警察重点收容对象。不过，有些人看上去像乞丐，但实际上他们能够打工自食其力，则允许他们自谋生路。警察局把旧日的寺庙和粥厂改建成教养工场，安置乞丐，强制他们劳动。1905年成立的一家工厂，专门收容穷人和乞丐，不仅教他们劳动技能，还对他们实施伦理教育，反映出社会改良者对穷人的道德观的偏见。建于同年的“迁善所”承诺给犯过较轻罪行的人再就业的机会。第二年，警察局又在东门和南门建立了两家乞丐工厂，半年时间先后收入1500多名乞丐到厂做工。几乎在同一时期建立的“幼孩教养工厂”，可以容纳1000名无家可归的孩子。6岁以下的儿童由保姆照顾，6～14岁的孩子则教以识字习算及浅易谋生之手艺，满14岁后便令出厂自谋生路。一年的时间内，教养工厂便收容了500余名流浪、行乞的幼童。[40]（见插图5-8、5-9）

图 5-8　被收容的小乞丐。

资料来源：照片是传教士 H. S. 依利罗特于 1906 年至 1907 年间在成都拍摄。照片由他的女儿 J. E. 约翰逊女士提供，使用得到约翰逊女士授权。

图 5-9　成都乞丐教养所。

资料来源：照片是传教士 H. S. 依利罗特于 1906 年至 1907 年间在成都拍摄。照片由他的女儿 J. E. 约翰逊女士提供，使用得到约翰逊女士授权。

我们对工厂的内部详情知之甚少，但传教士裴焕章在《华西教会新闻》的报道中，提供了一些关于这些工厂的工作条件、内部管理、收容者的生活状况的详情。这些乞丐一进工厂就会得到一个编号，头发剃成“两边留有两指宽”的发型来作为标志，以防他们逃跑和便于日后识别。[41]他们所穿的衣服由军服改制，袖口及肘，裤腿只到膝盖。这种特别的样式既是为了便于他们做工，也可以防止这些服装被偷卖。被收容的乞丐被要求从事室内和室外的劳动。在室内劳动一般是做草鞋和织布。室外劳动则分公私两种。公共工程包括木工活和石工活，他们要学习怎样修房屋、围墙、挖水沟和铺道路等，以便被派往那些官方修建工程项目。为私人服务包括为家庭、店铺提供各种体力劳动。遇有婚丧嫁娶等大事，一些家庭需要帮手时，便会到工厂来雇佣。雇佣乞丐帮忙本是成都的一种传统，在改革之前，每个家庭都可以直接在街上雇乞丐来为这些活动打粗工、扛旗子等。但在新的规则下，当市民有不时之需，只能同工厂联系。室内劳动者一天两顿稀饭加咸菜，在外面工作的人可以得到一份额外的干饭。监工每天早晚点名，以防止逃跑。每人十天刮一次胡子，洗一次澡。[42]（见插图 5-10、5-11）

实际上，收容乞丐为警察提供了稳定而廉价的劳动力。私人雇佣乞丐只需付给相当于一般雇工的 70% 的工钱。当他们为公共事业出工时则更少，只有正常工资的 40%。成年人一天工作 14 个小时。每十人安排一名工头来监视。工厂有工作时间表，记录每天在外面工作的人所挣的工钱，在厂内工作的人所生产的产品数量。一个乞丐进入工厂三个月后，计算他挣钱的总数和他所生产产品的价值，扣除吃穿所用，剩余的钱就交还给他们，让他们出去自谋生路，他们可以用这笔钱作为做小生意的资本。从工厂出去又没有找到工作的人，有可能再被抓回去。警察

图 5-10 被收容的乞丐幼童在工厂织布。

资料来源：照片是传教士 H. S. 依利罗特于 1906 年至 1907 年间在成都拍摄。照片由他的女儿 J. E. 约翰逊女士提供，使用得到约翰逊女士授权。

图 5-11 被收容的乞丐幼童在工厂打草鞋。

资料来源：照片是传教士 H. S. 依利罗特于 1906 年至 1907 年间在成都拍摄。照片由他的女儿 J. E. 约翰逊女士提供，使用得到约翰逊女士授权。

局留有他们的照片，以便日后确认身份。[43]

消除街头穷人已经成为警察的城市改革的一项重要目标，因为他们确信这样至少可以带来三个好处。第一，可以稳定社会治安。精英们始终认为，穷人是造成偷盗和抢劫等社会不安因素的重要原因，若能解决好穷人的问题，就能够为推进社会治安创造条件。第二，可以改善城市形象。那些衣衫褴褛的乞丐在城市中流浪，精英们认为不符合省城的“示范”地位。要塑造一个“文明”的城市形象，就必须让乞丐从公共场所消失。第三，有利于改善穷人本身的处境。社会改良者们声称，让这些穷人在工厂里劳动最大的受益者就是他们自己，因为这样可以给他们提供住宿，还能让他们学到一些劳动技能，以便将来自己谋生。当然，良好的愿望并不一定就会有良好的结果，受益者并不一定就会接受这种好意，更不用说所谓的“受益”经常只是一厢情愿。我们发现，大多数乞丐并不欢迎这种变化，迫使他们短期内改变已习惯的生活方式，自然会引起他们的抵制。对于这个问题，我将在下一章进行讨论。不过有一点是明确的，过去乞丐虽然什么也没有，但他们还有利用城市空间的自由。在城市改良推行之后，他们失去了这种自由。[44]

## 警察与大众日常生活

在警察出现以前，城市的日常生活没有法规的限制。保甲和社区自发组织也只考虑安全、救济和社区庆典一类的事情。但是，20 世纪初，从公共集会、大众宗教活动到人们日常生活，警察的控制已进入了社会的方方面面，社会影响力不断增加。当然警察不仅是对人民进行管理，实际上他们也提供社会服务。从一定程度上看，警察弥补了城市社会的权力真空，也在相当程度上弥补了城市日常生活中某些方面的欠缺。

从晚清开始，警察开始规范所有的公众聚集。精英改良人士经常批评成都人特别爱看热闹，“成都人心浮动，往往于极无关系之事，群集而观遇”。到成都的外国人也发现，只要街上发生了一点儿不寻常的事，就会吸引“大批好奇的人群”。这样的情况经常会造成许多纠纷。新的规章制度出台以后，要求当公共场所围观者众多时，在场警察应“极力遣退观者”。任何要在公共场所摆摊设点的人，都必须事先获得批准。警察要负责维持重要活动的社会秩序，一些活动还禁止妓女、年轻妇女和儿童参加，以免造成混乱。在举行盛大的宗教活动时，警察站在拥挤人群的两旁，以维持秩序，防止局面混乱，保护妇女儿童，同时杜绝“扯厂集众”“口角打架”“割包剪绺”之类事件发生。[45]

警察控制的社会活动范围不断扩大，社会约束力也不断增强。例如在 1916 年的“冬防”时期，警察严密盘查过往行人，特别是皇城这种特殊地方。[46]地方当局还限制花会一类传统活动的举行，因为那里各色人等混杂，良莠不分。花会只允许卖农具、农作物和花草，禁止其他商品买卖，同时，也不允许在花会摆摊设点卖茶、酒、食品等。1917 年，警察禁止在花会和附近路上赌博、随地小便、对妇女评头论足、算命、耍流氓、打骂和卖淫。任何违反规定的人都将受到处罚。[47]

另外，警察还尽力驱散在街头或公共场所聚集的小孩儿，避免他们捣乱。小孩子经常搞恶作剧来取乐，他们到处扔砖块，折树枝，伤害过往行人。一些男孩子从城墙上扔砖头或石块，砸坏了别人家屋顶的瓦片。如发现此类事，警察将把他们抓获，其父母则要在街首的监督下负责修好损坏的屋顶。社会改良者建议父母要特别留意自己的小孩儿，因为在街上玩耍经常会出现受伤的情况。[48]警察还禁止小孩儿晚上去茶铺、酒楼这样的地方，并发布公告，要求父母必须严格管教自己的小孩儿，远离那些“街市恶习”。如果小孩子在街上聚集捣乱的话，他们的父母也会因此受到惩罚。[49]

警察还仔细监视那些“坏人”可能的藏身之地，尤其是一些下层阶级经常出入的地方，如“鸡毛店”这样的场所便受到严密巡查。成都作为长江上游的商业、文化中心，每天都要吸引很多的外来客，这促成了旅馆业的繁荣。成都的住宿条件分为三个等级：“鸡毛店”“客栈”和“官店”。鸡毛店大多在东门附近，主要是乞丐、流浪汉等穷人经常出入的地方，这里被视为罪犯云集之处。客栈通常是商人们光顾的场所，而官店则是为官员而备，但商人也可以在那里投宿。晚清成都有三百多家旅馆，这个数字给我们提供了一个大致概念，即每天到成都的人的确不少。鸡毛店是警察主要监管的对象，按照警察所颁规定，凡在鸡毛店住宿的人都必须将其籍贯、年龄、职业及来蓉原因进行登记。店主要将可疑之人报告给分区警察所。旅馆拒绝给妓女、赌徒和“傍晚而来无行李者”提供住宿服务。警察早晚都要巡视这些旅店。夜巡之后，旅店必须关门，不允许任何人进出，直到第二天早上警察清点了住宿人数之后才能开门。[50]我们缺乏证据证明这项规定是否得到有效实施，但可以推断这项措施缺乏可行性。因为在这座城市里到处散布着这样的下等旅店，警察不可能连开关门都得到场，很难把每家鸡毛店以及每一个投宿人都置于其严密监视之下。但这类规章的颁布，至少反映了警察对这些场所治安状况的担忧，并试图加以整顿。

警察不仅要执行各种监管措施，还要提供一些社会服务，包括高效的防火系统。火灾一直是这个人口稠密城市的一大危害，那个年代的报纸经常有关于火灾造成破坏的消息。据 1903 年《华西教会新闻》的报道，“市中心的一条商业街发生了一场重大的火灾。街道两旁一百多码的房屋建筑都被烧毁”。这场火灾是由于“点着煤油灯睡觉”而引起的。仅一周之后，“在离上次灾难发生地不远的地方又发生了另一场火灾”。成都的外国人注意到了防火体制的缺陷和设备落后的问题。1905年发生在东门的一场大火，使对新防火设备的需求提上了议事日程，成都官方引进了较为有效的工具。正如一位西方人注意到的，“庞大的消防工具”——“水龙”在灭火时喷水十分有力，比过去的灭火手段改进了许多。汉口在18世纪末就通过引进手摇式引擎经历了一场“消防革命”，而成都直到20世纪初才建立一套新的消防体系，因此落后了难以置信的一个世纪。而在此之前的漫长时期，成都主要依靠街头的“太平石缸”，当火灾发生时从中取水。[51]当然在“火龙”使用之后，传统的太平石缸也并没有被淘汰，可以说是新旧并存。

为了防止商业区拥挤的店铺发生火灾，警察局制定了防火章程，其中包括煤油储存和电灯使用的规定，还成立了第一支专业的消防队，有成员一千多人。他们负责给街上一千一百多口太平石缸注水并定期换水，又将城内各水井调查清楚，有水井之处用木牌写一“井”字，使人人知井所在，便于火灾时取水。一遇火情，警察便向市民发出火警。[52]消防队经常公开进行一些消防演习，既进行了训练，又向公众传播了消防知识。消防演习逐渐成为受欢迎的公开表演。如1909年消防队点燃了几间用于演习的茅屋，当消防队员用水龙灭火时，围观群众对他们娴熟的技术报以热烈的掌声。最大的一次消防演习是清末在北较场举行的，有1400名警察和消防队员参加，观众万余人。警察还在城内外东南西北各处修建了四座钟楼，若遇火灾发生，立即撞钟，各路可闻声相救。[53]

毫无疑问，规章总是对人们的行为有所限制，对那些从来没有在严密规章下生活过的成都人来讲，警察制定的规章会使他们感到诸多不便。尽管如此，成都居民还是可以体会到不少警察的“好处”，外国人也赞誉警察是当地居民的“好帮手”，尤其是在遭遇自然灾害和突发事件时。例如，当洪水淹来，警察“再一次显示了他们训练有素的优点。他们立即赶赴现场援救，有秩序地将食物分发给受灾群众，安排处于危险地带的群众转移”。此外，他们也帮忙解决街头发生的争端，而在以往，这些事是由邻里组织来处理的。[54]

警察也经常阻止一些不受欢迎的人和动物闯入公共场所。《通俗画报》上刊登了一幅漫画，描绘的是一个酒鬼在茶馆发酒疯（见插图 5-12）。[55]和酒鬼一样，精神病人在公众场合也不受欢迎，他们的出现不但会引起众人围观，有暴力倾向的狂人还可能袭击他人、扰乱治安，特别是在花会这样拥挤的场合。据一位记者报道，1909 年花会举行的头两周，他就见到过六七次警察将精神有问题的人带出会场。[56]狗对公共秩序也是一种威胁，警察也对其进行监管。社会改良者对一些人带着自己的宠物去拥挤的劝业场十分不满，认为这简直就是对享有盛誉的成都商业界的蔑视。他们抱怨狗不仅堵塞交通，还在门前打架。他们建议对惹事的狗的主人处以罚款。[57]《通俗画报》刊载了一幅题为《花钱看狗背》的漫画，谴责那些带狗进剧院的人（见插图 5-13）。警察公所要求所有的狗都必须登记，在脖子上戴上由警察发给的木牌以作标记。如果登记的狗丢掉了，警察可以帮助找回，否则它的主人就不能认领。如果狗咬伤了过路的行人，它的主人必须交付一元的罚款。[58]

警察竭力规范的不仅是人们的公众行为，还包括作为日常生活重要组成部分的宗教信仰及相关活动。在过去，地方政府总是试图控制大众

图 5-12 醉汉坠楼。这幅漫画描绘了一名醉汉在劝业场的宜春茶楼里大呼小叫要茶和点心，在和警察吵架的过程中从楼梯上摔了下来，引起观者哄堂大笑。资料来源：《通俗画报》，1909 年第 6 号。

图 5-13 “出钱看狗背”。题图写着：“好狗不挡路，好人不扒台。此之谓狗屏风，此之谓狗占（站）班，此之谓狗头国，此之谓狗宝。”此画表现了作者对有些人把狗带进戏院的不满。“站班”过去是指那些在戏院买站票，或在茶馆门口不买票看戏、听评书的人。

资料来源：《通俗画报》，1912 年第 31 号。

宗教，一旦人们对某种信仰显示出“特别热衷的迹象，他们就马上介入”。从晚清开始，在某种程度上官方正统思想与精英的需要不谋而合，这样，社会改良者就与国家政权联合起来，努力改变普通民众的宗教信仰。官方正统思想认为，民众的宗教信仰是“迷信”“落后”的，因此必须被改造和限制。有清一代，政府“竭力限制民众和大众宗教传播者之间的联系”，[59]以防止人们受所谓异端思想的“危害”。20 世纪初，警察进一步对所有宗教和其相关仪式进行限制。例如，在阴历四月二十八——药王的寿辰那天，警察禁止人们进入药王庙为药王庆贺，也不允许人们在药王庙附近街道烧香磕头。1914 年夏天的旱灾期间，地方政府在大街小巷贴满告示，禁止任何祈雨仪式。1917 年，虽然警察没有禁止祈雨仪式，但是禁止在典礼中扮演鬼神。[60]

清末民初，警察还禁止卜卦、算命，比如“观仙”“走阴”“画蛋”等活动，但是一般民众仍然相信占卦、算命。人们拒绝放弃“迷信”，使改良者非常失望，因此寻求更严格的规章。而从事算命行业的人也力图确立其存在的合法性，如 20 世纪 20 年代后期，占星者和算命先生打算组织一个“学会”来保护他们的生计，但地方当局拒绝了他们的请求，声称算命和占卜没有学术价值，并且指出他们是在愚弄民众，玷污风俗和文化，损害社会。因此在改良时代，必须“废除迷信”。[61] 1927 年，城市当局禁止所有巫医、算命先生、僧侣和道人从事该类活动，第二年，各种供奉神灵的仪式也为中央政府的法令所禁止。[62]

大众宗教在人们的日常生活中可以说是根深蒂固，当局的法规和禁令也难以完全改变人们的信仰。很多证据表明，警察控制民间宗教的效果并不明显。例如虽然警察禁止药王的寿辰典礼，当地居民——尤其是妇女——仍然去药王庙烧香，当局不让进庙，许多信徒便在街上建立祭坛。又如政府禁止庆祝端午节，不许举办龙舟赛和租船营业，人们仍然会聚集在望江楼——传统的端午节聚会地——进行有关活动。阴历四月初八的“放生会”，人们通过装饰花船和“放归”生物来庆祝，按照佛教的风俗把鸟、鱼、龟、鳗、蛇等动物放生，意在积德。每年放生会期间，成千上万的人聚集在河两岸观看动物放生（见插图 5-14），当然一些穷人则利用这个机会高价出售鱼和动物来挣点儿钱。[63]然而这项活动被精英们指责为“陋习”，而且他们还担心“男女混杂，良莠不齐，往往滋生事端，传为笑柄”。因此认为这些老传统必须抛弃，“值此改良时代，陋习岂可相沿，愿我同胞，各宜自爱”。虽然放生风俗屡遭禁

**图 5-14 望江楼畔的放生会。长卷风情画《老成都》局部。**
资料来源：根据原作翻拍。作者：刘石父、李万春、谢可新、潘培德、熊小雄、孙彬、张友霖。使用得到作者授权。

止，但是民众仍然将其保留了下来。最后，警察屈从于民众的诉求，于1918 年同意了将下莲池作为“放生池”，成都市民终于有了合法进行这项活动的地方。[64]

社会变革可以改变人的精神生活，正如克利福德·吉尔兹所言，它削弱社会结构间的传统关系，并且打断“宗教信仰最原始的同一性和早期的实用特征”。[65] 20 世纪早期发生在中国的一切，可以为这一论点提供新的证据。在成都，警察的介入加速了这一过程。尽管如此，这仍然不是轻而易举的事。民众的生活方式、宗教信仰和民俗文化显示了强大的持续性。怎样对待传统的宗教及其各种仪式和活动，是精英们争论的问题之一。虽然当时存在一种强烈的批判所有宗教的倾向，但仍然有一些精英改良者还是努力把宗教和迷信区分开来。而且，政府政策也很不一致，时而严厉，时而宽松。1919 年，四川省当局批准中华佛教总会四川分部的请求，发布通告承诺保护寺庙和尼姑庵的财产。这个通告通过各级地方政府向下发布，产生了较大影响。通告谴责了“各属绅首每借公益为名”，砍伐寺庙树木，还“勒派捐金”的行为。[66]众所周知，从晚清以来，由于各项改革措施并举，地方财政困难，加之当时反传统的西化潮流影响，寺庙财产已成为地方改良计划筹集资金的一个重要财源，由此造成了地方宗教机构巨大的财产损失。而在当时，大多数改良精英及其支持者都认为这是一个正常的途径，是社会“进步”和“文明”的表现。因此，张榜公告保护这些财产，似乎反映出激进主义者反宗教政策在某种程度的一种倒退。但这种保护政策的实施仍然缺乏持续性。因此，总的来讲，大众宗教虽然在民国年间顽强地生存，但也遭到极大的削弱。

## 控制大众娱乐

随着城市改革的深入，民众的公共娱乐不再是一项“自由”的活动，警察可以规定人们看什么和听什么节目。警察禁止表演一切“妖”“诞”“淫”“邪”的节目。改良者高度称赞这些措施，指出“成都淫乱之风，自昔为盛。近开办警察，此风稍戢”。[67]在地方报纸上经常有这类报道，如某一杂耍班子表演“邪剧”，警察前去取缔演出；又如警察以“伤风败俗”“有失体面”为由，在悦来茶馆逮捕了数人；一个绰号叫“陈小鬼”的艺人，尽管年过六十，还在公共场所进行粗俗表演，被警察指控为“有伤风化”。以前，习武之人和杂耍艺人可以在任何公众场所进行献艺，但警察出现后，被要求必须事先得到警察批准，获得许可证。而申请许可证经常会遭到警察的拒绝，使他们不得不冒险违法演出谋生。当时很多盲人在街上以说书、卖唱为生，警察以他们无其他谋生之道为由而特许他们继续此业。但针对一些“无赖”在街上卖唱，警察指责其“有伤风化”和“引诱良家妇女”，制定规章禁止他们的活动，凡违规被抓住者，都将罚作苦力。为了逃避这个限制，有些人假扮盲人演唱“淫曲”。[68]当然，一些警察所称的“无赖”，恐怕就是那些试图利用街头为生的民间艺人，他们为生存竭尽全力摆脱警察的控制。尽管如此，在这些措施的限制下，成都街头表演者的数量逐渐减少（见插图 5-15）。

警察特别注意茶馆——这个最普遍的公众休闲中心，总是想方设法对其监督和控制。在近代早期西方城市，像酒馆、饭馆、剧院、咖啡馆等公共场所“一般是在城市边缘上，因此是为民众服务的”，由于有“如此多的人光顾以至于政府考虑禁止它们”。[69]同样，在 20 世纪初的成都，警察和地方政府确实试图使公共空间“文明化”和“现代化”，茶馆便成为他们的重要目标。地方当局经常批评茶馆“混乱”，试图以维护公共秩序的名义来控制它们。从清朝末年成都警察局的建立起，在茶馆“吃讲茶”（如第三章所述）已经被禁止，对此李劼人曾讽刺道：“这就是首任警察局总办周善培这人最初与人以不方便，而最初被骂为周秃子的第一件事。”虽然没有直接的证据证实李劼人所说是实，但当地一家报纸的一条新闻就明确指出，民国初期警察禁止人们在茶馆内解决争端后，茶社业公会就要求警察明示“吃讲茶”和“聊天”之间的区别，否则两者意思的混淆将危及茶馆的生意。“吃讲茶”的确给茶馆带来不少顾客，禁止这项活动当然会在一定程度上影响茶馆生意。实际上这些现象从未在茶馆消失，人们经常无视政府规定而照常进行茶馆讲

图 5-15 巡警驱逐金钱板艺人。

资料来源：《通俗画报》，1912 年第 11 号。

理活动。[70]

正如西方“休闲商业化总是被批评为浪费时间”，[71]成都精英们也指责去茶馆的茶客们“整日无所事事”，坐茶馆是中国人“惰性”的反映。政府也认为茶馆是“散布谣言”“制造事端”的地方，因为各色人等聚集于此，经常有人“行为不轨”。精英还指控坐茶馆致使学生浪费时日，荒废学业。茶馆的戏曲表演更成为当局的攻击目标。辛亥革命后，新成立的军政府迫使悦来茶园关闭，一些精英对此很赞赏，指出看戏不过是浪费时间而已。[72]看来革命不仅是革清政府的命，对一些激进分子来说，也同时要革大众文化的命。

晚清警察建立不久，就制定了成都历史上第一个《茶馆规则》，要求茶馆须在警察局注册，禁止类似赌博、斗鸟、非法集会等活动。茶馆的娱乐也受警察控制，评书人在表演之前要请示警察，如果其故事被认为是“淫秽”“邪恶”或“怪异”的，将被取消。过去茶馆经常把桌椅挪到屋檐下、人行道等，新的规则不再允许挤占街道空间。警察还要求茶馆内发生争端时必须通知巡警，各茶馆应允许警察进入调查。根据这个规则，所有的茶馆必须在晚上 11 点以前关门，如果哪家茶馆在深夜 1 点还没关灯，警察将进入检查。在警察制定的《瞭望巡回通守之细则》中，茶馆也被列为“最宜留心”检视的地方之一。茶馆规章的制定可视为精英为控制公共空间所作努力的一部分，这与 19 世纪末 20 世纪初的美国情形也很相似。罗伊·罗森茨韦格（Roy Rosenzweig）在他对美国城市的研究中发现，“闲暇时间已变成一个阶级斗争的范畴，工人和工厂主为控制工作以外的时间而发生冲突”。[73]尽管成都警察在清末已经推行过一些改革方案，但在茶馆问题上基本上没有执行过于严厉的政策，这种适度控制得到当地精英的赏识，因此赢得了他们的积极参与。实际上，警察的大多数规章制度也是在当地精英的支持下制定的。

但是，民国初期茶馆成为地方政府攻击大众文化的重要目标。1914 年，有商人计划在新街繁荣的商业区修建一家新剧院，配以茶馆、公共浴室、餐厅和理发店。虽然地方当局批准了这一计划，但是后来警察又以“安全”“风俗”“卫生”为由加以否决。然而其真正的原因是要限制茶馆和戏园的发展，警察认为，成都此类场所已经过剩，这反映城市的“教奢之弊”。另外，他们认为格调不高的戏曲“影响风俗人心，为患滋巨”。[74] 1916 年，警察局发布了控制茶馆戏园的规章，禁止上演所谓的“淫戏”，并规定演员在舞台上不得有任何不适当的言论和行为。根据新规章的要求，在夏秋两季，茶馆演戏必须在晚上10点以前结束，春冬两季则在9点收台。茶馆的规模也受到限制，由政府确定各戏园的座位数，小者可有一百，而大者可及四百。未经许可，茶馆不能随意添加座位。[75]到1921年，因为所谓的“淫秽”和“肮脏”语言，相声再次在茶馆被禁演。市民娱乐生活被控制这一事实，在民国初年其实成为一个全国的普遍现象，例如在上海，警察机构的干预象征着“新的国家政权在创造新型市民文化方面取得的成就”。[76]国家权力和控制愈来愈深入到人们的日常生活之中。

茶馆的拥挤和卫生状况是社会改良者关心的又一问题。清末推行城市卫生改革时，警察要求茶馆保持室内、地面和桌子的整洁。民国初期，又补充了若干条款，进一步禁止剃头匠和修足匠在茶馆为顾客服务。20世纪二三十年代针对茶馆的一些新卫生规章不断出台，对茶水、茶碗、地面、桌子、椅子的卫生标准也有了明确的规定。他们规定茶碗必须煮沸消毒，必须为顾客提供痰盂和干净的卫生洗手设施。同时，警察还要求茶馆的工人穿制服并佩以有编号的徽章，禁止有肺病、性病、皮肤病以及其他传染病的人在茶馆工作。[77]

公共休闲日益纳入国家政权的控制之下，[78]成都茶馆也因此面临空前的打击。一个30年代中期的新规章只允许每座公园开设一个茶馆，很多已经开张的茶馆被迫关闭，营业时间缩短到每天六个小时。随后，当局又制定了一个更激进的针对茶馆的措施，限制茶馆的数量、营业时间和客流量。另外每个行会、每个码头和车站也只能有一家茶馆，其余的必须关闭。营业时间进一步限制，茶馆只允许从早上9点开到中午12点，然后从下午6点到晚上9点。不允许学生、妇女、儿童、政府官员、军人和流浪者进入，商人则不准进入非自己行会的茶馆。[79]

当然，包括社会改良者在内的很多人都反对如此激进的政策，因为它给民众日常生活带来了空前的混乱。批评者指出传统的茶馆能满足人们许多社会需要，与其他公共场所（如酒馆、咖啡馆等）一样，茶馆也同时具有积极和消极两方面的因素，政府不应该忽视其积极功能而强行对它们加以限制。他们还强调，与喝酒和喝咖啡相比，去茶馆喝茶要节约得多。另外，非法的活动也不仅是茶馆特有的，如果茶馆关闭，它们也将在其他公共场所进行。人们去茶馆被指责为浪费时间和传播谣言，但是这些弊病在别处照样存在。[80]与清末不同，那时社会改良者会对政府发起的大多数改革措施表示赞同，现在他们对民国政府的改革项目则缺乏热情支持。当地改良主义精英和国民政府之间关于茶馆问题的争论，实际上是他们之间更大分歧的一种体现。在茶馆问题上的分歧，只是这个时期国家政权与地方精英之间关系恶化的反映。在传统的城市社会，精英对社区生活起着主导作用（如本书第二章所论述的）。但民国时期，国家政权伸入到基层社区和社会生活，严重危及了长期以来精英对民众的领导权。精英们逐渐发现，他们对日益强化的国家权力的支持并没有给他们带来实际的好处。[81]

茶馆是大社会的一个缩影。它一直受到人们的指责，无论是精英、学者还是普通大众，对它都存在相当程度的误解。20世纪初，茶馆被认为是无所事事的闲人们去的地方。因此，对茶馆最普遍的谴责是它们鼓励人们浪费时间。与中国其他社会转变一样，“时间”这个概念也适时地发生了变化。[82]但对新的时间概念的理解和接受，基本上局限于“现代化”和“西化”的精英，大多数普通居民仍保留着千百年以来根深蒂固的时间概念。他们怎样使用时间取决于很多因素，例如个人习惯、教育、职业、家庭背景、经济地位等。在茶馆，学者可以为他的写作找到素材，商人可以做成一笔买卖，学生可以了解在他的教科书以外的社会，秘密社会的成员可以与其同党联系，普通劳工可以找到工作。另外，还有很多小商贩、艺人和工匠可以在那里谋生。因此，在茶馆里无所事事和忙忙碌碌之间是可以相互转换的。有时候看起来无所事事的闲客或许是忙人，反之亦然，悠闲和辛劳是构成日常生活节奏的两个部分，茶馆是兼而有之。正是茶馆为都市居民的公共生活提供了为数不多的公共空间，即使在“现代化”的公共娱乐场所出现之后，茶馆仍然是最适合都市民众消费的地方。这个现象也告诉我们，对于成都来说，正如苏珊·戴维斯在近代美国城市中发现的一样，“工业发展没有立即破坏古老的都市和田园式的生活节奏”。[83]社会的现代化其实在相当程度上不可能立即摧毁根深蒂固的日常生活方式，茶馆的延续和顽强的生存见证了大众文化旺盛的生命力。

## 成功与局限

可以说，成都警察是市政府的早期形式。警察的职责远远超出了维护公众安全和社会秩序的基本职责。我们知道，现代行政机构的效率经常依靠专业化的分工，但成都警察的多重角色造成权限的模糊、职责的不明确，这不能不影响其效率。1928 年市政府建立之前，警察几乎涉及所有的公共事务，从社会秩序、安全、交通、穷人到防火和卫生等。但是，我们应充分认识到，警察的出现在中国城市管理中具有划时代的意义，警察的管理至少使城市有了一个专门化的机构处理城市问题。而在这之前，城市的具体事务仅仅是由邻里、慈善组织和行会等非官方、非权威的机构实施的。实际上，这些具体事务转移到警察手中，不可避免地削弱了邻里和社区组织的影响。虽然新出现的警察不可能很好地处理全部城市问题，但它的确为建立一个类似现代市政的管理机构迈出了第一步。

但从另一方面来看，警察的出现也是国家权力深入到社会内部的一个标志。在本书第二章中，我们看到传统中国城市的自治状况，社区和邻里基本上是由人们在地方精英的主导下自行管理的，国家权力在相当程度上远离人们的社会生活。然而警察的建立，初步打破了这种行之已久的城市内部精英、社区、国家三者间认可的默契和平衡，而辛亥革命后地方精英对城市社会生活的主导权被剥夺。当传统的社会力量被国家权力排斥在外时，城市的管理有时不但没有加强，而且还有可能削弱，因为警察无法完全填补传统社会组织所留下的真空。不过我们也应该意识到，警察也并非总是代表国家在行使权力，在相当程度上它也是由地方精英——进入政权机构的那一部分精英——主导的，其政策也经常与精英的意愿相吻合。但是，事实证明，“在野精英”和“在朝精英”经常有着不同的目标，他们与国家权力关系的亲疏也相异。这也决定了他们对城市改良的态度和介入程度的差别。

对于城市精英改良者来说，他们实现了自己的部分目标，成都的确在 20 世纪初建立了新的公共秩序。正如传教士裴焕章所赞赏的：“目前的警察组织和运作比旧的十户联保制已经有了很大的进步，并使相关的人都感到了满意。”他相信成都人“肯定会认可这个制度，他们很快就会感觉这个制度的优越，并意识到警察处理哪怕是小事也很有效率。而在旧制度下，一般至少需要一周或十天时间，但现在每个案件在立案当天就开始处理了。”他也注意到街道变得更安静和整洁，“由于警察夜巡，偷窃事件也因之减少”。[84]

很难说裴焕章的看法是否能真实地反映民众的想法。即使不可否认社会改良者取得了一些成就，但他作为西方传教士，自然欣赏大多数西式改革，总是看到它们的积极方面。然而在西方传教士赞赏城市警察控制的同时，他们也显示出了自己的文化偏见。他们认为，“在这个不珍惜生命、虐待盛行的国度，必须推行一定的法规。因此，他们欢迎这个‘中国生活的新因素’”。其他来成都的外国人也有类似的印象，在日本人山川早水看来，与他已经旅行过的其他城市相比较，改革无疑改善了成都的市容，成都的街道——至少主要街道整齐干净。20 世纪 20 年代，来过成都的外国人都有类似的观感，“城市干净整齐，警察有效率”。[85]虽然如此，任何变化都会带来诸多反应。在同时期的美国城市，改革者在让工人阶级接受他们的计划时也遇到了很多困难。当改革者努力限定什么是下层阶级可接受的行为时，“他们的意图并非轻易为人们所认可”，而且他们的努力“经常得到冷淡的回应”，因为这些措施“侵扰”了那些“利用街头丰富资源的人”。[86]成都的社会改良者也面临着类似的情况。他们的成就并没有给大多数民众带来更好的生活或欢乐，而是更多的限制。很多政府规章不但影响了民众的日常生活，而且影响了他们的生计。[87]

实际上，民众接受或者反对街头改良，取决于他们的个人利益。例如，行人欢迎交通管制，但是依赖街头生计的轿夫、牛车夫、小贩等却难以接受；把乞丐、赌徒、妓女和盗贼赶出街区，会受到很多居民的欢迎，但不包括那些被赶走的人；戏班也反对禁止“色情”和“暴力”的戏剧，因为这造成了观众减少，同时也意味着收入的损失。更何况许多强制性的措施可能会造成人们日常生活的极大不便，从而引起公愤。

这也是成都市警察总办周善培在清王朝倒台前后备受各方批评和痛恨的原因。经历了20世纪早期成都生活的郭沫若这样解释道："在漫无组织的社会中，突然生出了这样的监视机关，而在创立的当时又采取了极端的严刑峻法主义，这在一般的穷人不消说是视为眼中钉，而就是大中小的有产者都因为未曾习惯，也感觉不便。"[88]对依靠街头为生的人而言就更加困难，所以他们想方设法保护自己对街头的使用权，也就不足为奇了。

## 注 释

1. 傅崇矩：《成都通览》上，201、308、300～301、372页；Raeff, *The Well-Ordered Police State: Social and Institutional Change through Law in the Germanies and Russia, 1600－1800*, p.5。
2. 关于成都警察的早期历史，见Stapleton, "Police Reform in a Late-Imperial Chinese City: Chengdu, 1902-1911"; "County Administration in Late-Qing Sichuan: Conflicting Models of Rural Policing," pp.100－132; *Civilizing Chengdu: Chinese Urban Reform, 1875－1937*, chap.3；王笛：《跨出封闭的世界——长江上游区域社会研究，1644—1911》，第八章；《晚清警政与社会改造》，收入《辛亥革命与近代中国》上册。民国初期，警察经常在不同的政治和军事力量下改换名字，20世纪20年代初被称作"省军事警察厅"，20年代末被叫作"城防司令部"（《国民公报》，1922－05－29、1927－12－23）。关于保甲制，参阅前面的第二章和王笛上揭书，376～380页。欲了解更多街首的情况，参见Stapleton, *Civilizing Chengdu*, pp.151-152, 179-184。
3. 傅崇矩：《成都通览》上，388～389页；*West China Missionary News*, 1904, No.5, p.126；《国民公报》，1914－04－17。但是，在周善培之后，警察的管理变得十分松散，以至于一些精英对警察的教育和道德表示了怀疑。他们指出，如果警察没受过教育，道德品质低下，他们将滥用权力，从而扰乱守法公民的生活（《国民公报》，1914－04－17）。
4. 傅崇矩：《成都通览》上，193、301、389、390、392、393、394页；《四川通省警察章程》Ⅰ、Ⅱ、Ⅲ；Vale, "Sz-Chuan Police Force," *West China Missionary News*, 1904, No.5, p.110。

5. 见 Stapleton，*Civilizing Chengdu: Chinese Urban Reform, 1875-1937*，pp. 126-134。不过司昆仑对这些问题的分析基本上局限于晚清时期。
6. 这种现象完全不同于 1949 年中华人民共和国建立后的情形，那时共产党政府实施了全新的有关城市的政策。
7. 警察也进行户籍管理。他们制定了法规，要求所有住户，无论是住在街边还是公馆里，都要登记他们的名字、年龄、出生地、职业，以及其他男女家庭成员和仆人的数量、名字和年龄。该表一式两份，一份在离其居住地点最近的警察分所存档，另一份则挂在每家门前。对那些警察怀疑有犯罪行为但没有直接证据而不能逮捕者，则在其门前挂"监视户"牌子（《四川通省警察章程》1—7），但没有材料证明这个规定是否实际执行。1908 年，民政部颁发《调查户口章程》；1910 年，成都巡警道主持进行了一次人口普查（王笛：《跨出封闭的世界——长江上游区域社会研究，1644—1911》，592～593 页；Stapleton，*Civilizing Chengdu: Chinese Urban Reform, 1875-1937*，p. 135）。
8. 由于这种车从日本传入，故当时称"东洋车"（傅崇矩：《成都通览》上，306 页）。
9. 《四川通省警察章程》Ⅰ-7；《通俗日报》，1910-03-06；《国民公报》，1914-09-09。
10. 《四川通省警察章程》Ⅰ-8。例如，警察禁止出售蛙肉，因为卖青蛙的农民将蛙皮剥下，蛙肉很快就会变质。一些牛肉商店打折出售变质的牛肉给街头小贩，穷人因这种肉便宜而购买，成为肠道疾病的受害者。警察发布公告禁止销售这种不卫生的牛肉。另外在夏季，猪肉到下午会变味，一些屠夫以抽奖的方式进行促销，即给获胜者提供 1 斤打折的"变味猪肉"。警察制定了有关赌博和卫生的规定。如果发现病猪、马、牛肉，警察就会当众把肉扔进河里，并对肉贩进行处罚。见《四川通省警察章程》Ⅲ-3；《通俗日报》，1909-07-21、1909-07-23、1909-09-11，1910-04-29；《国民公报》，1914-09-05。
11. 《四川通省警察章程》Ⅰ-8；《通俗日报》，1909-11-01；《国民公报》，1914-06-26。
12. 傅崇矩：《成都通览》上，390～391 页。
13. 《通俗日报》，1910-03-02、1910-04-14；《国民公报》，1914-05-20；文枢、吴剑洲、崔显昌：《旧成都的人市》，载《龙门阵》，1984（2），15～27 页。
14. 马尼爱：《马尼爱游成都记》，见《渝报》，1898（9）；傅崇矩：《成都通览》上，562 页；Hartwell，"Reminiscences of Chengdu，" *West China Missionary New*，1921，Nos. 8&9，p. 24。
15. 傅崇矩：《成都通览》上，199～200、563 页；《通俗日报》，1909-08-27。
16. Vale，"Sz-Chuan Police Force，" *West China Missionary New*，1904，No. 4，p. 86；《四川通省警察章程》Ⅲ-2。当时清道夫的社会地位并不是人们想象的那么低，因为他们是被警察雇佣的，所以认为自己是"官方雇员"。当地报纸的一篇报道以《清道夫之恶焰》为题，指责一个“欺压人民”的清道夫。文章说，一个清道夫推着垃圾车在街上横冲直撞，撞倒了一个妇女和她的小孩。他不但不道歉，还破口大骂。他的行为激怒了居民和行人。该报道也愤愤然说：“清道夫何人？不过巡警部分之走卒耳。”（《国民公报》，1914－03－17）当然，这个报道是想要抑恶扬善，但字里行间仍流露出对清道夫的歧视。如果真是一个“官家人”在公共场所耀武扬威，不知这位作者是否也会同样义愤？

17. Hubbard，*The Geographic Setting of Chengdu*，p. 16；《国民公报》，1928－12－02。
18. 司昆仑提到，在1906年，警察发布了修建公厕的标准，见 *Civilizing Chengdu: Chinese Urban Reform, 1875-1937*，pp. 136-137。
19. 《四川通省警察章程》Ⅲ－1；《通俗日报》，1910－05－09；《国民公报》，1914－04－01、1914－07－29，1917－03－06、1917－04－06。
20. 关于清初移民，见王笛《跨出封闭的世界——长江上游区域社会研究，1644—1911》第二章。
21. 《通俗日报》，1909－06－17；巴金：《家》，338～339页；王天寿：《旧成都刑场见闻》，载《龙门阵》，1991（2），50页。
22. 转引自 Nasaw，*Going Out: The Rise and Fall of Public Amusements*，p. 8。
23. *West China Missionary News*，1903，No. 5，p. 76；《国民公报》，1917－03－01；傅崇矩：《成都通览》上，200页。
24. 锡良：《申明警政白话告示》；*West China Missionary News*，1905，No. 5，p. 76。
25. Rowe，*Hankow: Conflict and Community in a Chinese City, 1796-1895*，p. 218；《国民公报》，1914－08－19；梁德曼、黄尚军：《成都方言词典》，124页。
26. 《国民公报》，1914－06－16。其中一个流氓叫吴焕章。当他的名字见报后，当地一位同名同姓的著名律师非常生气，要求报纸澄清他的名誉（《国民公报》，1914－06－18）。
27. 《国民公报》，1917－03－10、1917－03－15、1917－03－19、1917－03－20；《四川通省警察章程》Ⅱ－3。
28. 《通俗日报》，1909－07－10、1909－08－04；陈宽：《辛亥花市竹枝词》，见《成都竹枝词》，150－151页。
29. 《通俗日报》，1909－10－12；《通俗日报》，1909－10－02。
30. 《国民公报》，1913－05－31。
31. 《国民公报》，1914－08－19、1914－10－02、1919－03－11。报纸还报道了这样一个有趣的故事：一个流氓抓住一只乘轿人的脚，以为乘客是女人，企图调戏，谁知那人竟是华阳县知县。这个流氓当然受到了严厉处罚（《国民公报》，1914－07－12）。
32. 《通俗日报》，1909－12－10；《国民公报》，1927－12－29。一次，有老少穷富十余人被罚跪在花会门口，因为他们试图从女性入口进入会场。记者注意到，在他们当中，甚至有一个"戴金丝眼镜者，周身丝绸，手提皮包"，看来是一个有身份的人（《国民公报》，1919－03－26）。

33.《国民公报》，1919－03－21。这样的处罚似乎太过严厉。对于"两千"下我持怀疑态度，可能是"二十"下 或者最多"二百"下的错误。但难以解释的是，在第二天的《国民公报》里，一则报道便题为"摩一下打你两千"，称一个"流氓"仅仅因为对一妇女"出手摩之"，就挨了"大板二千"，并且还"罚锁流氓桩一月，以警丑类"（《国民公报》，1919－03－20）。我不知道报纸是否夸大了处罚。

34. 关于鸦片问题，在我以前的研究（《跨出封闭的世界》，641—643 页）和司昆仑（Stapleton，*Civilizing Chengdu：Chinese Urban Reform*，*1875－1937*，pp. 133－134）的书中已有讨论，所以此不赘述。以下简要地描述一下当时的情形：四川是中国鸦片种植最大的中心之一，为吸食鸦片者提供了充分的货源。四川的鸦片生产在中国首屈一指，1906 年，四川总计生产了 238 000 担（1 担＝60 公斤），而全国总量是 584 800 担（李文治：《中国近代农业史资料》，第 1 册，457 页）。欲了解更多有关四川鸦片种植的情况，参见王笛《跨出封闭的世界》，153～155 页。社会改良者和地方政府开展了禁（鸦片）烟运动。警察局在 1903 年便规定，禁止妇女、未满 20 岁的青年、学生和士兵进入鸦片烟馆。1907 年之后，地方政府采取了一项更为激进的禁烟政策。在成都建立禁烟局，关闭所有的鸦片馆和鸦片用具商店。警察搜查每个进城之人，销毁所有妓院的鸦片用具，禁止任何鸦片器具出现在公共场所（《四川通省警察章程》Ⅰ－11；《四川官报》，1907 年第 6 号；《通俗日报》，1909－07－21）。与此同时，以社会改革的名义安排了帮助吸鸦片者戒烟的计划。警察为吸鸦片者建造了一所医院，商会建立了"商会戒烟所"，要求所有的店铺登记吸食鸦片的雇员。不戒烟瘾和拒绝进戒烟所的雇员将被解雇，否则商店老板将受到处罚。据称一年内有两千多商人戒掉了鸦片烟（《四川官报》，1909 年第 11 号）。然而民国初年政府无力控制鸦片走私，军阀在鸦片贸易中获利甚多，鸦片吸食人数又剧烈上升。

35. Wang，"Street Culture：Public Space and Urban Commoners in Late-Qing Chengdu，" *Modern China*. 1998，No. 1，p. 41；傅崇矩：《成都通览》上，200、298～302 页；《通俗日报》，1910－03－19。

36.《通俗日报》，1909－06－30、1909－07－03。

37.《通俗日报》，1909－08－26、1909－09－01、1909－10－27、1910－03－13、1910－10－21。

38. 我将在本书第六章进一步讨论这个问题。

39. Walters，*American Reformers*，*1815－1860*，pp. 173－174，197，200；《四川官报》，1906 年第 15 号；《华阳县志》，331～341 页；《国民公报》，1913－06－21、1914－05－06。

40. Vale，"Beggar Life in Chentu，" *West China Missionary News*，1907，No. 9，pp. 6－7；No. 10，p. 8；《四川通省警察章程》Ⅰ－2；《四川学报》，1905（5）；锡良：《锡良遗

稿》，646、648 页；《四川官报》，1906 年第 28 号。司昆仑指出实际上大多数乞丐逃往市郊，以避免被收容（Stapleton，*Civilizing Chengdu*，pp. 26-27）。

41. 另一种说法是，他们的头发被剃成“鞋底形”。不过从传教士 H. S. 依利罗特于 1906 年至 1907 年在成都乞丐工厂所拍照片看，似乎他们的头发只留了头顶一撮（照片显然是拍摄于冬季，大多数人都戴着帽子，故辨认发型不很准确）。
42. Vale，“Beggar Life in Chentu，” *West China Missionary News*，1907，No. 9，p. 7；No. 10，pp. 7-9；姜蕴刚：《清末成都之社会建设》，载《旅行杂志》，1943（10）。
43. Vale，“Beggar Life in Chentu，” *West China Missionary News*，1907，No. 10，pp. 7-9.
44. 无独有偶，传教士在提到那些被收容的乞丐时，用的词都是 inmates，即监狱里的囚犯，因为这些人都是被强制收容的。
45. 《四川通省警察章程》Ⅰ-5，Wallace，*The Heart of Sz-Chuan*，p. 43；《国民公报》，1913-02-21。
46. “冬防”始于太平天国运动后，由于冬天粮食价格上涨，乡村的难民拥入城市。因此官府特别注意本地的安全和救济，这样的活动逐渐变得制度化。也见罗威廉在其 *Hankow：Conflict and Community in a Chinese City，1796-1895*（pp. 129-130）关于 19 世纪汉口冬防的讨论。
47. 《国民公报》，1916-01-07、1916-03-14、1917-02-25。
48. 《成都日报》，1909-08-08；《国民公报》，1918-01-10、1918-04-15。一名记者写道，在废墟里，五六十个孩子在玩战争游戏，他们彼此互投石头和砖块，一时“乱石纷飞”，还大叫‘杀!”“杀!”这显然是不久前的军阀巷战给他们的影响。“跳躬”的游戏虽然很流行，但被警察禁止，因为孩子们在跨越同伴的躬背时会跌倒和受伤（《通俗日报》，1909-08-06；《国民公报》，1917-05-18）。
49. 傅崇矩：《成都通览》上，201 页；《国民公报》，1918-04-15、1918-05-13。
50. 《国民公报》，1912-08-13；傅崇矩：《成都通览》上，276 页；《四川通省警察章程》Ⅰ-1。
51. *West China Missionary News*，1903，No. 3，p. 45；1905，No. 12，p. 258；Rowe，*Hankow：Conflict and Community in a Chinese City，1796-1895*，p. 164；《通俗日报》，1910-04-13。
52. 《通俗日报》，1909-07-18；《成都日报》，1906-08-11；傅崇矩：《成都通览》上，58 页。在消防队扑灭了东大街一家店铺的火后，该店老板去警察局表达了歉意，并且愿意支付一场“火醮”（即道士主持的一个防火仪式）的费用。警察回答说，“火醮”对防火没有作用，不过这笔钱能够买几口太平石缸（《通俗日报》，1910-03-14）。
53. 《通俗日报》，1909-10-26；《成都志通讯》，第 15 期，10 页；《成都日报》，1909-08-11。
54. *West China Missionary News*，1907，No. 9，p. 20. 地方报纸还有更多的类似报道：一位

抱小孩的妇女丢了钱，被一个“下力人”拾到，警察看见后要求他还给了那位妇女。据另一则报道，一个骑马的年轻人撞翻了一名贫穷的老妇人。当行人拦下那年轻人之后，老妇人站起来说她没有受伤。警察确认后，还是令年轻人雇一顶轿子送她回家。那穷妇说：“我不坐轿，给我200文钱就是。”警察责备说，“拿200文做甚，坐轿归去可也”，说服老妇人坐上了轿子（《国民公报》，1914－03－24、1914－07－03）。

55.《通俗画报》，1909（6）。另一个类似的例子是关于高老幺，他是九眼桥附近的一个店主，经常酗酒，行为粗鲁，骂脏话。一次，因为他殴打了厨师和堂倌，警察将他逐出了饭馆。在另一篇报告里，一个喝醉酒的人进入第一茶楼，高声大叫，警察来了才被制伏。《通俗日报》评论说，要不是因为他“穿的光华，几乎要送警署解酒了”（《通俗日报》，1909－11－01、1909－12－21）。看来警察也会以穿着来决定处罚，这里的潜台词是，如果是一个下层的劳工，恐怕警察就不会这么轻易放过他了。

56.《国民公报》，1914－03－23。地方报纸经常报道关于公共场所的疯子事件，他们的出现虽然扰乱了秩序，但也给人们茶余饭后添加了谈资。例如，一位官员由于染上鸦片瘾被解聘，最终发了疯。有一天，他手持棍子冲上街，宣称不准用洋灯，跑到一家茶馆，砸坏了两盏洋灯。然后又到华阳县署，睡在门前，拒绝离开。三个警察赶来，才在围观的人群面前把他带走（《通俗日报》，1909－09－23）。另一篇报道是，警察在花会上发现一个人的言谈举止很奇怪，“指天画地，扰害公安，游人为之惊诧”。于是迅速将其送到警察局，“问其姓名，答言姓朱，名洪武。闻其言，始知其有神经病也，乃拘留不放”（《国民公报》，1914－03－10）。

57. 狗在公共场所肇事的例子不少，如一位顾客正在饭馆吃午餐，店主养的黑狗将其腿咬出血。把狗带到公共场所的人经常受到精英们批评（《通俗日报》，1909－10－26、1909－10－28）。

58. 傅崇矩：《成都通览》下，348页。

59. Johnson, “Local Officials and ‘Confucian’ Values in the Great Temple Festivals (*SAI*) of Southeastern Shansi in Late Imperial Times” (paper presented to the Conference on State and Ritual in East Asia, Paris, 1995), p. 46; “Actions Speak Louder Than Words: The Cultural Significance of Chinese Ritual Opera,” in Johnson (ed.), *Ritual Opera Operatic Ritual: “Mu-lien Rescues His Mother” in Chinese Popular Culture*, p. 25; Smith, *Fortune-tellers and Philosophers: Divination in Traditional Chinese Society*, p. 221.

60.《通俗日报》，1910－06－06；《国民公报》，1914－06－24、1917－06－19。

61. 传统行业在上海建立近代职业组织的活动，见 Xu, *Chinese Professionals and the Republican State: The Rise of Professional Associations in Shanghai, 1912－1937* 第七章的讨论。

62.《通俗日报》，1909－09－02；《国民公报》，1927－11－16、1928－12－10；《华阳县志》，399～401页。

63. 《通俗日报》，1910－06－06；《国民公报》，1914－05－03、1914－05－17；Grainger, "Chinese Festivals," *West China Missionary News*, 1917, No. 4, p. 8；傅崇矩：《成都通览》上，549页；《重修成都县志》，见《中国地方志民俗资料汇编》，第1册，2页；《华阳县志》，413页。
64. 《国民公报》，1913－05－13，1914－05－03，1918－05－16。据报载，一个"善人"买了600只乌龟，在它们的壳上刻好汉字后，把它们放回了池塘（《国民公报》，1918－05－13）。
65. Geertz, *The Interpretation of Cultures*, p. 148.
66. 《国民公报》，1914－05－17，1919－02－09。
67. 《四川通省警察章程》Ⅰ－5；《通俗日报》，1909－12－10。
68. 《通俗日报》，1909－02－06、1909－02－26、1909－09－27、1909－11－22、1909－12－17、1910－03－22。
69. Braudel, *Capitalism and Material Life, 1400－1800*, vol. Ⅰ, p. 434.
70. 《四川省政府社会处档案》，全宗186，案卷1431，6页；李劼人：《暴风雨前》，见《李劼人选集》，第1卷，338～339页；《国民公报》，1914－07－08、1917－03－06。
71. Duis, *The Saloon: Public Drinking in Chicago and Boston, 1880-1920*, p. 4.
72. 周止颖：《新成都》，246页；《四川省政府社会处档案》，全宗186，案卷1431，18～19页；《国民公报》，1912－08－04。
73. 《四川通省警察章程》Ⅰ－10，Ⅰ－12；《省垣警区章程》，收入《四川警务章程》（原件无日期，藏斯坦福大学图书馆，但从内容看，应该是晚清），27页；Rosenzweig, *Eight Hours for What We Will: Workers and Leisure in an Industrial City, 1870－1920*, p. 225。
74. 《国民公报》，1914－04－27。
75. 例如，群仙茶楼按规定允许有400个座位，悦来茶园200个，蜀舞台150个，可园和品香各100个，万春120个（《国民公报》，1916－12－26）。
76. 《国民公报》，1916－12－26、1921－12－10；Wakeman, *Policing Shanghai, 1927－1937*, p. 20。
77. 王庆源：《成都平原乡村茶馆》，载《风土什志》，1944（4），36～37页；《成都市市政年鉴》，510～511页；Wang, "'Doctor Tea': Teahouse Workers in Republican Chengdu" (paper presented at the Annual Meeting of Association for Asian Studies, Chicago, March 23, 2001)。
78. 魏斐德（Wakeman）已经深入地研究了上海的这一问题。见"Licensing Leisure: The Chinese Nationalists' Attempt to Regulate Shanghai, 1927-1949," *Journal of Asian Studies*, 1995, No. 1, pp. 19－42。
79. 贾大泉、陈一石：《四川茶业史》，369页；《四川省政府社会处档案》，全宗186，案卷 1431，20～23 页。

80.《四川省政府社会处档案》，全宗 186，案卷 1431，14～20 页。

81. 本书第七章将详细地讨论这个问题。

82. Yeh，“Corporate Space，Communal Time：Everyday Life in Shanghai's Bank of China，” *American Historical Review*，1995，No. 1，pp. 97–116；Shao，“Space，Time，and Politics in Early Twentieth Century Nantong，” *Modern China*，1997，No. 1，pp. 99–129.

83. Davis，*Parades and Power：Street Theatre in Nineteenth-Century Philadelphia*，p. 36.

84. Vale，“Sz-Chuan Police Force，” *West China Missionary News*，1904，No. 6，p. 126.

85. Vale，“Sz-Chuan Police Force，” *West China Missionary News*，1904，No. 5，p. 110；山川早水：『巴蜀』，95 页；Wilson，*China：Mother of Gardens*，p. 122。

86. Peiss，*Cheap Amusements：Working Women and Leisure in Turn-of-the-Century New York*，p. 164；Davis，*Parades and Power*，pp. 29–30.

87. 例如，军阀政府强迫公共澡堂用西式浴缸，来替换传统的中国木制澡盆。而那时这些物品必须从西方或者日本进口，无疑大大提高了经营成本，这项政策立即影响到公共澡堂的生意。双龙池澡堂的老板刘师亮便面临着破产。最后由于缺乏购买进口澡盆的资金，他不得不关门歇业（钟茂煊：《刘师亮外传》，86 页）。

88. 周善培：《辛亥四川争路亲历记》；郭沫若：《反正前后》，见《沫若自传》，第 1 卷，187 页；李劼人：《大波》，见《李劼人选集》，第 2 卷。司昆仑给了一个类似的解释："周不受欢迎，是因为他热心改革城市的政策推行。"（*Civilizing Chengdu：Chinese Urban Reform，1875–1937*，p. 110）

第三部

# 下层民众与地方政治

# 第六章　冲　突

在20世纪初的成都，街头经常是各种力量争夺的对象，人们不仅为利用街头、占据街头、改造街头而发生冲突，而且也把街头用作政治目的，并使其成为权力斗争的舞台。街头的政治化是本书第三部所要研究的重点，本部分通过对民众的街头斗争的探讨，来看人们如何将街头文化转变为街头政治，来分析民众为什么空前地介入地方政治。同时，我们也将看到发生在不同群体之间为公共空间争斗的错综复杂的矛盾关系。在第六章中，我将着重探讨民众与精英、民众与民众之间的冲突，我将指出，当人们竭力追逐权力，或为生计而挣扎以及维护日常生活中的权利时，对公共空间的使用总是冲突的主题之一。下层民众形成并运用一些独特的策略，来保持他们在不平等社会里对公共空间的使用权。

在成都日常社会生活中，冲突呈现出不同的形式。有的是日常生活中鸡毛蒜皮的纠纷，有的源于街头的利用，有的是阶级斗争的结果，有的是精英与民众之间的矛盾，有的发生在下层民众之间，有的为个人之间的冲突，有的则会引起公开的集体暴力事件。但是正如詹姆斯·C.斯科特所指出的，大多数冲突不过是个人之间的摩擦，不会成为报纸的

"标题新闻"，也很少会发展成"激烈的对抗"。[1]虽然成都的民众很少进行有组织的抗议，但是他们仍然用日常抵抗的形式来宣泄不满，维护他们对公共空间的利用。另外，尽管邻里间形成了较为亲密的关系（正如第二章所描述的），但冲突仍是人们日常生活的一部分。实际上，家庭成员之间的冲突也常常在公开场合进行。但是，很多冲突都源于公共空间的使用争端，包括在茶馆里抢位子这样的小摩擦。而且，城市居民总是认为他们有使用公共空间的特权而竭力排挤乡下人，由此产生的冲突也屡见不鲜。另外，土著和移民之间也存在类似的情况，即使是那些数代居住于成都的汉人和满人，也由于文化和地域的隔阂（满人居住在城中之城——满城或少城）存在强烈的敌对情绪。[2]生活在社会底层的人们——苦力、妓女、乞丐等——经常拒绝接受他们的命运，并为他们自己的生存空间而斗争。

20世纪初，街头的冲突逐渐更多地发生在地方权威（包括官府、社会改良者）与民众之间，而后者则是街头的主要占有者，他们成为城市改良的主要目标。民众对官方日益加强对公共空间的控制，必然产生抵触情绪，因为这影响了他们正常的生计和娱乐。在这一时期，下层民众除了对生计的辛勤操持外，还必须面对警察强加给他们的许多新规章制度，而这些新规章使他们对公共空间的使用受到极大限制。当改革危及他们的日常生活和生计时，他们被迫起来斗争以求得生存。另外，城市改良还进一步限制妇女在公开场所活动，性别歧视反而日益严重。街头、戏园和其他公共场所历来是男人们活动的空间，这时妇女向旧传统和新规章对她们的限制进行挑战，争取其活动的空间，从而最终使旧传统和新规章两者都发生了改变。

## 纠纷：从家庭到邻里

那些发生在街头的家庭纠纷，是观察家庭、邻里及社区之间的关系非常好的素材。由于生活空间有限，普通家庭的日常事务经常延伸到街头，从而私人问题转换成了公众事务。例如，一位被丈夫打骂的妻子跑到街上求助，邻居或路人就会参与调停，在众人的围观下，她就会讲述她的不幸，以求得邻居和路人的同情和支持。虽然人们经常把“清官难断家务事”挂在嘴上，但事实上邻里不时介入家庭争端，我们可以找到无数诸如此类的例子。一目击者写道，“昨经少城黄瓦街，见某号门内一妇飞奔而出，形色张皇，向街邻急言曰：请各位将我丈夫拦住。言未毕，即有某甲相继出，不胜其怒。……某甲挺身直前，一手将妇发扭住，即用足连踢妇腹数下，妇色几变，发亦乱垂。旁观者恐生他故，故群将某甲挡入门内。妇乘势向众婉言曰：我不投告警察局，往告君姑，冀劝夫勿再如斯。言至此，几哽咽不成声”。[3]这是一个典型的邻里介入家庭纠纷的例子。那妇人跑向街邻，因为她知道在那里她可以得到一定的同情和保护，在这种情况下，那些“旁观者”经常起着平息事态的作用。我们可以看到那些受到虐待的妇女并不倾向于告官，而是希望邻里介入。

根据另一个记载，一对夫妇虐待老母，“竟敢拳殴”，使“母倒地人事不醒，街邻公愤，将夫妇绑送警署”。在这里，我们看到“街邻公愤”仍然在维持家庭和邻里和谐中起着重要作用。在另一个故事中，一个住在东辕门的“凶悍”的刘姓妇女，经常辱骂她的婆婆，还与丈夫打架。邻居们同情她婆婆，群起为她婆婆打抱不平，强迫刘姓妇女打扫街头卫生以示惩罚，她因而被众人围观嘲笑。[4]还有一些资料表现出“坏人”和他们邻里之间的关系。胡仲荣被认为是个“撞客”，这是成都人用来形容那些“诈术撞骗”的人，为了维护家庭声誉，他父亲公开谴责他的为人，胡就成为街头闲谈的对象。胡娶了一个妓女，她每天站在门口勾引年轻人，结果“冶游子弟，络绎不绝，衣冠满屋，车马填门”，胡因此积累了一大笔钱。这种行为激怒了邻里，有人在胡的门上贴了副对联，曰：“门迎春夏秋冬，客来东西南北。”邻里利用这种传统文化的表现形式，来谴责那些破坏社区祥和的人和事。[5]这些故事为我们提供了很好的例证，使我们知道了家庭事件如何转变成公众话题，邻里怎样自愿协作以保证和睦。事实上，他们不自觉地把解决邻里间的争端作为一项职责。

在成都，邻居们经常挤在狭小的空间里，不但隐私得不到保障，而且容易引起摩擦，像各家小孩儿之间口角，堆在屋外的杂物妨碍过路，或对别人说三道四，都可能引起争吵甚至暴力斗殴。但是，更常见的冲突多数产生于财产所有权和欠债问题。例如，两兄弟为父亲留下的遗产“大闹分家，甚至闹上街来”，这种“逆子之行为”引发了精英“为世道人心虑矣！”更有离奇者，有人“为一文钱大起争斗”，其中一人用罐子砸了另一个人的头，“至头破血流”，而打人者也被“锁送警署”。[6]对于钱和财产的争夺会产生更为严重的后果，青龙街有两人争购一个花园，后演变成暴力事件，其中一人被打死。一些争吵甚至发展成为集体暴力事件。一天清晨，十几个人打了起来，吵醒了附近邻里。两个当事人被抓住，大多数参与者都跑掉了。这场骚乱的原因很简单，是东大街的糖帮和布政衙的帽帮之间的一个小小争执。[7]有些大的争端，邻里间调解不了，则必须警察介入。在警察建立之前，这类冲突都是由保长、街首或邻里来调停。如果事件与移民有关，就会寻求行会或会馆的首领来解决。

小偷小摸和赌博引起警察极大的关注。小偷有着各种各样的背景，当然大多数是穷人，一些史学家把他们叫作“边缘人”(marginal men)，他们没有稳定工作，到处游荡。安乐博（Robert Antony）发现大多数小偷是雇佣劳动者，如船公、搬运工、小贩、守夜人、仆人，甚至半职业者，如流动剃头匠、木匠，裁缝、江湖郎中、卖唱艺人、和尚等。这些人“生活在社会的边缘，过着仅能糊口的生活”。[8]在成都，小偷大多是无职业、无技术的外地人，他们把街头当作获取财物的主要资源。警察的出现对他们是一种威胁。正如一位地方文人描述的：“警察巡丁日站岗，清晨独立到斜阳。夜深休往槐安去，致使鸡鸣狗盗藏。”但是，实际上警察也并不是那么成功，警察对他们也是防不胜防。小偷一般都是积习难改，他们寻求一切机会下手。那些公众集会是他们的最好时机，例如一年一度的花会，那里人山人海，小偷们如鱼得水。扒手特别喜欢在花会活动，当地人称其为“红钱贼”，另一些人则不仅偷钱，还偷各种器皿和商品。[9]市民对他们虽恨得切齿，但也无可奈何。

为寻求自我保护，小偷经常结成团伙。一次警察抓住一个大约有20个小偷的团伙，强迫他们劳动以示惩罚。在另一个案件里，警察发现一个小孩儿，扛着一只大布袋，里面装着价值一百多两银子的衣物，他们以此为线索，找到了一伙盗贼。1914年夏，天气干旱，成都米价猛涨，从乡村市场运到成都的大米经常在路上被偷。据报道，那是一些“游手好闲的年轻人”与土匪合谋而为。传教士何忠义（G. E. Hartwell）写道，这些小偷一般有一位当“王”（King）的头领，他“极有可能受雇于”地方官员。一般认为，“王”是一个“半是乞丐”“半是官员仆役”的人。如果被抢的物品“在三天以内追踪……那么这批货物可能会被找到。一般三天之后，劫物就被分赃，衙门的差役得到他们的那一部分”。[10]这种说法表明小偷极力与官员建立某种联系以获得保护，没有其他直接的证据证明何忠义描述的这种关系，但清朝官员缺乏必要的人力和财力为社会控制提供适当的保证，只有依靠一些现有的力量来维持社会稳定，这已不是什么秘密。在城市中，乞丐虽然有时也有偷盗行为，但他们的组织可以公开活动；而盗贼团伙则是非法的，但是只要他们不惹出大的麻烦，地方当局往往是睁一只眼、闭一只眼。这种控制策略已经在中国城市里存在了相当长的时间，并扩展到许多团体，如哥老会等。当然，如果社会、政治形势发生变化，或由于地方官员调迁，这种默契也常常被打破。

虽然赌博是社会改革者和警察的主要目标，但它并不容易被根除。没有一种改革能够迅速取代已经存在多年的生活方式。因此，尽管警察从晚清便不遗余力地禁赌，但民国初期，赌博在公开场合和私下里仍然十分盛行。赌徒也有许多对付地方当局的经验。望江楼和文殊院成为赌博聚点，因为这些安静的、环境优美的地方不在警察的监督之下。[11]而城墙上、城门外、河边、桥下也成为赌博的主要地点，那些地方也经常因赌博发生争端。例如，一次在东门城墙上，一个年轻人在赌博时与他人发生争执被打死。北门外的道路一度是名副其实的赌窝，赌摊沿道路两侧铺开。沿西御河的街道也是赌博的去处，一次警察突然降临，一群赌徒急速逃离，一名身穿昂贵皮衣的男子翻过墙壁，忘了另一边是御河，直接掉进了肮脏的河水里。赌徒们最后变得肆无忌惮，有些人在城内街道上摆摊设点赌博，某年仅在春节的第一天，警察就在包家巷抓到五六十个赌徒，第二天又在罗公祠抓到四五十个。虽然茶馆的经营者不敢公开帮助不合法的活动，但是他们也从未积极加以制止。一名报纸的记者谈道，他在方圆茶馆随处可见人们赌得热火朝天，桌子上、椅子上甚至地上，到处都在进行。无论警察怎样搜查，赌徒们都能与之周旋，躲过难关，难怪傅崇矩感叹道“赌窟中人，皆有绝大本领、绝大神通”。[12]

晚清以来，地方当局尽了最大努力控制赌博，但是成果并不明显。原因很简单，赌博有着根深蒂固的文化基础，它既是个人和家庭休闲活动，也成为一项陌生人之间的公众娱乐。而且，很难将赌博与玩扑克、打麻将等流行的娱乐活动清楚地区别开来。虽然地方当局投入了很多精力控制赌博，但似乎他们并未赢得这场与赌徒的较量。

## 茶馆：阶级与冲突

阶级差别在城市的公共场所非常明显。在 19 世纪末 20 世纪初的美国城市中，工人阶级是酒吧的主要顾客，中上层阶级一般在家里、私人俱乐部或高档宾馆饮酒。中国东部沿海地区，有两种茶馆：一种是专门为中下层民众设置的街头茶馆，另一种是为上流社会服务的茶楼。然而在成都，茶馆以接纳各种不同阶级的顾客而闻名。人们声称，在成都，虽然“每条街上都有一家茶馆”，但却没有像上海、广州、扬州那样只服务于上流社会的华丽的高档茶馆。成都茶馆的优点之一就是“相对平等”。在抗战时期寓居成都的学者何满子谈道，他在其他地方没有勇气去街头茶馆，但在成都就没有这样的问题。无论是精英成员还是下层人士都能坐在同一家茶馆里，没有人过多关心你的社会地位。[13]

虽然这个现象可以表明，20 世纪初的成都与 19 世纪的汉口一样，“阶级身份似乎弱化了”，但是成都茶馆实际上也并非像它们表面上那样平等，那里不可避免地存在阶级差别，例如，正娱茶园便是“上流社会去”的地方。《成都导游》也指出，茶馆按其顾客的社会地位分类。[14]我们没有很明确的标准来区分高档和低档茶馆，但是根据一些回忆录、旅行记和报纸的记载，茶社一般是指街头茶馆，规模小，一面朝街，适合下层社会的顾客。与茶社相比，茶楼、茶园、茶厅一般有大厅和庭院，规模较大，价格更高，主要服务于中上层人士。

从不少游记对成都茶馆的描述，可以很明显地看出阶级差别。易君左写道，当他访问成都时，在高档的二泉茶馆里没有看到一个穷茶客。相反，他指出“喝茶的人，衣冠楚楚，人品不杂”。舒新城也写道，有些茶馆就没有衣衫褴褛、来自下层社会的人。除了一些穿着流行服装的妇女，所有的茶客都穿长衫，“而且以壮年居多数。他们大概在生活上是不生什么问题的。既非求学之年，又无一定之业，于是乃以茶馆为其消磨岁月之地”。此外，从他的描述里，我们发现即使是衣着高雅的茶客也可以加以分类，即茶馆中的“体面人”也是分档次的。舒新城对这样一批人有绝妙的描述：

> 上焉饮于斯食于斯，且寝于斯；下焉只饮不食，寝而不处。上焉者于饮食之余，或购阅报纸，讨论天下大事；或吟咏风月，诵述人间韵事；或注目异性，研究偷香方法。及至既绝既疲之后，乃颓然卧倒竹椅之上，使一切希望都在南柯中一一实现。等到一梦醒来，不是月已东上，便是日已西沉，于是此日之日课已毕，乃转回家中，吃过夜饭，再进戏院去上夜课。下焉者受经济之限制，不能效上焉者之寝处于斯，但一坐亦可数小时而至假寐。其忍耐力已超过南京人，不过与上焉者相较，未免小巫见大巫之憾耳。

因此我们看到一副茶馆的众生相：富裕人在那里喝茶、吃饭、打盹、消磨时间，他们阅读报纸，议论新闻，吟诗诵词，谈论女人。他们吃饱了，犯困了，就躺在竹椅上睡觉。醒来时正好日落，赶上回家吃晚饭。晚饭后，他们又去戏院。经济景况差一点儿的茶客一般不在茶馆吃饭，只是在那里喝茶、打盹。[15]经济实力只是决定了他们的消费程度，并不能影响他们在茶馆里打发时光或寻求快乐。

在大街后面的冷街僻巷，那些街头巷尾的小茶馆则是穷人的乐园。在 30 年代初，有五百家左右的三四等茶馆为普通百姓服务。[16]这些茶馆设备简陋，多数只有一间临街的房子和一些低廉的桌椅，“专供一般推车抬轿、劳动阶级者，终日忙碌，找不到工作时，唯一消遣场合，调节身心，修养体力”。因此茶馆是下层阶级消磨时间和休息的最好场所，所以《新成都》的编纂者表达了对他们的同情和理解，指出那些在茶馆里消磨时间的劳动者“倒也未可菲薄耶”。虽然一杯茶在成都非常便宜，但是仍然有很多穷人负担不起这样低廉的消费，不过成都形成了这样一种传统，茶馆不排斥“那些穷得不能再穷的人”进入，允许他们进来喝其他茶客喝剩的茶，这叫作“喝加班茶”，甚至还形成了怎样喝“加班茶”的规矩。[17]

在茶馆里可以看到明显的社会分离，这些分离有的源于旧习俗，有的是被政府强加的。在晚清，甚至民国初期，艺人都不允许在茶馆里喝茶、看戏。如 1917 年警察厅便发布命令，“不准优伶入茶馆酒肆，违者处罚不贷”。但是，有些敢于向传统和规章挑战的优伶，竭力打破这个限制。他们在茶馆或戏园一经发现，就会被逐出，而艺人在茶馆戏园喝茶看戏总是很引人注目的。据报道，某日“悦来茶园演戏，忽来一小旦，杂于客座看戏，举止颇觉不合，为警厅检查员查（察）觉”，而被带出。又如，一名化了妆的演员在宜春茶园喝茶，引起围观。当地报纸用了一个颇为煽情的标题《粉脸吃茶》来报道这事："初六日下午，小旦少琼，搽了一脸的粉，尚未洗下，就在宜春茶楼侧边吃茶。一群无知识之人，围住在窗外争看，把楼路也阻碍不通。"该报道对此大加发挥，予以痛斥："吃茶的固然不要脸，看他的亦是不要脸。"显然，精英们对此真是小题大做，正因为优伶在茶馆被禁，他们的偶然出现才会引起人们的好奇，与社会道德实在没有关系。公众对艺人的好奇经常引起混乱，所以警察制定了规章限制他们公开露面。但为了寻求自己的公共生活，优伶们建立了他们自己的茶馆，小花园茶社便是其中之一。与自己的同行在一起，没有歧视和围观，他们感到更为舒适。[18]

成都茶馆生活既反映了社会和谐的一面，也暴露了社会冲突的一面，冲突有时也能演变成暴力。茶馆是一个自由闲聊的地方，但是不经意的饶舌可能导致争斗。例如，某日"方正街茶铺内有十余人吃茶，系某局之学徒，内有廖姓一人，被别桌吃茶者闲话侵犯，廖姓不服，据行朋殴"，最后导致警察出面才得以平息。在过度拥挤的茶馆，人们有时为争座位而大打出手，这样的事件发生时，"台上又有锣鼓助战"，真可谓"戏中有戏"。经常有茶客离开座位，回来却发现有人占了他的位子，争吵就会出现。于是警察制定了一个规则，"座客虽已他去，其茶碗尚在，即应认为有客，之座不得听他人侵占及另行安客"。[19]会馆里演戏是件盛事，而众多观众也增加了潜在的麻烦。例如，有一次在福建会馆看戏，一人打破了另一人的头而被逮捕。也是在这家会馆，一场演出吸引了很多人。一名情绪非常激动的男子打了一个小孩儿，引起了公愤。警察迅速赶到，避免了事态进一步发展。在另一个场合，看戏的观众挤坏了食品摊，警察逮捕了那些吵闹的、不肯合作的观众。因赌博而引起的冲突在茶馆也很频繁。当地一家报纸报道了一起发生在宜春茶园里的斗鸟祸事，一名茶客捅了另一位茶客一刀，造成重伤。[20]

偷茶碗和其他用品在茶馆里也经常发生。上等茶馆使用的茶碗一般都由中国最著名的瓷器产地景德镇生产，一只茶碗的价格够一个穷人过上好几天，因此不少人便不惜冒险。但是如果行窃被发现，小偷将受到严厉的处罚。一次，羽经茶馆抓住一个中年小偷，把他绑在茶馆前面的大柱上，他哀求说有老母要赡养，而又没有办法挣钱。这类事情为无聊的茶客带来了取乐的机会。一次伙计抓住一个偷茶碗的人，旁观的茶客就大声呼喊："打死这个不要脸的！"茶客喜欢看这种吵吵闹闹的事情，这是在公共空间发生的生活"戏剧"，所以他们以爱"看热闹"著称。茶馆经常遭受财产损失，茶客有可能出于各种各样的原因故意损坏桌椅和茶碗，即使是演戏推迟这样的小事都有可能激怒观众。曾经有一次，两百多名士兵在悦来茶园看戏时发生冲突，士兵把桌椅砸得粉碎。[21]虽然茶馆可以处罚无权无势的穷人，但在军阀时代，他们对那些气势汹汹的士兵却无可奈何。

茶馆是观察社会及其变化的窗口。民国初期的资料显示，茶馆里的冲突和暴力事件在逐渐增加，地痞流氓在那里横行霸道，扰乱了茶馆生活。尽管没有直接的统计数据证明这个趋势，但在当地报纸里，相关的报道在20年代后期明显增多。而这样的故事很少出现在晚清的《通俗日报》或辛亥革命后不久的《国民公报》上。[22]从那些报道中，我们发现一些流氓经常聚集在茶馆，用猥亵的言行骚扰有姿色的妇女。[23]更为严重的事件可能涉及谋杀和群殴。一次，当地一个恶霸和四五个随从包围了城隍庙附近的文泉茶馆，他们打死了一个年轻的商人，抢走了他的手表和钱财。茶馆作为公共空间，也是当地恶势力炫耀他们的暴力的地方。例如，一次在少城公园的射德会茶社，几名士兵强迫一个男子在一名少妇面前下跪并向她道歉，其原因不过是那少妇——一位军官太太在那男子的饭馆点了一盘菜，伙计用粗制的陶碗盛菜给她，她觉得蒙受了羞辱，她的丈夫找到饭馆的老板进行报复。[24]

茶馆经常有一些内部问题，如戏班子、生意人和房东之间的争端。[25]茶馆经常成为为了生计而挣扎的竞技场，以下是一桩发生在风云亭茶铺的争端，告诉我们下层人民间是怎样为了生计而相互争斗的：

> 风云亭茶铺主人吴陈氏，前年下东大街润腴茶园主人曾华章，介绍马少清承租该铺水烟袋口岸，营业年余，主客无异。马少清声称，去年冬月，因某某垂涎马之口岸，曾经吴陈氏赎取另租。马以不欠月租，正理相抗，赎取之事遂寝。某某钻干不成，从中播弄，于某夜茶铺吃茶，顾主尚未散完，吴陈氏命徒清茶碗。其时马少清不在，遂在伊藏水烟袋之立柜下格，寻出茶碗一套。当时吴陈氏言，年内失碗百多套，今即拿获赃证，非叫马少清赔不可。

根据这个记载，马少清与风云亭茶铺的女老板签有协议，他可以在那里卖烟谋生。但一年以后，另一个烟贩嫉妒马少清生意好，就游说吴陈氏终止协议，但是马少清每次都准时支付租金，并无负债，没有理由终止合同。一天晚上吴陈氏让工人清点茶碗，却在马的柜子里发现了一套茶具（即一只茶碗、茶盖和茶托）。吴陈氏声称她丢了很多茶具，要求马氏赔偿她所有的损失。马少清声称这是有意陷害。[26]我们已无法弄清事实真相，辨明谁是谁非，但从这个事件，我们看到了下层民众为了生计的相互争斗。过去我们更多地强调不同阶级之间的矛盾，实际上，在同一个阶级内部的矛盾，也并不比阶级之间的斗争更为缓和。另外，这也是一个很有趣的例子，我们看到妇女不但可以经营茶馆，而且还可以为自己利益同男人争斗。

类似的事情几乎每天都在发生，这些冲突告诉我们，下层民众之间会不断出现经济利益的矛盾。当然，民众也经常为了生计而同上层进行斗争。例如，长乐戏班的演员去茶社业公会投诉他们的老板，说他既欺骗茶馆，又欺骗演员，描述了老板的“恶习多端”和“舞弊”行为。[27]很多类似的纠纷都起因于雇主的剥削，如强迫艺人长时间工作，却只支付低工资。有时冲突不能解决，有的演员只有罢演。

晚清的戏剧改良使戏班生存更为困难。政府禁止所谓的“淫戏”和“凶戏”，而许多戏班却要依靠这样的戏才能生存，所以他们想方设法继续表演这些剧目。有些戏班“巧改名目，阳奉阴违”，给戏目改了名称上演，但有些戏班却“毫无顾忌”地保留原来的戏名。改良者因此叹道：“各种极淫极凶之戏，日日夜夜演之，座客常满，举国若狂”，对此甚为不满。1911 年保路运动期间，四川总督赵尔丰实行戒严法，禁止任何公众集会，包括演戏。四川军政府建立后，演戏仍在禁止之列。那些失去了生计的艺人聚在茶馆商讨解决办法。在重新开业的申请遭到了拒绝后，他们就到警察局去请愿。[28]

民国时期，戏班不顾政府的重重限制，“诞戏”和“淫戏”变得更为流行。具有讽刺意义的是，可园——晚清领导新潮流的“改良”戏园——因表演“下流”“淫秽”戏而受到政府指责。悦来茶园也是“新戏”的先驱、晚清社会改良的象征，却被成都市长指控没有按规定提前三天向政府提交演出剧目以备审查。据市长的指控，悦来茶园经常上演淫秽和不道德的戏剧。显而易见，可园和悦来茶园并非从事这类演出的仅有的茶馆，大观茶园也被迫关闭一天作为违反规定的惩罚。1932 年，即使政府威胁要对违反者进行处罚严惩，也只有一家戏园遵守了提前递交剧目审查的规定。戏园为什么要冒这样的风险？答案很清楚，因为被禁演的剧目吸引了更多的顾客。当茶馆戏园生意大幅度下滑时，上演这些剧目是恢复生意的一种不错的方法。例如，当园群社茶园生意低迷，危及生存时，茶馆老板请求社会局允许他们上演“神戏”，以维持生计。[29]

茶馆和戏园不仅不断违反关于演戏的规定，而且竭力扩大他们对公共空间的使用。茶馆经常在街道、空地、公园等的公共场所安放桌椅，特别是在夏天，茶馆的桌椅往往会摆到树荫下，凉爽的微风会给顾客带来无尽的舒适感。1929 年，市政府颁布了一条新规定，禁止茶馆侵占公共空间。少城公园、中央公园、支矶石公园的所有茶馆，都抱怨这个限制严重影响了他们的生意，并向地方政府请愿。他们的抵抗表明，成都街头文化的经历与工业化的欧洲有相似之处。在欧洲，大众文化不仅“没有被工业革命毁灭”，而且相反“却作为新劳工政治经济斗争的一种表现，而得以兴盛”。[30]虽然在 20 世纪初，成都的街头文化深受现代化进程的影响，但是它通过适应变换的社会政治环境而生存了下来，即使是强大的国家机器也未能把它们根本地改造。在这个文化的延续过程中，有些转化了，有些注入了新因素。大众和精英，大众文化和精英文化都在相互发生着影响。

## 族群：社会排斥

在中国城市里，社会排斥和歧视的现象一直都存在。一个族群

（ethnic group）或行业集团常常会对另一个族群或行业集团持敌视的态度，城市居民欺侮乡下人的情况也很普遍。排斥和歧视激起了被排斥者、受欺侮者和受歧视者的愤怒，促使他们为自己的权利而进行斗争。韩起澜关于上海苏北人身份认同的研究揭示了地域团体之间的紧张关系。[31]歧视苏北人在上海非常典型，类似的情况在成都也存在。与上海一样，方言、历史和籍贯都能在人们之间划出界限。与上海不同的是，在成都没有特定的地域偏见，但是居民们对满族人怀有敌意，对乡下人持明显的歧视态度。

尽管在成都汉人和旗人被满城（即少城或内城）的城墙分隔在不同的区域，但是他们之间的冲突仍然十分频繁。[32]晚清时期，成都大约有四千多户旗人，总人口将近一万九千多人，他们大都住在满城。在当地文人的作品里，对旗人总有不少负面的描述。不同的生活方式和文化认同，加之政治因素而产生的相互憎恶一代代传承下来。[33]在晚清，地方文人指出旗人之所以变得越来越穷，是因为他们的懒惰和闲散。一位精英人士在一首竹枝词中写道："吾侪各自寻生活，回教屠牛养一家。只有旗人无个事，垂纶常到夕阳斜。"另一首竹枝词也表现了类似的抱怨："蚕桑纺织未曾挨，日日牌场亦快哉。听说北门时演戏，牵连齐出内城来。"有身份人家的少妇拒绝到少城去，因为她们认为那里的人们"懒散""肮脏"而"粗鲁"，而且老是盯着她们看。在汉人居住的"大城"里，不断有年轻女子在满城受到骚扰的传闻。[34]当地文人在描述旗人时经常使用的语言，清楚地反映了成都满汉族群之间的对抗。

族群冲突问题在政治危机期间变得更为突出。欧立德于江南八旗驻防的研究发现，汉人与旗人之间的对抗表现在"军队与平民"和"旗人与市民”两个层次上。这两个层次反映了“在权力结构中优势和劣势间的对立”。类似的冲突也发生在成都。在1911年革命前，居住在“大城”的汉人与居住在“少城”的旗人之间的关系十分紧张，李劼人在他的小说《大波》里便描述了这样的冲突。积淀了两百多年的汉满之间的敌对终于在1911年爆发了，但是爆发导火线不是民族问题，而是与清政府的经济和政治冲突。当成都宣布独立时，城里的旗人听说在西安、锦州等城市，许多满族人被汉人杀死。他们开始为自己的生命担忧，决定当无法保护自己时，就让所有的妇女和孩子都自杀，然后男人则去拼命。然而，新成立的军政府承诺保证他们的生命安全，没有发生他们所恐惧的族群间屠杀事件。[35]

成都居民也看不起来自边远地区的人们，特别是那些住在四川西部与西藏交界沿线的藏人。成都既是中草药、毛皮和藏货贸易的中心，也是本地商人到全国各地贸易的中转站。成都居民将那些来自边远地区的人看作“乡巴佬”或“野蛮人”。正如一个地方文人用谐谑的口吻所写的：“西蜀省招蛮二姐，花缠细辫态多憨。”一位文人在其竹枝词中，嘲笑那些来自大小金川和西藏的藏人：“大小金川前后藏，每年冬进省城来。酥油卖了铜钱在，独买铙钲响器回。”有意思的是，这位作者为这首竹枝词加了个注，让我们进一步了解成都市民对这些远道而来的藏民的态度：“蜀中三面环夷，每年冬，近省蛮人多来卖酥油，回时必买铜锣铜铙等响器，铺中试击，侧听洪音，华人每笑其状。”[36]对藏民来说，成都是做生意和与外部世界联系最近的一个重要商业中心，而成都居民也同样依赖这些商业活动。经济交往虽然能够增进相互理解，但文化隔离和歧视根深蒂固，这从作者所用的“夷”“蛮人”等词中表露无遗。在他们的文字中，“我们”与“他们”的区分是十分清楚的。

布罗代尔研究了城市与乡村之间错综复杂的关系，并努力去“重新发现一种为全世界城市都存在的共同现象”，这就是城乡间既相互依赖又有着隔阂的关系。他发现，“同农村持续不断的对立似乎是日常生活中不可避免的”。[37]成都与临近的乡村有着密切的联系，尽管一堵城墙将城市围了起来，但是城市居民不可避免地依赖与城外地区的交易。这样一来，一个既相互对立又相互依靠的模式建立起来。例如，如果没有周围农村，城市居民便不能享用新鲜食品和雇佣来自乡下的廉价劳动力。另外，成都平原农户的居住模式是分散型的，每个家庭都住在他们的耕地附近，基本上不存在中国传统意义上的“村庄”。在成都平原上，田野中间被竹林环绕的一家一户或若干农舍成为独特的自然景观。由于没有或缺少紧密的邻里关系，平原上的农家们会产生一种孤独感，因此频繁地赶场和进城就成为他们日常生活中的必要之事。每天都有很多人来到成都的街上、酒馆和茶馆里寻求与他人的——既有经济的亦有社会的——联系，而且他们也在很大程度上依赖于城镇市场来交换农产品和手工业品。施坚雅关于农村市场和社会结构的经典研究，使我们对成都平原的生活模式有了更深刻的理解。我在一篇论文以及 1993 年出版的关于长江上游区域社会的研究中，对成都平原的市场结构进行过考察，包括市场密度、农民活动半径、需求圈、销售域等。在繁忙的春秋季节里，农民们在田地间辛勤耕作，但是在夏冬农闲时，他们又作为游方小贩或匠人出现在成都街头。因此，在成都街头可以定期看到来自农村的小贩和手艺人，他们大多是早出晚归，但是有些路程较远的外来客，如果需要在城中逗留几天或更长的时间，也会在小客栈特别是在廉价的“鸡毛店”过夜。[38]

城市居民认为他们比乡下人高一等，嘲笑乡下人“愚蠢”“幼稚”

“粗俗”，称他们为“乡巴佬”“乡愚”，说他们的闲话，传播一些关于乡下人的“离奇”故事，把他们作为茶余饭后讥讽的对象。尽管两者都生活在成都平原，但他们看起来却有极大的不同。住在城墙外的农民——哪怕即使是离城一两里远——外表、口音、穿着等与城里人都有明显区别。乡下人的出现不时会引起饭馆、茶馆里的城里人许多好奇的打量甚至议论。[39]下面这个发生在一家茶馆里的谈话，便充分说明了都市人和“乡巴佬”间的鸿沟：

> 昨有一个农民来省，到某茶园吃茶。闻有人说：“西南政策把我们害了。”农民上前怒谓之曰：“稀烂政策害了你们？闻省中善人很多，生的死的都被怜恤。我们乡下人受稀烂政策的影响，银钱衣物要抢去；莫得现银物，人也要拉去。挨打受气，又出钱，有那（哪）个怜悯你？”其人见农民误解，复谓之：“现在讲的是云南政策了。”农民更惊，旋又答之曰：“说起营盘，我辈更怕！”农民方开口，其人知不可谕，遂起而去。[40]

汉语中有许多同音词和近音词，人们对话中因此可能产生曲解。不同口音的人交谈时，这种情况就更为严重。从表面上看，这个故事是关于那农民对城里人谈话中一些近音词的误解，但弦外之音，却是与“愚蠢”的农民无法进行“政治话题”的谈论，进一步反映出城市居民的优越感。从“其人知不可谕，遂起而去”来看，这个城里人是不屑与这个“乡巴佬”费口水，干脆一走了之。不过，这个发生在茶馆的插曲从另一个侧面也说明，在军阀时期人们仍然可以在茶馆中自由谈论政治，还表明陌生人之间可以进行无拘束的闲聊，哪怕是农民，也可以随便插入他人的谈话。然而，在国民党时代，这种自由受到极大的限制，害怕惹麻烦的店主总是贴出“休谈国事”的告白，以警告人们在各茶馆中不要议论敏感话题。

在街头，城镇居民可以经常欺侮乡下人。例如，沿街居住的人们可能会要求推鸡公车的乡下人支付一两文钱作为“过街费”，理由是鸡公车会损坏街面。否则就不许通过，或者必须扛着鸡公车过街。有些街道为了防止鸡公车通过，居民还故意在街上设置障碍，例如摆放石头、破砖，有的甚至故意撬开街上的石板。另外，与市民之间的争端相比较，市民与乡下人之间的争端更为激烈。例如，城门是城乡间的必经要道，进城挑粪的农民也经常来来往往，一次一个农民的粪桶不小心弄脏了一位衣着入时的年轻人的衣服，年轻人气急败坏地将那农民痛打一顿，过路的人好不容易才阻止了他，并叫农民向他道歉。据另一个报道，一支送葬队伍沿街行进，一位送葬者对一个推鸡公车运大米的车夫大打出手，认为他挡了路。这一行为激怒了行人，群起而帮那个推车的人反击。[41]当然，资料表明，在这类事件发生时，即使警察不能及时赶到，大多数冲突也不会导致严重的后果，因为行人经常会自愿介入调停，通过“公众力量”来解决问题。

除了城乡冲突之外，新老移民之间的对立在中国城市里也很普遍。[42]由于明末清初战争的破坏，成都几乎很少有真正的本地人。清初以来，通过不断地移民，城市恢复了昔日的繁荣。虽然新老移民之间没有完全不可调和的矛盾，但资料表明争端仍时有发生。地方文人吴好山写道：“三年五载总依依，来者颇多去者稀。不是成都风景好，异乡焉得竟忘归。”[43]对于移民来说，成都有更多谋生的机会，特别是对那些因自然灾害和土匪横行而背井离乡的人来说，这里也安全得多。另外，来自外省的大批商人到了成都后就逐渐定居下来，开店营业，他们大多数人都专营一种或者几种商品。随着他们人数的增加，他们建立了行会或会馆。他们在成都扩大经营，并由此与其他商人产生了竞争，也不可避免地引起了当地人的抵制。[44]清末民初，来成都的移民大幅度增加。一份 1917 年的报告指出，成都最近增加了两万余户家庭，使得一些人担心城墙内这有限的地方，如何能容纳下如此众多的人口。一些人认为，清政府倒台后，失业人数增长，这加剧了谋生的困难。成都吸引了来自各个地方的新移民，所以良莠混杂，一些坏人隐藏在人群中，对社会安全构成潜在的威胁。因此，一些地方精英呼吁政府对流动人口给予更多的限制。[45]

成都同中国其他城市一样，由族群、籍贯等方面的差别引发的问题非常普遍。或许城市中邻里之间的亲密关系强化了“我们”（邻里）与“他们”（乡下人或移民）之间的隔阂。成都居民不喜欢“陌生人”来改变他们的日常生活，而那些被排除在外的人努力在公共空间维持生计和寻找娱乐，这便是在城市中每天都不断出现的纠纷、冲突乃至暴力的根源。实际上，虽然我们指出了城市中存在的这些问题，但并不否认在长期历史过程中社会所建立的一种稳定机制。也就是说，即便是在冲突发生时，这种自我调节的机制也能把冲突控制在比较低的层次上，而减少那种不可收拾的大规模骚乱。

## 妇女：挑战男人的世界

成都的社会改良者严厉批评妇女的公共行为，这些批评反映了改良者对妇女、妇女的公众形象和大众文化的看法。很显然，妇女在家庭之外的活动经常受到指责，在精英的笔下，妇女的公共形象经常是消极的。傅崇矩所编的《成都通览》中收集了关于成都妇女的民谣："一哭，二饿，三睡觉，四吞洋烟，五上吊。"傅崇矩认为，90% 的成都妇女喜欢看戏，80% 的妇女喜欢打麻将，70% 的妇女喜欢逛庙。[46]对社会改革者来说，所有这些行为都是"陋习"，应该加以革除。

社会发展的进程和社会限制的松弛，不可避免地影响了妇女的公共行为和形象，新旧的转变首先在妇女的服装选择上反映出来。例如，有的服装就展现了刻意引人注目的、独特的个性意识。一名日本人惊奇地看到一些妇女穿着洋装，留着短发。当地报纸经常发表文章和诗歌来描述妇女们怎样穿着高领长袍、红鞋子，精心收拾她们的发型，与女伴手拉手一起在街头行走。总的说来，妇女的风格比以前更为开放和丰富多彩。那些喜欢穿着流行时装的女子，当时被叫作"摩登女郎"。民间画家俞子丹 20 年代创作的一幅画便描绘了这样一个女孩儿，她穿着一套流行服装，留着"最新式的"又短又卷的发型，坐在一辆人力车上挥舞着鲜花（见插图 6-1）。晚清的成都，由于妓女们经常引领时尚潮流，因此"正派"但穿着时尚的女子往往会被误认为妓女。据一则新闻报道，三位游劝业场的女子便被怀疑是妓女，引得一大群人围观，最后警察不得不叫来轿子把她们送回家。[47]

除了服装以外，妇女另外两个非常突出的时尚之处就是头和脚。尽管有很多妇女缠了脚，但当时由于改良人士的宣传，"天足"成为一种新趋势，享受不缠足自由的女学生开始对其他妇女产生影响，正如一首竹枝词所描述的："女生三五结香俦，天足徜徉极自由。"[48]妇女在她们的发型上也花费了不少时间和精力，短发变得流行起来。一位观察者指

图6-1 “摩登女郎”。20世纪20年代成都民俗画家俞子丹画。资料来源：Sewell, *The Dragon's Backbone: Portraits of Chengdu People in the 1920's*, p. 25。

出，“社会年来大不同，女郎剪发遍城中”。但短发也引起一些精英的不满，他们对此大加谴责和讥讽（见插图6-2）。另外，从上海流传过来的发型变得十分流行。《通俗画报》有一幅画就展现了一群女性的上海发型，反映了这一新趋势的影响（见插图6-3）。[49]

从表面上看，或许女人们是利用时装来装点美丽，但是这种行动本身是需要勇气的，因为地方精英们认为女人在公共场所凭打扮有意识地吸引男人的注意是不道德的。显然，精英们如此抱怨女人的发型、打扮和穿着，文化偏见起了一定作用。例如，精英们嘲笑年轻的乡村妇女，“乡村少妇学时髦，高髻簪花意态豪。身着旗袍穿革履，面涂脂粉也风骚”。在他们的意识中，土里土气的乡下妇女就不配追求新潮，这些妇

图 6-2 “公母人”（社会百怪之六）。这幅画嘲笑了留短发的“新潮”妇女。题画写道：“不男不女，或梳留（刘）海头发，或穿缘边衫裤。在前清已经禁过，在民国岂可优容？或曰：其为人也，像（相）姑；其于物也，为子（只）母牛。”这里“像姑”是指同性恋者。
资料来源：《通俗画报》，1912 年第 22 号。

女的新外表使很多精英感到不舒服，这在相当程度上还是一种歧视。当然他们也有更深一层的考虑，有人认为“冶容诲淫”，对那些“在戏园看戏之太太小姐必打扮得如花枝招展，以引人之视线”进行批评。对这些精英文人来说，鲜艳的打扮会让人产生邪念，因此要求重塑妇女的公众形象，并发出了“穿戴何须出新意?”的质问。改良报纸《通俗画报》甚至称新发型为“发妖”（见插图 6-4）。精英发现流氓喜欢追逐、骚扰时髦的女人，因此发出了“少妇切勿艳妆”的告诫。当然，精英的担心也并不是空穴来风，因为时髦女郎被骚扰之事时有发生。

图 6-3　上海派之美人头髻。表明上海流行的妇女发式也影响了成都。
资料来源：《通俗画报》，1912 年第 2 号。

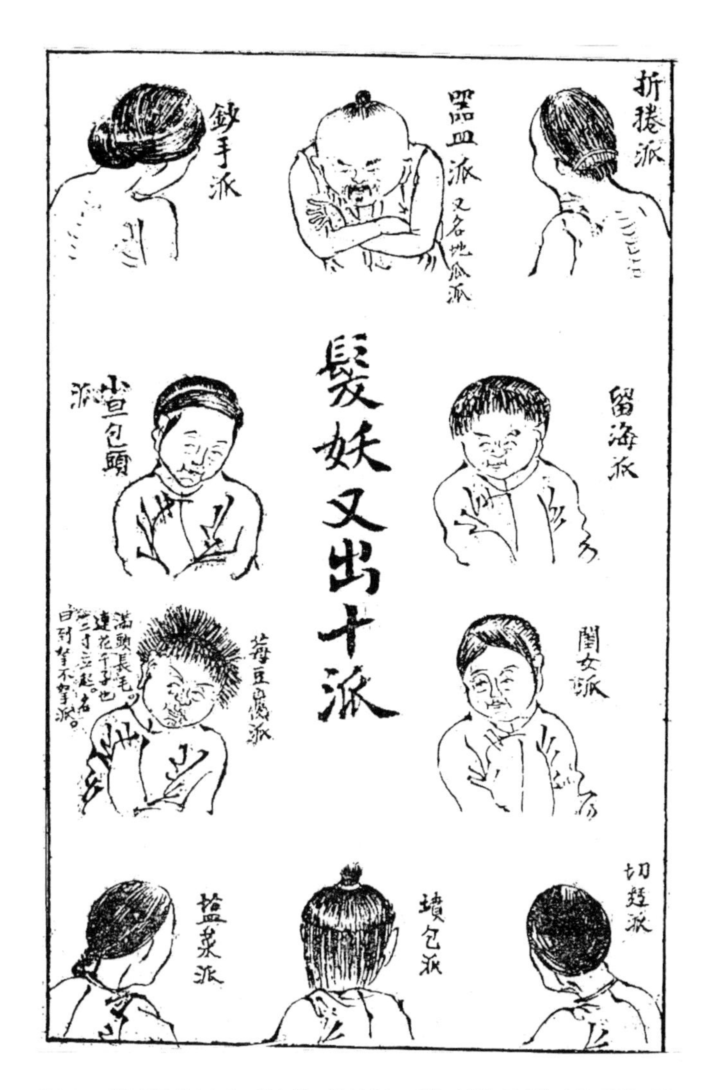


图 6-4 “发妖又出十派”。最上排，从左到右：“钞（抄）手派”“器皿派”（又名地瓜派），“折卷派”；第二排：“小旦包头派”“留（刘）海派”；第三排：“莓（霉）豆腐派”“闺女派”；最下排：“盐菜派”“坟包派”和“切面派”。把新发型称为“发妖”，反映了作者对新潮发式所持的否定态度。

资料来源：《通俗画报》，1912 年第 36 号。

> 有某某同妻游览花会，其妻少艾，装束浓艳。而某又前后追随，形极轻佻。游人均目为髀神，髀娼妓也。一班髀神乘势集，其势岌岌，将生他故。故巡警前往询某……妇女游会，本不宜艳妆，更兼夫婿轻薄，焉能不发生此怪状也？某妇苟非巡警保护，尚不识（知）如何结果。

从这个例子中，我们也可以发现，此时乃辛亥革命后不久，社会正在发生变化，但社会风气仍十分保守。从那女的外表看来，无非是装束艳丽了一些；从那男的行为看来，无非是对少妻跑前跑后献殷勤，却不知会引起如此骚动。由于这类事件的发生，精英们可以理直气壮地向社会发出呼吁："敬告我女界同胞，游览会场，切勿艳妆。携眷游览者，宜庄重严肃。"[50]

20 世纪初，成都妇女越来越多地出现在过去只有男人出入的场所，如茶馆、戏园等地。这自然引起了精英阶级的不满。警察试图阻止这个趋势，但是妇女们继续向男人挑战，实际上也是向反对妇女公开露面的社会习俗进行反抗。直到晚清，妇女都被排斥在大多数公共娱乐场所之外。尽管妇女不被允许进入茶馆戏园，但有些女子不顾被驱逐的危险，仍然努力进入这些传统的男性领域。有一次，几位打扮时髦、略施粉黛的女人出现在广东会馆看戏，警察马上把她们赶走。有些年轻妇女在公众场所也表现得非同一般，如一个年轻女孩儿把自己装扮成一个男子，与三位男性朋友到茶馆喝茶，但她的伎俩被发现了，他们被带到了警察局。地方当局控告她和她的朋友"有伤风化"，并给予了相应的处罚。有一次山西会馆演戏，一名穿红衣服的姑娘爬到自家的高墙顶上朝隔壁的会馆观看。观众把注意力都转向了她，有些人开始向她投花球。慌乱中她跌了下来，受了重伤。[51]改良者也不赞同妇女逛庙，称警察禁止妇女在庙里烧香是一个极好的措施。虽然如此，这些限制并不能阻止妇女到庙里进行她们的祝愿，因为这是她们的精神寄托。禁止去城里的庙宇，她们就去城外的。因此，郊区的寺庙像白马寺和三圣宫等地，变得十分拥挤，附近的店铺也因之生意兴隆。由于很多男女都聚集在白马寺烧香拜佛，街首开始担心会引起麻烦和事端，要求警察禁止男女混杂。[52]

当然我们也可以看到，从晚清时期开始，社会对妇女公开露面的限制日益减弱。1906 年，可园成为第一家允许女客进入的茶馆，但不久由于担心男子对妇女的骚扰会干扰社会秩序，警察又禁止了女宾。之后，作为改良新事物代表的悦来茶园开始接受妇女，但是她们必须从另一个门进入。越来越多的妇女频繁出入茶馆，但是上流社会衣着体面的女士仍然不想放下她们的架子到茶馆与大众为伍。事实上，女人在茶馆里不知不觉地创造了一种新景观，成为男子们凝视的目标和无尽的谈资。民国初期，更多的茶馆和戏园接纳女客，但是一般会将她们的座位同男子分开。例如，可园和万春茶园在特别的时段或日子接待女客。同那些不接纳妇女的戏园相比，有女客的戏园利润倍增。因为不仅妇女是一大客源，而且女客也吸引不少男客蜂拥而至。当地一家报纸批评这种现象，说男人去戏园不是看戏而是看女人。清末民初，警察改变了有关妇女在公共场所出现的政策，有些场所放松一些，但在事故多发区则仍限制妇女的活动。临江茶园请求警察允许其接纳女客，以便让日益下滑的生意有所好转，但被否决了。一个杂耍班子在公园表演，吸引了很多观众。后来警察以公园人杂为由，禁止妇女到公园看杂耍，杂耍班子的观众便少了许多，生意从此一蹶不振，最后不得不停止演出。[53]

为什么警察和社会改良者都不赞成妇女参与公共生活？原因是多方面的。首先，在当时的社会，男女之间的关系仍然是一个敏感的话题。在传统中国社会，没有亲属关系的男女不应在公开场合一起出现，所以两性的公开接触总会引起一些不适当的关注。过去，传统价值和社会风俗抑制了这种关系，但到 20 世纪初，控制权转移到了警察手里，而警察仍然受到风俗习惯的强烈影响。例如，警察强迫男女分别于不同的时段到庙里烧香，男子从上午 8 点到 10 点，在此之后，则只有妇女才能进入。[54]对于茶馆和戏园来说，允许男女顾客混合在一起仍属罕见，妇女可以进入戏园，但她们的行为受到很多限制。例如，1913 年颁布的《取缔戏园女座规则》十二条，规定了女人从化妆、服饰到行为举止各个方面的行为。即使丈夫也不允许在戏楼上同自己的妻子会面。[55]从这些规定来看，其主要目的就是减少男女之间在公共场所的直接接触。

其二，社会改良者不赞成妇女看戏等公众活动，是因为他们认为这些戏曲背离了宣传忠孝、贞操等传统道德观的初衷。改良者们谴责看了“淫邪”节目的女性将学会不道德的行为和走向“异端”。改良者也抨击为妇女谋求平等权利的新观念，称之为“邪说”。尽管新观念受到攻击，妇女们还是日益接受了平等的主张，在公共场所表现得更为开放。但精英改良者则认为，妇女们对“改良新戏，文明新戏，全不爱听。那（哪）个园子有淫戏，那（哪）个园子多上女座。女座多，男座就不少，不是为看戏，而是为看演戏的……《翠屏山》偷和尚，《关玉（王）庙》解衣拥抱，《珍珠衫》乘醉诱奸的时候，女座眼也直，男座眼也斜。一边喝彩，一边回顾”。这个现象引起精英们的担心，因此他们告诫人们不应该让家里的妇女去戏园听戏。[56]改良者在一般人眼中应该是社会上最开放的那一部分人，他们对妇女的公共角色应该更为宽容，但这些例子则告诉我们实际情况恰恰相反，他们对妇女的公开露面，特别是去戏园看戏持更为保守的态度。其实，这些戏大多是人们喜闻乐见的关于情爱的故事，在舞台表演上已经相当抽象化了，一般男女示爱，也只是点到为止，留下空间让观众去想象。“淫戏”之名大多是精英为限制和禁止而强加在许多剧目上的。

其三，反映了精英们对公共秩序的关心。警察声称，妇女的出现会造成公共秩序混乱，因此应尽量让妇女远离公共场所，或者把她们与男人分开。当然，精英的担心也并非毫无道理。的确，经常是戏完散场后，很多人聚集在出口打量来自精英家庭的衣着入时的女人，警察不得不驱散人群，维护秩序。在男女混合的戏园里，一出戏演到高潮，男人们就经常站起来顾盼女人，而女人也会有相应反应。据当地一家报纸的报道，“女宾嬉笑撩拨男宾，秩序大乱”。戏园的这种“混乱”总是受到精英人士的批评。而且，为了避免事端，警察禁止妇女进入花会中的戏园看戏。[57]劝业场小心翼翼地对妇女开放，但也不时出现混乱。如春节的一个下午，五名衣着入时的年轻女子在那里买东西，引起了一阵轰动，因为“年轻艳妆的女太太五人联袂游劝业场，一般之少见多怪的子弟蜂拥围观”。为了防止出现麻烦，警察强迫她们租轿回家。据报道，这几个女顾客“可谓乘兴而来，扫兴而返”。在几天之后，另外三名女子在劝业场购物，百余人跟在她们后面“拥看”，以至于改良人士哀叹：“妇女们买货物也是挤起的看，真正太不开通了。”为防止意外，警察想办法在劝业场将几名妇女同男人们分开。[58]在劝业场使用电灯后，很多人前来观看，警察为男人和女人安排了不同的参观时间。[59]其实，人们的这种所谓“不开通”，在很大程度上是社会传统和当局的男女分离政策的一种结果。其实他们也知道“少见多怪”的道理，但是在男女公共关系问题上仍然宁愿持保守的态度。

其四，改革者仍然坚持传统的家族制和社会等级观。男女平权的思想在新文化运动期间及之后开始传播，这点我们可以在巴金的《家》中看到。但与北京、上海等大城市相比，成都经历了更为缓慢的变化过程。成都由于地理环境的隔离，受到的西方影响较少，因而更趋保守，保留了更多传统社会风尚。[60]资料表明，即使在 20 年代，许多精英仍然认为“男女平权”是“异端邪说”。因此，妇女争取公共空间的斗争，就要比沿海城市更为艰苦。

然而，成都街头还存在另外一种类型的女人。她们一般来自社会下层家庭，受传统“女德”的限制较少，她们有勇气公开和男人交锋。正如傅崇矩所描述的，“贫家恶妇打街骂巷”，她们典型的姿势俗称“茶壶式”，即一只手指指点点，另一只手叉在腰间。的确，社会下层妇女在街头彼此谩骂甚至打斗的场景并不罕见，道学先生们认为她们“妇德不修”而大加抨击。当地报纸经常报道她们的公共行为，其中一个故事是讲一个住在府街的叫杨忠的人，他老婆是一个有名的“泼妇”，杨忠嗜好赌博但很怕老婆。有一天，他输光衣服后悄悄溜回家，准备拿床被子当赌注，被老婆抓住了。她马上把他拽到街上，“百般辱骂”，不管他如何求情，还威胁要把他交给警察。直到街首出面调停，让杨忠道歉，她才罢休。当地报纸报道这个故事时评论说，“杨忠行为不正，已失男子之志气，人皆谓罪有应得”。另一则报道说，一名卖布的商贩拒绝按早先议定的价格把布卖给一名裁缝，引起了争吵。裁缝的“泼妇”老婆把商贩的手咬出了血，还朝他扔脏东西。另一个例子更有戏剧性，一位载客的人力车夫不小心碰倒了白姓妇女的儿子，这个小贩的老婆马上跳到街上来，一拳砸向车夫的脸。这一重拳不仅打破了车夫的左眼球，血流满面，还将他击倒在地。有些下层妇女甚至敢与士兵叫板。一位皮匠的老婆，也是邻里有名的“泼妇”，在与一个士兵发生争吵时，扇了那士兵一耳光。挨打的士兵把这一事件向其长官报告，长官会同鞋业同业公会会首到作坊解决争端，裁定错在该妇女。其惩罚是该长官用一根烟管敲头，另外她被迫挂了一块红布，燃放鞭炮，作为道歉。[61]

以上这些故事表明，虽然中国家庭里男人处于控制地位，但也常常有例外。所谓“泼妇”展示了妇女行为的另一面，这与温顺的中国妇女的陈旧印象完全不同。即使从总体来看，妇女是社会中的受害者，但是她们在公共场所扮演的角色取决于各种因素，包括她们的文化、民间传统、个人性格和经济地位，她们中仍然有一些敢于藐视那些传统的所谓“妇道”，在公共场所展示她们的力量和勇气，即使因此而背上“泼妇”的恶名。[62]所以，对那些竭力维系传统道德规范的精英来讲，她们的行为是应该受到谴责和控制的。

一般来讲，社会的变化允许妇女公开从事更多的社会活动。更多的公共场所包括女子学校、演讲厅、新式商场、戏园、茶馆等都可以向妇女开放。民国初期，有些妇女非常热衷于参加公众政治集会活动。例如，1916 年夏，在倒袁运动胜利后，[63]成都举行了一场持续若干天的纪念典礼，有万余人参加，实际上变成了一场大规模的公众娱乐活动。女学生和妇女的出现对民众来说是一个看热闹的好机会。同年冬，另一项纪念活动在祠堂街举行，仍然有很多妇女出席，吸引了大批“流氓”前去围观。因此，当局下令关闭附近的四家茶馆以防止过度拥挤。[64]

有些妇女比其他人享有更高的社会声誉。何喜凤是可园的台柱，深得观众喜爱。一次她演出时发病，担心她身体的观众拒绝离开，直到她重新出现在舞台上。她也将一些收入捐赠给慈善机构，人们对她更刮目相看。[65]引导时尚趋势并在公众生活里相对活跃的女学生，不仅思想开放，而且较少拘束，甚至敢于反击想入非非的男人，有故事为证："某学堂学生二名，同游丞相祠，于荷花池畔，遇女学生十余人。二生注视不已。女生去而之他，二生亦尾其后，接近逼视。女生中有骂之者，二生反以戏言答之。众女怒，共窘辱之，且批其颊，二生乃抱头鼠窜而去，人皆曰打得好，打得好。"晚清以来，随着现代学校的发展，女学生享有较高的社会地位，因此一些下层女子会将自己装扮成学生。例如，据报道，一个木匠的小姨子因为"脂粉太重"，在街上被一群无赖追逐。具有讽刺意义的是，警察没去追究那些无赖，至少根据这个报道没有，但是他们却认真调查了这个女孩儿。她的姐姐——木匠的妻子——声称她是学生，但是警察发现这是谎言，便对这个女孩儿严加训斥。记者发表评论说："《易》曰'冶容诲淫'，不知自咎，反冒充学生，以污女学界清名。巡警之申斥也宜矣！"[66]她假装成女学生，说明女学生在当时是新潮，受社会尊敬。非常明显，警察对待主要来自精英家庭，享有比大多数妇女更高社会地位的女学生，要比对一般民众好得多。精英们对此也是畛域清楚，不容下层妇女染指，否则将玷污了所谓的"清名"。

到了 20 世纪二三十年代，妇女在公开场合露面不再新奇，一些思想开放的精英开始将妇女的公开露面与平等的概念联系在一起。正如一位地方文人所写："社交男女要公开，才把平权博得来。若问社交何处所，维新茶社大家挨。"我不知道这是指那些趋新的茶馆还是一个叫"维新"的茶馆，但无疑真实描写了男女在茶馆混杂的情景。另一位竹枝词作者描述了街头新老因素共存的现象："鞋穿绊线剪平头，守旧维新两自由。"在这个时期，茶馆成为妇女争取与男人平等的象征，正如一首竹枝词所揭示的："公园啜茗任勾留，男女双方讲自由。"此外，成都新公共交通工具的使用也为男女交往提供了方便，如竹枝词所描写的："汽车更比包车好，男女相逢坐一堆。"社会变得更开放，公共场合追逐妇女的情况也在减少，惩罚也不再像过去那么严厉，正所谓"社交已达公开日，不必场门锁彝神"。[67]女性不仅成为茶馆的常客，而且还有人加入了女招待的行业。吴虞在日记里写道，他看见春熙路益智茶杜雇佣的是女茶房。一般来讲，过去贫妇主要以奶妈、佣人、缝纫、糊火柴盒、卦婆等工作来谋生，但这时妇女已经开始进入一些男性占主导地位的像茶馆这样的行业工作，尽管有些保守的精英对此类变化感到很不适应。[68]

虽然我们不能说这一时期妇女最终享有了对公共空间的平等使用的权利，但是她们的确已经扩大了公共活动的范围。茶馆便清楚地见证了妇女社会地位的改变。从 19 世纪不允许她们进入，到 20 世纪初对她们开了一条门缝，再到 20 世纪 20 年代她们成为常客，乃至 30 年代她们开始在那里谋生。公众也逐渐增加了对妇女的接受度。我们可以认为，在中国，妇女在公共场所的被接受程度，实际上是衡量社会开化程度的一个重要指标。虽然妇女争取活动空间的努力不是一蹴而就的，但至少她们为自己赢得了一席之地。

## 妓女：挣扎与"新生"

在成都，妓女问题至少可以追溯到明代。明末是中国士林社会生活相对开放的时期，那时官妓和卖淫十分流行，逛妓院并不是一个严重的道德问题，很多儒生甚至把交结高级妓女当作一种时尚。孔尚任的《桃花扇》对此有十分生动具体的描述。[69]这种现象不仅在江南地区，而且在成都这样闭塞的内地也很盛行。15 世纪的文人写道："锦官城东多水楼，蜀姬酒浓消客愁。醉来忘却家山道，劝君莫作锦城游。"另有词曰："江上小楼开户多，蜀侬解唱巴渝歌。清江中夜月如昼，楼头贾客奈乐何。"除了精英和商人，下层劳动者也常去这样的地方，正如竹枝词所描述的："杨柳昽昽天欲明，锦江夜雨江水生。盐船无数恶年少，闲上江楼看晓晴。"清朝时期的资料更多地描述了类似的活动："子弟寻花新巷子，玉（御）河沿畔亦消魂。几回不遂狭邪兴，川主庙前半掩门。"通常，妓女在公共场所中极为引人注目："镶鞋净袜一双双，游遍罗城又粉江。蜀妓如花浑见惯，逢场端不看高腔。"[70]

在晚清成都，由女人提供的性服务仍然十分流行，于是成为社会改革的目标（见插图 6-5、6-6）。当地人管妓女叫"婊子"或"烂娼"。同上海一样，妓女的艺名总"让人联想到情欲的快乐，但与文雅结合在一起"，成都的所有妓女都有艺名，诸如"金蝴蝶""杨荷花""水红桃"，等等。傅崇矩指责有些妓女引诱年轻人、拐骗良家妇女，在其编写的《成都通览》里公布了她们的名字，以警告人们远离这些女人。他甚至建议制定规章，禁止妓女穿可能同学生制服混淆的服饰。[71]同已经被彻底禁止的赌博相比，妓院的命运要好得多，它们并没有被取消，而是逐渐受到限制。1906 年，警察将成都所有 325 家妓院定为"监视户"，并将写有"监视户"三字的木板挂在妓院门上，以与普通家庭相区别。社会改良者常常用实例警告人们逛妓院的不幸结果，一篇文章在讲述了一个妓女拒绝再见其破了产的老相好的故事后，总结道："妓女

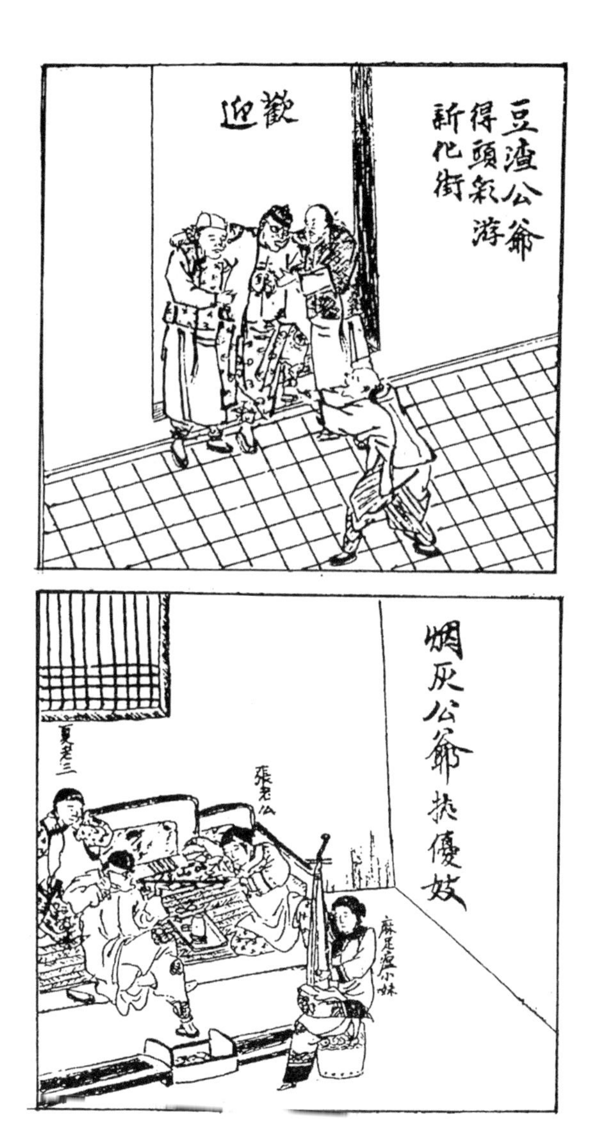


图 6-5 逛妓院。图中那些妓女的艺名，如夏老三、张老么、麻足瘟小妹等都是当时成都真正有名的妓女。
资料来源：《通俗画报》，1909 年第 5 号。

图 6-6 街边的妓女。
资料来源：《华西晚报》，1941－10－09。

之无情，亦至于此，好色者可以鉴矣！”他们特别强调守孝的人应禁止去妓院，因为这样的行为与传统道德相抵触。[72]

为了“拯救妇女于孽海”，地方当局开办了“济良所”，以收容妓女，教她们“自尊”、识字、计算，希望把她们转变成“正经婀媛”，寻找另一种谋生方式。参加这一计划的妇女被要求做工，例如织袜，以补充“济良所”的收入。到1909年，六十多名妓女进入了济良所接受“从良”教育。为了开始新的生活，她们中的30人选择了结婚。据报道，那些妓女“均颇知悔悟”，逐渐改变了她们的生活方式。具有讽刺意义的是，尽管社会歧视妓女，但是仍有很多男人有兴趣与她们结婚。[73]据称，“择配从良”的前妓女“多得善处”，有些人甚至返回“济良所”讲述她们的成功故事。[74]

妓女一般聚集在柿子园，那里被改良者看成“污秽”和“下流”的红灯区。随着城市改良的进行，它被更名为“新化街”。对于穷人家的女子而言，即使在改良时代，也面临着被诱拐或强迫在那里卖身的危险，当地报纸不断报道诸如此类的事件。职业皮条客被禁止，一经发现将被捕并送去做苦工，但是拐骗妇女的事件仍层出不穷。[75]很多精英不满当局有关妓女的政策，一位地方文人在一首竹枝词中便讽刺了所谓的妓女改造：“新化名街妓改良，锦衾角枕口脂香。公家保护因抽税，龟鸨居然作店商。”他们显然不认同当局允许妓院存在的政策，批评官方无非是为了经济利益。虽然允许妓院经营，但当局对顾客加以限制，明确规定学生“应守礼法”，士兵“应守营规”，年轻子弟“应爱身体”，以上三种人不允许进入妓院。违规接待这些人的妓女将受到处罚，将不再被准许继续在新化街谋生。[76]

但是，真正想要从良、“做正当”职业的妓女，依然面临着许多障碍。那些离开妓院已经结婚的人仍然保留着“前妓女”的名声。例如，一个妓女从良后在永兴巷的拐角处开了一家铺子，生意很好。但一次他人在店里“与人因争风，大起冲突”，导致某人受伤。事件发生后，邻里们“公同议定”，让她迁店。在另一故事里，一个做小生意的店主爱上了一个妓女，租了一间房子准备成家。他们去警察局领结婚证，警察拒绝颁发，还要强行将女子送进济良所，声称她决定结婚违反了规定。这个决定造成了可悲的结果，男子在得知他不能与深爱的人结婚后，心碎得发了疯。因此，很多停止卖淫的妇女发现过正常的生活并非易事。有些在从良后仍面临生存危机的妇女，最后不得不重操旧业。但是，也有一些妓女力图嫁给高官或士绅，以此作为获得安全和保护的一种策略。[77]

不少妓女试图迁出“红灯区”，与其他居民混杂居住，秘密提供她们的服务。居民请求警察清除邻近地区的妓女，但被告知这很难解决，因为新化街和济良所已经人满为患。但是，警察认识到，妓女夹杂在一般居民中并不恰当，所以许诺尽快让她们离开。从这些报告中可以推断，晚清成都的妓院相当繁荣，许多妇女以此为生。在晚清城市改良期间，妓女集中在新化街和武担山两个区域。民国初年，卖淫行为更盛，妓女们也寻求更多的空间，即杂居到红灯区之外，以此还能逃避纳税。其实，由于新化街和武担山难以容纳日益增多的妓女，地方政府也力图为她们寻找安置地方。1917 年军阀成都巷战期间，很多妓女四处逃生，有的开始与普通人家为邻。这引起了相当大的混乱，有些嫖客错将“良家”误认为妓院，不宣而入。因此，警察最终还是将妓女赶回到他们安排的区域，重申妓女必须合法登记，非法卖淫者或“暗娼”一经抓获，即送警察。[78]下层社会的妓女集中在新化街和武担山，而上等妓女则散布在整个城市里，在客栈、饭馆、酒店等地方从事色情交易。总的说来，市民支持把妓女与其他居民分离开，但是当警察计划移送妓女到砖棚牌坊和�泉街时，却遭到了这一地区居民的反对。他们声称，邻近地区有一千多家商店和几千位手艺人，他们白天工作夜里空闲。如果妓女迁移进来，那些工人有可能常去妓院。另外，居民们还担心妓院成为罪犯的藏身之处，危及社区安全。[79]

虽然社会歧视是极大的压力，但也有妓女不理会社会的敌视态度，她们显然从未想要掩饰她们的活动，而在公共场所向人们进行挑战。有些妓女会穿学生制服，以对抗精英们规范她们衣着的规定；有的在街头旁若无人，即使吸引了大批好奇的旁观者；有的不顾警察罚款的威胁，仍然对禁止她们与顾客同坐轿子的规定置之不理；有的屡屡违反关于不得进入公共场所的禁令，而频繁涉足这些地方。从地方报纸中不时看到这样的报道：妓女违反了不得进入花会或庙会的规定，她们被赶了出来。尽管妓女被禁止进入戏园和茶馆，她们如果被警察抓住，将当众受辱和被捕，但是仍然有妓女敢于藐视这些规定。[80]

很多妓女并不感激地方精英和警察让她们"从良"的努力，而继续从事她们旧的谋生方式。在改良者的眼中，她们"装束怪异，语言粗鄙，脂粉浓重，光怪陆离"，这在城市改良的过程中一直受到改良者的谴责。不可否认有些女人是自愿成为妓女，精英们由此得出的教训是，"主家政者慎勿令妇女自由行动"，否则就"后悔无及也"。杨老三是晚清一位名妓，她从良结婚后，她丈夫倾其所有也无法养活她，她就重操旧业。她的丈夫为此非常恼火，甚至与她的客人发生了打斗。[81]这些妇女的行为告诉我们，即使是同操"贱业"，每个人的处境也各有不同，因此他们（她们）对改良的反应也不一样。在一般人看来，妓女是受男人迫害和蹂躏的弱者，但实际上她们成为妓女的原因各不相同，生活方式也差别甚多，对付男人的方式和手段更是花样别出。研究妓女的学者们其实也注意到，妇女的身体虽然被当作商品来出售，但她们也不甘受男人奴役，她们也能结成自己的小团体，也能集体自卫，也能同老鸨和男人讨价还价，也能想方设法搜刮嫖客。[82]那些改良精英经常举例的妓女如何无情地抛弃破产的嫖客，则从另一个角度反映了妓女对男人的反抗和报复。

尽管一些妓女试图与普通人混居，以淡化她们的身份，但也有一些妓女极力在公开场合炫耀、卖弄自己。她们不断地通过衣着打扮和公共行为来挑战社会习俗，使精英们不得不呼吁“如此行为宜严加干涉”。那么，她们到底有何公众行为，她们公开露面的实质是什么？当地报纸是这样描述的：

> 近日，娼妓奇妆（装）异服，沿街游荡。有两妓女共乘一舆、共坐一车者斜目四顾，调笑自若，故显体态轻盈，可作掌上歌舞。一妓前行，后必尾随二三青年子弟，衣裳楚楚，形极轻狂，不知其龟奴耶？昨记者过少城西马棚，见一娼妓头梳大毛辫，戴绿泥遮阳帽、金丝眼镜。穿披青缎中式时样皮袄、扎脚青裤，批（扎）西式白色洋头绳。（穿）大披肩、电光褂、花绿色出风毛新式朝元鞋。全身妆饰，不中不西，不男不女。两手叉腰，沿街笑骂。后随一衣服华丽少年，形极恭顺，意气扬扬，不知是该娼妓何许人也？

当他们经过一个警察分局门口时，警察将其拦住并“痛加申斥”，强迫妓女脱下披肩和遮阳帽，取下眼镜，雇轿强行把她送回。尽管那“少年状若死灰”，但该“娼妓形尚自若”。[83]这些描述的确给我们勾画了一个超级“现代”的女人，无所顾忌地行走在还很传统的成都街头的有趣画面。我们可以看到的是，所谓“奇妆（装）异服”“沿街笑骂”，无视路人侧目，可以说是她们反抗鄙视她们的社会的一种方式。这个故事告诉人们，妓女虽然是弱者，但有的并不甘当弱者。她们清楚地知道人们对其公开露面的看法和什么样的行为会激起当地精英的怒火，但似乎她们就是要去挑动精英敏感的神经。作为经常受到限制的社会底层，妓女用她们有限的能量和资源作为工具，来宣示她们对公共空间的权利。

在成都，废除妓女是人们持续不断的话题之一。20 世纪 20 年代后期，其他大城市正在进行妓女改革时，成都的一些精英建议分两步走：首先不再允许任何妇女进入这个行当，这样可使其数量减少；然后，禁止全部现有的妓女从事卖淫活动。但是也有一些改良者认为，如果没有首先解决经济问题，禁止登记“公娼”则可能为“暗娼”的发展造成机会。实际上，整个民国时期，妓女问题从未解决，反而进一步发展。[84]这种状况的出现，固然与政治的不稳定、政策的多变性有关，但是下层妇女为生存而挣扎也是其重要的因素。

## 穷人：城市社会的底层

任何城市都包含了反映阶级隔离的“社会地理”。[85]在成都，大多数穷人居住在城西，妓女集中在武担山和柿子园，民间艺人生活在城东。[86]在少城，“街道宽畅，没有铺砌，泥泞；居民们——特别是那些妇女——看上去状态不好，穿的也很不像样”。[87]阶级和族群的划分几乎随处可见，在轿夫和他们的乘客之间、体面的顾客和舔盘子的乞丐之间、苦力和雇主之间、住在街边的“街娃（儿）”和四合院居民之间，都形成了鲜明的对照。富人和穷人在生活上的差距，清楚地表现在地方文人的作品里，因为人被划归为不同的世界，因此人们不禁要问：“南文北武各争奇，东富西贫事可疑。一座城中同住下，然何分别竟如斯?”[88]幸运很难光顾穷人，即使春节也不能带给他们快乐。节日来临，穷人们却要操心果腹的食物，还要担心逼债人的上门："商量入市营柴米，门外先来索债人"，真可谓雪上加霜。在节日期间，他们"愁听长街击磬声，惊心岁短倍伤情。可怜案上无杯酒，也向神天祝太平"。[89]在这些记录里，我们可以感觉到一些精英对社会不公的批评和对穷人的同情。

对一个研究社会的现代学者而言，街头可能是透视穷人生活的最佳地点（见插图 6-7）。不幸的人们喜欢公开讲述他们的悲惨故事——丢失了钱，穷人遭恶人欺侮，家人生病，等等——以获取路人的同情和帮助。正如一位曾到过成都的西方观察者指出的："研究大城市的生活，没有一个地方比省府更为合适的了，因为在那里你通常可以得到一切你想得到的东西——富有阶层的奢华和荣耀与穷苦阶层的沦落和贫

图 6-7　大街后面。这张照片摄于晚清穷人生活的一条小胡同。胡同的中心铺了石板，以供推"鸡公车"使用。

资料来源：Wallace，*The Heart of Sz-Chuan*（1907），p. 64。

困。”西方人的记录客观地表达了成都各阶级的差别，这种差别常常在街头上暴露无遗。在街头，人们经常能看见躺在地上生病或垂死的苦力。不止一次，有穷人在茶馆歇气时死在那里，苦力由于饥饿在街头失去知觉，但是其他人却认为那人仅仅是在休息。[90]传教士裴焕章指出，那些小贩和农民常常用来吸引路人注意的“最奇特、最便宜的办法”，就是“用稻草或竹子缠出来的小圈”，这个小圈的意思是这件东西待售。他看到一个穷苦力“在一根棒子上缠着稻草圈沿街行走，这说明他自己是唯一所有，他已经穷得不能再穷了，离乞丐只有一步之遥”。有些不幸的人，除了卖掉自己外已经无任何东西可卖。饥荒时节，裴焕章看到一个男人“辫子上插着稻草，沿街游走”，这表明他是在“出售自己”，裴焕章认为这是“一种非常凄惨的景象”。[91]清政府灭亡后，成都旗人的生计成为一个重要问题。因为旗人失去了他们的“旗粮”，大多数又缺乏谋生的技能，结果陷入了忍饥挨饿的困境，一些年轻的妇女为了生存不得不转向街头乞讨。一家报纸推断，“旗民之苦，今日已达到极点”。[92]民国初年，他们的确面临着严重的歧视和经济压力，突如其来的政治变动使许多旗人加入本来便已经很庞大的贫穷大军之中。

在成都虽然没有大规模抢米风潮的报道，但挨饿的人们偷抢粮食的记录却很常见。在民国初的军阀混战时期，很多来自灾区的难民聚集在西城门外，每有米贩经过，有的就以帮忙推车上坡为名偷米，有的则明目张胆地划破米袋盗窃大米。20 年代初，流浪汉发现独自难以谋生，于是组织成团，往往几十个人一伙，到处觅食。一次，十几个穷女人突然抢了会府南街一个煎饼店的煎饼，一边跑一边狼吞虎咽。在餐馆，饥饿的穷人站在顾客身后，顾客一吃完，他们马上就“风卷残云”地吃掉他们留下的残羹，即使饭店伙计拼命驱赶，他们也置之不理。[93]可以说这个时候的成都，是一个穷人的城市、饥饿的城市，大众在不满和愤怒中生存。

穷人在公共场所经常受到有钱有势者的欺侮。刘师亮在他的《哀黄包车夫歌》里，以沉重的笔调叙述了这样一个故事：

黄包车，
快些走，
先生今天会朋友。
先到新化街前去出席，
后到望江楼上吃花酒，
转来顺过九眼桥，
毛家公馆推牌九。
问问路，
二十里，
铜元一吊就足矣。
争多论少意何为？
你把先生瞧不起。
先生不是普通人，
立刻就要医治你！
车夫争钱太无耻，
骂声车夫你该死！
不去当兵来拉车，
给你几个嘴巴子。
打得车夫无言答，

垂头丧气面如死。
不见军警干涉坐车人，
只见车夫两泪汪汪流不止。
流不止，
何所使？
呜呼呜呼吾同胞，
“革命区域”有如此！[94]

刘师亮的故事生动地描述了人力车夫谋生是多么艰难，也揭示了富人对穷人的欺凌，同时亦表达了对阶级压迫的尖锐批评、对强者的谴责以及对弱者的同情。我们看到，军阀所标榜的“革命区域”，实际上是一个无法无天的世界。与晚清不同，这个时期由于地方军事力量的崛起，警察的力量有所减弱，显然不能控制地方恶势力。民众不能从法律上获得足够的保护，但是他们将一些日常的抵抗方法作为“弱者的武器”（weapons of the weak）。写对联也是发泄愤怒的一种方式。下面这副对联表达了穷人对不平等社会的怨恨：“笑我者无非穷困，发财人总要背时。”[95]这充分体现了贫富间的社会隔阂和冲突。我将在第七章讨论人们的不满是怎样转化为街头政治的，但下面我将着重讨论两个在街头谋生的社会集团——轿夫和乞丐，具体考察他们是怎样生存和在社会底层挣扎的。

**轿夫和他们的日常抵抗** 成都的街道挤满了各种各样的苦力：背子、扛夫、挑水夫、轿夫，等等。史谦德指出北京的人力车夫“代表了贫困和社会错位”，成都的轿夫其实也是如此（见插图6-8）。仔细观察这些人，我们能更好地理解下层民众的生存策略和日常抵抗方式。在

图 6-8 轿子和轿夫们。

资料来源：Davidson and Mason, *Life in West China: Described By Two Residents in the Province of Sz-Chwan*, p. 35。

成都，轿夫和乞丐是街上最易见到的群体。轿子是当时主要的公共交通工具，抬轿是一种最常见的传统职业。1916 年，成都有四百九十多家轿行，如果只按每家十乘轿子算，轿子总数也接近五千，[96]可见从业人数之多。轿子有各种类型，如“街轿”（又叫“二姑鲁”），即两人抬之轿；“三班”，即三人抬之官轿，有“平顶冠”“纱帽头”“一匹瓦”“鸭蓬轿”等名目。三人轿的杆要调整到适当的位置以均匀分配重量。一般走了两百多步之后，轿子的重心从一个人调整到另一个人，这样抬轿者可以轮流休息。如果跋涉时间长，或是乘客太重，就需要四人轿。[97]

毫无疑问，抬轿子是一件非常辛苦的事，但是轿夫们仍然可以通过炫耀他们的技能来获取快乐。他们抬轿的风格分成“平杆”和“拱杆”。后者又有“峨嵋俏”和“鹰爪子”之分。要把乘客抬得像屋檐一样高，很是威风，但也有危险。有些顾客喜欢坐在“拱杆”轿上炫耀自己。当轿夫抬着轿子在街上呼啸而过时，他们十分得意。但轿夫用拱式轿子抬着乘客在街上快速行走时，不仅经常撞倒和撞伤行人，而且有时自己也会跌倒。轿子的样式和轿夫的抬轿方式给外来客留下了深刻印象。一位传教士写道，这个城市“到处是在任和退休的官员，他们坐在轿子里，飞快地在街头穿梭。轿子成凸形，乘客坐在最高处。抬轿时，这样的轿子被高高举起，越过人群的头顶”。[98]

轿夫抬轿时，后面一人无法看路，遇有情况，全靠前面的人以行话提醒，这形成了他们独特的语言。一般是有节奏的押韵短句，充满着幽默。这不仅可以帮助维持协调，而且可减轻疲劳。例如，当孩子挡了路，领头的轿夫可能大喊“地下哇哇叫”，后面的轿夫就会回答“请他妈来抱”；如果遇妇女，则说“左边一枝花”，答曰“赶快让开她”；有泥水洼时说“稀泥烂窑”，回答“踩稳莫跳”，或者“天上明晃晃”，答“地下水凼凼”；当转弯时叫“狮子拐”，答“两边甩”；当道路危险时说“斜石一片坡”，回应“踩稳才不梭”；如果地上有畜粪，则“天上鹞子飞”，答曰“地上牛屎一大堆”。[99]这些语言真是幽默风趣，成为街头文化和下层民众活动独特而生动的表现。

富人家一般有自己的轿子，“大班”即富人家长期雇佣的轿夫。虽然他们的情况比在街上招揽生意的轿夫要好，但是他们仍受到轻视。例如在改良人物傅崇矩所编的《成都通览》里，大班被描述成粗鲁轻率，冒犯行人，故意晃动轿子使乘客不舒服，从街边货摊上偷拿东西，甚至在雇主的地盘上打架，给主人“丢脸”。傅崇矩似乎对此深有体会：“主人之所以雇轿夫者，为有事也。此等人每每好逸怨动，或每天抬过两三次，如再命驾，伊等必怨声载道，任你如何着急，伊偏要煮饭，或主人候他吃饭出恭，或大声发怒，或言活路多了，种种讨厌，难以笔述。”其实，像北京的人力车夫一样，“他们的劳动就像是展示在公众面前的表演”，从而“产生了街头政治”。成都的轿夫用他们的行为方式表达了对生活和工作条件的不满，间接地抗议他们受到的压迫。然而，他们也与北京的人力车夫一样，由于没有强有力的领导，并未展现出劳工阶级的集体力量。[100]

有些当地报纸记载了轿夫们的痛苦和他们所忍受的社会歧视。虽然轿夫们可以在街头通过自己的行为表现出他们的能力，但实际上他们经常被骚扰、侮辱，甚至成为受攻击的目标。尤其是街头流氓，经常找轿夫的麻烦。一次两个轿夫正抬着一个妇女，两个恶棍突然推了一下轿夫的肩膀，想把轿子推翻，这引起了一场严重的打斗。有时即使是街头的一条狗也会造成意想不到的后果。在《通俗画报》里，有一幅题为《狗翻女轿》的漫画，描绘了一条狗穿过狭窄的街道，撞倒了轿夫和一名妇女，旁观者看得目瞪口呆（见插图6-9）。[101]《国民公报》一篇名为《两轿夫被鬼揶揄》的报道，讲述了一件更为离奇的故事。

> 二更时，有两轿夫抬着空藤轿经过少城桂花街，突见迎面一人头戴草帽脚蹑草鞋而来。轿夫问曰：先生坐轿否？答云坐到皇城边，即掀帘进轿中坐。轿夫忻然抬起，走经靖国路，转八寺巷，至板桥子。两轿夫不知如何竟抬下御河，泥水淹过半身。而行幸遇数人持火把过河边上，闻河下踢踏喘息声，踩左，踩右声，以火照之，呼登岸，两轿夫始恍然如梦醒来。众询其来历，轿夫述如前情。揭帘视之，轿中并无人焉。众骇谓曰，殆遇鬼耶？轿夫惊惧踉跄而去。[102]

图 6-9 狗翻女轿。这幅画除了表现在街头发生的翻轿事故外，还显示了“拱轿”的风格。从画中我们还能看见一家钱庄、一座四合院的门、一个食品小贩、警察、店主、看门人和几个行人。钱庄的招牌写着“兑换银两”。在四合院的门上贴着一个“福”字。

资料来源：《通俗画报》，1909 年第 5 号。

这件逸事最有趣的部分是严肃的《国民公报》的评论，“此鬼亦太恶作剧，竟揶揄及于轿夫”。我们很难判断到底发生了什么，但无非有两种可能。一种是故事是真实的，某人以如此的绝技来捉弄轿夫；另一种可能就是它从未真实发生，而只是个以下层民众为取笑对象捏造的故事。在成都，街坊流传的许多故事都是以农民、妇女和愚笨的未受教育者为主题的。这个故事或许就是这种故事中的一个。当然，这个故事也可能有所依据，但在传播过程中漏掉或添加了一些细节，从而使事情本身变得扑朔迷离，难以理解，难窥真相。

轿夫和乘客之间的社会阶级区别非常明显。在精英们看来，轿夫不仅体现了贫穷，而且代表道德低下。他们对轿夫的各个方面——从外表到行为——都有抱怨。精英们批评轿夫，“衣多不洁，往往将座垫污秽，臭虫虱虮，无所不有”。特别是在夏天，有一股难闻的味道，“汗气满垫，疮痂飞扑”。有些报纸刊登的故事标题就带有明显的敌意，如《可恨的轿夫》和《可恶的轿夫》等。他们报道说，轿夫不遵守交通规则，漫天要价，特别是对那些新来的外地人和乡下人，轿夫经常“欺侮”和“辱骂”他们。由于轿子价格争端越来越频繁，警察对成都街道里程的轿价进行规范，订立了“官价”，还发行了“价格表”。据说人们欢迎这一政策，改良者声称它能减少很多矛盾。实际上，轿夫经常遇到雇主拒绝支付讲好的轿钱，因而引起争端。有些轿夫提出行业是否应该实行一个要求预付轿钱的新规矩，但另一些人又担心这会使他们失去潜在的乘客。为了避免不必要的竞争，每个轿行都建立了自己的生意圈，在自己的势力范围内，阻止所谓的“乱抬”行为。但是轿行的区域很模糊，争端也就在所难免。[103]显然，轿夫不仅要处理好与雇主、乘客的关系，还要对付其他的同行竞争者。精英所描绘的他们的种种

“不端”行为，恰恰反映出他们努力生存的艰难环境。

**乞丐王国** 如果我们试图观察都市的贫穷，那么乞丐——街头最常见和最不幸的人群——或许是最好的对象。[104]与其他中国城市一样，成都的乞丐靠街头生存。他们在长期的乞讨过程中，形成了自己独特的组织、生存方法和生活方式。当农村地区有饥荒或自然灾害发生时，城里的乞丐数量就急剧增加。传教士吴哲末（Edward Wallace）写道，当他晚清来四川时，看见“许多瘦弱的乞丐，成群结队拥挤在城镇附近的道路上”。根据传教士裴焕章记载，那时成都的乞丐数量至少达到1.5万人，还不包括那些住在各种各样的济贫院和其他机构的穷人和老人。谢立山（Alexander Hosie）描写了他在19世纪末到达成都的情景：“数百名乞丐拥挤在东门外，我们非常费劲地从这些在桥上堵住去路、衣衫褴褛、蓬头垢面的人中挤出去。”在传统社会，地方官和慈善团体在控制和帮助乞丐方面做过很多努力。晚清时期，地方政府在东门和北门向乞丐施粥，每天一到两次，大约有两三万名乞丐领取。但是也有些人假装成乞丐，用领取的米粥去喂养他们的家畜。根据裴焕章的记载，在得到“早晨的米粥之后，乞丐们便从东门或北门拥入城里……开始了一天的乞讨，他们用铃铛、拨浪鼓或其他响器，来吸引店主、住户的注意，以对他们的悲惨状况产生怜悯”。[105]在晚清都市改革措施的控制下，乞丐数量大幅下降，但民国初期再次增加。从东门大桥到一洞桥，街道肮脏，挤满了乞丐，一般八至十人一群，该区的每家鸡毛店都容纳了上百个流浪者，他们中大多数在20岁以下。[106]

当时有一种说法，在穷人中弱者变成乞丐，强者则成为窃贼或强盗。那些年幼的男孩女孩与他们的父母一同住在污秽的乞丐棚里，“长大自然成为职业乞丐”。成为乞丐的原因各式各样，但大多是饥荒、洪水、瘟疫等灾难把他们扔到了社会的最底层。[107]有的人沦为乞丐则是因为赌博、抽鸦片或酗酒。如裴焕章所说，“经常看见乞丐成群地聚在一起赌博、喝酒”。巴金的小说《憩园》就是根据他叔叔的真实经历写成的，这篇小说讲述了一位大业主如何因为赌博而破产沦为乞丐，最后在二仙庵饥寒交迫地结束了生命。[108]从各种记载中我们可以看到，现实生活中也有很多类似的故事。如一个拥有两座四合院和五所房产的富人，因为赌博、抽鸦片和逛妓院，最后倾家荡产，成为乞丐。当他身无分文地死在街上后，一位善良老人花500文钱，雇了一个守夜人把他埋在了城外。另一个例子中，廖灼虽是富家子弟，但他父亲去世时，没有给他留下任何财产，以至于他不得不去乞讨。后来，他当了东御河街区的丐头，据说这是因为人们看重他的家庭背景，另外也因为他的书法极好，当时一些商店还请他写招牌。[109]

乞丐过着悲惨的生活。他们经常被禁止住在城市里，因此只好在每天清晨四个城门打开时进城，然后在垃圾堆里觅食，并尽力寻找一个诸如扛重物那样的活路（见插图6-10）。他们夜里被迫离开城市，睡在庙宇的檐下、坟场、河边或桥下。他们饥寒交迫，生不如死，正如一首竹枝词所描述的：“饥寒两逼困江滨，未死犹如已死身。”北门变成乞丐的另一个聚集地。当经济恶化、米价上涨时，乞丐经常一整天也讨不到任何可吃的东西。无法忍受的饥饿、难以言状的痛苦，使他们在夜里哭喊甚至尖叫。有些人是“奄奄一息，形将就毙”。有人写到，看见一个赤身裸体的乞丐在呻吟，用一只手遮住他的生殖器，说他得了性病。乞丐们为讨到钱而卑躬屈膝，但得到的经常是反感和蔑视。精英们认为“浊丐可恨”，称这种行为“有伤风化”。[110]

冬天对于乞丐来说尤其困难。裴焕章亲眼看到，“在严冬的清早，

图 6-10 描绘了街头乞丐成群的现象。上书："岁不恶，食不足；一签一粥，吁嗟苟活。"这里"一签一粥"是指乞丐每人凭签取粥。
资料来源：《国民公报》，1921－07－19。

时常看到三四具尸体躺在东门外的桥边"。由于这种情景太普遍，以至于当地居民很少在意。另一西方传教士何忠义看见街头挤满了乞丐，他们"有满身是烂疮的，有得麻风病的，有长疥疮的，除了一块烂围席或粗糙的大麻布以外，无物蔽体"。[111] 为避免冻死，他们寻求各种方法获得温暖，一种方法就是聚在小吃摊留下的热炭灰周围。小吃摊一般都有一个用于烹饪的大土炉，当天的生意结束后，很多小贩就把炉子留在街上，乞丐们冲上前去为争抢热灰而打架。他们在打斗过程中，经常损坏炉子，结果常常引起乞丐和食品小贩之间的矛盾。每年冬天都有很多乞丐冻死在街头，一般情况下，热心"积德"的居民会提供一具叫作"四个板子"的薄棺材，即用钉子把四块粗制的木板钉在一起。乞丐的尸体被送到城外数里的坟场，而抬棺材的乞丐可以挣一点儿象征性的报酬。裴焕章发现，所谓尸体掩埋是"没有墓碑、没有名字或任何记录的。按中国人的观点，最糟糕的是没有人为他烧纸钱、供祭品，以保佑他不受黄泉之苦”。有时候，人们错误地将身染重病的乞丐当成死人，带到城外埋掉。正如一首竹枝词所写：“一个篾笆双束缚，可怜白日活埋人。”据另一篇报道，有一个乞丐倒在地上，人们以为他死了，把他从红庙子街运到北门附近准备掩埋，突然乞丐发出呻吟声，人们才发现他还活着，“众皆骇异，又以为复活，吁怪矣！”[112]

为了生存，乞丐们什么事都做。在成都形成了这样的风俗，无论哪家有大事、婚礼或葬礼，都会有乞丐上门讨要食物和钱。更有“不成文的规定”，乞丐可以“在每月的第二天和第二十六天向各商家要钱”。店主认为这就像一种捐税，“他多多少少愿意支付一些，但是在其他日子，他可不一定能满足乞丐的请求，除非乞丐们在他的门前赖着不走和惹麻烦”。[113]（见插图 6-11）。这种由民间自然形成的救济方法，却被改良者认为是“陋俗”，而被警察禁止。想要乞讨有所收获，需要技巧和策略，成都民间流传着不少诸如此类的趣事。一个姓李的乞丐，与一群乞丐住在御河边上。他年轻且无任何残疾，只是衣衫褴褛，见人便伸手要钱，但鲜有成功。行人、饭馆伙计都认为他懒惰，并不同情他，他终日被人驱赶，难得温饱。一天，一个老乞丐向他建议：“走马街口那个瞎婆没人照顾，你何不把她背上，就说她是你的亲妈。‘背妈行乞’，你就成了‘孝子’，保管你每天要来（的食物）吃不完。”李似乎“茅塞顿开’，遂如法炮制，每天背着瞎眼老“母亲”沿街乞讨。于是，“孝子背瞎老母乞讨”就成为成都人一道熟悉的风景：在拥挤的街角，他让“母亲”坐在台阶上，给她喂饭，路人为之感动。不少人带着食物和钱来，仅仅是为了看一眼“为母乞讨”的“李孝子”。[114]

乞丐并不总是平和的，经常会有抢劫、偷盗和敲诈等行为，路人

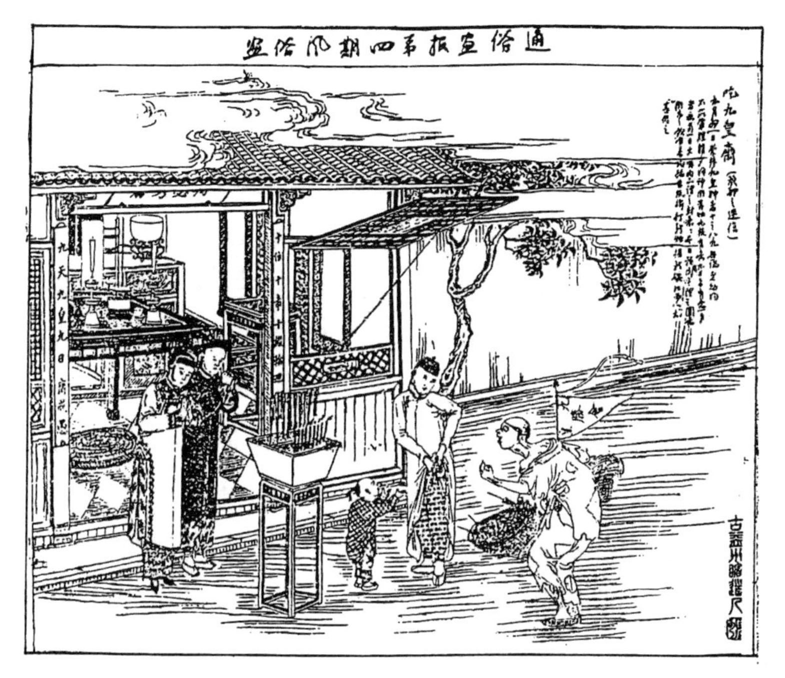


图 6-11 “吃九皇斋”。这个节日是乞丐从居民那里要得钱物的好时机。从这张照片可看出，一个乞丐一只手拿着“九皇盛会”旗子，另一只手在乞讨。从阴历八月二十九起，所有的饭馆和街头小贩都要清洁他们的锅碗瓢盆，在上面贴黄纸对联。人们要戒肉九天（有戒半个月的，也有戒二十天的）。在家里，人们燃黄油烛，焚香叩首。

资料来源：《通俗画报》，1909 年第 4 号。

和小贩都可能成为其受害者。例如，乞丐们经常在街上抢行人的食品和帽子，一个小贩在南门大桥卖桃子，二十多个乞丐抓起桃子，边吃边跑，那小贩对此毫无办法。有些乞丐被称作“恶丐”，他们用一些特殊的讹诈手法，迫使人们给他们食物或钱。当他们来到一家门口，如果狗跑出来，他们就乘机把疥疮抓出血，然后指责是主人的狗咬伤了他们，向狗的主人勒索钱财。如果不给钱，他们就会躺在地上装死。最后，就会邀请丐头和街首来调停，这家人不得不付钱了结麻烦。[115]

很多乞丐并不只是乞讨，他们还有其他的生存方式。根据裴焕章的记载，大约两成的乞丐“有一两种办法谋生，乞讨仅仅是为了补充收入的不足”。一些有手艺的乞丐会做一些像风车、口哨、木偶之类的玩具，“以非常便宜的价格”出售。还有一些乞丐收集羽毛做成鸡毛掸子，而另一些乞丐则在茶馆、小饭馆和鸦片馆收集烟头卖给烟草小贩。许多乞丐还从茶馆饭铺的煤渣里捡炭花，卖给街头的小吃摊。[116]会动脑筋的乞丐想尽各种方法获得食物。在使用电风扇之前，夏天的饭馆十分闷热。20年代在东大街周围的饭馆里，人们经常可以看到一个乞丐和他的几个孩子，每人拿一把大蒲扇。父亲先给一个衣着体面的顾客打扇，然后又去给另一个顾客扇，他的孩子则接着为前一位顾客扇风。那些顾客吃完饭，会给他们留些饭菜，有时还会给几个钱。据说，这个乞丐由于最先发明了这种“卖风”的方法谋生，因此被人谐谑地称为“风师”。对那些年轻乞丐来说，“在街头行进的队伍里，给知县或省府要员的随从扛旗”，是他们经常可以挣点儿饭食和小钱的工作。无论是红白喜事，“前面总有一支很脏的小乞丐队伍，他们穿红戴绿，或其他引人注目的颜色，头上戴着奇怪的锥形帽子”。当代社会的人们，很难想象在威风行进的地方官的队伍前，在体面家庭的婚葬典礼上，会有穿着破烂的乞丐夹杂其中。这在当时是一个广泛认可的习惯，人们并不会因此觉得失了脸面。[117]当然，这种习俗到底是怎样形成的不得而知，我估计可能与传统社会中提倡社会救济和帮助穷人的“积德”行为有关。因为这些大张旗鼓的公共活动，主办人给乞丐们提供干活机会，给他们饭食和零钱，在邻里眼中不但不掉价，反而可能会是很长脸的事。

唱“莲花落”（又叫“莲花闹”）是乞丐常用的另一种乞讨方式，逐渐变成最流行的乞丐街头表演。他们不拘形式、场所，语言灵活、幽默，往往能吸引不少听众。他们甚至可以就围观者的外表、行为借题发挥，或给人戴高帽，或说吉利话，或引发同情心。如果有某户办喜事，或有店铺开张营业，他们都会不请自到来凑热闹。他们在街角、店铺、饭馆和茶馆门前表演，挣点儿小钱。春节期间，他们在街头来回敲住户或铺户的门，唱喜歌讨“喜钱”。如卖肉的会给他们一些剩下的碎肉，一天下来，有些乞丐积累不少。一位文人因而吟道：“才购门钱又彩钱，庭除净扫待新年。贫儿只唱齐天乐，博得豚肩乙乙穿。”作者在这首竹枝词后又注曰：“岁终，乞人向屠门唱喜，屠者惠以肉片，有积至数斤者。”[118] “莲花落”的表演包含了一些来自现实生活的真实故事，有时甚至还流露出对社会的不满。

1917年有人写了一篇《莲花闹记》，作者称他看见一个“疯丐”，其“头发蓬蓬，面颊熏黑，双目炯炯，颇似贼道中人”。他衣着褴褛，一手持一根打狗棍，另一手拿两片竹板，他边打边唱道：

春风二月春风吹，

吹来吹去春将归。

手中拿着莲花闹，

唱个歌儿抵肚饥。

蜀国年年命不臧，

摩诃劫火变沧桑。

壮者流离老者死，

九里二分也逃荒。

罗大将军威凛凛，

还将电报拍中央。

反说人家不苏气（四川话：不舒服），

违抗命令怀歹意。

唠唠嘈嘈一抹多（四川话：多而杂），

大半都是□□屁（原文如此）。

不由我，

嗤一嗤，跳一跳。

这件事儿真好笑，

“共和”两字不知道。

共和时代首重民，

国民才是国主人。

为点权力胡乱搞，

弄得主人不得了。

唉呀呀，

天哪天，

如何要生若多人？

偏偏又生在蜀川。

天下已治蜀未治，

刀兵水火一齐担。

猛然想起喜洋洋，

我今有个好主张。

不管世界甚公理，

一切解决用武装。

不信请看德意志，

再看日本据扶桑。

更有徐州大辫子，
同着广州龙济光。
都是凭着火筒力，
大摇大摆谁敢当？
我的歌儿已唱罢，
茄子冬瓜一大坝。
你们还是少听些，
我是说的疯头话。[119]

据描写，他时笑时哭，指天画地，似乎有满腔悲愤。与其他乞丐不同的是，他讲的不是日常生活的有趣故事，而是军阀混战给成都带来的灾难，直接嘲笑强权军阀，指名道姓地批评军阀罗佩金、张勋、龙济光。他不但指责当今的所谓共和制度没有给人们权利，还讥讽了这个一切靠武力的时代。对发动第一次世界大战的德国和扩张的日本也予以嘲弄。尽管他称自己说的是“疯头话”，但人们不怀疑他是在借“疯”讽政。

乞丐组织，即丐帮，在乞丐的生存中发挥了重要作用。乞丐常常从属于一个三五十人的集团，有一位公认的帮主或“王”（晚清到成都的西方人称这些丐头为“King”）。据住在成都的西方人观察，这些乞丐组织为“地方行政长官所承认”，并向当局负责监督乞丐的行为。人们经常看见一位乞丐“王”站在东门外的桥上，“当他的手下出城时，向他们收税”。这些丐头有五花八门的办法来控制其他乞丐，但也保护他们的属下，代表他们抛头露面。因此这些丐头通常都是能说会道、八面玲珑、处世经验丰富的人。如罗永培是三义庙、炮场坝、中山街、大墙西街、永靖街一带的丐头，他的特点是有自己的“名片”，他正式的头衔是“三、炮、中、大、永更夫”，名片背面列举了他的其他“兼职”：挖坑、埋尸、找私生子、埋死婴、在有女人生孩子的公共厕所门上挂布帘以及其他事项。他同身兼数职的官员一样“十分忙碌”，甚至不得不委托属下做助手。[120]这个故事告诉我们，有些乞丐在乞讨和自由劳动者之间的灰色地带生存。他们能提供一些正常职业所触及不到的特殊社会服务。从这个角度看，我们能确知成都和上海一样，“乞讨已成为一种都市职业”。[121]

乞丐们总是被人们从公共场所（如邻里、街头、饭馆和茶馆）驱逐出来，因此他们不得不寻找一些地方居住，组成自己的社区。他们常选择那些废弃的空地。民国初年，一些乞丐在北门城隍庙附近一块废弃的坟场上，用竹子搭起许多竹棚，在那里住了下来，不少乞丐陆续加入其中，逐渐形成了一个“乞丐村”。1919 年，一些“善人”筹款为乞丐建造简易房，此后这个地区就被叫作“徙流所”。这些乞丐的头目名叫赵占云，由于他好打抱不平，关照老弱病残、妇女儿童，如把讨来的剩饭剩菜分给他们，因而在乞丐中的威望颇高。而街首、保甲也乐意把一些事交给他处理。例如，北门一带的地区在街头发现尸体，就会通知赵找人掩埋。哪家红白喜事需要助手时，也会求助于赵。事情结束后，他们可以得到几桶剩菜剩饭，大家饱餐一顿。[122]

有组织的乞丐有时甚至敢于挑战当地有权势者。1928 年，一群乞丐闯进了一个川军师长的寿宴，上演了一出现实生活中的“群仙拜寿”喜剧。该师长为庆祝自己的五十大寿筹备了一个盛大的宴会，雷神庙附近的几条街道都用彩纸、彩棚、各种灯饰装饰一新。成都很多重要人物都前来捧场。二三百名乞丐突然出现在那里，包括拖儿带女的女人，举着一块写有“福如东海，寿比南山”的红布寿幅。这些不速之客在沿河岸已摆好的几百张餐桌前坐下。师长虽然有武装警卫队，但他知道在他生日当天向这些来“祝寿”的“贱宾”使用武力是非常不妥的。因此，为让那些乞丐离开，副官不得不与丐头商量，在答应送 20 挑残汤剩饭、两罐白酒、每人 100 文铜元后，这些乞丐才撤出。[123] 当大多数市民尽量远离凶恶的军人时，乞丐的行为可谓虎口掏食。这也可以视为“弱者的反抗”的又一种形式，只要把握好时机，掌握好分寸，即使面对横行一时的军阀，也常常可以有所斩获。而且我们也可以理解，乞丐是在为生存而挣扎，当他们饥寒交迫时，也经常甘冒风险。

我们在第五章里已经看到，20 世纪初的城市改革中，警察发动了一场针对乞丐的运动，把他们收容进官办的乞丐工厂中。但对某些乞丐而言，街头生活很有吸引力，他们拒绝寻找所谓“正常”工作，痛恨在乞丐工厂里受管制的生活。那些“懒散”“游荡”“无所事事”的乞丐被强迫工作时，则以逃跑作为反抗。裴焕章发现经常有这样的情况：“刚刚开始行乞的男孩被拯救，他们洗了澡，穿上了干净的衣眼，受到了几个月或一年的适当照料”，但是一有机会，“他们就会回到以前自由的乞讨生活中，显然，他们更喜欢这样的生活，而不是文明的束缚”。不少乞丐从乞丐工厂逃走，警察则竭力把他们抓获，为此有人在报纸上撰文写道：

> 昨天早晨我走到总府街，看见一个警察把一个四五十岁的乞丐挡着。乞丐不晓是什么事，就与那个警察作揖，要求放去。那警察始对他说：“拉你到贫民工厂去吃饱饭。”乞丐听了这一句话，不晓得说何，就连三再四叩头。警察不允，也就把乞丐拉起去了。这件事在我们看来，自是乞丐的生机到了，然何反做起那万分不愿

的现象呢？[124]

人们的确很难理解这种现象。乞丐喜欢街头生活的原因各种各样、错综复杂，但是一个明显的原因是在乞丐工厂失去了自由。有些乞丐更喜欢流浪的生活，不愿做“正当工作”。社会指责这些人“懒惰”，精英们也以不屑的目光看待乞丐，这样的态度在《通俗画报》的几幅漫画中表现得淋漓尽致。一幅讽刺乞丐死缠烂打，吃惯了嗟来之食；另一幅把乞丐讥为“伸手将军”，称其“独发达于下等社会，坐食不做，无所不为，弄得日月无光。时在城市盗窃器物，手最长，又善抓锅魁”。[125]（见插图 6-12）

毫无疑问，市民蔑视乞丐，因为他们看起来肮脏、懒惰、不知羞耻。当地报纸一篇题为《对善举之意见》的文章，表达了精英们对乞丐所持的普遍看法。

新年里一天，我有事出街，顺便带了些铜元，打算散给那些贫苦的人。他们自然喜欢，我也心安理得，总比赌博输了还不免动气的豁算的过。晚间我回家，清理我那钱袋，却未动一文。原来我的意见临时又改变了。许多乞丐都是筋强力壮的少年，沿街乞食，岂是他们的本愿？但是有人乐善好施，便也容易过活，久而久之，他们不愿为乞丐的初心完全忘却，都已安于为丐，甚至乐于为丐，别的什么概不想做了。我给这般大的人的钱，看似救助，实在是在害了他们。更可怜的是一般贫儿，入世不久，不过几年便落到了托钵行乞。孩子们的心理又与少年不同，多半不满意现在的地位，若得人收容教导，未尝不想上进。如今只是给钱与他们，仍然离不了乞

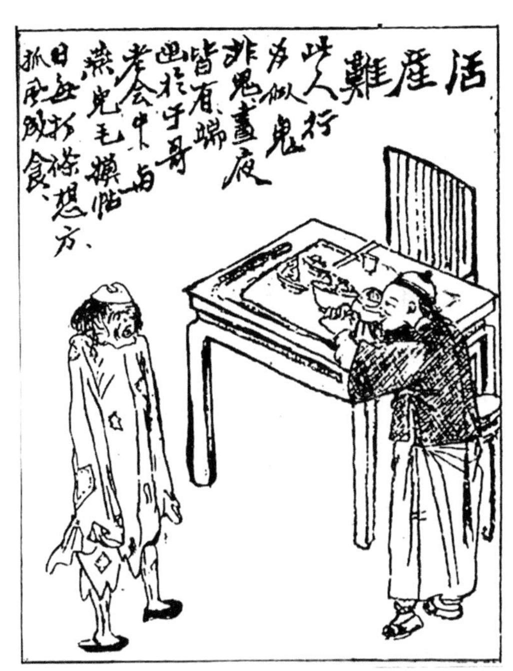

图 6-12 两幅关于乞丐的漫画。

资料来源：《通俗画报》，1909 年第 6 号。

> 丐地位，那吗（么）他们成年之后，除了为盗为匪而外，那（哪）里去寻满意的生活呢？我愿一般的慈善家，不必去作无意识的布施。可以大家筹划办几个小小规模贫民工场、贫儿学校，只要舍得淘神，那（哪）有做不到的事业？[126]

当然，作者提出的这种想法并不新颖，其实晚清成都警察关于乞丐的政策也是基于这种观念。在第五章所讨论的习艺所、教养工场、乞丐工厂等，都是为了培养乞丐能自食其力。但是，当整个社会状况恶化，乞丐的数量激增，超过了政府和社会收容帮助的能力时，乞丐问题只会变得更加难以解决。不过，我们也看到，晚清以来的这些计划，基本是由官方包办，如果社会能像过去一样积极介入慈善事业，情况可能会好一些。但不幸的是，整个民国时期，国家控制进一步加强，而给地方精英的社会空间日益缩小。因此，即使他们经常想对此有所作为，也是心有余而力不足。

国家既无力解决乞丐问题，又不愿给乞丐以一定的生存空间，这样控制与反抗的矛盾便更为尖锐。在这种情况下，某些时期当局也采用了一些变通办法，如民国初期，警察禁止街头乞讨，但给老年人或残疾人发放身份证明，用以领取救济。但是有些人却继续乞讨，甚至甘冒罚款或没收身份证的危险。那些有干活能力但仍沿街乞讨的乞丐，被认为好吃懒做和有伤大雅，被警察所追赶。警察命令所有的街区将乞丐送到乞丐工厂，有时每天达百余人。短短几天内，乞丐工厂里就人满为患，没有更多的地方容纳源源不断送进来的新乞丐。[127]

在这种情况下，政府不得不开始调整收容政策，即对不同乞丐加以区别对待。乞丐一般可分为两种类型：一种是因病、老或残疾而失去谋生能力的乞丐；另一种是以乞讨为“职业”、不想做工的乞丐。成都市民似乎对这两种乞丐有不同的对待方式。对第一类给予同情、理解和帮助，但鄙视第二类。政府处理这两类乞丐的政策也有所不同。政府不能对第一类乞丐提供经济支持，至少会给他们“行乞的权利”。政府多次努力让第二类乞丐从街头消失，使他们成为“有正当职业的人”。这些措施从晚清到民国时期一直都在实施，政府也不断根据新情况制定新政策。尽管条例和规定与时更新，国家也未能成功地将乞丐从街头清除出去。那些处于社会最底层的人，利用他们有限的资源和能力与警察周旋，努力抵抗，继续在街头寻求他们的生存空间。

# 注 释

1. Scott, *Weapons of the Weak: Everyday Forms of Peasant Resistance*, p. 36. 这种情况不同于（尽管并非完全不同于）理查德·科布（Richard Cobb）在他的《警察和人民》一书里的描述，该书指出民众的主要武器是“集体暴力”。的确，在中西方的城市里，骚乱——特别是因粮食引起的骚乱——是非常普遍的。见 Cobb, *The Police and the People: French Popular Protest, 1798-1820*, pp. 86, 92; Bouton, *The Flour War: Gender, Class, and Community in Late Ancien Regime French Society*; Esherick, *Reform and Revolution in China: The 1911 Revolution in Hunan and Hubei*, chap. 4; Perdue, “Insiders and Outsiders: The Xiangtan Riot of 1819 and Collective Action in Hunan,” *Modern China*, 1986, No. 2; Rowe, *Hankow: Conflict and Community in a Chinese City, 1796-1895*, pp. 207-211。
2. 这与汉口和湘潭的情形相似，在那些城市中“文化集团间更深层次的仇恨”经常在像龙舟竞赛那样的社区活动中表现出来（Rowe, *Hankow: Conflict and Community in a Chinese City, 1796-1895*, p. 200; Perdue, “Insiders and Outsiders: The Xiangtan Riot of 1819 and Collective Action in Hunan,” *Modern China*, 1986, No. 2, p. 190）。
3. 《国民公报》，1916-02-26。
4. 《国民公报》，1916-04-02、1917-10-13。
5. 《国民公报》，1914-08-19。邻居在阻止犯罪方面也发挥了作用。一家报纸报道了一个有精神病的女孩是怎样避免被强奸的。一天傍晚，玉龙街的街首看见一个年轻女子在街上徘徊，结果发现她有残疾，出于对她的关心，安排她在守夜人屋里暂住。但半夜时分那守夜人试图对她进行强奸，邻居听见了她的大声喊叫而进屋相救。愤怒的人们把守夜人捆绑起来，打手心200下，然后交给了警察。人们责骂这个守夜人"老贱而淫"，予以解雇，并"立予驱逐"（《国民公报》，1927－12－06）。

6.《通俗日报》，1909－08－09；《国民公报》，1912－04－23。这类故事在地方报纸里经常有报道，如另一则以《堂倌可恶》为题的报道：南门桂花街上有一家饭馆，伙计脾气暴躁。有一次，一位顾客吃了6文钱东西，他记错了，要那顾客付12文钱，顾客争辩了几句，伙计认为他想"吃烂钱"，便把一只碗砸过去，导致其"顶门流血不止"（《通俗日报》，1910－05－20）。"吃烂钱"为当地俗语，意为没有付饭钱就从饭馆溜走，或者设法吃"白食"。

7.《通俗日报》，1909－10－15、1911－08－02。

8. Perry, *Rebels and Revolutionaries in North China, 1845－1945*, pp. 59－60; Antony, "Scourges on the People: Perceptions of Robbery, Snatching, and Theft in the Mid-Qing Period," *Late Imperial China*, 1995, No. 2, p. 122.

9. 冯家吉：《锦城竹枝词百咏》，《成都竹枝词》，90页；《国民公报》，1917－03－17。

10.《国民公报》，1914－03－23、1914－05－04、1914－06－23；Hartwell, "Reminiscences of Chengdu," *West China Missionary News*, 1921, Nos. 8&9, p. 25。

11.《国民公报》，1912－08－19，1914－02－19、1914－07－29、1914－08－19、1914－12－29、1916－09－15。

12.《国民公报》，1914－02－14、1917－06－05、1918－02－21、1930－06－04；傅崇矩：《成都通览》上，299页。

13. Rosenzweig, *Eight Hours for What We Will: Workers and Leisure in an Industrial City, 1870－1920*, p. 51；周止颖：《新成都》，247页；鈴木智夫：『清末江浙の茶館について』，『历史における民众と文化——酒井忠夫先生古稀祝賀紀念論集』，530页；何满子：《五杂侃》，192页。

14. Rowe, *Hankow: Conflict and Community in a Chinese City, 1796－1895*, p. 16；周止颖：《新成都》，247页；胡天：《成都导游》，70页。

15. 易君左：《锦城七日记》，见《川康游踪》，194页；舒新城：《蜀游心影》，142～143页。

16. 1931年成都有六百二十多家茶馆，分为四个档次。第一等是在繁华街道上的二十多家茶馆，每家茶馆一般雇用二十多名工人，每天茶销售量为二百多元；第二等大约有九十家茶馆，每家一般雇用十二三名工人，每天茶销售量为一百多元；第三等有三百多家，每家雇用五六名工人，每天营业四五十元；第四等有二百家左右，一般只有一间屋，每家雇用三四名工人，每天销售二十元左右（《国民公报》，1931－01－15）。

17. 周止颖：《新成都》，247页；四川省文史馆编：《成都城坊古迹考》，464页。喝"加班茶”的规矩是只喝没有盖的茶，如果茶碗未盖，即表明顾客已经离开。而且不能端着茶碗直接喝，而是用茶盖从碗里舀出茶水来喝。一位老年人回忆他年轻时喝“加班茶”的情景。当时，他刚刚从农村到成都做苦力，在他又饥又渴又没有工作时，唯一办法就是去茶馆喝“加班茶”。有一次非常幸运，他发现茶盖下有一枚50分的银毫子，足够他半个月的开销，使他得以生存下来（郝志诚：《父亲的故事》，载《龙门阵》，1997［1］，39~40页）。

18.《国民公报》，1914-06-01、1917-03-13；《通俗日报》，1909-10-21；晓晗：《成都商业场的兴衰》，载《龙门阵》，1986（6）：38页；彭其年：《辛亥革命后川剧在成都的新发展》，载《四川文史资料选辑》，第8辑，159页。

19.《通俗日报》，1909-12-21、1910-05-15；《国民公报》，1916-12-26。

20.《通俗日报》，1909-01-26、1910-05-24、1911-08-01。

21.《国民公报》，1916-01-05、1922-06-12、1930-08-05；钟茂煊：《刘师亮外传》，59、62页。

22. 我在《通俗日报》发现这样一个例子：有一个人在斗鸡台茶铺喝茶，他的侄子——据称是一个无赖，突然出现，猛击了他的鼻子一拳，然后逃之夭夭（《通俗日报》，1911-08-08）。

23. 不过，有时候流氓也可能遇到他们的克星。据报道，一位身着便服的连长与夫人一起在北城公园的茶馆喝茶，几个无赖企图调戏连长的妻子，结果连长命令士兵把那几个无赖暴打了一顿（《国民公报》，1929-06-27）。

24.《国民公报》，1928-07-17、1930-05-29、1930-08-06、1930-09-24。

25.《通俗日报》，1909-05-03；《国民公报》，1914-08-30、1916-08-04、1929-01-27、1929-07-29、1929-08-01、1929-08-18、1929-09-15、1929-09-16、1930-05-29；谭韶华：《三庆会》，载《龙门阵》，1984（4），120页。

26.《国民公报》，1928-03-28。

27.《通俗日报》，1909-08-29。

28. 傅崇矩：《成都通览》上，277页；晓晗：《成都商业场的兴衰》，载《龙门阵》，1986（6），38页；彭其年：《辛亥革命后川剧在成都的新发展》，载《四川文史资料选辑》，第8辑，159页。

29.《国民公报》，1914-02-01、1916-03-29；《成都市市政公报》，1930年第17号，1932年第43号；前人：《续青羊宫花市竹枝词》，见《成都竹枝词》，106页。

30.《国民公报》，1929-06-25、1930-08-08；《成都市市政公报》，1932年第44号；Vincent，“The Decline of the Oral Tradition in Popular Culture,” in Storch（ed.），*Popular Culture and Custom in Nineteenth-Century England*，p. 40。

31. Honig，*Creating Chinese Ethnicity：Subei People in Shanghai，1850–1980*。这里“ethnic groups”并非指不同种族的人群，而是指由于地理、经济、文化、社会地位等因素造

成的社会隔阂和人的群体。

32. 路康乐的新书《满与汉》(*Manchus and Han: Ethnic Relations and Political Power in Late Qing and Early Republican China, 1861-1928*)从全国的角度探讨了满人和汉人之间的关系。

33. 王笛:《跨出封闭的世界——长江上游区域社会研究,1644—1911》,79页。关于晚清在成都的旗人,见Stapleton,“Police Reform in a Late-Imperial Chinese City: Chengdu, 1902-1911”(Ph. D. diss., Harvard University.), pp. 50-51。地方文人有不少作品描绘成都旗人打猎、看戏、钓鱼的生活方式:“旗人游猎尽盘桓,会馆戏多看不难。逢着忌辰真个空,出城添得钓鱼竿。”在城西的兵营附近,市镇居民能看见满族人的马在放牧。有竹枝词写到成都旗人的其他嗜好:“西较场兵旗下家,一心崇俭黜浮华。马肠零截小猪肉,难等关钱贱卖花。”(杨燮:《锦城竹枝词百首》,见《成都竹枝词》,47、55页)这是说旗人喜花,一收到月钱即买花;但等买食物无钱时,只好贱卖花以维持生计。

34. 吴好山:《笨拙俚言》,见《成都竹枝词》,72、76~77页;李劼人:《大波》,见《李劼人选集》,第2卷。

35. Scott, *Weapons of the Weak: Everyday Forms of Peasant Resistance*, p. xix; Elliott, “Bannerman and Townsman: Ethnic Tension in Nineteenth-Century Jiangnan,” *Late Imperial China*, 1990, No. 1, p. 56;李劼人:《大波》,见《李劼人选集》,第2卷;隗瀛涛主编:《四川近代史稿》,725~726页。

36. 杨燮:《锦城竹枝词百首》,见《成都竹枝词》,50、58页;定晋岩樵叟:《成都竹枝词》,见《成都竹枝词》,63页。

37. Braudel, *Capitalism and Material Life, 1400-1800*, vol. I, p. 374.

38. Skinner, “Marketing and Social Structure in Rural China,” *The Journal of Asian Studies*, 1964-1965, No. 1, pp. 3-43; No. 2, pp. 195-228; No. 3, pp. 363-399;王笛:《近代长江上游地区的市场系统与城市结构》,载《近代史研究》,1991(6),105~123页;《跨出封闭的世界——长江上游区域社会研究,1644-1911》,第四章。

39. 《通俗日报》,1909-10-28;《国民公报》,1913-12-09。

40. 《国民公报》,1917-05-20。原文有的词句不通,这里不改。个别错字用括号标出。一个类似的故事可以在1917年5月10日的《国民公报》里找到。这样的混淆甚至也可能在城市居民之间发生。

41. 傅崇矩:《成都通览》上,306页;《国民公报》,1914-09-04、1916-11-08、1922-07-22。乡村农民经常是歹人作案的对象。例如一个乡下农民带着90两银子到成都东大街的一家商店还债,几个陌生人上前搭讪,并说他们是同乡,让他和他们一起喝茶。在吸了他们给他的香烟后,他开始感到眩晕,最终失去了知觉。当他醒过来时,他的银子和那些陌生人都不见了。这类事件有时会有更悲惨的结果,例如从湖南来成都寻找哥哥的一个年轻乡下人，所有的钱和衣服都被偷走，又找不到其兄的任何信息，于是绝望地上吊自杀（《国民公报》，1913－10－09、1914－05－13）。

42. Perdue, “Insiders and Outsiders: The Xiangtan Riot of 1819 and Collective Action in Hunan,” *Modern China*, 1986, No. 2, pp. 166-201.

43. 王笛:《跨出封闭的世界——长江上游区域社会研究，1644—1911》，第一章；吴好山:《笨拙俚言》，见《成都竹枝词》，75～76页。

44. 在成都有一个广为流传的故事，可以增加我们对新老移民之间紧张关系的了解。19世纪80年代，陕西人在成都立脚后，他们想为同乡会建造一座会馆，但是成都人不喜欢这些暴发的商人，拒绝将土地出售给他们。后来经过多方努力，陕西人买到了一处低凹泥泞的土地。开建前必须用石头和泥土来填平，但成都人不允许他们从成都就地取土，以此阻碍他们的修建计划。同乡会只有号召所有的陕西人从自己的家乡带回一袋干燥的泥土。两年内洼地即被填平。（陆兆钺:《陕西会馆的蝎子》，载《龙门阵》，1988［3］，83页）现在无从考证这个故事的真假，但故事本身可能夸大了成都人心胸狭窄的特性和他们与陕西人之间的矛盾。不过这个故事的流传，的确反映了存在于本地人和外来者之间经常不断、形式繁多的冲突。

45.《国民公报》，1914－03－12、1914－03－17、1914－07－22、1917－07－28。当地报纸报道了一个乡下人是如何在骡马市认出一个“面目可憎”的汉子，这人是曾经在什邡县抢劫过他家财物的匪徒（《国民公报》，1917－05－23）。

46. 傅崇矩:《成都通览》上，112页。

47. 遲塚麗水:『新入蜀記』，233页；《国民公报》，1914－07－25、1917－03－17；林孔翼编:《成都竹枝词》，196页；Sewell, *The Dragon's Backbone: Portraits of Chengdu People in the 1920's*, p. 25；《通俗日报》，1910－02－20。

48.《国民公报》，1916－12－02；林孔翼编:《成都竹枝词》，188页。当一位“天足”妇女挑着重重的一担水通过劝业场时，她的气力引起了极大的关注，改良者立即利用这一事件作为一个例子来宣传天足的好处（《通俗日报》，1909－09－04）。

49. 林孔翼编:《成都竹枝词》，196、214页。

50. 前人:《续青羊宫花市竹枝词》，见《成都竹枝词》，104页；林孔翼编:《成都竹枝词》，215页；《国民公报》，1912－07－12、1913－03－23、1914－03－23。

51.《通俗日报》，1909－08－09、1910－05－04、1911－08－20。

52.《通俗日报》，1909－08－06、1909－10－28。

53. 傅崇矩:《成都通览》上，277～279页；李劼人:《大波》，见《李劼人选集》，第2卷，1464页；《国民公报》，1912－04－25、1912－10－31；《通俗日报》，1911－08－01、1911－08－15；《通俗画报》，1912年第35号。

54.《国民公报》，1919－03－21。

55. 注意“取缔”两字的意思。清末民初在各种新规章中经常使用这个词，其意思是“规定”或“限制”，而不是要取消女座。与现在“取缔”（取消）的意思不同。当时女座都设于楼厢上。这十二条规章包括：演出开始前半个小时，男女顾客方可进入戏园；女宾不得在楼厢上化妆或换衣服；女宾不得指点楼下的男顾客；男宾不得上楼，即使有他的女眷在楼上；男宾女宾不得相互送食品或其他任何东西给对方，即使是亲属也不行；年过 13 岁的男孩儿禁止带上戏楼；女宾不得撩开纱帷；小孩儿的头不得伸出帷外；楼上女宾和楼下男宾不得开玩笑、大声呼叫或相互投掷东西；男童仆或丈夫不得上楼；女宾不能交换位子或彼此交谈；演出一旦开始，女童仆不能下楼（见《国民公报》，1913 - 04 - 08）。

56.《通俗日报》，1910 - 04 - 29。《翠屏山》出于《水浒》，大意是石秀与杨雄结拜为兄弟，石寄居杨家，发现杨妻与一个和尚有奸情。《关王庙》为《玉堂春》之一折，当苏三听闻王金龙公子沦为乞丐，亲往关王庙探询，在那里两人重叙旧情。《珍珠衫》出自《喻世明言》，说的是商人妻三巧被灌醉后，被另一商人潜入房内行奸，两人遂暗通往来。应该说明的是，这三出戏的故事都是由奸情或情爱引出，但这些情节在整个故事中只占极小部分，其主要部分仍然是彰扬忠义，鞭笞邪恶。

57.《国民公报》，1913 - 05 - 13、1914 - 03 - 08、1917 - 03 - 02。

58.《通俗日报》，1910 - 02 - 17、1910 - 03 - 05。此类事件也可能发生在其他场合，如在传统的登高游百病的那天，两名妇女被围观，受到骚扰，导致了警察的干涉（《通俗日报》，1910 - 02 - 20）。

59. 有时也可能造成误会。在一个劝业场只对女宾开放的夜晚，警察在门口拦住了一个穿蓝色长袍、戴一顶毡帽的乡下老妇，以为她是男人企图蒙混过关。在她摘下帽子后，警察才发现她是女人（《通俗日报》，1909 - 10 - 15）。

60. 从巴金的小说中，我们也可以看到精英家庭妇女在公共场所的自由仍然相当有限（巴金：《家》）。

61. 傅崇矩：《成都通览》上，112 - 113 页；《国民公报》，1914 - 08 - 02、1927 - 10 - 15、1927 - 12 - 09；《通俗日报》），1909 - 10 - 27、1909 - 10 - 10。

62. 高彦颐（Ko, *Teachers of the Inner Chambers: Women and Culture in China, 1573-1722*）和曼素恩（Mann, *Precious Records: Women in China's Long Eighteenth Century*）都指出，传统中国社会某些地区或某些阶级的妇女能够过着与其他妇女十分不同的生活，尽管这两位作者主要讨论的是在江南地区的精英妇女。

63. 关于袁世凯称帝和反袁运动，见 Young, *The Presidency of Yuan Shih-k' ai: Liberalism and Dictatorship in Early Republican China*, chap. 8。

64. 胡国甫：《悼蔡会竹枝词》，见《成都竹枝词》，160 ~ 161 页；《国民公报》，1916 - 12 - 05。

65.《通俗日报》，1909 - 08 - 13。同一时期北京和天津成功的女演员也有着类似的经历（见 Cheng, "The Challenge of the Actresses: Female Performers and Cultural Alternatives in

Early Twentieth Century Beijing and Tianjin." *Modern China*, 1996, No. 2)。

66.《通俗日报》,1909 - 10 - 10、1911 - 08 - 15。

67. 前人:《续青羊宫花市竹枝词》,见《成都竹枝词》,100 页;林孔翼编:《成都竹枝词》,111、170、196、212 页。关于警察锁"艄神"并让他们当众受辱的措施,参阅第五章。

68. 吴虞:《吴虞日记》下,774 页;傅崇矩:《成都通览》下,113 页。妇女们甚至参加传统的男性活动——"吃讲茶"。《国民公报》的一篇报道讲述了这样一个故事:一个绰号为"吵口"的女人与一个姓魏的妇女因赌债问题打了起来,"吵口"受了伤,邀约了十余人在涌泉茶馆解决争端,但是魏聚集的人比"吵口"多两倍。当调解破裂、一场打斗即将爆发时,一位据称是"女光棍之首领"的人介入争端,"向双方训责",令"吵口"支付茶钱,"不准再生枝节,二妇诺诺连声,各率党羽而去"。(《国民公报》,1930 - 07 - 17)这件事表明,妇女的确已经开始在以前被男人支配的公共空间中进行活动了。

69. 孔尚任:《桃花扇》;Ko, *Teachers of the Inner Chambers: Women and Culture in China, 1573-1722*。关于宋代杭州妓女的描述,见 Gernet, *Daily Life in China on the Eve of the Mongol Invasion, 1250-1276*, pp. 96-100。

70. 薛宣:《效竹枝歌》,见《成都竹枝词》,120 页;定晋岩樵叟:《成都竹枝词》,见《成都竹枝词》,60 页;杨燮:《锦城竹枝词百首》,见《成都竹枝词》,54 页。

71.《通俗日报》,1910 - 03 - 08;Hershatter,"Prostitution and the Market in Women in Early Twentieth-Century Shanghai," in Rubie S. Watson and Patricia Buckley Ebrey (eds.), *Marriage and Inequality in Chinese Society*, p. 260。贺萧关于上海妓女的研究成果是目前最全面的关于近代中国妓女的研究(见 *Dangerous Pleasures: Prostitution and Modernity in Twentieth-Century Shanghai*)。社会改良者认为衣着是社会地位的象征,不愿意让其混淆,而主张认真区分。更多的例子也能在傅崇矩的《成都通览》里找到,包括他建议禁止"下等社会"的人穿皮靴等(傅崇矩:《成都通览》上,200 页)。

72. 傅崇矩:《成都通览》上,193、200 页。他们所举出的例子之一,是一名男子与住在青松亭茶园对面的一个绰号为"巧二组"的妓女混在一起。那人在她身上花光了所有的钱并破了产之后,再去见她,她就让她的佣人毫不客气地把他赶走(《通俗日报》,(1909 - 10 - 10)。

73.《通俗日报》,1909 - 07 - 27、1909 - 08 - 01、1909 - 08 - 02、1909 - 08 - 09。

74. 庞惠芳就是这样一名妇女,她从良之后,有一天精心打扮了一番,带着男女童仆各一去济良所访问那些被收容的妇女,向她们讲述不要出卖肉体的道理,据称许多人被她的经历所感动。另外一个故事,一名从良的妓女与一位绅士结婚,"自领归后,颇能遵守妇道,勤俭持家"。她和她的丈夫回访济良所,"殷殷致谢",还捐赠了 20 元钱。

她的故事也被精英当作济良所成功的实例，“盖自妇女无学，不幸迫于饥寒，失身污贱，情殊可悯。一经入所改行率德，即与良善无异”（《通俗日报》，1909－08－02、1909－08－13）。

75. 在晚清的一篇报道里，一个妓女向警察声称，她是良家妇女，被骗进妓院。警察安排她进入了济良所。另一篇报道说，一个老妇诱使一名女孩成为妓女，她的母亲同意把她赎回，但造成了家庭危机，她哥哥因她有辱家门要把她打死。后来，警察逮捕了那个老妇，并把她送去做苦工（《通俗日报》，1909－08－01、1909－12－10、1910－05－14）。另一则故事称，一个女童仆上街后就不见了，后来人们在武担山妓院发现了她，她被街上遇见的陌生人卖进了妓院。有些不幸的女人甚至被她们的丈夫强迫成为妓女，如一个无业游民，虽然出自晚清一个官宦家庭，但在民国初年破产。他逼迫妻子去当妓女，遭到拒绝后，把她打得遍体鳞伤（《国民公报》，1914－06－11、1914－07－22）。又如一个叫吴云程的人，“游手放荡，不务正业”，迫使他妻子卖淫，但是她拒绝了，并自愿进入了济良所寻求保护。当吴去济良所找她时，警察予以阻止，宣布她可以自由地与他离婚，由该所“另行择配”（《通俗日报》，1909－08－07）。

76. 傅崇矩：《成都通览》上，193～194页；冯家吉：《锦城竹枝词百咏》，见《成都竹枝词》，91页；《通俗日报》，1910－03－08、1910－05－14。据记载，绰号为“张麻婆”的“烂娼”因卖鸦片而被警察驱逐出新化街，后来她又以鸨母的身份重新露面，宣称她已经“从良”。她买了两名妇女送到新化街当妓女。张威胁她们如果没挣够钱，将受到严厉惩罚。警察经过调查后，两个妓女被送到济良所，“将张麻婆送公所惩治后，发入疯人院永做苦工”（《通俗日报》，1910－03－08）。

77. 《国民公报》，1922－08－15、1927－12－24；《通俗日报》，1909－12－27。一首竹枝词对此讽刺道：“谁家官眷斗云鬟，画得眉毛弯又弯。仔细审详浑不是，似曾相识武担山。”（傅崇矩：《成都通览》上，193页；刘师亮：《成都青羊宫花会竹枝词》，见《成都竹枝词》，97页）。这首词说看见了一个精心打扮的官太太，结果原来是在武担山的妓院见过。身份变了，当然是今非昔比。

78. 《通俗日报》，1909－08－03；《国民公报》，1914－08－06、1917－03－14、1918－03－15。

79. 《国民公报》，1915－09－13、1922－05－09。

80. 《国民公报》，1914－03－05、1914－03－12、1914－03－23、1914－10－07、1916－02－29。

81. 傅崇矩：《成都通览》上，193～194页；《国民公报》，1914－07－15、1914－09－22。

82. Hershatter, *Dangerous Pleasures: Prostitution and Modernity in Twentieth-Century Shanghai*, p. 6.

83. 《国民公报》，1915－01－19。

84. Hershatter, “Regulating Sex in Shanghai: The Reform of Prostitution in 1920 and 1951,” 145－185 in Wakeman and Yeh (eds.), *Shanghai Sojourners*; *Dangerous Pleasures:*

*Prostitution and Modernity in Twentieth-Century Shanghai*, chaps. 10 and 11；《国民公报》，1922-05-09、1927-12-06。20世纪30年代，卖淫比以往更为猖獗。因为很多妓女来自华东，且绝大部分来自扬州，所以有“本地妓女”和“扬州台基”之分。后者几乎到处出现，从小客栈、赌场、鸦片馆到饭馆、茶馆和戏园，都可以进行交易（秀清等：《解放前成都的扬州妓女》，载《龙门阵》，1988［5］，57页）。

85. Ryan, *Women in Public: Between Banners and Ballots, 1825-1880*, p. 6.

86. 如城东的顺城街、五童庙以及东较场这样的地方，都是民间艺人的集中地（杨燮：《锦城竹枝词百首》，见《成都竹枝词》，49页）。

87. Hosie, *Three Years in Western China*, p. 86。比较一下布罗代尔描述的近代早期那不勒斯（Naples）穷人的情形：“他们如此拥挤，以至于他们的生活侵占和渗透到了街上。”许多乞丐“没有房子，他们在一些洞穴、马棚或废弃的房屋里找到过夜的避难所”。穷人随处可见，“像肮脏的动物一样躺着，看不出年龄或性别的区别，可以想象那惨不忍睹的情景”。当饥荒爆发时，很多乞丐死在街上（Braudel, *Capitatism and Material Life, 1400-1800*, vol. I., p. 417）。布罗代尔所描绘的在那不勒斯穷人身上的几乎所有细节，在19世纪末和20世纪初的成都都能反映出来。近代美国城市也没有根本不同，它们有着“极端贫富”的差距（Stansell, *City of Women: Sex and Class in New York, 1789-1860*, p. 198）。

88. 吴好山：《笨拙俚言》，见《成都竹枝词》，74~75页。另一位文人描绘了相似的图景：“风雪萧萧三九天，重裘犹自拥青毡。最怜人静黄昏后，听卖一声红炭圆。”（定晋岩樵叟：《成都竹枝词》，见《成都竹枝词》，67页）

89. 刘沅：《蜀中新年竹枝词》，见《成都竹枝词》，125~126页。

90. Vale, “Beggar Life in Chentu,” *West China Missionary News*, 1907, No. 4, p. 8；《国民公报》，1912-05-23、1914-09-06、1916-09-04、1922-05-28、1930-11-05。

91. Vale, “The Small Trader of Szchuan,” *West China Missionary News*, 1906, No. 10, p. 238。当地报纸报道了很多与穷人有关的悲惨故事。一名洗衣女工跳井自杀，仅仅是因为她为顾客洗的一顶蚊帐被偷了。军队雇来一个男子阉马，该男子发现马已奄奄一息，他就用阉刀自刎了。一个寒冬的夜晚，红庙子街的一个守夜人生病躺在寒冷的守夜棚里，他只好将烘笼放在床上取暖。但当他睡着后，烘笼被打翻，导致一场大火，他在火中丧生。因为这样的悲剧每年冬天都会发生，所以警察命令所有的管区加倍注意防火，并要求所有的“太平石缸”装满水，以便灭火。警察特别规定贫穷家庭不得把烘笼放在床上（《国民公报》，1914-06-21、1916-01-07、1917-03-23）。

92. 《国民公报》，1914-06-21、1915-11-10。

93. 《国民公报》，1914-06-30、1916-03-19、1922-02-12、1922-07-14、1922-08-25。

94. 钟茂煊：《刘师亮外传》，51页。

95. 《国民公报》，1919-02-10。

96. 傅崇矩：《成都通览》上，389、393 ~ 394 页；Strand，*Rickshaw Beijing: City People and Politics in the 1920s*，p. 38；《国民公报》，1916 – 06 – 17。每家轿行很可能不止十乘轿子。一则材料表明，1916 年商会要求每家轿行为军队提供四名轿夫，以免士兵在街上乱抓轿夫作为壮丁（《国民公报》，1916 – 06 – 17）。

97. 傅崇矩：《成都通览》上，308 页；Service，*Golden Inches: The China Memoir of Grace Service*，p. 40；Sewell，*The Dragon's Backbone: Portraits of Chengdu People in the 1920's*，p. 102。

98. 傅崇矩：《成都通览》上，308 页；《国民公报》，1916 – 04 – 01、1916 – 10 – 08；Wilson，*China: Mother of Gardens*，pp. 122–123。

99. 傅崇矩：《成都通览》上，311 ~ 312 页；Sewell，*The Dragon's Backbone: Portraits of Chengdu People in the 1920's*，p. 102；陈浩东、张思勇主编：《成都民间文学集成》，1519 ~ 1523 页。

100. 山川早水：『巴蜀』，102 页；傅崇矩：《成都通览》上，309 ~ 310 页；Strand，*Rickshaw Beijing: City People and Politics in the 1920s*，pp. 38，46。

101. 《国民公报》，1916 – 03 – 24；《通俗画报》，1909 年第 5 号。

102. 《国民公报》，1922 – 08 – 25。

103. 傅崇矩：《成都通览》上，308 页；《通俗日报》，1909 – 10 – 05、1909 – 12 – 05、1910 – 03 – 02；《国民公报》，1917 – 03 – 04、1917 – 05 – 18。

104. 关于近代中国乞丐的英文论著有：Schak，*A Chinese Beggars' Den: Poverty and Mobility in an Under-Class Community*；Lu，"Becoming Urban: Mendicancy and Vagrants in Modern Shanghai，" *Journal of Social History*，1999，No. 1，pp. 7–36；Fernάndez-Stembridge and Madsen，"Beggars in the Socialist Market Economy，" 207–230 in Link，Madsen，and Pickowicz（eds.），*Popular China: Unofficial Culture in a Globalizing Society*。司昆仑的研究已经论及成都的乞丐问题，见 Stapleton，*Civilizing Chengdu: Chinese Urban Reform，1875–1937*，chap. 4；我 1998 年的博士论文对此也多有论述，见 Wang，"Street Culture: Public Space，Urban Commoners，and Local Politics in Chengdu. 1875–1928"（Ph. D. diss.，Johns Hopkins University），chap. 5。中文方面，曲文斌出版了中国乞丐概略性研究（《中国乞丐史》），另一些通俗读物也涉及了当今的乞丐问题，如于秀《中国乞丐调查》、老威（廖亦武）《中国底层访谈录》等。欧美有些历史学者已经对乞丐作了广泛的研究。见 Culbert，"Sturdy Beggars and the Worthy Poor: Poverty in Massachusetts，1750–1820"（Ph. D. diss.，Indiana University）；Adler，"Vagging the Demons and Scoundrels: Vagrancy and the Growth of St. Louis，1830–1861，" *Journal of Urban History*，1986，No. 1；Stanley，"Beggars Can't Be Choosers: Compulsion and Contract in Postbellum America，" *Journal of American History*，1992，No. 4；Coldham，*Emigrants in Chains: A Social History of Forced Emigration to the Americas of*

*Felons*, *Destitute Children*, *Political and Religious Non-Conformists*, *Vagabonds*, *Beggars and Other Undesirables*, *1607-1776*; Fleisher, *Beggars and Thieves: Lives of Urban Street Criminals*; and Pittenger, "A World of Difference: Constructing the 'Underclass' in Progressive America," *American Quarterly*, 1997, No. 1。

105. Wallace, *The Heart of Sz-Chuan*, p. 16; Vale, "Beggar Life in Chendu," *West China Missionary News*, 1907, No. 4, p. 9; No. 7, p. 7; Hosie, *Three Years in Western China*, p. 85.

106. 《国民公报》, 1914 - 11 - 29。

107. 传教士裴焕章对一个苦力怎样沦为乞丐进行了详细的描述:"我已经知道很多苦力在一周或者十天内沦为乞丐的事例。假如一名官员或者商人从万县雇用五十个苦力到成都，要走十四天的路程。苦力在出发前会得到一定数额报酬作为路费。他也许会留下一部分来养家糊口，但大多数情况是用来还清等候雇用时欠下的债务。如果一切顺利，到达成都后，他还会小有结余。这些钱加上雇主给的'酒钱'，使他能够乘船回家，或者等待另一次受雇的机会。但是，如果在路上他伤了脚或者染了风寒，他不得不雇用另一个苦力来挑他的担子，因此当他到达目的地时，已经花光了他所有的钱，他或许会从工头那里抽取部分'返程钱'。他与雇主和工头关系已经了结，谁也不会负责看护他回到家。在一座陌生的城市里待上几天后，客栈的老板就不允许他继续住了。这时他也已经当掉最后的衣服，一周内，他就在街头出现，手里拿着一只碗和一双筷子，用可怜的声音叫着，'善人老爷，锅巴剩饭'。" (Vale, "Beggar Life in Chentu," *West China Missionary News*, 1907, No. 4, pp. 10-11)

108. Vale, "Beggar Life in Chentu," *West China Missionary News*, 1907, No. 4, pp. 9-10; No. 9, p. 6; 巴金:《憩园》，见《巴金全集》，第 8 卷。

109. 《国民公报》1922 - 07 - 14; 吴剑洲、吴绍伯:《〈这儿也有个奇迹王朝〉补遗——补记旧蓉城的乞丐故事》，载《龙门阵》，1989 (6), 27 页。

110. 张集馨:《道咸宦海见闻录》，112 页; 吴好山:《笨拙俚言》，见《成都竹枝词》，77 页;《国民公报》，1914 - 08 - 06、1922 - 07 - 22。

111. Vale, "Beggar Life in Chentu," *West China Missionary News*, 1907, No. 7, p. 8; Hartwell, "Reminiscences of Chengdu," *West China Missionary News*, 1921, Nos. 8 & 9, p. 24.

112. 吴剑洲、吴绍伯:《〈这儿也有个奇迹王朝〉补遗——补记旧蓉城的乞丐故事》，载《龙门阵》，1989 (6), 26 页; Vale, "Beggar Life in Chentu," *West China Missionary News*, 1907, No. 7, p. 9; 吴好山:《笨拙俚言》，见《成都竹枝词》，77 页;《国民公报》，1914 - 03 - 24。

113. Vale, "Beggar Life in Chentu," *West China Missionary News*, 1907, No. 7, p. 7.

114. 《国民公报》，1912 - 05 - 21; 吴剑洲、吴绍伯:《〈这儿也有个奇迹王朝〉补遗——补记旧蓉城的乞丐故事》，载《龙门阵》，1989 (6), 27 页。

115. 傅崇矩:《成都通览》下，370 页；《国民公报》，1914 - 08 - 28；吴剑洲、吴绍伯:《〈这儿也有个奇迹王朝〉补遗——补记旧蓉城的乞丐故事》，载《龙门阵》，1989 (6)，30 页。
116. Vale, "Beggar Life in Chentu," *West China Missionary News*, 1907, No. 7, p. 8.
117. 吴剑洲、吴绍伯:《〈这儿也有个奇迹王朝〉补遗——补记旧蓉城的乞丐故事》，载《龙门阵》，1989 (6)，29 页；Vale, "Beggar Life in Chentu," *West China Missionary News*, 1907, No. 7, p. 8。
118. 刘沅:《蜀中新年竹枝词》，见《成都竹枝词》，126 页。
119.《国民公报》，1917 - 05 - 17。
120. Vale, "Beggar Life in Chentu," *West China Missionary News*, 1907, No. 7, p. 7；傅崇矩:《成都通览》下，370 页；吴剑洲、吴绍伯:《〈这儿也有个奇迹王朝〉补遗——补记旧蓉城的乞丐故事》，载《龙门阵》，1989 (6)，27 ~ 28 页。过去，一些贫穷的妇女为了得到慈善资助，就利用公厕作为“产房”。
121. Lu, "Becoming Urban: Mendicancy and Vagrants in Modern Shanghai," *Journal of Social History*, 1999, No. 1, p. 25.
122. 吴剑洲、吴绍伯:《〈这儿也有个奇迹王朝〉补遗——补记旧蓉城的乞丐故事》，载《龙门阵》，1989 (6)，28 页。
123. 吴剑洲、吴绍伯:《〈这儿也有个奇迹王朝〉补遗——补记旧蓉城的乞丐故事》，载《龙门阵》，1989 (6)，29 页。
124. Vale, "Beggar Life in Chentu," *West China Missionary News*, 1907, No. 7, p. 9；《国民公报》，1922 - 01 - 09。
125.《通俗画报》，1909 年第 6 号。“善抓锅魁”指的是那些抓了店里或别人手上的锅魁然后跑开的乞丐。
126.《国民公报》，1919 - 02 - 09。
127.《国民公报》，1912 - 05 - 23、1914 - 05 - 15、1914 - 05 - 17。

# 第七章　政　治

街头是城市中最重要和最经常为各阶层人所使用的公共空间，任何事件发生在街头都会造成比其他地方更为轰动的效应。在传统的中国城市发展过程中，一般民众无疑是街头活动的主要角色，街头不仅承担着交通的功能，而且被人们用作商业空间、日常生活空间以及节日庆典空间。国家权力很少直接干预民众的街头和社会共同体（或社区）的日常活动，在中国市政机构成立之前，市民实际上享有一定程度的自治权。社会共同体中的许多活动都是由以城市精英为主导的各种自发团体来组织的，因此，这些精英在传统上便建立起对一般民众的领导权。然而这种国家权力与城市社会管理的关系在20世纪初随着新政的推行，特别是警察的出现发生了根本的变化。在新政活动中，地方精英在国家权力的支持下，积极参与城市改良，极大地扩展了他们的社会活动空间和政治声望，并以此巩固和加强了他们对下层民众的影响和控制。这些都为在随后到来的革命和政治动乱中，下层民众与改良精英间所呈现的相互依赖关系埋下了伏笔。精英们在新政时期的启蒙活动，也为民众的政治参与奠定了基础。

随着中国城市在20世纪初期的政治转型，成都与全国政治发生了史无前例的联系。本章将探讨街头如何被纳入国家政治的轨道，街头文化如何演变为街头政治，精英和民众如何通过处理与国家之间的冲突，来重新定义他们的公共角色。我们将看到，在这一时期，尽管街头文化、公共空间和街头生活仍然继续，但是街头不再仅仅是一个谋生、日常生活和娱乐的地方，它实际上成为一个政治冲突的舞台，民众的街头活动后来被利用为政治抗争的工具。过去社会改良者总是视下层民众为社会的不安定因素，这促使他们对公共秩序格外关注，试图把街头牢牢控制在自己手中。下层民众同时也是改良者企图利用的政治力量。因此，他们认为如果街头能被纳入地方甚至全国政治的范围，街头文化能以政治为导向，并按照他们所设计的步骤来发展的话，那么改革运动将大大受益。在街头文化演变为街头政治的过程中，下层民众和社会改良者的街头角色都发生了明显的转化。

晚清以来，成都的社会演变有其清楚的政治倾向，城市改良精英通过借阅图书、公开演讲、改良戏剧等所谓“开民智”的措施，来对民众施加更大的政治影响。虽然他们藐视下层民众，视“绅、商、学界”为主要依靠对象，但仍力图通过教育和启蒙来达到其引导下层民众的目的。过去市民对地方政治并不感兴趣，或者有意识地远离政治，但是正在进行中的全面的社会转变，迫使他们不得不参与地方政治。一方面，精英试图利用民众力量来促进他们的政治议程，动员他们为地方权利而斗争，以抗衡中央政府；但另一方面，民众也为争取他们自己的政治经济利益而斗争，特别是当他们的利益受到国家权力威胁时。辛亥革命以及民初的政治秩序变幻莫测，民众不可避免更深地卷入国家和地方政治之中。在这一时期，虽然成都像其他中国城市一样也遭受军阀混战和经济萧条的冲击，“但它继续展示了其特有的传统和自我意识”。[1]在民初的政治和社会动荡之中，下层民众的街头生活受到极大干扰，街头不仅为各种军事和政治力量所占据，并且演变成血腥的战场。同时，街头也被用作政治对抗的舞台，演出了无数饶有兴味、活生生的政治和社会的“戏剧”。

从晚清到20世纪20年代，国家、精英和大众之间的关系经常改变。在使用公共空间以达到政治目的这一问题上，民众和精英有一种错综复杂的关系，这种关系经常受到国家和地方政治的影响。他们有时联合，有时分裂，这种变化经常由国家和精英的互动关系来决定。换句话说，地方精英作为国家和普通大众之间的中介，在两者之间摇摆以满足他们自己的利益。当国家政策有利于加强他们在地方社会的领导权时，精英就会支持国家控制民众的新政策；反之，他们就对新措施持中立或反对态度。在晚清新政期间，在实施城市改革和控制民众方面，国家及地方精英有相当密切的合作。然而，当国家政权危及地方精英政治、经济利益时，精英便和民众联合起来抗争。保路运动就是最好的例子，这个运动实际引发了辛亥革命。在清政府倒台之后，军阀和国民政府为了控制社会，放弃传统的对地方精英的依赖，直接将他们的权力伸展和强加到地方社区。如果说在清代，地方精英对民众长期拥有领导权，那么在民国时期这种控制则转移到了政府手中。精英在社会共同体和日常生活中的作用和影响力越来越小，失意的地方精英对政府强化其权力的新计划日益冷淡，甚至持反对态度。因为这些计划不但不能维持他们在地方社会中传统的支配权，反而使他们的这种支配权逐渐削弱。

清末民初，各种社会团体在地方政治中发挥了重要作用。19世纪90年代后期，全国性的改良浪潮也冲击到了成都，除了传统的像慈善会、会馆和行会那样的团体之外，出现了很多新的团体。20世纪初推进新政过程中，许多社团、职业团体相继成立，包括成都总商会、商事裁判所、现行法令研究会以及四川教育总会等。随着自治的发展，成华城议事会建立，它由市民选出的60名议员组成，并设有学务股、卫生股、道路工程股、农工商务股、善举权股、公共营业权股、筹集股、咨询股等机构。[2]虽然通过参与改良运动，这些精英组织在地方政治中发挥了重要作用，但是本章还是将研究重点放在公共空间的使用和民众的作用上。

过去西方史学界关于中国精英研究的焦点主要集中在精英活动和精英思想对政治的影响，[3]忽视了大众文化和地方政治之间的关系。其实对大众文化和地方政治之间关系的探索，往往能使我们从另一个角度观察社会的转变。政治的动荡使公共秩序恶化并且逐渐破坏邻里和社区的稳定，冲突在整个城市的性别、阶级和族群团体之间更加剧烈。不过，我们意识到，政治的变化也使相对封闭的社会逐渐开放，并且带来了社会、经济、文化的新因素。革命后的成都给我们提供了一个考察政治如何影响人们日常生活的最好的例子，并使我们意识到在研究大众文化的过程中也要考察政治的重要性。布罗代尔启发我们注重日常生活，但他视政治为“海面的泡沫”，而未能赋予其应有的意义，已有历史学家对此提出质疑。正如法国史专家林·亨特所指出的：“政治也是一种社会活动，社会历史学家对其进行仔细的分析，将极富启发性。”[4]怎样理解政治对人们日常生活的直接影响，辛亥革命及其之后的成都提供了一个极好的研究对象，从而证明了对政治与社会文化进行综合研究的必要性。

## 创造公共政治空间

社会改良者试图以改造街头为契机，创造崭新而进步的城市形象，并希望以此引导下层民众，借影响大众舆论之机把民众转化为政治斗争的工具。虽然像卫生、交通、赌博以及妓女等都是近代城市中普遍存在的现象，但改良者认为这是关系到“文明”的大问题。傅崇矩便承认其编辑《成都通览》之目的是“讽世励俗”，为“开民智”之重要部分，以弥补官方社会改良之不足，坚信其努力将“普及进步”。1902 年傅氏创办《启蒙通俗报》，用方言传播其改良思想以启蒙民众。改良人士满怀信心地认为，新知识普及了，神灵之“怪诞之谈”便可得以抑制，从而使民众意识到社会之进步，皆依靠艰苦努力而非迷信崇拜，人们因而可以集中精力于诸如农业、工业、商业等“有益之事”。[5]

为达到此目的，城市改良精英建立了各种社会组织。1910 年，省咨议局通过关于建立“通俗教育社”以推动大众阅读的议案。与傅崇矩编辑《成都通览》的初衷相同，该社也宣称通过大众教育了以遏制“邪说”之散布，“根除社会动乱之隐患”。其具体手段包括推行新型评书，改良地方戏以及公开宣讲活动等。该社计划收集传统故事、戏曲加以改编，翻译外文书籍，选择优秀古文改写为白话。精英们希望那些“庸夫俗子”被启蒙之后，不会“阻扰新政，迷信邪说，妨碍治安”。傅崇矩也建立了一个“阅报公社”，收列省内外百余种报刊供公众阅读。另外，开智书局创办了中外文图书借阅服务。1911 年，四川省学务公所在贡院旧址建立图书馆，其宗旨是“扶助社会文明，养成一般优美良好之风尚”。[6]

改良者也将公开演讲作为改变风俗的舞台（见插图 7-1）。正如前面已讨论到的，清代以来的宣讲圣谕既散布正统思想，亦带有娱乐成分，甚至评书的发展也可能与之有一定的联系。这种宣讲形式对普通民众的思想影响甚大，这种传统的大众娱乐形式为改良精英所利用，被赋予了新的内容。例如他们公开演讲改良风俗，1904 年一些精英妇女在

图 7-1 公开演讲。大柱上写着“四川讲演总会”。
资料来源：《通俗画报》，1912 年第 28 号。

玉龙街开演讲会提倡放足，印发十万份《勿缠足歌》。放足运动的努力颇见实效，到 1909 年，据称三分之一以上的成都妇女已不再缠足。华志坚曾指出，“公开演讲”就像舞台上的“表演”，是近代中国“政治斗争的重要资源”。[7]的确，这些公开宣讲揭示了地方精英是怎样在公开的“政治舞台”上活动的。通过这些公开演讲，地方精英表演的“政治剧”对公众生活和思想都产生了极大的影响。公开演讲的形式虽然类似于传统的说书，但是内容却从历史事件、传奇、浪漫故事转变为当今社会的时事。后来，这种对街头的新式使用，就成为政治斗争的一件主要工具。

改良人士之所谓“开民智”，实质上强调的是爱国主义。他们竭力向外界展示这个城市的进步形象，事实上这种爱乡爱国动机有助于他们在政治运动中奠定对民众的领导权。具体来讲，这种“爱国主义”即从爱自己的家乡、自己的城市开始，这种思想频繁地出现在他们的文字中。例如，地方知识分子是这样描写自己的城市的：“四川居天下上游，成都有为全蜀枢要，即其土味之腴，烟谷之饶，人民之多，丝业之盛……秦、陇、湘、鄂、滇、黔、青海、西藏之所交通，无一不为所注目。”[8]在清末民初的文献中，类似这样对家乡的描写、对地理优势的赞美，实质上是他们强烈的地方自豪感及自我认同意识的一种表现。

在清末，成都各个阶层作为“市民”的意识已非常强烈，傅崇矩在其《成都通览》中谈到编撰该书的动机时，将这种心境表露无遗：“予以籍于成都而说成都，较切于客于成都而说成都也；予以家于成都而说成都，较实于游于成都而说成都也；予以耳目所及者而说成都，较真于传闻所记者而说成都也；予以事物实录而说成都，非以笔墨空谈而说成都也；予以调查近事而说成都，不以考据古典而说成都也。”[9]该书的许多章节目录，诸如“成都之成都人”“成都之妇女”“成都人之性情积习”等，也充分揭示了他作为成都市民的自我认同，即使在相当大程度上他对这个城市所持的是批评的态度。[10]

自晚清以来，改良精英充分利用这种意识和自豪感推动城市和公共空间的政治化。中国社会不同于其他大多数农业社会的特点之一，就是男人外出谋生后仍把他们的家庭留在家乡，而且把返乡作为其最后归宿，因而施坚雅说：“一个人可能改变他的阶层，但他的籍贯永存。”许多西方历史学家也由此得出结论说，早期近代中国未能形成具有凝聚力的城市共同体。虽然从表面上看，中国城市居民犹如马克斯·韦伯所说的，“隶属其家庭以及祖庙所在的原籍”，但事实上成都的许多居民生于斯、长于斯，有的甚至已历若干代。尽管他们仍以老家为其“籍贯”，但大多皆有意识或无意识地认为自己是“成都人”，而把自己区别于外来者。傅崇矩的上述表述，就体现了其作为“成都人”的这种意识。[11]这种自我认同和爱乡意识，成为民众参加政治运动以保护地方利益的基础（见插图 7-2）。

## 大众文化与唤起民众

辛亥革命之前，成都街头的政治化便已见端倪，诸如排外运动、“邪教”起事、商人罢市、旗人骚乱以及革命党的武装暴动等频繁出现。例如 1905 年由于抗议政府强迫每店户每月加征 500 ~ 1000 铜元的商税，一次大规模的罢市爆发。各商店歇业，“散布各处的商贩禁止出售任何商品”，那些为生计冒险上街的小贩的摊子被捣毁。1907 年革命派计划在成都发动武装起义，召集四千余哥老会成员于 11 月聚集成都，当他们埋伏在小天竺、安顺桥以及茶店子等候起事之时，因密谋暴露而失败。[12]

1911 年夏，当清政府宣布铁路国有化政策后，一个声势浩大的保路运动在湖南、湖北、广东以及四川爆发。[13]隗瀛涛在其 1981 年对保路运动的开创性研究中指出，保路运动是由“立宪派”领导的，尔后哥老会在军事起义中发挥了重要作用。我在 1993 年关于清代长江上游地区社会的研究里，进一步讨论了社会的变化是如何为保路运动和辛亥革命奠定了基础的。我认为，经济、政治、教育制度、社会组织（秘密社会和新社团）以及思想意识的变化，使得革命成为可能。[14]不过，在这个关于成都街头文化的研究中，我尝试重新认识这次运动，从大众文

图 7-2 辛亥秋保路死事纪念碑。
资料来源：作者摄于 1997 年夏。

化的角度切入，来揭示街头文化和公共仪式是如何被用来动员民众的。我们看到，当成都市民意识到铁路是“存亡关键”，而竭尽全力加入“破约保路”运动时，[15]街头立即成为政治斗争的巨大舞台，公众集会成为发动民众最有效之工具。如一次四川铁路总公司的集会，会场所在的岳府街成为“人的河流”，估计有五千人参加，这大约是自1895年大规模的反洋教运动以来最声势浩大的民众聚集。[16]几位运动领袖演讲路权与国家命运之关系，当会议达到高潮之时，“与会群众多痛哭失声，巡警道派去维持秩序的警察亦相视流泪”。保路同志会派代表向中央政府请愿，在南较场举行的大规模的送别仪式上，赴京代表发誓不达目的决不回川，此时“台上台下群情激愤”。在另一个集会上，当一个小学生代表同学发言，建议每个学生每天向运动捐钱二文时，与会者多被深深打动。一位老者上台搂着这孩子，声泪俱下地说：“我辈所以必争路争爱国者，皆为此辈小兄弟计也。”在场万余民众亦失声痛哭，甚至维持秩序的警察也表示道：“我亦四川人，我亦爱国者。”[17]显然，地方精英以公众集会作为宣传工具来唤起民众取得了巨大的成效（见插图7-3、7-4）。

改良者与下层民众首次加入同一政治性组织——四川保路同志会，这一时期阶级的鸿沟得到暂时的弥合。同志会以街道、职业、社会集团为基础建立了许多分会，如太平街分会、妇女分会、学生分会、丝帮分会甚至乞丐分会。各店铺则组织“一钱会”，即成员每人每天捐钱一文给保路同志会。[18]各分会的成立如“雨后春笋”，短期内出现在每条街道。一些行会诸如木材和丝业等也组织了行业“一钱会”，仅丝业在几天之内便有两百余人加入。根据地方报载，一天时间内仅回民即组织分会二十余个。[19]

图7-3 皇城坝的群众。照片摄于1911年11月27日大汉四川军政府成立之日。这里平时便是公共空地和市场。从照片仍然可以看到一些货担，但更多的是聚集的人群，他们很可能是前来观看成立大会的。不少人手搭凉棚向远处眺望，很可能是美国人那爱德站在高处摄影引起他们的好奇，故引颈观看。

资料来源：当时任教于四川高等学堂的美国人那爱德所摄。照片由来约翰先生提供，使用得到来约翰先生授权。

四川保路同志会在全城发动了大规模的宣传活动。据传教士的观察，当时公开演讲成为"明显的街头一景"。《四川保路同志会报告》广为发行，每期达1.5万份左右。每天《报告》在公共场所一贴出，便人头攒动，讨论热烈。此时改良精英也尽量利用街头来发动民众，其方法包括从张贴政治传单到以大众娱乐的方式作政治宣传，诸如金钱板、大鼓书这样的"下里巴人"演唱都得以运用。这时庙宇也被用作政治目的，一则关于公开演讲的告白告诉我们，同志会的演讲会在三义

图 7-4 皇城里的群众。照片摄于 1911 年 11 月 27 日大汉四川军政府成立之日，背景是皇城的明远楼，上书“旁求俊义”四字。这张照片真实反映了这个政治运动中的公共聚集，不管他们的政治倾向和政治目的如何，这些无名的人物成为这个政治空间的制造者。如今皇城已经不复存在，这张照片使我们能清楚地看到皇城的内景。

资料来源：当时任教于四川高等学堂的美国人那爱德所摄。照片由来约翰先生提供，使用得到来约翰先生授权。

庙、火神庙、延庆寺和文昌宫举行，敦促士绅、商人和街道居民参加。[20]因此，传统的宗教崇拜的场所转变成了政治动员的舞台。

下层民众响应运动的号召进行罢市。据描述，在罢市期间各街商店关闭，各业停工，整个城市像停摆了的钟：

> 成都本是一个摩踵接肩、繁荣热闹的大都市，至此立刻变成静悄悄冷清清的现象。百业停闭，交易全无。悦来戏园、可园的锣鼓声，各茶馆的清唱声，鼓楼街估衣铺的叫卖声，各饭店的喊堂声，一概没有了。连半边街、走马街织丝织绸的机声，打金街首饰

> 店的钉锤声，向来是整天不停的，至是也听不见了。还有些棚户摊子，都把东西捡起来了。[21]

这个城市从未这么安静过，就像突然失去了活力，以至于市民们对这失去的喧嚣甚感不惯。罢市立即影响了许多贫民的生计，然而他们又不得不跟随主流。为帮助他们渡过难关，同志会在铁路公司之下组织了“施济局”，向三万多贫民发放米钱。在9月成都惨案后，护理川督赵尔丰迫使各商铺开门营业，但“遭到顽强抵制”。然而这种抵抗未能持久，在政治和经济双重高压之下，先是东大街、走马街以及其他闹市的店铺，然后各街巷的小商铺也逐渐开门营业。[22]

这一时期改良精英对下层民众的态度发生了很大变化。过去他们总是藐视民众的道德和思想，然而在民众积极参与保路运动之后，他们也被下层民众积极投入运动、出席集会、捐钱出力的热情所感动。一位轿夫在捐出他的血汗钱时说道：“苦力也是公民。”虽然我们可以说他们对“公民”的含义恐怕并不十分明白，但这种表白无疑说明了他们对地方政治的关注和参与。民间艺人团体也派代表到同志会表达对运动的支持。在保路分会的组织下，街民们举着旗子在赵尔丰出行经过之处，跪在烂泥里向其请愿。[23]这些活动都使精英意识到，民众是一支可以用来达到其政治目的的强大力量。但是我们应该意识到，虽然民众与改良精英在爱国的旗帜下站在一起，但是他们有着不同的利益诉求。对改良者来说，虽然他们利用民众力量迫使政府收回铁路国有政策，但他们并不想使其苦心经营的社会秩序毁于一旦；然而对民众来讲，运动可以扩展为争取更大的生存空间和更好的社会环境的斗争。因此这种合作难以持久，当辛亥革命在全国爆发，他们的联盟很快趋于破裂。[34]

## 革命仪式与街头政治

社会人类学家发现，宗教仪式、节日庆典以及大众娱乐往往在社会剧变之时扮演重要角色，这些文化传统可被政治运动的领导人用于发动民众以对抗国家权力。正如研究中国宗教的人类学家芮马丁所指出的："国民可用宗教仪式反对政治权威"，辛亥革命中成都街头所发生的一切，便印证了这一观点。在动荡不安的社会冲突中，地方政治文化得以重新建构。在这一过程中，传统的宗教仪式被用于政治目的，精英和民众都史无前例地卷入到地方政治之中。当法国史专家林·亨特在讨论法国革命中政治与文化的关系时指出："政治实践并不仅仅是基本的经济和社会利益的简单表现"，革命者通过其语言、形象和日常政治活动"来重新建构社会和社会关系"。革命者在政治和社会斗争中的经历，"迫使他们以新的方式看待世界"。像法国革命一样，在相当程度上，辛亥革命在中国城市根植于一定的文化土壤。这一时期，在地方政治影响下，街头文化被纳入政治轨道。在精英主导下的传统社会共同体（或社区）演变成为社会学家理查德·桑内特所描述的政治斗争中的"政治共同体"（political community），即人们的社会联系和共同行为不仅仅是社区的日常生活活动，还具有共同的政治利益。[25]

在过去，下层民众习惯于远离政治，对任何反抗政府的煽动总是心怀疑虑。然而，政治的表现形式发生变化后，即大众宗教和街头文化被精英用作发动民众的工具之时，情况则发生了极大的变化，他们像参加宗教或街头节日庆典那样投入到政治反抗运动之中。"革命的政治文化是由语言、形象以及人们的姿态等象征性行为组成的"，在保路运动中的成都，这种象征性行为随处可见，它们唤起了人们的相互认同，促成了人们的步调一致，激起了人们的同仇敌忾，从而成为革命强有力的工具。在改良精英的支持和鼓动下，民众以修筑“先皇台”——祭祀光绪皇帝的大祭坛——来占据街头，以纪念死于1908年的光绪皇帝为手段来表达政治声音。类似的仪式也深入到各家各户，在几天时间之内，各商家、铺户和居民的前厅都供起了光绪牌位，门上贴着“庶政公诸舆论，铁路准归商办”两句取自光绪圣谕的对联，因为光绪被视为铁路商办的支持者。各街民众在“先皇台”前昼夜焚香跪拜，整个城市一派沸沸扬扬。一位西方目击者写道：“这个城市每家都立有一块书有‘光绪皇帝灵位’的黄牌，配以摘抄自准四川商人自办铁路的圣谕的对联。各交通要道都立有跨街的大牌坊，置放有光绪画像，灵位前有花瓶、香案以及其他物品。”[26]祭奠往往能激起人们的情感，在肃穆的祭坛前，香烟缭绕，仪式庄严，人们哭号跪拜，其情绪相互感染。我们可以想象当时的氛围，感受到人们无限悲愤的心情。

显然，修建牌坊、竖立灵位、烧香祭祀、跪拜街头等，并非仅仅是简单的宗教仪式，而是政治反抗。例如街头牌坊实际上也被民众用来发泄对官方的不满，由于街头建有光绪灵牌，官员不敢像往常那样骑马或坐轿上街，若有官员敢冒天下之大不韪，则必为民众所攻击。护督赵尔丰对此亦有觉察，指责“省中各街衢皆搭盖席棚，供设德宗景皇帝万岁牌，舆马不得过。如去之必有所借口，更有头顶万岁牌为护符。种种窒碍，不得不密为陈告”。因此，街头的宗教仪式犹如西方城市中的节日游行，不仅是“社会关系的大众戏剧”，而且也可能是“权力关系的战场”。就像法国革命中的三色徽章和爱国坛一样，保路运动中祭坛和灵位也“被赋予了神圣的色彩”。不过应该注意的是，法国革命与保路运动在形式上虽有相似之处，但它们的文化土壤、追求目标、运用手段、领袖素质等都迥然不同。法国革命是“有意识地与其过去分离并奠定新社会的基础”，但成都的精英们只把其目标限定在经济利益之内。[27]不过，如果我们充分理解成都只有十年“启蒙”的历史。我们仍有理由认为保路运动在地方政治中，迈出了史无前例的一步。即使地方精英并未试图反对中央政府，但这是他们第一次组织民众挑战国家政权。

这些公共仪式体现了精英的策略，他们意识到宗教仪式是他们斗争的绝好工具。然而，精英并不想走得太远，像法国革命的新政权“力图规范大众政治集会”一样，[28]从保路运动一开始，精英便竭力避免与政府的直接对抗，并试图把运动限制在特定的范围之内。保路同志会发布告示称：“人人负有维持秩序之义务，今千万祷祝数事：（一）勿在街上聚群！（二）勿暴动！（三）不得打教堂！（四）不得侮辱官府！（五）油盐柴米一切饮食照常发卖！能守秩序，便是国民，无理暴动，便是野蛮，父勉其子，兄勉其弟，紧记这几句话。”当改良精英力图发动民众时，他们强调外人及其财产应得到保护。[29]显然，他们试图使运动运行在“理性”的轨道上，在与国家权力斗争的同时，仍然保持社会生活的稳定。

可以说在保路运动初期，运动在领袖们的设计下平稳发展，但成都惨案导致了情况的逆转，和平请愿演变为反清政府的“暴乱”。9 月 7 日，赵尔丰逮捕了罗纶和其他八位运动领导，全城为之震惊。民众立即聚集示威，“很快参加者达千人以上，群情激愤”，男女老幼“一只手拿着焚香，另一只手端着黄色的光绪灵位，拥向总督衙门。大家哭喊着：‘还我罗纶，还我罗纶！’”吁请释放运动的领导人。街头曾经是民众的活动空间，但这时精英在街头也充当了一个关键角色。成都市民从未见过如此的场面：警察在前面开道，穿长衫的士绅领头，后面跟着无数的下层民众。[30]城市精英和下层民众站在一起，在“公共舞台”上演出了一场生动的“社会戏剧”。

这场和平示威以血案结束。虽然“百姓哀求拜跪”，但清军并没有因此怜悯，赵尔丰命令兵丁在总督衙门前大开杀戒，瞬间人们四散，店铺关门，母亲在街上声嘶力竭地寻找失散的孩子，总督衙门前顷刻间留下二十余具淌血的尸体，以及散乱的鞋子和打破的光绪灵位。赵进而派兵把守各街口，禁止人们通过。大部分参加者都是下层民众，这次遇难的26人的身份得到证实，其中16个是织匠、刻匠、学徒、裁缝和小贩。[31]

惨案导致了民众和政府的直接对抗，和平的保路运动立即演变成暴力的革命。正如一个目击者以悲愤的心情所写的竹枝词：“新军错计恃洋枪，谁料愚民愤莫当。夺得洋枪还死斗，可知器不敌人强。”为防止暴动，赵宣布宵禁，关闭城门以切断与外界的联系。成都惨案使人们放弃了对清政府的幻想，他们以各种方式表达其愤怒，在赵尔丰的告示上涂鸦便是方法之一。“过了一夜，但凡通衢要道，有军警梭巡地方，告示还像昨天那样：白纸，黑字，胭脂关防。其他一些偏僻街道的告示，或者被人撕得七零八落，或者告示上遭上土红桴炭什么的批得一塌糊涂。……最多是一派谩骂：‘放屁！放狗屁！放你赵屠户娘的狗屁！”成都民众还发明了所谓“水电报”，作为与外界联系的工具，即将成千上万的小木片放进河里，随水漂到各处，上记成都发生的事件，呼吁外界支持。这一方法被外人称为“聪明的发明”。[32]民众开始组织保路同志军作为自己的军事武装，他们从各郊县拥入。以哥老会成员为主的同志军手持刀矛，高举旗帜，每支队伍或数千或上万人，汇集城外准备攻城。这时的成都街头充满着躁动不安，恐慌像野火一样蔓延全城。[33]

一旦清廷倒台，民众在街头的政治使命便告结束，即使他们在一些政治场合中出现，也多从表演者变为观望者。以城市精英和旧官僚为主的四川军政府建立之后，竭力稳定公共秩序，[34]并制定了有关规章以限制公共集会："本律称集会者，凡以一定之宗旨，临时集众，公开讲演皆是。集会关于政治者，称政治集会。"组织任何诸如此类的集会，都必须事先向警察报告目的、时间、地点、背景、组织者的地址以及参加的人数等。非政治性集会也得预先申请。新章程规定和尚、道士、中小学教师和学生、妇女、未满 18 岁的男子、有犯罪前科者、文盲等都不得参加政治集会，这实际上剥夺了相当大一批人的政治权利。该规章还赋予警察控制公共集会包括解散集会等极大权限。警察可以监视和调查这类活动，如果发现任何有关宗教、煽动或"有伤风化"等内容，都可以强制停止。[35]

在这一时期许多政治事件都是在街头上演的，盛大的场面成为街头文化的新景观（见插图 7-5）。两幅民初的时事画生动地描述了街头政治的这种展示：一幅是关于四川都督尹昌衡带领军队从皇城出行，另一幅是炮队通过南门开始"西征"的场景。[36]两幅画都是由城墙、军队、马匹、旗帜、枪炮和围观民众组成的。据这两幅画的题词称，当军队出发南征时，有数千群众在南门送别。我们还可见到不少社会组织出现在画面上，从人们手中的小旗子可看到"各法团""民团""报界"等标志。[37]（见插图 7-6、7-7）但是，街头文化在政治运动特别是在保路运动中的巨大作用，并不表明街头政治决定了运动的方向，以前的研究已经指出武装起义的决定性作用。探索保路运动中的街头政治，意味着使我们的研究从精英的活动延伸到民众的角色，即从表面的政治波浪深入

图 7-5 皇城里的群众集会。照片摄于 1911 年 11 月 27 日大汉四川军政府成立之日，背景是皇城的城门门洞前。从门洞望去，可以看到远处刻有康熙御笔“为国求贤”的巨大石碑坊。集会的人们可以说是密密匝匝，人头延伸到牌坊以外。近处书有一个大“汉”字的大汉四川政府的白旗子格外醒目，与黑压压的人群形成了强烈的对比。这张照片把代表着古老、凝重的城门与代表着力量的民众记录在一起，使人感觉到一种震撼，从而想到鲁迅所说的“于无声处听惊雷”。

资料来源：当时任教于四川高等学堂的美国人那爱德所摄。照片由来约翰先生提供，使用得到来约翰先生授权。

到波浪下面的潜流，从另一个角度来理解这场政治运动，进而也从一个新的角度来观察这次运动以及改良精英和普通民众之间的关系。[38] 1911 年标志着民众的政治参与，以及从街头文化到街头政治的转变，这种转变也影响了人们的日常生活。从那时起，街头经常用于政治目的，普通民众被迫生活在无情的权力斗争的阴影之下。虽然在很大程度上，街头文化和街头生活在混乱的年代中幸存下来，但令人遗憾的是，随着社会环境的恶化，街头文化和街头生活也不可避免地改变了。

精英这种对民众参与公共政治的态度的转化，实际上根植于他们不

图 7-6 尹都督西征出发图。
资料来源：《通俗画报》，1912 年第 11 号。

同的阶级利益，他们自始至终都把民众作为与国家权力进行斗争的一种工具。当他们需要利用这种工具时，他们可以暂时容忍民众在公共场所的集体行为，然而当这种工具对他们来说不再重要时，他们便立即改变了对民众及其公共行为的态度。

## 社会动乱与谣言时代

对于成都市民来说，民初最大的变化就是他们必须在一种持续不断的混乱环境里维持其日常生活。自辛亥革命以来，成都便像中国其他许多城市一样，进入了多事之秋。政治局势的不稳定，经济状态的恶化，

图 7-7 西征炮队出发图。

资料来源：《通俗画报》，1912 年第 28 号。

加剧了社会动乱。一个西方人在 30 年代曾指出，四川是“辛亥革命后土匪肆虐最严重的地区之一”。[39]作为四川省的政治、经济中心，民国初年的成都并非四川最糟的地区，但人民仍然经历了深重的灾难。

善良的人们从未料到革命竟伴随着如此巨大的浩劫。革命期间清军完全失控，“街头成为士兵的天下”。端着枪和刺刀的士兵在街头耀武扬威，横行霸道。据时人描述，这些士兵装束非常奇怪，一些头顶“英雄结”、身着五彩裤，一些长发垂耳，一些脚打绑腿，像戏台上的演员。[40] 1911 年 12 月 8 日，一大帮兵痞拥向临时军政府所在的皇城，要求发给拖欠的军饷。当他们强行闯入军政府时，正副都督已仓皇逃命。乱兵接着抢劫了大清银行和其他两家银行，然后洗劫劝业场。据传教士描述，在劝业场，“一瞬间这些士兵便把楼上楼下洗劫一空”，玻璃橱窗被砸碎，街上到处是碎片。当天下午乱兵又抢劫了成都最为繁华的地方——东大街，“傍晚，三五成群、荷枪实弹的乱兵闯入成都各大公馆勒索金钱”。入夜，各典当行成为主要目标，城内发生十余起火灾，“枪声持续了整夜”，市民们“几乎度过了一个不眠夜”。是夜城门亦未关闭，乱兵源源不断地把赃物运出城。这次洗劫中成都损失巨大，除遭抢劫外，“大量银子融化于大火，消失在灰烬中”。正如柯白（Robert Kapp）指出的，四川从此失去了稳定局势的金融后盾。[41]

民初的成都成为兵痞的世界，街头被军阀的军队霸占和控制，军警巡逻街头。大量军队驻防成都，散兵游勇更是不计其数。他们成为这个城市的主宰，而人们的日常生活却受到极大的干扰。这些士兵在公共场所无恶不作，比如他们经常在街上拉夫，特别以苦力、轿夫、黄包车夫为对象，因而这些人成为惊弓之鸟，一有士兵在街头呼车，他们便跑得无影无踪。为避免军队乱拉夫，商会提出每个轿行出四人作为劳工，以换取停止街头拉夫。那些兵棍不仅以下层人民为拉夫对象，甚至街正、教师等有头有脸的人物也会成为他们的牺牲品。[42]他们还经常占据庙宇作为军营，一位在20年代访问成都的日本人便看到，青羊宫的大殿里睡着士兵，他们在祭坛上烧饭，在廊柱上晒衣。由于军人所享有的“特权”，许多人特别是那些地痞经常装成士兵以虚张声势，甚至小孩儿、军官所雇佣人也以穿着军装为荣，因而在成都领章帽徽一时成为紧俏商品。由于此风愈演愈烈，军队不得不下令禁止，警察亦令裁缝不得制作军装。[43]

社会动乱的确削弱了警察的权力，而警察权力的削弱又使街头社会秩序更加恶化。在民国初年，警察、宪兵、民团、军队都有控制社会治安之权，可说是政出多头，然而警察正如时人所称已“形同木偶”，从而给予地痞流氓在街头极大的活动空间。警察权力经常遭到其他力量，特别是地方土匪和兵痞的挑战，警察本身也成为被袭击、抢劫甚至杀害的对象。如当一群兵痞在街上把一个值勤警察殴打致死时，还张狂地叫嚣：“送你去西天站岗。”更具讽刺意味的是，警察自己的社团“警界会”有一次也被地方豪强捣毁。这一时期，警察因尽量避免与有势力的集团发生冲突而失职，市民对此十分不满。[44]然而，不能胜任维持治安责任的警察却经常滥用职权，反成为扰乱市民日常生活的一个消极因素。例如有些警察以搜查鸦片为名闯入百姓人家，侵吞私产，由此造成一些地痞假装警察作案。有些沾染鸦片的警察则在值勤时入烟馆过瘾。[45]

虽然有警察试图恪守自己的职责，但当他们面对蛮横的士兵时，武力冲突便不可避免。例如，一次当八十余名女子中学的学生从女子入口进入花会时，两个士兵故意插入队伍逆向而行，值勤警察要求他们出来，从男子入口进入，随后又有士兵故技重演，从而引起争执。其中有军人突然吹哨大喊“紧急集合”，顷刻间数十名军人围住一个警察大打出手，有的甚至抓起临近摊子的板凳向警察猛砸。一旁的警察赶快求情，“各位先生，实在要走女宾路，请走就是”。他们将那挨打的警察扶起，“令其向众军作揖赔礼”。但军人并不因此息怒，“又将三警围打，且把战刀、指挥刀口鞘等类夺去，又撕毁制服。有喊就刀杀者，有喊不杀他打死了事者。该三警之惨状，故不待言。而秩序亦大乱。观者以千万计，交通为之塞断”。此事激起极大民愤，军事当局也不得不出告示安抚，明令军人不得扰乱公共治安，违者军法从事。军队还许诺派宪兵巡逻以杜绝军人制造事端。[46]由于当时缺乏强有力的稳定社会的力量，社会状况和日常生活环境日益恶化。

社会动乱导致了土匪的猖獗，这对成都市民来说是灾难性的。辛亥革命之后，土匪数量剧增，抢劫事件层出不穷，并从城郊蔓延到城内。一次，百余名穿着军装、扛着大枪的土匪大张旗鼓地开进北门外各街，居民以为是地方军。他们在这一区域抢劫达四个小时，并焚烧房屋。这一时期，成都近郊成为一个危险区域，土匪甚至经常冲进茶馆抢劫和枪击茶客。[47]许多乡绅为逃避匪灾而移居成都，以为可以求得安全避风港。但他们发现，成都也不再是一个可以高枕无忧的地方。

抢劫事件急剧增加，成都居民无不感到不安。地方政府为了稳定社会秩序，经常采用公开行刑的方式来威慑土匪（当然这也不时成为独裁者压制不同政见的手段）。在传统社会，执行死刑犹如公开的死亡仪式，被国家权力用来震慑民众。这类仪式总是在闹市举行，以取得“杀一儆百”的功效。在民初的成都，公开行刑成为家常便饭。像古代一样，在执行之前，先是游街示众（见插图 7-8）。在这个时期，人们

图 7-8 “伪造者斩”。图中是被判伪造货币罪的人游街示众，木牌上写着“伪造者斩”。
资料来源：《通俗画报》，1912 年第 43 号。

经常可以看到类似场面：在队伍前面，几个号兵吹着悲凉的号角，其后是一排持枪的士兵（在 20 年代枪毙逐渐取代了砍头）。囚车上，死囚被捆绑或夹在囚笼中，上身裸露，有的嘴里不断叫着“我冤枉啊!”有的则借机展示“英雄气概”，发表演说或高呼诸如“二十年后又是一条汉子”之类的豪言壮语。紧接着是荷枪实弹的官兵。[48]游街总是吸引了无数的围观者，给了那些对土匪恨之入骨的人一时的兴奋和暂时的满足，但也在一定程度上给这个城市的社会生活蒙上了恐怖的阴影。

通常行刑游街要穿过东大街，然后出东门，过紫东街、年丰巷到莲花池，途中经过的一座桥也因之被称为“落魂桥”。刑场设在莲花池与地藏庵之间，那里甚至演变为市民寻求刺激的聚会场所，一些人早早地等在现场一睹为快，小贩也趁机在那里兜售商品和食物。一篇报道描述说，一个死囚在行刑时拒绝走出囚笼，刽子手竭力把他拖出，不想那囚犯竟一口咬伤了刽子手的手，刽子手气愤至极，手起刀落将那囚徒砍死。[49]有些死囚的尸体在运回原籍埋葬之前，存放在地藏庵，那些无人收敛的尸体则由当地保甲雇乞丐就地埋葬。由于这些尸体仅以破席一裹浅埋了事，故经常被野狗撕得七零八落。在民初，死刑经常在地处闹市的警察局门口执行，甚至在商业中心春熙路和少城公园执行，社会改良者对此颇有批评，指出有碍卫生，鼓励残暴等弊端，呼吁将刑场移到城外。1927 年，军事当局准备在中山公园前处决一个犯人，市政府亦要求移往城外。[50]

枭首示众也被军事当局用作威慑的工具，这个方法经常用于那些罪大恶极的死囚。如 1916 年在匪首巫人杰被处决后，其首级被装进木笼中在东城门悬挂三天，然后陆续移往西门、北门和南门示众。当然这种方法也用于打击政治敌人。如 1917 年川军和滇军在成都巷战时，滇军将四个俘虏首级挂于皇城。虽然枭首在 1928 年被当局明令禁止，[51]但这种古代的“死亡仪式”此后仍然存在了相当长的一段时间。

**谣言时代**　社会动乱加剧了人们的危机感，而人们的这种惶恐不安正是谣言广为散布之温床。在辛亥革命之前，公共场所便成为谣言散布之地。其实谣言也不全是空穴来风，而是常常与当前人们所关注的问题联系在一起，而人们所关注的问题也不时转移。正如一个传教士所看到的：“关于英国人占领西藏的谣言在茶馆里已不再引起轰动，人们的注意力都集中于几星期来剪辫子的传言。”[52] 1910 年春，有人器官被割的谣言又甚嚣尘上，五人被捕，招认捏造这些故事不过是为了哗众取宠，警察将其戴上枷锁游街以示惩戒，还将他们的供词贴出，警告对谣言制造和散布者将严惩不贷。一位年轻人在茶馆与一个陌生人议论道听途说的新闻，哪知那人是个密探，他因此而被警察逮捕。[53]在辛亥革命之后，社会承受力更为脆弱，谣言加剧了民众的不安，政府则以严惩为手段进行打击，所谓“造谣惑众者”可能被判处死刑。有一时期成都盛传街头石板地上的黑线是大灾难的预兆，警察逮捕了两个正用铅笔在石板上画线的人，显然两人不过是恶作剧。警察的确被各种谣传所困扰。那时由于土匪猖獗，诸如大量土匪混入城内的谣言甚多，每当此类传言盛行，警察便派密探到各茶房酒肆观察动向。[54]

谣言往往盛行于旧秩序被破坏而新秩序尚未确立之时。当时便有人力图分析谣言的根源，其结论是“上等社会”和“下等社会”对此都有责任，但问题主要在上等社会。“夫谣之造也，其意必有所图。为名位而造谣者，必上等人物；为财帛而造谣者，必无赖游民。然无赖游民之造谣也，有以上等人物之谣言为动力，其目的虽不同，而其贪得之心则一也。吾甚望为政要者，幸勿信口雌黄，致乱安宁之秩序，任情诬蔑，不计利害之何如。”一家地方报也评论道，在晚清人们听信谣言是因为人心惶惶，到了民初这种不安全感反而加剧，人们时刻感觉大祸临头，如“惊弓之鸟”，从而谣言盛行，因此政治的不稳定为政治谣言提供了环境。具有讽刺意味的是，在《国民公报》刊登一篇讨论“息谣之法”文章的第二天，该报便有一篇关于谣传盐价上涨人们蜂拥购盐囤积的报道。然而，有时所谓“谣言”也未必就是谣言。1916 年关于军人买米不付钱的“谣言”在南门一带流传，导致各米店关门。尽管警察宣称这是谣言而竭力追查，但是如果我们看那些兵痞在成都的所作所为，他们在茶坊酒肆和店铺又吃又拿可以说是司空见惯，就很难说这些都是“谣言”。此外，地方政府经常以所谓“妖言惑众”，来惩办敢于批评军阀和政府的人士，因而任何政治话题甚至“街谈巷议”，都可被诬为“谣言”而被禁止和受到打击。[55]

在民初，成都街头的“地皮风”经常造成极大的混乱。所谓“地皮风”，即“虚惊”，是指由一件小事引起大恐慌。每当“地皮风”刮起，人们便在街头各自逃命，市场一片狼藉。例如有人在青羊宫附近举行一个葬礼。当按传统习俗放鞭炮时，整个地区的人们都以为发生枪战而惊恐万分。一天晚上，一阵“地皮风”在许府街、顺城街一带刮起，各货摊和商店立即收摊关门，人们夺路逃奔，轿子价格疯涨，甚至警察也从街头消失。后来人们才搞清其起因不过是两个卖稻草的农民发生争执，一个看热闹的醉汉被绊倒，他爬起后便一阵疯跑，还一边狂叫：“打起来！打起来了！”不知底细的人们也因此而受惊。同一天，一个士兵的枪走火而导致皇城坝、提督街、东御街、西御街等大片地区的人们虚惊一场。[56]上述事件都发生在1916年至1917年成都最混乱的时期，说明不安全性和恐惧感已经成为人们日常生活的一部分。

在那个动乱年代，街头发生的任何小事都有可能引起人们不祥的联想。例如《国民公报》曾以《恐怖新闻——一小孩的舌头被割》为题报道，人们在东府街发现一个光着上身、嘴中流血的小孩儿。当被问及发生何事时，人们发现他只有半截舌头而不能说话，于是料定他舌头被割，警察立即把他送到医院并着手调查。但第二天该报报道，那小孩儿的舌头仍在，因头天人们见他满口是血且不能说话，故造成误判。其实他是一个鞋匠的儿子，患有一种疾病，“发狂”时经常咬破自己的舌头。[57]另一个故事也反映出普遍的不安和恐怖的感觉。一名警官在街上看到一个人扛着一具揭开的、装着一个小女孩儿的棺材，警官立即怀疑这男子打算活埋这女孩儿并开始跟踪他。在上陛街的拐角处，警察发现那人快速行走，并听到孩子从棺材里发出的“要妈妈”的哭声，于是警察逮捕了他。那人解释道，他送一具棺材进城时，一位老朋友叫他把生病的女儿送到平安桥医院，他只好将女孩儿放在棺材里以便于赶路。警察立即找到女孩儿的父母，证实了他的说法。[58]虽然从表面上看，这些事例是由于人们过于敏感，但实际上反映了社会动乱给人们造成的心理恐慌。除了说明那个时代人们过分忧虑之外，这个故事也显示出一些文化和信仰的因素，满口鲜血而不能言语的小孩儿，装“死人”的棺材经过拥挤的街道，不可避免地会引起人们的注意。城市里各个角落的居民都担心城里发生的任何非常之事，甚至一件小事也可能引发恐慌。一个简单的误会就能引起骚乱，表明成都居民在这个混乱的时期经受了巨大的心理压力。

## 巷战：城市大灾难

当乱兵在辛亥年洗劫成都时，一位传教士曾乐观地预测：“革命不会每年都发生，前途是光明的。”他万万没想到，无休止的动乱才刚刚揭开了序幕。除了横行霸道的兵痞和土匪外，军阀混战更是贻害无穷，给人民带来深重灾难。1915 年至 1916 年间的护国战争，四川成为反袁的主要战场。当混战蔓延到成都市区，受惊的市民躲在家里，店铺关门。这时茶馆成为地方政治和社会秩序的晴雨表，其开门营业与否成为人们衡量安全的标志。吴虞在一则日记中写道，他在“闻街上茶铺已开”后，才放心出门，但他和友人在去茶馆的路上，看见“各街铺户仍未开也”。[59]这也告诉我们，即使在战争的危险时期，成都市民仍抓紧一切机会去茶馆，追求他们的公共社会生活。

护国战争的胜利并未给成都市民带来和平，而是种下了大难的祸根。1917 年是成都市民最悲惨的一年，两场巷战发生在市区。先是 5 月的川滇军之战，持续一周以上，上万人伤亡，数千民房被焚毁，财产损失在千万元以上。然后是 7 月的川黔军之战，由于黔军在南门纵火，导致六千余间民房化为灰烬，财产损失达数百万元。[60]两次巷战使成都三分之二的商业区被毁，上万人成为难民。正如《国民公报》所称，此乃“数百年未有之浩劫也”。[61]的确，这是自明末张献忠起兵后成都第一次成为战场。据《国民公报》报道，当滇军控制了成都东北部时，凡他们能发现的与警察和川军有关的人员，都被赶到城墙边枪毙或用刺刀戳死，尸体被扔到城墙外，仅武城门外由慈善组织掩埋的尸体便有两百具以上。当一些乞丐从死人身上剥衣服时，发现有人还一息尚存，但滇军士兵残忍地用石头将其砸死，然后把尸体抛进河里。他们在交火时甚至把市民赶在前面充当盾牌，导致许多无辜死亡。[62]

在战争中，人民忍受着持续的和难以名状的恐惧。一首竹枝词真实地描写了人民的这种处境：“街头巷尾断人行，密密层层布哨兵。予取予求谁敢侮，无权抵抗是平民。”当川军力图攻陷皇城时，士兵们爬上民宅枪战，而滇军则向市民射击并浇煤油点火烧毁民房。滇军在街头到处拉夫，一次他们闯进总府街一家茶馆，在那里喝茶的商人们纷纷逃散，但仍有二三十人被抓。当士兵冲进劝业场拉夫时，无处可藏的人们跑进了警察分局寻求庇护，士兵们紧随着闯入分局，那里的四十余名警察竟从后门仓皇出逃，但仍有两个被士兵所掳。[63]可以想象，当警察都自身难保时，一般民众的境况是何等艰难！

在川军和黔军之战中，黔军令居民打开门户以便其躲藏，而且他们在激战时还趁机抢劫，许多市民为避祸而逃向乡村，那些无路可走的则听任宰割。在劫后的许多街巷，人们可见“宅院门前大都贴一纸条，不曰‘本寓抢劫一空’，即曰‘本寓连劫数次，银钱衣物一扫而空’”。当南城被焚时，人们逃往其他地区，沿途是一片惨状：人们扶老携幼，带着他们的包袱，有的甚至赶着猪和牛，有些则乘坐马车和轿子，到处是难民。这时，教堂和庙宇成为相对安全的地方，仅丁公祠便收留了三千余人，西来寺收留人口达四千余人之多。[64]

1917 年的巷战给成都市民留下了深深的创伤，但经过痛苦磨难的成都人也变得更为坚强，他们在动荡年代中挣扎着寻求生存。这也促使他们更多地相互依靠，站在一起对付共同的敌人。由于这些原因，传统的组织能幸存下来，并且仍然在地方社区和地方政治中发挥重要作用。这一时期，一般民众的公共空间急剧减少，他们的生活和生命也经常受到威胁。为了保证自己的安全，他们努力寻找稳定社区秩序的方式。由于缺乏经济力量和社会地位，民众自己很难完成这样的任务，因此传统的社区领袖——地方精英——便出来承担起了这项重任。

## 市民的自卫

中国城市社区很早就形成了地方自我保护的安全系统，在社会混乱的时期，这种系统的作用就更加明显了。在辛亥革命和民国初年，当地方政府无力维持治安时，市民们就自己组织自卫。1911 年叛军洗劫成都时，市民们坚守四个城门，堵截士兵运赃物出城。为蒙混过关，许多士兵装成女人坐轿，有的雇妓女扮成夫妻，有的把赃物装进棺材冒充出殡。水路走南门，北门则用轿子和马运载。这时，哥老会各公口在自卫活动中起了重要作用，它们组建民团，募捐筹款，守望相助。[65]

传统的地方治安系统在动荡年代变得更加重要。民初的地方治安仍然主要依赖保甲制度，但这个系统明显地被削弱。为寻求自我保护，市民们以街道为单位组织了“团防”，其经费由各户分摊。团防还取代了过去警察的一些职责，如搜查鸦片和武器等。作为一种民间力量而参与“官方事务”，不可避免地会同警察发生冲突，地方政府也力图限制团防的权力。当战争来临、局势恶化时，地方政府一般支持团防，而一旦局势稳定则对其进行打击。例如 1916 年当护国战争蔓延到四川并逼近成都时，当局鼓励市民组织民团以作自卫之用，但当战事一过，民团便被强行解散。[66]

1917 年成都爆发巷战，民团发挥了更重要的作用。当警察瘫痪而土匪肆虐时，人们只有依靠自己的组织而求生存。当时一百多名街首上书，吁请当局准予组织民团，以街道为单位进行防卫。每街雇两名更夫，守卫街道两头并负责栅栏的开启，花费由街正从各户征收。若有窃贼或盗匪，更夫便敲梆子示警。民团要求各户准备 1.5 米长、直径一寸以上、带铁头的棍棒，沿街住户每户至少两根，住公馆者至少一根，而偏僻的住家则需四根，街坊还负有为赤贫人家购置棍棒之责任。根据民团要求，当警报一响，各户都必须派人上街拒盗，不出力者将会受罚。民团还要求各户准备标明所属街道的灯笼，入夜后各户将灯笼挂于屋檐，以助缉盗。为防治盗匪，有的街道将栅门关闭，街面石板被撬起作为路障。在最危险的时期，每街都雇有十余个穷人看守，若有伤亡，街民负责赔偿。[67]

整个 20 年代，守夜成为各街的日常事务。由于这项活动给市民的日常生活带来了极大的负担，加之街首滥用职权，因而导致居民的不满。这个时期李劼人写有一篇短篇小说，以讥讽的笔调生动地描述了这项活动。

> 入夜不久，街上还有行人，二更以后，便只有一排门灯，同三十来个守夜的专丁。他们都静悄悄的坐在财神庙的大门外，那里有七八个大灯笼，写着某街团防，桌上一座亮纱桌灯，写着严拿奸宄。他们中间年纪在五十以上的有七八个，都是各家公馆里派出的，年纪在十六以下有十几个，都是各家铺子里的学徒。这两种人在白昼都是极辛苦的，而且早晨照例天明就要起来工作，所以到这时，无论如何是要瞌睡的。纵然为主人与师父所派，不能不离开温和的被窝，出来“自卫”，但是坐而假寐，是情理之所许。……
>
> ……
>
> 中间一个人忽然的愤慨起来，吐了一把口痰道：“他妈的，守夜！只是振我们的冤枉罢了！（振冤枉犹言设法陷害）白日要挣钱吃饭，天黑了还要出来熬夜，再熬十天半月，就是铁打的好汉，也熬不住了。”
>
> 于是大家的言语便应运而生。大家都归罪于街正，说是他兴的这件事，“明天去问他岂有此理！把我们弄来熬寒受冷的守夜，他龟子倒安逸的搂着小老婆在房里睡觉！他说的自卫，怎么他自己不出来呢！大家都是街坊，难道我们是他的卫队么！……”[68]

可见，守夜也反映出阶级的区分。我们也可看到李劼人对自卫和街正以及市民间的不公平所持的批评态度。不过，这个故事也生动地表现了街道是怎么组织和行使自卫活动的。

守夜的组织也显示了邻里社区仍然能对像战争、抢劫以及其他外部威胁这样的社会危机作出反应。一方面，普通民众需要有人来组织自卫，但另一方面，这样的活动也引起了极大的不便，这种不便甚至会恶化地方领袖和民众之间的关系。1917 年的巷战后，成都民众仍然处在土匪和军人的淫威之下，因此他们力图建立一个更有效的自卫系统。1928 年，成都各区民团首领集会讨论社区安全，决议建立"民众武力"，[69]虽然没有资料显示这个"民众武力"成功地建立起来，但这个议题本身说明，直至这时社会共同体的作用仍十分明显。就在这一年，成都市政府建立，从而使社会安全和控制进入了一个新阶段。

## 公开政治与"秘密政治"

任何社会的变化都会直接或间接地表现在公共空间里，连茶馆里的顾客都不可避免地卷入地方政治之中。韩素音在其自传中写道，茶馆不再是一个闲聊的场所，而充满着政治辩论和政治活动，"你知道我们成都是一个古老的城市，那里花树成荫，有文化气氛，到处是书坊，安静平和，人们为其古老和历史自豪。……但在 1911 年 5 月底以后，它变为十分不安，公园和街头的茶馆充满躁动，这个城市正酝酿着骚乱"。这个时候，茶馆中"来碗茶"的吆喝不再像过去仅仅是社交或生意洽谈的开端，而会"立即吸引众多人聚集，有些人甚至站着聆听人们关于铁路国有和借外款的辩论。然后人们悄然散去，又到另一茶馆听另一场辩论"。[70]

如果说茶馆是人们公开议政的讲台，那么也是地方政府收集情报的场所。政府派密探到茶馆偷听人们谈话，竭力发现所谓反政府的"煽动"者。如韩素音描述的："拥挤的茶馆招来了满清的密探。在露天茶社，在爬满藤蔓的凉亭下，在悦目的树荫和竹林中，都散布着边品茶边偷听文人谈话的密探。”在清政府倒台以后，军阀和地方政府仍用这一方法去寻找所谓“破坏分子”。在这一时期，公共场所的闲聊在很大程度上被政府所干扰，例如一项规定明令，如果发现任何操外省口音者在茶馆谈论军务，看起来像一个“间谍”，店主应向警察密报；如果所报属实并协助使“间谍”就擒，可得十元奖赏。由于政府经常利用从茶馆得到的“情报”打击一般民众，各家茶馆都贴出“休谈国事”的告白，以免闲聊招惹是非。当权者也把他们的政治引入茶馆，例如令各茶馆都必须悬挂孙中山、蒋介石画像以及国民党的《党员守则》和《国民公约》。政府的这个强制要求也受到自由知识分子的批评，指出它实际上是为了钳制人们的思想以实施专制。[71]

随着社会和地方政治的变化，大众娱乐活动也不可避免地趋于政治化。过去地方戏剧主要表现情爱、鬼神、忠孝、贞节等传统主题，晚清以降，此种“永恒”主题开始转变，“政治戏剧”开始进入茶馆。1912年，悦来茶园上演根据美国小说《汤姆叔叔的小屋》改编的川剧《黑奴义侠光复记》，该茶园在当地报上的广告称：“本堂于戏曲改良，力求进步。现值种族竞争、优胜劣败，是以特排演《黑奴义侠光复记》一部。此剧从《黑奴吁天录》脱化而出，乃泰西名家手编，其中历叙黑奴亡国之惨状，恢复故国之光荣，尤令人可歌可泣，可欣可羡，能激发人种族思想，爱国热忱。”[72]显然，人们对这部美国名著的理解是基于中国自己的处境。在辛亥革命之前，此书便已被翻译为中文，革命者曾用其进行反满宣传。这出剧的公演，反映了推翻清朝统治后人们的情感和思想状况。

虽然传统的地方戏在辛亥革命后仍占统治地位，但是它们的主题从神鬼情爱转变到革命性故事。社会改良者竭力改变传统戏垄断舞台的状况。一些精英愤而指责戏院忽视道德，所演剧目是“名为教育，其实教淫”，担心中国数千年之伦理将毁于一旦。一些学校甚至禁止学生进入剧院，以避免“沾染恶习”。改良者还组织“新剧进化社”，以从事戏曲改良，其目的是教化民众，改变陋习，增进教育，宣传共和以及稳定社会。该社计划在悦来茶园修建移动舞台，并按欧美技术进行舞台布景。一些西方小说被改编为川戏，其大多有着明显的政治倾向，如《多情英雄》是改编自波兰的爱情故事，揭示了爱情与政治、爱国主义与利己主义、英雄与“丑恶的”政治家的关系。改良者还建立了一家新式剧场“革新新剧院”，由茶馆改建而成，专演那些讽世励俗、鼓吹婚姻改良的新剧。[73]

话剧这时也被介绍进入成都舞台。新剧运动的先锋曾孝谷在民初从日本回成都后，组织了春柳剧社，与老资格的三庆会唱对台戏。三庆会是成都川剧界最有影响的班子，以精湛的传统剧目而拥有大量的观众。与其不同的是，春柳以演“时装戏”即现代戏而吸引观众，具有强烈的政治倾向，如《祭邹容》《成都故事》《重庆独立》《徐锡麟刺恩铭》《黄兴挂帅》《闹广州》，等等。[74]这些新戏剧都是以辛亥革命中的真人真事为基础的，提倡革命暴力和英雄主义，与传统的鬼神、忠孝、情爱主题形成了鲜明对比。这种大众娱乐主题的转变，亦反映了政治和社会的发展。当然，新戏的发展并不意味着这一时期传统戏被取代，对广大下层民众来说，传统戏曲仍然更具有吸引力。而新剧主要以受过一定教育的青年人为观众。

在五四运动和新文化运动的影响下，新型的“幕表剧”流行起来，参加表演者多是各校热衷于“反封建”的学生。20 年代初专业话剧剧团“一九剧社”建立。除演出具有革命内容的剧目之外，还上演西方名剧，如莎士比亚的《威尼斯商人》等。1925 年通俗教育馆在少城公园开办一家剧院，由美化社和艺术研究社轮流上演话剧，每周演出两三个晚上。这些剧用四川方言上演，吸引了众多观众。1926 年剧协在成都成立，在其主持下一些中外名剧得以上演，包括易卜生的《玩偶之家》。值得注意的是，社会改良者还推出鼓吹婚姻自由的话剧《包办婚姻》，鞭笞那“罪恶社会”，揭露鸦片烟鬼、赌棍、流氓和妓女等“社会蛀虫”。他们称这类作品为“文明话剧”，希望以此推动“顺应世界潮流”的改革。同时，地方政府也开展了所谓“游艺革命化”运动，修建了一家新剧场、一家影院、一座音乐厅以及一座舞厅，还支持了一出表现孙中山革命生涯的历史剧上演。[75]显然，社会改良者和地方当局都认为，戏剧表演是教育和政治的工具，因而竭力推进具有政治性的娱乐。

**秘密政治** 如果说街头的集体行为是“公开政治”，那么哥老会在茶馆的活动则是秘密政治。四川是哥老会最活跃的地区之一，当地称哥老会为“袍哥”。社会动乱给了秘密社会扩大势力和影响的极好的机会。辛亥革命后，他们在地方政治中发挥的作用日渐增强。虽然清政府和民国政府都禁止他们的活动，但在辛亥革命爆发后的短暂时期，秘密社会一度公开化。尽管政府控制和打击，他们的势力仍继续扩大，在 20 世纪 40 年代末其政治影响达到空前的高度。[76]这里并不试图全面分析成都的秘密社会，而是主要关注他们在公共场所特别是在茶馆中的秘密活动，以及这种活动所反映的文化现象。与上海的青帮相比较，成都的袍哥在社会生活中扮演了一种较为积极的角色，正如司昆仑指出的：“如果说杜月笙在上海社会肆无忌惮，以手里的权力制造或控制纠纷以达到自己的目的，那么哥老会在华西地区则深入民间，奠定了大众基础。"[77]在晚清以及民初，中央和地方都禁止袍哥活动，但在成都地区，特别是成都附近的小场镇，袍哥控制了地方社会，经常开办茶铺、酒馆、旅店作为其活动的"公口"，这些地方亦成为地方社区非官方的权力中心。这些组织也从事非法交易，诸如鸦片走私、赌博和色情活动。

袍哥分职业和半职业两类。前者依靠袍哥组织为生，其收入来自受礼、捐款、红白喜事等活动，职业袍哥在介入土地买卖、店铺转手或其他活动时也收取手续费，一些则靠经营赌博或烟馆获利。半职业袍哥则来自除理发匠外的其他各行各业，他们也合伙经营茶馆、剧院以及饭馆等，一般店主都以加入袍哥作为护身符避免地痞流氓的敲诈。[78]袍哥在茶馆或其他地方建立公口，各公口都有自己的势力范围，视某地段为自己的"码头"，并承担维持那一地区公共安定、化解冲突以及保护经济利益等职责。[79]

虽然地方政府禁止袍哥活动，但他们在茶馆、烟馆、饭馆以及剧院等公共场所都很活跃。在清末警察就制定了有关规章："查烟、茶、酒馆及会场人众处所，如有三五成群、气象凶恶、行止张皇、衣服奇怪者，巡兵即须尾随其后，听其言论迹其所至，如有烧香结盟端倪，即禀知本管官事先防范，待时掩捕。"严酷的政治和社会环境使其产生出一套独特的规则和行为方式，这对其生存和发展都至关重要。例如袍哥创造了他们自己的黑话，傅崇矩在其《成都通览》中的《成都之袍哥话》一栏便收集了许多这类语言。袍哥在辛亥革命期间和之后有过一段短暂的"黄金时代"。其间，他们的活动可以公开，"公口"几乎在每条街道出现，其成员耀武扬威地持刀枪进出。许多居民在门上贴一张红条，上书其所在公口的名称。然而 1914 年，政府以其导致社会动乱为由，和清政府一样，宣布袍哥为非法，警察命令各茶铺、饭馆、酒馆、旅店等具结，抵制袍哥在这些场所的一切活动。[80]

但是地方政府从未能真正控制袍哥，而民国时期其势力更是登峰造极，到40年代估计成都70%的成年男性都是袍哥成员。袍哥的公口大多设在茶馆，一些茶馆实际上即为袍哥所经营。人们经常可见茶馆外挂有牌子或灯笼，上书“某某社”或“某某公口”，这必是一个袍哥会址无疑，此类茶馆的收入多用于公口经费。由于这个组织影响甚广、力量甚巨，从苦力到政府官员甚至军人、警察各类人都以入会为护身符。而地方政府对其无可奈何，也只好睁只眼闭只眼。据档案资料，1949年成都有130个袍哥公口，其中注明街道者有119个。这119个中，有36个标明是在“某某茶馆”，其余都称在“某某街”，很可能也是在茶馆里。即使有些茶馆不是公口，店主也多加入袍哥以求保护。一些地方强人和地痞经常勒索茶馆，若有不从则有可能招致骚扰甚至更大的灾祸，而与袍哥、军阀或其他地方强人有关系的茶馆却无此虞。

袍哥利用茶馆开展各种活动，在中元节、团圆会、关帝会都有庆祝活动。此外，公口每三天召集成员开会议事，由于提供免费茶水，所以参加者踊跃，此活动称为“茶哨”。[81]茶馆亦是袍哥最便于联络的地点。在茶馆里，人们经常可见一些客人举止神秘，他们多半与袍哥有关。如果一个袍哥犯事在逃，到省城后即先到他要联络的茶馆，找一张空桌，在右边坐下，茶端上后，并不急于喝，而是揭开茶盖放在茶托上，不发一语。堂倌从其举止便知其中文章，会假装不经意地问：“远道来？”当密语接上后，来人便亮出自己的公口和姓名，老板便立刻遣人请公口管事，管事“则向来人提若干问题，其回答必须非常准确”。[82]

他们最常用的联络方式是摆“茶碗阵”，这实际是一种密语，外人不知其意。例如，管事出来见客时，把自己的茶碗正对来客的茶碗，这称为“仁义阵”或“双龙阵”，正如一首诗云：“双龙戏水喜洋洋，好比韩信访张良。[83]今日兄弟来相会，先饮此茶作商量。”如果一个袍哥去另一公口求助，他将摆一个“单鞭阵”，即一只茶碗对一只茶壶的嘴。如果主人同意相助，便饮下那碗茶；若拒绝，则将茶泼在地上。如果一方向另一方挑战，便将一只茶壶嘴对三只一字排开的茶碗，此谓“争斗茶”。若对方接受挑战，便将三碗茶喝光；若拒绝，则只喝中间一碗。[84]“茶碗阵”反映了这个秘密社会组织所发展的独特的政治文化。对一个旁观者来说，两位袍哥是在表演一种独特的仪式，这种表演成为茶馆文化的一部分。他们神秘的举动使他们不同于其他人，并引起了一般人的好奇。同时，他们令人迷惑的行为也是其生存和挑战地方权力的一种方法。秘密社会的发展取决于两个重要因素：一是他们自身成功的能力，二是使他们成功的社会和政治环境。他们在长时间同当局进行斗争的过程中，创造了各种方法来应对官方的镇压。他们有非凡的适应能力，并且能在恶劣的社会和政治环境中发展，甚至还以此来吸引更多的成员，当普通人感到无助时，秘密社会提供了必要的保护和帮助。正是由于这样的功能挑战了官方的权力，所以地方政府竭力控制秘密社会，但是收效甚微。

## 大众反抗

随着日常生活日趋政治化，大众在街头的政治反抗明显上升。罗威廉将“大众反抗”（popular protests）定义为“大众直接反对政治和经济实权人物的集体行动”，这种行动在成都可以说是层出不穷。成都的大众反抗呈现出各种形式，包括散发揭帖、公开讲演以及政治示威。有的则是以个人行为表现出来，但反映了其所在社会集团的愿望和要求。过去成都街上的匿名揭帖很普遍，大多是那些蒙冤受害者贴出的。20世纪初此方法亦为各社团所采纳，用以表达其政治声音。有人对这一现象提出批评说："省城近日或开一会，结一社，无论其理之曲直，事之虚实，而无名揭帖到处高张，意存冲突、破坏而后已。……每于揭帖之末，笼统署曰'某界同人'，或曰'全体公启'，骤闻之非不骇人听闻，而实按之，竟多虚张声势。"虽然这个批评可能反映了一些社团"虚张声势"的事实，但从另一个角度体现了人们的政治觉醒。人们知道怎样利用宣传工具去扩大自己或自己所在社会集团的政治影响，去吸引社会的注意。人们的政治诉求推动了公开演讲的日益流行，甚至有如"四川讲演总会""女子教育演讲会"这样专门化的组织出现，这些演讲会动辄吸引数百人参加。[85]（见插图 7-1）公开演讲成为政治动员的象征，并且能够在民众中产生极大的影响。在这个过程中，精英们成功地将他们的政治思想灌输到民众的头脑中。

从辛亥革命开始，"革命"成为一个时髦的概念。不但政治思想和政治态度必须与革命联系在一起，而且与人们面貌有关的一切，从服饰到发型都纳入了革命的范畴。这种现象与法国革命甚为相似，"连个人装饰都从特定方面显示了对这场革命是支持还是反对的态度"。许多激进的精英提出禁止穿旧式服装，反对者则称如此将造成"洋装"取代"汉装"，政府不得不采取调和的态度，布告允许人民自己选择，但清朝官服和制服则被禁止。这时剪辫成为一种革命的标志，长期以来辫子都被汉人视为满人统治的一个象征，因此在新政府成立之初，便令剪辫以扫除"陋习"。但是剪辫也经常遭到抵制甚至导致冲突。据《国民公报》报道，一个该报称之为"乡愚"的农民在街上被警察抓住勒令剪辫，此人气极之下竟将那警察打倒在地，引起众人围观。这一事件也说明，任何“革命”针对不同的对象都会引发不同的反应。不过，在这一时期人们可见到五花八门的发式，有的剪辫，有的留辫，有的既不剪也不留（如前面曾提到的“英雄结”便是其中之一）；有的恢复古式，有的用布包头；有的戴遮阳帽，有的戴西洋帽。但是，保留辫子一般会受到社会的指责（见插图 7-9）。1912 年《通俗画报》上的一幅“警世画”，生动地描绘了辫子给人们带来的噩运（见插图 7-10）。这些各式各样的辫子和发式，其实也是当时社会变迁过程的缩影和真实写照。法国大革命和中国的辛亥革命一样，激进的政治运动带来了时尚的变化，即“连个人装饰都从特定方面显示了对这场革命是支持还是反对的态度”。[86]

茶馆里的“自由”交谈，为我们了解民众的想法和他们对社会的态度提供了难得的依据，但其中只有极少部分被记录下来，从那些难得一见的文字中，我们得以了解普通人的思想和当时的社会状况。一份报纸报道的两个人在一家茶馆的一次谈话就很典型：

> 昨日有两位老者在茶园坐谈。甲呼乙曰：“亲家你见到没有？近来世界新、潮流新、学说新、名词新，我们不会跟倒新，又有（人）笑无旧可守，只好听他吧。”乙曰：“我看近来说得天花乱坠，足以迷人睛，炫人目，惑一些血气未定的青年。稍明事体的，都知道是壳子话，骗人术，你这么大的岁数，还不了然吗？辛亥年耳内的幸福，到而今你享受没有？还有不上粮的主张，你记得不？如今却不去上粮，预征几年就是了。又有种田的自由，你乡下的大屋不住，搬到省来，就不敢回去。究竟自由不？热闹话，我听伤了，如今再说得莲花现，我都不听。你还说听他吧，你未免太老实了！”[87]

图 7-9 “假毛跟拜堂”。“毛跟”为四川土语，即“辫子”（可能“毛根”更贴切一些）。这幅漫画讽刺了民国初年的复旧倾向。题图曰：“前十日东门某街某板铺用满清衣冠拜堂，而新郎之发，又早已剪除，乃缝一假毛辫于冬帽上，公然戴顶子，接新娘。观者无不笑骂。”

资料来源：《通俗画报》，1912 年第 20 号。

图 7-10 “有毛辫的遭殃”。这幅漫画显示有辫子的人将招致麻烦。我们看见，不管是在男女之间、警察和平民之间，还是农民和城市居民之间的争端。人们都能轻易地抓住男子的毛辫。在左上角，一人的毛辫卷进了一台机器；在右边，另一个人的毛辫缠到了马腿上，被马拖着走。这显然是对那些辛亥革命后仍然保留发辫的人的讥讽。

资料来源：《通俗画报》，1912 年第 41 号。

这真是人们关于现实看法的绝妙记录。谈话的主题是对“新”的抱怨，但透露出对“新”后面实质上是“旧”的不满。从谈话中可看出，至少其中之一来自乡间，也可能是一个城居地主，在乡下有“大屋”。且不论他们的社会身份和社会地位，很明显他们对自己的处境感到非常不满，以对令人目眩的“新”事物的讥讽，来发泄他们的愤恨。报道也确认，这是一个过渡的时代——“旧”的已经被破坏，而“新”的尚未建立，大多停留在口头上。并不是说这些人不喜欢新事物，他们对“新”的反感是由于当权者反复失信而造成的（见插图 7-11）。许诺的

图 7-11　以妇女的外貌和衣饰来讥讽当时所标榜的“自由”“平等”“博爱”。
资料来源：《华西晚报》，1942 -01 -30。

“光明未来”从未实现，这使他们将愤怒转向精英改良者、革命家和政府“新”旗帜下的一切事物。

对社会现实的抱怨，也出现在这一时期的民间文学作品里。在第三章讲述的某人假装富人和其猫偷肉的故事中，人们对世道的抱怨就是一个极好的例子。这些故事表明，表达不满和愤恨是茶馆日常生活的一部分。由于革命的许诺并未兑现，而且人们的生存环境进一步恶化，民众对现实的不满转而成为社会批评甚至持不同政见。澡堂老板刘师亮便是一个典型。他关心穷人的疾苦，从揭露成都社会的黑暗开始，最后演变为与地方政权的较量。他以讽刺作品为武器，写了许多对联、诗歌和竹枝词批评时政。例如他用女人的小脚穿大鞋，比喻当今共和的实质仍然是专制：“脚穿放鞋近来多，裹脚缠它做甚么？好似方今新政体，内头专制外共和。”他指出所谓共和未给民众带来安定和幸福，而是更多的灾难："幸福人人说共和，共和偏著泪痕多，迭遭兵燹逢饥馑，无限苍生唤奈何！"他揭露军阀争权夺利对人民的危害："你征我伐事诛求，说起方方有理由。只有无辜小百姓，事齐事楚总堪忧。"他还揭露人民遭受压迫没有权利的事实："几多杂币纸银元，吸尽脂膏是四川。军阀太肥民太瘦，大家空自说民权。"[88]因此，所谓"共和""幸福""民权"都是开给人民的空头支票，人民没有从革命中得到任何好处，而是更多的灾难。另外，民众不仅反对带给他们灾难的政治系统，而且对那些更直接的地方社区领袖滥用职权深怀不满。在清朝覆亡后，街正改由民选，但有人"假公众之名"而企图操纵选举，甚至使一些地痞也混迹其中。[89]因此，正如我们在上面关于守夜人的讨论中所看到的，冲突不可避免地在普通居民和社区领袖之间产生。

对城市公共空间的使用也可能造成市民与地方政府的直接冲突，20年代许多贫民强烈反对修建春熙路便是一例。从总府街到走马街的一大片地过去是布政衙门，但清朝覆亡后被荒废（见地图4）。许多贫民不断迁移到这一地区搭棚暂住，接着一些小店开办，逐渐形成了一条小巷。1924年，四川省长、军阀杨森主持一项改进成都街道的庞大计划，其中包括修筑春熙路。杨森派军队捣毁席棚、房屋和店铺，迫使人们搬迁，由此造成民众的反抗。其他街道的改建也使民众惶惶不可终日，许多房屋面临被拆除的危险，许多茶馆、商铺不得不关门。这个计划激起了众怒，茶馆的店主们吁请行会提供援助，以罢市作为抗议。由于这次拆迁的打击，商会举办的每年一度的春节庆祝活动也被迫搁置。在春熙路完工后，刘师亮写了一副对联表达民众的愤懑："马路已捶成，问督理，何时才滚；民房已拆尽，愿将军，早日开车。"[90]这副对联被暗中贴在闹市盐市口，由于表达了人们要杨森尽快倒台的愿望，在两天之内便传遍全城。这或许是街头文化如何转变成街头政治的另一个例子。与1911 年革命期间不同，当时地方精英领导了这样的转变，而这时民众则在街头政治中自觉地发挥了积极作用，这或许表明了他们与地方政治更深层的牵连。

这一时期，每逢全国或地方政治的关键时刻，学生总是上街游行，表达其政治主张，“警醒国人”，如 1919 年收回山东半岛、1920 年四川自治以及 1921 年中国参加华盛顿会议等。每年重要事件的纪念日，学生也总是组织宣传队上街演讲。20 年代的成都已不再有声势浩大的反洋运动，但突发事件也时有发生。如在一次反日示威之后，两百多个被日本人称为“暴民”的人捣毁了日本领事馆。[91]学生对国际国内政治的反应，反映出成都与其外部世界之间日益密切的联系。虽然学生的活动可能对民众产生影响，但是几乎没有证据表明两者出现了像在保路运动期间那样的密切联合。

当然下层民众也并没有退出街头政治活动。如果说学生考虑的多是国家的命运，那么一般民众则为自身的生存和经济利益而斗争。如纺织工人在三皇会和工人行会的组织下，在财神会和百神会的支持下举行罢工，要求提高工资，但地方政府出告示严禁，罢工工人在街头高呼口号，警察指控其扰乱公共秩序而予以阻止，并以严惩相威胁。茶馆业在其行会组织下，也为保护自身利益而采取了集体行动。过去茶馆和剧场按规定每月有一天的收入用于慈善事业，后各剧场相约拒缴此税，指出慈善捐款应出于自愿。民众经常抗税，与政府对立，如因警察强迫征收茶税并殴打、拘捕店主和茶房工人，行会发动罢市要求减税，并派出代表与警察谈判，此举得到广泛的支持。由于茶馆日益成为社会和政治斗争的场所，以至有人把茶馆形容为一个“战场”。[92]《时事周报》曾发表一篇题为《五月的成都》的文章，列举了在这一个月内发生的政治反抗。先是商人反对提高印花税而罢市并得到各业支持，然后是各商店罢市抵抗新的印花税并要求释放被捕的商会会长，随之又爆发了工人要求提高工资的示威。因此该文的作者称这是“革命的五月”，并指出这是成都工人自我意识觉醒的表现。20 年代，劳工开始建立他们自己的组织以争取共同的利益和权利，这些组织包括“南门劳动自治会”“印刷界劳动互助团”“劳动界爱国十人团”等。这些组织证明成都工人开始逐渐意识到组织起来的重要性，即史谦德所称的“工会主义的萌芽”。[93]

当然，与北京、上海那样的政治经济中心不同，直到 20 年代后期，成都的大众抗议规模仍然相对较小。但毫无疑问，在民初的成都，个人行为逐渐形成集体行动，这不仅改变了街头生活，而且改变了城市的政治文化。怀有政治目的的集团力图控制民众的街头活动，在这个过程中，街头文化获得了一些新因素，但同时也失去了它的一些旧成分。虽然民众运动不再像保路运动那样大规模，但是街头政治活动的扩展，却反映了普通民众对新的政治体制和社会现实的强烈不满。中国知识分子和改良精英参与政治一般是为他们的理想和事业而奋斗，而下层民众加入政治斗争则通常是以改变自己的处境和生活条件为直接目的。因此，下层民众卷入政治的程度将视社会、经济和政治状况为转移。民众街头政治斗争的频繁和活跃，从一个侧面反映了人们生存环境恶化的社会现实。

## 注　释

1. Kapp, *Szechwan and the Chinese Republic: Provincial Militarism and Central Power, 1911–*

1938, p. 5.

2. 我于1993年出版的关于长江上游区域社会的研究中，考察了成都市议会，包括它们的机构、会员、作用和社会影响。见王笛：《跨出封闭的世界——长江上游区域社会研究，1644—1911》，403页。另外参见 Stapleton, *Civilizing Chengdu: Chinese Urban Reform, 1875-1937*, chap. 5。

3. Escherick, *Reform and Revolution in China: The 1911 Revolution in Hunan and Hubei*; Schoppa, *Chinese Elites and Political Change: Zhejiang Province in the Early Twentieth Century*; Rankin, *Elite Activism and Political Transformation in China: Zhejiang Province, 1865-1911.*

4. Hunt, *Revolution and Urban Politics in Provincial France: Troyes and Reims, 1786-1790*, p. 1

5. 傅崇矩:《成都通览》上，4、546~547页。

6. 《四川咨议局第一次议事录》（1910年），见隗瀛涛、赵清主编《四川辛亥革命史料》上，61~62页；《通俗日报》，1909-07-18；傅崇矩《成都通览》上，340、358页；《四川教育官报》，1911年第28号。

7. 傅崇矩：《成都通览》上，112页；Wasserstrom, *Student Protests in Twentieth-Century China: The View from Shanghai*, pp. 4-5。

8. 傅崇矩:《成都通览》上，2页。

9. 傅崇矩:《成都通览》上，3页。

10. 傅崇矩:《成都通览》上，109、111、271页。

11. Duara, *Rescuing History from the Nation: Questioning Narratives of Modern China*, chap. 6; Skinner, "Chinese Peasants and the Closed Community: An Open and Shut Case," *Comparative Studies in Society and History, 1971*, No. 3, p. 275; Weber, *The City*, pp. 81-83. 实际上，如我在本书第二章已讨论的，已有中国史专家（如罗威廉）证明，早期近代中国就已形成了充分发展的城市共同体和城市文化，成都个案为这一观点提供了另一有力的论据。纪念碑在西方被视为城市形象最重要的象征，而有的西方历史学家以中国城市缺乏纪念碑来证明中国城市居民未能形成一个"集体认同"（Mote, "The Transformation of Nanking, 1350-1400," in Skinner (ed.), *The City in Late Imperial China*, p. 114）。1914年在少城公园建成，尔后成为成都象征性建筑之一的"辛亥秋保路死事纪念碑"则提供了一个相反的实例（四川省文史馆编:《成都城坊古迹考》，461页和插图7-2）。

12. 隗瀛涛:《四川保路运动员》，144页；隗瀛涛主编:《四川近代史稿》，356~369页；*West China Missionary News*, 1905, No. 3, p. 57;《通俗日报》，1909-11-10。

13. 关于这次运动的详细描述，见 Gasster, "The Republican Revolutionary Movement," in Fairbank and Liu (eds.), *The Cambridge History of China*, vol. 11, pt. 2, pp. 465-534;

章开沅、林增平：《辛亥革命史》，第2卷；隗瀛涛：《四川保路运动史》。

14. 隗瀛涛：《四川保路运动史》，2页；隗瀛涛、何一民：《论同盟会与四川会党》，见《纪念辛亥革命七十周年学术讨论会论文集》上，546~569页；王笛：《跨出封闭的世界——长江上游区域社会研究，1644—1911》，第六至十章。
15. 钟士秀：《读〈同志会日报〉有感竹枝词》，载《四川保路同志会报告》，第25号。
16. 关于这次事件的详细记载，见 Cunningham，*History of the Szechuen Riots*（*May - June, 1895*）。
17. 隗瀛涛：《四川保路运动史》，216页；《四川保路同志会报告》，第8、34号。
18. 该组织发起于东大街，又传到南纱帽街，后来进一步扩展至童子街、梓橦街和马王庙街。
19. 《四川保路同志会报告》，第8、10、24、32、35；李劼人：《大波》，见《李劼人选集》第2卷，315页。其他包括染房街、王龙街、陕西街、余庆街、走马街、染锭街、君平街、梨花街、满城、红照壁以及丁字街等分会。见隗瀛涛、赵清主编《四川辛亥革命史料》上，385页。
20. *West China Missionary News*，1911，No. 11，p. 8；隗瀛涛：《四川保路运动史》，226页；《四川保路同志会报告》，第2号。
21. 石体元：《忆成都保路运动》，见《辛亥革命回忆录》，第3册，57页。
22. 《成都日报》，1911-08-31；*West China Missionary News*，1911，No. 11，p. 11。
23. 《四川保路同志会报告》，第25、26号。
24. 从随后的讨论中，我们能够看到在新政府建立后，精英们是如何力图限制民众在街上的活动的。
25. Ahern，*The Cult of the Dead in a Chinese Village*，p. 82；Hunt，*Politics*，*Culture*，*and Class in the French Revolution*，p. 12；Sennett，*The Fall of Public Man：On the Social Psychology of Capitalism*，p. 239.
26. Hunt，*Politics*，*Culture*，*and Class in the French Revolution*，p. 13；Combe，"Events in Chengdu：1911，" *West China Missionary News*，1924，No. 5，p. 8；另见郭沫若《反正前后》，见《沫若自传》，第1卷，228~232页；李劼人《大波》，见《李劼人选集》，第2卷，416~419页；周善培《辛亥四川争路新历记》，27页。
27. 戴执礼：《四川保路运动史料》，277页；Davis，*Parades and Power：Street Theatre in Nineteenth-Century Philadelphia*，p. 6；Hunt，*Politics*，*Culture*，*and Class in the French Revolution*，pp. 12，60。
28. Hunt，*Politics*，*Culture*，*and Class in the French Revolution*，p. 61.
29. 《四川保路同志会报告》，第16号；李劼人：《大波》，见《李劼人选集》，第2卷，366页；隗瀛涛、赵清主编：《四川辛亥革命史料》上，385页。
30. *West China Missionary News*，1911，No. 11，p 10；李劼人：《大波》，见《李劼人选

集》，第2卷，41~42页；郭沫若：《反正前后》，见《沫若自传》，第1卷，259页。

31. 林孔翼编：《成都竹枝词》，186页；闵昌全：《辛亥竹枝词》，见《成都竹枝词》，156页；李劼人：《大波》，见《李劼人选集》，第2卷，468页；秦楠：《蜀辛》，见隗瀛涛、赵清主编《四川辛亥革命史料》上，373页；隗瀛涛：《四川保路运动史》，292页。当遇难者家属领回尸体时，官府竟迫使他们承认死者是“土匪”，并付40个银元（见林孔翼编《成都竹枝词》，186页）。

32. 林孔翼编：《成都竹枝词》，186~187页；隗瀛涛：《四川保路运动史》，294页；李劼人：《大波》，见《李劼人选集》，第2卷，41~42、638页；Combe，“Events in Chengdu：1911，” *West China Missionary News*，1924，No. 5，p. 9；郭沫若：《反正前后》，见《沫若自传》，第1卷，259页。

33. 隗瀛涛、赵清主编：《四川辛亥革命史料》上，470页；Stapleton，“Urban Politics in and Age of ‘Secret Societies’：The Cases of Shanghai and Chendu，” *Republican China*，1996，No. 1，p. 36。例如一天早上，他街头玩耍的小孩儿看见有人骑马朝南门而来，便边跑边叫：“他们来了！他们来了！”成都市民正急切地盼望同志军入城，此消息立即传遍全城。一位传教士描述道：“正在理发的顾客也披头散发地跑出来，眼睛睁得大大的，一脸惊讶。”一些人叫着：“他们从南门来了！”另一些人却嚷道：“北门已经攻破！”随后人们得知这只是一场误会（*West China Missionary News*，1911，No. 11，p. 11）。

34. 更多关于革命的具体过程，见隗瀛涛《四川保路运动史》；章开沅、林增平主编《辛亥革命史》，第2册。

35. 隗瀛涛、赵清主编：《四川辛亥革命史料》上，587~588页。

36. 所谓“西征”是袁世凯命令四川都督尹昌衡平定西藏暴乱的一次军事行动，见隗瀛涛主编《四川近代史稿》，731~732页。

37. 即使在如此庄严的政治气氛中，我们仍然可以见到一个路旁的小吃摊和几位顾客。这类图画不仅帮助我们加深了对地方社会和政治的理解，而且再现了都市面貌和景观。

38. 当运动爆发时，秘密社会变得异常活跃，而且他们开始与那些革命派合作，将运动推进成为军事对抗。见隗瀛涛、何一民《论同盟会与四川会党》，见《纪念辛亥革命七十周年学术讨论会论文集》上，546~549页。此外，精英们熟练地在群众中宣传民族主义。欲了解更多有关排外的情绪，参见Wyman，“The Ambiguities of Chinese Antiforeignism：Chongqing，1870-1990，” *Late Imperial China*，1997，No. 2。

39. 引自Kapp，*Szechwan and the Chinese Republic：Provincial Militarism and Central Power，1911-1938*，p. 57。

40. *West China Missionary News*，1911，No. 11，p. 20；隗瀛涛、赵清主编：《四川辛亥革命史料》上，517页。“英雄结”是辛亥革命时期一种独特的发式，因为一些士兵在革命后拒绝剪辫，便把其辫子用一根带子扎在前额上。秦楠：《蜀辛》，见隗瀛涛、赵清主编《四川辛亥革命史料》上，548 页。

41. *West China Missionary News*，1912，No.4，pp.20－22；Kapp，*Szechwan and the Chinese Republic：Provincial Militarism and Central Power*，*1911－1938*，p.9. 仅布政使银库就损失 600 万～800 万两银子（见隗瀛涛主编《四川近代史稿》，715 页）。

42.《国民公报》，1913－02－21、1916－04－22、1916－06－17、1916－06－27、1916－08－09、1917－03－21。军人欺压市民的报道充斥地方报纸。例如一个士兵在一家饭馆吃完饭，不仅不付饭钱，还殴打店主，砸坏碗盏；一位市民端碗油漆从北门进城，守城门的兵士指控他走私鸦片，那人力图辩解，士兵大发脾气，用碗把那人砸得头破血流；一个裁缝路过皇城驻军大门，出于好奇往里看了几眼，门卫便称其为密探，把他五花大绑；一次近二十个士兵欺压一个绸店老板，愤怒的街民向他们讲理，士兵用刺刀将人们轰开，街面各店也因之关门，附近警察慑于军人的淫威，对人们的求救不予理睬（见《国民公报》，1914－04－23、1916－09－22、1917－03－17、1917－06－22）。

43. 遲塚麗水：『新入蜀紀』，133 页；《国民公报》，1916－04－01、1917－01－10、1917－02－02。

44.《国民公报》，1913－04－14、1913－04－20、1914－03－12、1914－04－27、1914－07－11、1914－07－17、1914－07－22、1918－03－10；前人：《续青羊宫花市竹枝词》，见《成都竹枝词》，162 页。然而，似乎外国人对这些耀武扬威的无赖之徒有一定威慑力。这是一个绝妙的例子：一个士兵强行进入二仙庵的女宾休息室，并殴打前来阻止他的警察，“一名外国人手执马鞭上前，二话不说，将该军人背部抽打数鞭，那人只好悻悻而去”（见《国民公报》，1917－03－17）。

45.《国民公报》，1913－02－25、1913－02—26、1914－02－21。

46.《国民公报》，1917－03－10。

47.《国民公报》，1912－05－12、1913－01－22、1913－01－26、1913－04－20、1914－06－25、1916－05－17、1916－05－18、1917－02－08、1917－03－24。

48. 王天寿：《旧成都刑场见闻》，载《龙门阵》，1991（2），51 页。

49. 王天寿：《旧成都刑场见闻》，载《龙门阵》，1991（2），50～51 页；《通俗日报》，1910－05－27。

50.《国民公报》，1913－03－15、1927－10－10。

51.《国民公报》，1916－10－30、1916－11－02、1917－05－19、1928－12－06、1928－12－10。

52. *West China Missionary News*，1905，No.1，p.13.

53.《通俗日报》，1910－04－27、1910－04－28。

54.《国民公报》，1912－05－24、1912－12－22、1917－02－10、1917－02－12、1917－02－20、1917－06－05。

55.《国民公报》，1913－05－21、1914－05－11、1914－05－20、1916－01－06、1916－01－

07、1916－01－10、1916－08－06。

56.《国民公报》，1916－05－21、1917－03－10、1917－03－16。

57.《国民公报》，1914－04－28、1915－08－18、1915－08－19。虽然报道没有说明是哪种疾病，但从描写的症状看，很可能是癫痫病，即民间所称的“羊角风”或“羊儿风”。

58.《国民公报》，1914－08－28。

59. *West China Missionary News*，1912，No. 4，p. 22；Kapp，*Szechwan and the Chinese Republic：Provincial Militarism and Central Power，1911-1938*，p. 15；吴虞：《吴虞日记》上，265～266页。

60.《国民公报》，1917－05－05。这些地区包括孟家巷、文庙前街、青莲巷、红照壁、梨花街、粪草湖、锦江桥、东御街、西御街、磨子街、光华街、纯化街、转轮藏街、上河坝、下河坝等。

61.《国民公报》，1917－07－29。

62.《国民公报》，1917－05－05、1917－05－06；黄炎培：《蜀游百绝句》，见《成都竹枝词》，177页。

63. 林孔翼编：《成都竹枝词》，151～152页；《国民公报》，1917－05－07、1917－05－09、1917－05－15。

64.《国民公报》，1917－07－24、1917－08－18；前人：《续青羊宫花市竹枝词》，见《成都竹枝词》，162～163页。除了经受抢劫和财产损失外，市民还面临着因运输渠道被切断而造成的食品短缺，当时只有老南门可运米、菜、柴入城。同时，占领军在各势力范围内的街口设障或盘查。商贩也只能在川军控制地区即从通顺街到皇城的范围内进行交易（《国民公报》，1917－07－24）。

65. 隗瀛涛、赵清主编：《四川辛亥革命史料》上，516～517页；秦楠：《蜀辛》，见隗瀛涛、赵清主编《四川辛亥革命史料》上，551页。

66.《国民公报》，1912－10－13、1913－06－01、1914－02－19、1914－04－91、1916－08－10。

67.《国民公报》，1917－05－07、1917－05－21、1917－06－28、1917－07－24。如果说组织民团是一种“积极”的自卫，那么送钱和食物给那些军队则可算是“消极”的自卫。市民们根据情况运用两种策略。在1917年的巷战中，两千多滇军驻扎在莅泉街、天福街一带，当居民听到军队可能抢劫的风声，赶快凑钱购得食物送到军营。居民们的确“买”到了“保护”，滇军随后公布了在这一地区禁止抢劫和强奸等五条纪律。可见，无论是“积极”还是“消极”的自卫，每当人们面临危机时，他们总是以邻里和街道为基础站在一起共同对外（见《国民公报》，1917－05－06）。

68. 李劼人：《市民的自卫》，见《好人家》，131～133页。“振冤枉”为成都方言，但我想可能“整冤枉”更合乎原意。

69.《国民公报》，1928－10－03。

70. Han Suyin，*The Crippled Tree：China，Biography，History，Autobiography*，pp. 228－229.

李劼人的《大波》有关于这一时期成都茶馆更详细和生动的描写，见该书第 43、126 ~ 127、153 ~ 155、189、251、378、414、1057 ~ 1060、1327、1464 页。

71. Han Suyin, *The Crippled Tree: China, Biography, History, Autobiography*, p. 96；钟茂煊：《刘师亮外传》，91 页；《国民公报》，1917 - 08 - 20；《四川省政府社会处档案》，四川省档案馆，全宗 186，案卷 1431，23、31 页；文闻子：《四川风物志》，454 页。
72. 《国民公报》，1912 - 04 - 04。
73. 《国民公报》，1914 - 05 - 03、1914 - 06 - 15、1917 - 02 - 16、1917 - 02 - 21、1917 - 04 - 12。
74. 周止颖、高思伯：《成都的早期话剧活动》，见《四川文史资料选辑》，第 36 辑，53 ~ 54 页。
75. 周止颖、高思伯：《成都的早期话剧活动》，见《四川文史资料选辑》，第 36 辑，55 ~ 57 页；《国民公报》，1927 - 10 - 15、1928 - 10 - 31。
76. 王笛：《跨出封闭的世界——长江上游区域社会研究，1644—1911》，545 页；Liao T'ai-ch'u, "The Ko Lao Hui in Szechwan," *Pacific Affairs*, 1947, June, p. 162。
77. Stapleton, "Unban Politics in an Age of 'Secret Societies': The Cases of Shanghai and Chendu," *Republican China*, 1996, No. 1, p. 29. 关于成都袍哥的进一步研究，见 Stapleton, *Civilizing Chengdu: Chinese Urban Reform, 1875-1937*, pp. 197-203。
78. 文闻子：《四川风物志》，455 页；王大煜：《四川袍哥》，见《四川文史资料选辑》，第 41 辑，151 ~ 152 页。一位成都老人告诉我在清以前并无理发这一职业，这一职业在清初出现是由于清政府下削发令后，剃头匠将削发诏书挂在剃头挑子上，人们于是称其为"待（带）诏"。由于这种特殊的背景，反清的袍哥视剃头匠为清廷走卒而将其排斥在外（周少稷，75 岁，作者于 1997 年 6 月 22 日在悦来茶馆的访谈记录）。在李劼人的《大波》里，剃头匠亦称"待诏"（见该书第 339 页），可以算是这种说法的一个旁证吧。
79. 袍哥势力为地方所认可，袍哥成员也以地方头面人物自居，但并不是说他们不会受到挑战，挑战的对象甚至是他们始料不及的。下面便是地方报载的一个例子：一个卖东西的小孩儿拉着一个自称袍哥"大爷"的汉子不放，说他讲好了价钱又反悔不买，感到有失颜面的汉子发怒威胁要把小孩儿送警察局，引起许多人围观。争执当中，那汉子不小心碰翻临近货摊上的两瓶油，摊主扭住那汉子要求赔偿。旁观者讥笑这正是应了"袍哥倒油"这句黑话，其意思是做错事而被迫道歉（《通俗日报》，1907 - 09 - 08；傅崇矩：《成都通览》下，48 页）。
80. 《四川通省警察章程》，1 - 3；傅崇矩：《成都通览》下，47 ~ 50 页；隗瀛涛：《四川保路运动史》，347 页；Stapleton, "Urban Politics in an Age of 'Secret Societies': The Cases of Shanghai and Chengdu," *Republican China*, 1996, No. 1；《国民公报》，1914 - 01 - 16、1914 - 03 - 24。

81. 绍云:《成都袍哥史略》,载《成都志通讯》,1988(1),61 页;《成都市袍哥的一个镜头》,见《成都市公安局档案》;陈茂昭:《成都的茶馆》,见《成都文史资料选辑》,第 4 辑,186 页。

82. 韵陶:《四川哥老会的内容大纲》,载《时事周报》,1933(15),15 页;王大煜:《四川袍哥》,见《四川文史资料选辑》,第 41 辑,147 页;Liao T'ai - ch'u, "The Ko Lao Hui in Szechwan," *Pacific Affairs*, 1947, June, p. 164。

83. 两位都是帮助刘邦建立汉朝的功臣。

84. 王纯五:《袍哥探秘》,65 ~ 66 页;杨武能、邱沛篁主编:《成都大词典》,741 页。

85. Rowe, *Hankow: Conflict and Community in a Chinese City, 1796-1895*, p. 207;《国民公报》,1913 - 04 - 10、1913 - 12 - 01;《通俗画报》,1912 年第 28 号。

86. 隗瀛涛、赵清主编:《四川辛亥革命史料》上,603 ~ 604 页;《国民公报》,1914 - 03 - 23;秦楠:《蜀辛》,见隗瀛涛、赵清主编《四川辛亥革命史料》上,548 页;Hunt, *Politics, Culture, and Class in the French Revolution*, p. 75。

87.《国民公报》,1922 - 02 - 20。类似的说法在早些时候的同一份报纸上也被提出过(《国民公报》,1917 - 04 - 09)。

88. Sewell, *The People of Wheelbarrow Lane*, p. 27; Stapleton, "County Administration in Late-Qing Sichuan: Conflicting Models of Rural Policing," *Late Imperial China*, 1997, No. 1;钟茂煊:《刘师亮外传》,83 页。关于刘师亮和其作品的研究,见 Stapleton, *Civilizing Chengdu: Chinese Urban Reform, 1875-1937*, pp. 242-245。

89.《国民公报》,1914 - 02 - 21、1917 - 03 - 30;《国民公报》,1914 - 02 - 21、1917 - 03 - 30。据报道,外东街的街正便被称为"痞棍",曾因赌博和贩卖鸦片而数次被捕。一次,通顺街的百余"街民"上书政府,指斥其街正是当地"流氓"(载《国民公报》,1917 - 04 - 06)。

90. 此对联有若干双关语,"才滚"是指铺路后要用石滚压路,但这里却暗含"滚蛋"的意思;"开车"是指"驾车",但这里暗含"滚开"的意思。钟茂煊:《刘师亮外传》,25、40 ~ 41、89 页。关于对杨森的进一步研究,可参见 Stapleton, *Civilizing Chengdu: Chinese Urban Reform, 1875-1937*, pp. 220-237。

91.《国民公报》,1921 - 12 - 22、1928 - 06 - 01;遲塚麗水:『新入蜀記』,135 页。

92.《通俗日报》,1909 - 07 - 28、1909 - 07 - 29;《国民公报》,1917 - 03 - 14、1928 - 12 - 11、1928 - 12 - 12;胡天:《成都导游》,70 页;杨槐:《神童子与满天飞》,载《龙门阵》,1982(7),67 页;文闻子:《四川风物志》,457 页。

93. 荐青:《五月的成都》,载《时事周报》,1932(7),2 ~ 3 页;张秀熟:《五四运动在四川的回忆》,见《五四运动回忆录》,第 2 册,886 页;Strand, *Rickshaw Beijing: City People and Politics in the 1920s*, p. 162。一些下层民众的组织虽然看起来"不伦不类",但仍然展示了其政治色彩。例如,一个道士宣称他在梦中受命于唐明皇去拯救世界,他与其追随者还准备了“中华天正国”的旗帜；一次，一个女扮男装的小孩儿被抓住，据称是被“邪教”派来收集情报以准备起事；一个住在南门的黄包车夫聚集百余名青少年组织了一个所谓的“棒棒会”，参加者每人出五元钱购匕首。这些组织反映了在动荡社会中下层民众的不安和躁动，说明他们也力图以其可能的方式证明自己的存在和表达自己的声音（载《国民公报》，1914－06－16、1914－07－09、1927－10－13）。

# 第八章　结　论

从 1870 年到 1930 年，在经历了改良、革命和军阀混战之后，成都与中国其他城市一样发生了剧烈的变化。在这一转变过程中，公共空间被重新构筑，城市也纳入了系统的市政管理当中，市民与国家权力之间的冲突日益增加，民众和地方精英之间的关系也被重新界定，大众文化和精英文化开始更加紧密地相互作用和相互影响。在整个演变过程中，街头、街头生活、街头文化再也不是其原来的面貌，而被永远地改变了。

## 城市管理模式的转变

尽管在晚清改良期间没有实施大规模的城市改造，但有的传统公共空间转为新的公共事业之用，一些新的公共场所也建造起来。辛亥革命后这种情况发生了极大的变化，一方面是由于战争的破坏，另一方面是由于城市规划中激进思想的盛行。由于战争毁坏了城市相当大的一部分，所以住家、街道、寺庙和政府设施的重建，不断地改变着城市原有的结构。在新的城市观念的指导下，地方当局有意识地拆毁了古老的城墙，开通了更多的城门，提高交通流量。这项活动得到了从精英到普通民众的社会大多数人的支持，城墙——最代表成都历史和成都最显著的建筑——就在人们的眼前逐渐消失了。

这项研究揭示了城市管理的转变。直至20世纪初，由于缺乏市政管理，国家权力几乎很少影响到市民的日常生活。传统成都的公共空间是相对“自由的”，人们对它们的使用普遍享有相当大的自主权。由于少有政府的介入，作为社会调控基层单位的街道、邻里对社区事务承担着很大的责任，这些非官方团体在组织市民的公共生活中发挥了重要作用。尽管成都拥有三个层次的政府管理机构——省、府和两县，每一个层次都需要管理包括农村在内的广大地区和大量的分散人口，但没有一个机构专门管理城市。虽然国家对城市也并非全然不管，但当国家权力触及地方层面时，其力量已非常微弱。然而在晚清，新成立的警察作为城市中国家力量的代表，加强了对人们日常生活的干预。随着经济和政治的发展，街头文化和民众的公共生活经历了重要的转变，这些转变涉及方方面面，包括人们的公共角色，普通民众、地方精英与国家之间的关系等。街头生活不再由市民自主管理，而是逐渐受到各种政策和法规的控制，这种控制是前所未有的。因此，国家已经开始将它的力量延伸到街道、邻里和社区。到1928年市政府建立时，成都主要控制在军阀的手中，他们填补了因清帝国的灭亡而留下的权力真空。

这项研究把成都作为个案，考察了公共生活的重要作用。这个研究证明，市民共同享有“成都人”这一身份认同，具有强烈的“共同体意识”，用社会学家理查德·桑内特的话来说，“‘共同体观念’（sense of community）具有强烈公共生活的色彩，产生于共同的行为和集体意识”，这也是成都人拥有“集体认同”的基础。罗威廉在他的两本关于汉口的杰出著作中，发现“一个社会共同体自我管理的模式”和“城市共同体的紧密的纽带”实际上在早期近代便发展起来。过去，马克斯·韦伯关于中国城市共同体的研究主导了西方对中国城市的认识，[1]普遍认为中国未能发展出成熟的城市共同体，但是罗威廉证明这样一个城市共同体在中国实际上存在。由于汉口在中国经济和交通方面的特殊地位，人们相信这样一个社会共同体并不能作为中国城市的代表。较之汉口，成都的行政地位更为重要，但经济地位颇为逊色，可能是更为典型的中国城市，这个关于成都的研究则同样证明了罗威廉对马克斯·韦伯的批评。

虽然成都人具有一种共同的文化传统，但是这里的日常生活也像其他地方一样，不可避免地彼此间会发生争斗。通过对成都街头空间使用的竞争的考察，我们看到了精英、普通民众与地方当局之间错综复杂的关系。过去的中国城市史学者总是强调精英和民众、国家和民众之间的矛盾，却很少论及民众之间的冲突。这项研究发现，尽管民众在社区生活中有着紧密的联系，但是他们也为公共空间、谋生机会以及其他经济利益而斗争。在民众为街头进行的争斗中，有两种行为模式显现出来。首先是社会集团之间的排斥问题，当地人想要保持他们使用公共空间的特权，而新来者又努力开辟自己的生存空间。其次，大多数争端可以在街头或邻里间，通过自愿服务的邻居、指定的街首或德高望重的社区领袖的调停来解决。这就是成都社会自治的重要功能之一，反映了这个城市自我控制和自我调节的能力。这种能力在国家权力缺席时，表现得十分充分。这种自治也给地方精英极好的机会施加和扩大他们的社会影响，并在邻里和社区中对下层民众形成了传统的领导权。

## 民众与精英的关系

在这项研究中，我强调了城市普通民众和地方精英之间错综复杂的关系。这一关系从1870年到1930年经历了四个阶段，反映出地方政治和街头文化两方面的变化。

第一阶段体现了传统城市社会管理模式，即精英支配街头和邻里，并在地方社区生活中担当领导角色。通常两者的关系是相互依靠的，精英需要民众的支持来确立他们的领导地位。民众需要精英的权威来组织社区生活。正如在第一部分里所讨论的，这种关系成为城市自治的基础。

第二阶段开始于20世纪初新政时期，这个时期精英们利用国家赋予的权力实施主要针对下层民众的城市改革。民众对改良的反应各有不同，取决于各自的经济利益。当然，作为公共空间的主要使用者，他们从展览会、商业中心和公园等新公共空间的开辟中也得到了某些好处。但是由于公共空间逐渐受到由社会改良者们支持的地方当局的限制，民众发现在街头谋生和从事娱乐活动越来越困难，他们自己能够支配的公共空间越来越小，因此他们为维持对街头的利用而斗争。他们的斗争方式一般是日常的和非暴力的，这就是“弱者的反抗”的典型形式。虽然这种反抗通常都不能达到他们的目的，但毕竟体现了他们的诉求。此外，妇女在公共场所的自由并没有自然而然地得到精英或地方当局的支持，而是妇女们挑战传统、受西方文化影响的社会发展的结果。所有这些斗争都反映出20世纪初的政治变革，以及精英、民众和公共空间之间关系的变化。在这一社会转变过程中，街头文化不仅是民众自我认同的一种基础，而且也是他们抵抗精英文化入侵，并且适应新的社会、经济和政治体制的一种武器。虽然大众遭受到更多的限制，但是并没有证据显示他们放弃公共空间或者试图从中退出的迹象。相反，他们挑战日益增多的规章制度，并且为继续使用公共空间而斗争。在早期近代西方城市，正如理查德·桑内特观察到的，人们逐渐寻求“逃离”公共空间，竭力回到“生活中的私人领域，特别是对家庭的追求”，从而导致“资本主义与世俗信仰的巨大分离”。[2] 与理查德·桑内特的描述相比较，成都的公共生活刚好经历了相反的过程。即使公共空间受到越来越多的控制，人们仍然力图摆脱家庭生活的束缚而加入更多的公共活动，表现出了对公共生活日益强烈的兴趣。这种现象再次说明了这样一个规律：当人们理所当然地享受某种利益时，他们往往并没有意识到它存在的意义；但当这种利益将要失去时，他们才体会到它的珍贵，而不惜为之奋斗。“自由”恐怕是说明这一规律的最经典的注解，而“自由使用公共空间”则是这一规律在这项研究中的具体体现。

第三阶段主要是在辛亥革命时期，这一时期虽然很短暂，但却是民众和精英公共角色的一个重要转折点。如果说在晚清新政时期地方精英同国家联合以对付民众，但当国家权力危及精英和民众的共同利益时，地方精英又与民众结盟以对抗国家权力。在城市改良运动中，精英力图创造新的城市形象和引导公众舆论，较之以前更深地卷入大众文化，并将下层民众拉上了地方政治的轨道。当他们试图以“爱国”“爱乡”“文明”等意识来“启蒙”大众时，精英便同时将街头文化转化为街头政治，引导民众前所未有地参与地方政治和地方政治运动。在这个过程中，民众和精英的公共角色和两者之间的关系都得以重新建构。过去，虽然民众是城市居民的绝大多数，但是他们在地方政治上却毫无影响力。对精英来说，社会进步的主要动力是“绅、商、学界”，而不是大众。虽然民众经常运用公共行为表达自己的不满和诉求，但他们并不能形成有组织的集体行动。而经过“启蒙”的大众这时却表现出了对政治的非凡热情，并一度成为公共政治中的主角。与此同时，精英的“启蒙”并非像他们所期望的那样，能带来对民众的进一步控制，虽然在特定时期民众可以接受他们的领导权，特别是当他们面临共同的敌人时，但街头的下层民众已经不再像过去一样任人摆布。民众不再总是消极地被精英和国家所改造和控制，为了生计和生存，他们亦会奋起对地方精英和权势集团进行反抗和斗争。革命运动造成了街头使用的重大变化，下层民众第一次超越街头传统的谋生和娱乐的功能，而进行有组织的政治示威。这个时期的政治变化说明，下层民众一旦被“启蒙”和调动起来进入政治舞台，他们就不再那么容易被控制了。

第四个阶段是民国初期，此时社会和政治形势发生了巨大改变。在这个时期，精英对民众的影响力有所下降，军事力量和国家政权开始直接深入基层社会，民众日益处于国家权力的控制之下。然而，虽然精英不再是当地社区强有力的领导者，但当社会危机出现，国家不能保护普通民众时，民众仍然需要精英的领导。特别是在经济和政治不稳定时期，普通民众不得不依赖精英的经济支持和组织领导来保障他们的生计。精英为维护社会稳定和确保正常的都市生活，采取了一些自我保护的措施。社会改良者在怎样改造大众文化的问题上，与国家政权的关系从晚清时期的基本吻合转变到民国时期的明显矛盾，体现了精英和国家权力之间的裂痕日趋扩大。特别是在国家采取激进的措施时，城市改良精英由于对其地方大众文化了解甚深，因而与国家持不同的态度。在民初，他们反对国家企图摧毁而非“改良”大众文化的政策，强调其城市文化的特点。如果说政府采取日益严厉和激进的打击大众文化的政策，那么地方精英尽管也批评大众文化的各种弊病，但主张对其改造而非完全取代。两者的态度为何不同其实并不难理解，公共生活也是精英阶级日常生活的一部分，他们在了解公共空间存在弊病的同时，也意识到其重要的不可取代的社会功能。缺乏地方改良精英的热情支持，这恐怕是激进的政府控制总是失败的主要原因，这同时也反映了大众文化所具有的旺盛生命力。因此，民国时期地方精英不再总是国家各项改良措施——特别是那些激进政策——的热情支持者，这与他们在清末时的态度形成鲜明对比。这个现象清楚地表明了这一时期地方精英与国家政权之间的紧张关系。

## 国家能操控大众文化吗?

从本书的讨论中，我们既看到了20世纪初成都街头文化的变化，也了解了这种文化的连续性及其与精英文化的相互作用。有关大众文化与国家权力之间关系的研究存在两种不同的取向：一种是强调对抗，另一种则强调合作。林培瑞等指出“那些用文字表达的思想和价值包含了官方思想，但是远远超出官方思想”，经常体现出非正统的意识。然而，萧凤霞（Helen Siu）则认为在社区和家庭仪典中，“地方社会积极培养了一种与国家文化共生而不是敌对的关系”。[3]尽管他们有着不同的侧重点，但是这些研究注意到，统治阶级对其正统文化之外文化的发展采取了十分灵活的政策。这项研究也显示出成都官员一般并不反对民众的街头活动，相反还经常加入其中。同时，国家力量的强大和弹性足以促进国家的主流文化的发展，其采用的方式也可以是灵活多样的，正如华琛对华南天后崇拜、姜士彬对山西庙会、杜赞奇对华北关帝信仰的研究所反映的问题一样。国家以各种方式影响大众文化，例如对天后崇拜加以提倡，对山西庙会直接参与，以及对华北关帝信仰进行打击。[4]本书考察了国家对街头文化的介入方式及其影响，发现这三种方式其实都出现在成都而且是并行不悖的。我们看到了在国家政权支持下改良者如何改革和净化街头文化，国家政权如何压制和打击街头文化，街头文化如何抵抗各种打击。尽管每一种方法——提倡、参与和打击——在改良和革命时期都能够看到（如本书所讨论的提倡新地方戏、改造花会、打击民间宗教等），但官方利用其权力对大众文化的打击，特别是对大众宗教的打击，却占主要地位。怎样评价和处理大众文化总是地方政府和权势者关注的问题，然而有清以来，没有任何政权找到成功的措施。

在成都，国家的角色常常通过社会改良者来体现，就像我在前面讨论过的，一些改良者占据了警察局和地方政府的重要职位。在社会和文化转变时期，国家竭力提倡精英文化，限制大众文化的影响和发展。清末和民初成都的街头生活，揭示了大众文化与精英文化持续不断的冲突。社会改良者在完成他们的“教化”使命的过程中，将下层民众和大众文化看作当然的靶子。在变革过程中，街头文化的一些特征消失，但另一些新的因素出现了。一些宗教仪式（如祈雨）、大众娱乐（如木偶戏）、职业（如挑水夫）难以为继，但同时劝业场、购物中心、剧院、电力、路灯、自来水、汽车等接踵而来。可是民众并不总是从这些改革中得到好处，有些新的措施和政策似乎是要改善老百姓的物质文化生活，但其结果并非如改良者所愿。而且，普通民众也并非都乐意接受所有的变动，而是竭力维持他们熟悉和认可的生活方式。即使他们接受了变化，他们也继续坚持那些世代相传的珍贵传统。虽然街头文化不可避免地发生了变化，但大多数传统特征仍然保留了下来。人们仍然将街头作为商业、日常生活和娱乐的空间，茶馆依旧是最受普通民众欢迎的休闲场所，尽管这些活动受到了政府各种改革措施的规范和限制。

## 民众是革命的牺牲品

从大历史的角度来观察近代中国政治和社会的演变固然十分重要，但这样的角度往往会使研究者忽视演变的具体条件、过程，以及不同历史阶段和不同地区的特点。对于成都街头的研究，使我们能把视线集中在一个特定城市的特定领域，犹如在显微镜下把观察的对象放大，集中精力剖析社会、文化和政治的某一方面，从而得到宏观史学所难以企及的对社会的细微理解和精确把握。在本书第七章中所描述成都民众的经历，其实是大多数中国人艰难岁月的一个缩影，民众和精英的活动也在相当程度上体现了近代中国政治风云中常见的模式。成都这种公共空间与地方政治的密切关系，无疑也同样出现在其他中国城市当中，尽管它们的具体表现形式可能有所不同。因此，可以说 20 世纪初成都街头所呈现的变幻莫测的政治风云，即使不能完全反映整个中国的剧烈动荡，也的确体现了社会和政治演化的一般趋势，因而不失为一个分析的典型。对其的研究无疑将有助于我们对 20 世纪上半叶中国城市大众文化、下层民众、改良精英，以及地方政治复杂关系的深刻理解。

政治变革虽然经常体现着社会的进步，但进步并非就意味着给民众带来好处，甚至结果可能恰恰相反。人们想象中的新的共和政体是一个“法律时代”，呈现的是“和平高尚”的“文明气象”，但这些热情的革命理想并没有实现。社会的现实与人们的预期确实相差太远，这使许多人开始对当前的政治体制和社会状况表示怀疑。对大多数民众来说，思想意识和政治体制的性质并不重要，他们仅仅渴望恢复相对和平、稳定的环境和正常的生活。精英们也对社会现实感到不满，认为社会秩序和道德日益恶化。对革命的失望，以及革命后长年累月的战乱和社会动荡，使许多人转而怀念革命前的时光。他们经常把革命前后的社会相比较："从前专制时代，讲文明者斥为野蛮，那时百姓所过的日子白天走得，晚间睡得。辛亥推翻专制，袁政府虽然假共和，面子上却是文明了，但是人民就睡不着了。袁氏推翻即真正共和，要算真正文明了……不但活人不安，死人亦不安了。可见得文明与幸福实在是反比。"[5] 这些都是一般民众最直接和真实的感受，这种社会现实和人民的哀怨不能不说是这场革命的一个悲剧，也真是对"文明的"共和制度的一个莫大的讽刺。在辛亥革命之前的城市改良中，"文明"是精英们使用频率最高的时髦词汇之一。他们开始以为可以以改良趋近文明，后又相信共和制度会带给人民文明，但梦想总是一个个地破灭。

成都人在经历了辛亥革命、二次革命（1913 年）、反袁战争（1916 年）以及最为惨烈的城市巷战（1917 年）之后，自身的处境和经验使他们对"革命"旗号下的政治运动持怀疑态度，一些人甚至开始反思"革命之祸"的问题。[6] 很显然，他们厌倦了动乱和恐惧。一成不变的传统社会被无休止的、难以确定未来的"革命"所取代，地方权力结构的变化已成家常便饭，这种变化总是以民众的利益和平安为代价的。下层民众的日常生活、生活方式以及大众文化前所未有地与地方政治紧密相连。在普通民众看来，城市公共空间的改造和重组，不过是地方精英和政府扩张其权力和利益的工具。在改良和革命过程中，无论他们是支持者还是反对者，社会的剧变给下层民众带来的大多是痛苦。

这种理想和现实的严重分裂向我们提出了一些值得深思的问题。过去我们在评价中国近代的革命运动时，更多的是着眼于国家政治的演变，讨论的是历史的进步与倒退的问题，我们很少关心这种剧烈的政治和社会变化是怎样影响一般人，特别是下层民众日常生活的。本书仅仅从民众公共生活这样一个侧面，来观察政治和社会剧变给一般民众带来的后果。即使有不少忧国忧民的进步人士坚信政治和社会的现代化最终是为了人民的利益，但我们发现人民基本没有从那些政治的剧变中得到任何实惠，这是革命的发动者和支持者所始料未及的。同时，改良精英对"世风日下"的社会状况也甚为不满，甚至像孙中山这样义无返顾的革命者也痛心疾首地叹息，中国推翻一个专制"乃生无数之专制"。当胸怀理想和展望未来的改良及革命精英仍致力于改善政治和社会条件，而为之不懈奋斗时，一般民众却亲身经历了一次又一次失望，对卷入变幻莫测的政治从无可奈何到极端愤懑。

改良、革命和其他政治运动使中国城市发生了剧烈变化。在长期历史过程中，人们居住在相对封闭但安定的城市中，普通市民拥有相对宽松的谋生和休闲的公共空间。社会转型极大地扩展了政治空间，但下层民众日常生活的公共空间相对缩小了。经常打着为民众利益而争夺政治权力的斗争和运动，造成了社会动乱并使人民处于动荡不安甚至水深火热之中。虽然"现代化"也给城市带来了较宽阔平整的街道、新的设施、相对"文明"的城市面貌以及跟随时代的娱乐形式，但这一切是以民众逐渐失去代代相传的相对稳定的传统和生活方式为代价的。而且，城市公共空间和公共生活的重建，经常并非是以民众利益为考虑的，也并不容许他们对此享有平等的权利。所以，对大多数下层民众来讲，我们或许可以这样认为：他们失去了一个旧世界，但并没有得到一个新世界。

# 注 释

1. Sennett, *The Fall of Public Man: On the Social Psychology of Capitalism*, p. 222; Rowe, *Hankow: Conflict and Community in a Chinese City, 1796 - 1895*, p. 8; Weber, *The City*, p. 83.
2. Sennett, *The Fall of Public Man: On the Social Psychology of Capitalism*, p. 259.
3. Link, Madsen, and Pickowicz, "Introduction," in Link, Madsen, and Pickowicz (eds.), *Unofficial China: Popular Culture and Thought in the People's Republic*, p. 7; Siu, "Recycling Rituals: Politics and Popular Culture in Contemporary Rural China," in Link, Madsen, and Pickowicz (eds.), *Unofficial China: Popular Culture and Thought in the People's Republic*, p. 122.
4. Watson, "Standardizing the Gods: The Promotion of T'ien Hou ('Empress of Heaven') Along the South China Coast, 960 - 1960," 292 - 324 in Johnson, Nathan, and Rawski, *Popular Culture in Late Imperial China*; Johnson, "Temple Festivals in Southeastern Shansi: The Sai of Nan-she Village and Big West Gate," 载《民俗曲艺》, 1994 (91), 641 ~ 734 页; Duara, "Knowledge and Power in the Discourse of Modernity: The Campaigns against Popular Religion in Early Twentieth-Century China," *Journal of Asian Studies*, 1991, No. 1, pp. 67-83。
5. 《国民公报》, 1913 - 12 - 09、1914 - 07 - 09、1914 - 08 - 28、1917 - 03 - 28。这种对民国不满的情绪可以说是广为散布，如果说上面所举人们对“文明”的失望反映了百姓的切身感受，那么以下则从精英的角度发泄了对世道的不满：“民国成立以来，惟以吾蜀论，人民处吁嗟愁苦、哀痛流离之日为多，至今则达于极点矣！是岂吾民之厄运耶？抑亦民国之晦气也？若溯厥原，无非法律不能生效力耳。夫阻兵怙恶，焚杀频加，盗据神京，倔强边徼，是皆法律所不许者也。而彼辈必欲为之，所谓国家之妖孽者，其是之谓乎？”见《国民公报》, 1917 - 08 - 20。
6. 《国民公报》, 1916 - 10 - 20。

# 征引文献目录[*]


Abrahams, Roger D. 1970. "A Performance-Centred Approach to Gossip." *Man* 5.2: 290-301.

Adler, Jeffrey S. 1986. "Vagging the Demons and Scoundrels: Vagrancy and the Growth of St. Louis, 1830-1861." *Journal of Urban History* 13 (1): 3-30.

Ahern, Emily. 1973. *The Cult of the Dead in a Chinese Village.* Stanford: Stanford University Press.

Ahern, Emily. 1981. *Chinese Ritual and Politics.* New York: Cambridge University Press.

Antony, Robert J. 1995. "Scourges on the People: Perceptions of Robbery, Snatching, and Theft in the Mid-Qing Period." *Late Imperial China* 16.2: 98-132.

Arkush, David R. 1990. "Orthodoxy and Heterodoxy in Twentieth-Century Chinese Peasant Proverbs," 311-331 in Liu (ed.) 1990.

巴金，1985 年，《家》，1932 年初版，北京，人民文学出版社。

巴金，1989 年，《憩园》，1944 年初版，《巴金全集》第 8 卷，北京，人民文学出版社。

Benedict, Carol. 1996. *Bubonic Plague in Nineteenth-Century China.* Stanford:


* 中文文献根据作者（或编者）姓名拼音排列，无作者文献根据文献题目拼音排列；英文文献根据作者（或编者）姓氏排列，无作者文献根据文献题目英语字母顺序排列；日文文献根据作者（或编者）姓名的日文发音排列，无作者文献根据文献题目的日文发音排列。

Stanford University Press.

Bird, Isabella. 1987 [1899]. *The Yangtze Valley and Beyond: An Account of Journeys in China, Chiefly in the Province of Sze Chuan and Among the Mansze of the Somo Territory.* First published by John Murray in 1899, Reprinted by Beacon Press, 1987.

Berling, Judith A. 1989. "Religion and Popular Culture: The Management of Moral Capital in The Romance of the Three Teachings," 188-218 in Johnson, Nathan, and Rawski 1985.

Bickers, Robert. A. and Jeffrey N. Wasserstrom. 1995. "Shanghai's 'Dogs and Chinese Not Admitted' Sign: Legends, History and Contemporary Symbol." *China Quarterly*, June (142): 444-466.

Bouton, Cynthia A. 1993. *The Flour War: Gender, Class, and Community in Late Ancien Regime French Society.* University Park: Pennsylvania State University Press.

Brace, Brockman (ed.). 1974. *Canadian School in West China.* Published for the Canadian School Alumni Association.

Brace, Brockman. 1974. "Kites," 225-227 in Brace (ed.), 1974.

Braudel, Fernand. 1975. *Capitalism and Material Life, 1400-1800*, vol. Ⅰ. Trans. Miriam Kochan. New York: Harper & Row, Publishers.

Brennan, Thomas. 1988. *Public Drinking and Popular Culture in Eighteenth-Century Paris.* Princeton: Princeton University Press.

Buck, David D. 1978. *Urban Change in China: Politics and Development in Tsinan, Shantung*, 1890-1949. Madison: The University of Wisconsin Press.

蔡启国，1972 年，《川剧习语》，《四川文献》1972 年第 2 期，总第 114 期，第 28～30 页。

Certeau, Michel de. 1984. *The Practice of Everyday Life.* Trans. Steven F. Rendall. Berkeley and Los Angles: University of California Press.

Chang, Sen-dou. 1977. "The Morphology of Walled Capitals." 75-100 in Skinner (ed.), 1977.

Chartier, Roger. 1991. *The Cultural Origins of the French Revolution.* Trans, Lydia G. Cochrane. Durham: Duke University Press,

车辐，1995 年，《周连长茶馆与李月秋》，《龙门阵》1995 年第 2 期，总第 86 期，第 1～6 页。

陈浩东、张思勇主编，1991 年，《成都民间文学集成》，成都，四川人民出版社。

陈锦，1992 年，《四川茶铺》，成都，四川人民出版社。

陈宽，1911 年，《辛亥花市竹枝词》，林孔翼（编），《成都竹枝词》，第 150 ~ 151 页。

陈茂昭，1983 年，《成都的茶馆》，《成都文史资料选辑））第 4 辑，第 178 ~ 193 页。

陈三，1988 年，《纱帽冠盖何处寻》，《龙门阵》1988 年第 4 期，总第 46 期，第 95 ~ 98 页。

陈三，1989 年，《旧蓉城艺人忆片》，《龙门阵》1989 年第 5 期，总第 53 期，第 59 ~ 61 页。

陈祖湘、姜梦弼，1982 年，《成都劝业场的变迁》，《成都文史资料选辑》第 3 辑，第 144 ~ 159 页。

成基、何淳，1982 年，《神摸，苦骗，理骗》，《龙门阵》1982 年第 2 期，总第 8 期，第119 ~ 122 页。

Cheng, Weikun. 1996. "The Challenge of the Actresses: Female Performers and Cultural Alternatives in Early Twentieth Century Beijing and Tianjin." *Modern China* 22. 2: 197-233.

《成都风物》第 1 卷，成都，四川人民出版社，1981 年。

《成都市袍哥的一个镜头》，《成都市公安局档案》，原件无时间，但从内容看，估计是在 1949—1950 年间。

《成都日报》，成都，1904—1911 年。

《成都市市政公报》，1930—1932 年。

《成都市市政年鉴》，1927 年。

《成都文史资料选辑》，20 世纪 60—90 年代，成都。

《成都志通讯》，成都市地方志编撰委员会（编），1984—1988 年。

Chevalier, Louis. 1973. *Laboring Classes and Dangerous Classes in Paris During the First Half of the Nineteenth Century*. Trans. Frank Jellinek. New York: Howard Fertig.

遲塚麗水、1926 年、『新入蜀记』東京、大阪屋号書店。

《重修成都县志》，1873 年，《中国地方志民俗资料汇编》西南卷，北京，书目文献出版社，1988。

Cobb, R. C. 1970. *The Police and the People: French Popular Protest, 1789—1820*. Oxford: Clarendon Press,

Cohen, Myron L. 1990. "Lineage Organizatiorn in North China." *Journal of Asian*

*Studies* 49. 3：509-534.

Coldham，Peter Wilson. 1992. *Emigrants in Chains：A Social History of Forced Emigration to the Americas of Felons，Destitute Children，Political and Religious Non-Conformists，Vagabonds Beggars and Other Undesirables，1607 - 1776.* Baltimore：Genealogical.

Combe，G. A. 1924. "Events in Chengdu：1911." WCMN 5：5-18.

Couvares，Francis G. 1983. "The Triumph of Commerce：Class Culture and Mass Culture in Pittsburgh." 123-152 in Michael H. Frisch and Daniel J. *Walkowitz*（*eds.*）*Working-Class America：Essays on Labor，Community，and American Society.* Chicago：University of Illinois Press.

崔显昌，1982 年，《旧蓉城的市声》，《龙门阵》1982 年第 4 期，总第 10 期，第 86～92 页。

崔显昌，1982 年，《旧成都茶馆素描》，《龙门阵》1982 年第 6 期，总第 12 期，第 92 ～102 页。

Culbert，Sheila Anne. 1986. "Sturdy Beggars and the Worthy Poor：Poverty in Massachusetts，1750-1820." Unpublished dissertation. Indiana University.

Cunningham，Alfred. 1895. *History of the Szechuen Riots*（*May-June，1895*）. Shanghai：Shanghai Mercury Office.

戴文鼎，1998 年，《城隍庙杂记》，成都市群众艺术馆（编），《成都掌故》第 2 集，成都，四川大学出版社，第 380～387 页。

戴执礼（编），1959 年，《四川保路运动史料》，北京，科学出版社。

Davidson，Robert J. and Isaac Mason. 1905. *Life in West China：Described By Two Residents in the Province of Sz-chwan.* London：Headley Brothers.

Davis，Susan G. 1988. *Parades and Power：Street Theatre in Nineteenth-Century Philadelphia.* Berkeley and Los Angles：University of California Press.

DeGlopper，Donald R. 1977. "Social Structure in a Nineteenth-Century Taiwanese Port City." 633-650 in Skinner（ed.）1977.

迪凡，1966 年，《成都之洋琴》，《四川文献》1966 年第 5 期，总第 45 期，第 22～23 页。

定晋岩樵叟，1805 年，《成都竹枝词》，林孔翼（编），《成都竹枝词》，第 59～69 页。

Dong，Madeleine Yue. 1999. "Juggling Bits：Tianqiao as Republican Beijing's Recycling Center." *Modern China* 25. 3：303-342.

Duara, Prasenjit. 1988. *Culture, Power, and the State: Rural North China, 1900—1942*. Stanford: Stanford University Prcss.

Duara, Prasenjit. 1988. "Superscribing Symbols: The Myth of Guandi, Chinese God of War." *Journal of Asian Studies* 47.4: 778-795.

Duara, Prasenjit. 1991. "Knowledge and Power in the Discourse of Modernity: The Campaigns against Popular Religion in Early Twentieth-Century China." *Journal of Asian Studies* 50.1: 67-83.

Duara, Prasenjit. 1995. *Rescuing History from the Nation: Questioning Narratives of Modern China*. Chicago: University of Chicago Press.

Duis, Perry R. 1983. *The Saloon: Public Drinking in Chicago and Boston, 1880-1920*. Urbana: University of Illinois Press.

Dutton, Michael. 1998. *Streetlife China*. New York: Cambridge University Press.

Elliott, Mark. 1990. "Bannerman and Townsman: Ethnic Tension in Nineteenth-Century Jiangnan." *Late Imperial China* 11.1: 36-74.

Esherick, Joseph W. 1976. *Reform and Revolution in China: The 1911 Revolution in Hunan and Hubei*. Berkeley and Los Angles: University of California Press.

Esherick, Joseph W. 1987. *The Origins of the Boxer Uprising*. Berkeley and Los Angles: University of California Press.

Esherick, Joseph W. and Jeffrey N. Wasserstrom. 1990. "Acting Out Democracy: Political Theater in Modern China." *Journal of Asian Studies* 49.4: 835-865.

Esherick, Joseph W. and Mary B. Rankin, eds. 1990. *Chinese Local Elites and Patterns of Dominance*. Berkeley and Los Angles: University of California Press.

Esherick, Joseph W. and Mary B. Rankin. 1990. "Introduction." 1-24 in Esherick and Rankin, 1990.

Evans, John C. 1992. *Tea in China: The History of China's National Drink*, New York: Greenwood Press.

方崇实、石友山，1989年，《"墨状元"智折周孝怀》，《龙门阵》1989年第1期，总第49期，第15~19页。

方旭，1900—1910年，《花会竹枝词十二首》，林孔翼（编），《成都竹枝词》，第144~145页。

Faurot, Jeannette L. 1992. *Ancient Chengdu*. San Francisco: Chinese Material Center Publications.

费著，元代，《岁华纪丽谱》，《墨海金壶》第3函，台北，台湾艺文印书馆重印。

冯家吉，1924 年，《锦城竹枝词百咏》，林孔翼（编），《成都竹枝词》，第 85 ~ 95 页。

冯誉骧，19 世纪 90 年代，《药王庙竹枝词》，林孔翼（编）：《成都竹枝词》，第 142 ~ 143 页。

Fernández-Stembridge, Leila and Richard P. Madsen. 2002. "Beggars in the Socialist Market Economy," 207-230 in Perry Link, Richard P. Madsen, and Paul G. Pickowicz eds., *Popular China: Unofficial Culture in a Globalizing Society*. New York: Rowman & Littlefield Publishers, Inc.

Fleisher, Mark S. 1995. *Beggars and Thieves: Lives of Urban Street Criminals*. Madison: University of Wisconsin Press.

Fortune, Robert. 1853. *Two Visits to the Tea Countries of China*. 2 vols. London: John Murray.

Freedman, Maurice. 1966. *Chinese Lineage and Society: Fukien and Kwangtung*. London: Athlone.

Freeman, Michael. 1977. "Sung." 141 - 176 in K. C. Chang (ed.) *Food in Chinese Culture: Anthropological and Historical Perspective*. New Haven: Yale University Press.

傅崇矩，1909—1910 年，《成都通览》，8 卷，成都通俗报社印；成都，巴蜀书社，1987 年重印，为上下两册。本书所用插图取自 1909—1910 年版，文字引自 1987 年版。

冈夫，1995 年，《茶文化》，北京，中国经济出版社。

Gans, Herbert J. 1974. *Popular Culture and High Culture: An Analysis and Evaluation of Taste*. New York: Basic Books.

高成祥，1990 年，《傅樵村》，任一民（编），《四川近现代人物传》第 6 辑，成都，四川大学出版社，第 483 ~ 486 页。

高枢年、汪用中，1985 年，《成都市场大观》，北京，中国展望出版社。

Garrett, Shirley S. 1970. *Social Reformers in Urban China: The Chinese Y. M. C. A., 1895-1926*. New York: Cambridge University Press.

Gasster, Michael. 1978. "The Republican Revolutionary Movement," 465-534 in John K. Fairbank and Kwang-Ching Liu (eds.), *The Cambridge History of China*, vol. 11, pt. 2. Cambridge: Cambridge University Press.

Geertz, Cliford. 1973. *The Interpretation of Cultures*. New York: Basic Books.

Geil, William Edgar. 1911. *Eighteen Capitals of China.* Philadelphia & London: J. B. Lippincott Company.

Gernet, Jacques. 1970. *Daily Life in China on the Eve of the Mongol Invasion 1250-1276.* Stanford: Stanford University Press.

Ginzburg, Carlo. 1982. *The Cheese and the Worms: The Cosmos of a Sixteenth-Century Miller.* Trans. Jolm and Anne Tedeschi. New York: Penguin Books.

Goodman, Bryna. 1995. *Native Place, City, and Nation: Regional Networks and Identities in Shanghai, 1853-1937.* Berkeley and Los Angles: University of California Press.

Graham, David C. 1927. "Religion in Szechwan Province." Unpublished dissertation. Chicago: University of Chicago.

Grainger, A. 1917. "Chinese New Year Customs." WCMN 1: 5-11.

Grainger, A. 1917. "Chinese Festivals." WCMN 4: 5-12.

Grainger, A. 1917. "Various Superstitious." WCMN 9: 10-15; 11: 9-15.

Grainger, A. 1918. "Street Preaching, etc." WCMN 4: 5-13.

Grainger, A. 1918. "Popular Customs in West China." WCMN 6: 5-8.

Gramsci, Antonio. 1985. *Selections from Cultural Writings.* eds. David Fogacs and Geoffrey Nowell-Smith. trans. William Boelhower. Cambridge: Harvard University Press.

Grimes, Ronald L. 1982. "The Lifeblood of Public Ritual: Fiestas and Public Exploration Projects." 272-283 in Victor Turner ed. *Celebration: Studies in Festivity and Ritual.* Washington, D. C.: Smithsonian Institution Press.

郭沫若，1929年，《反正前后》，上海，现代书局。收入《沫若自传》第1卷，香港，三联书店，1978年。

《国民公报》，1912—1949年。感谢司昆仑提供的部分缩微胶卷。

Gusfield, Joseph R. 1963. *Symbolic Crusade: Status Politics and the American Temperance Movement.* Urbana: University of Illinois Press.

Han Suyin. 1965. *The Crippled Tree: China, Biography, History, Autobiography.* New York: G. P. Putnam's Sons.

郝志诚，1997年，《父亲的故事》，《龙门阵》1997年第1期，总97期，第37~44页。

Harrell, Stevan. 1982. *Ploughshare Village: Culture and Context in Taiwan.* Seattle: University of Washington Press.

Hartwell, G. E. 1921. "Reminiscences of Chengdu." WCMN 8&9: 5-27.

何承朴，1986 年，《成都夜话》，成都，四川人民出版社。

何满子，1994 年，《五杂侃》，成都，成都出版社。

Heller, Agnes. 1984. *Everyday Life.* Trans. G. L. Campbell. London: Routledge & Kegan Paul.

Hershatter, Gail. 1986. *The Workers of Tianjin.* Stanford: Stanford University Press.

Hershatter, Gail. 1991. "Prostitution and the Market in Women in Early Twentieth-Century Shanghai." 256–285 in Rubie S. Watson and Patricia Buckley Ebrey eds. *Marriage and Inequality in Chinese Society.* Berkeley and Los Angles: University of California Press.

Hershatter, Gail. 1992. "Regulating Sex in Shanghai: The Reform of Prostitution in 1920 and 1951." 145 - 185 in Frederic Wakeman, Jr. and Wen-hsin Yeh eds. *Shanghai Sojourners.* Berkeley and Los Angles: Institute of East Asian Studies, University of California Press.

Hershatter, Gail. 1993. "The Subaltern Talks Back: Reflections on Subaltern Theory and Chinese History." *Positions.* Ⅰ: 103–130.

Hershatter, Gail. 1997. *Dangerous Pleasures: Prostitution and Modernity in Twentieth-Century Shanghai.* Berkeley and Los Angles: University of Cali-fornia Press.

Honig, Emily. 1986. *Sisters and Strangers: Women in the Shanghai Cotton Mills.* Stanford: Stanford University Press.

Honig, Emily. 1992. *Creating Chinese Ethnicity: Subei People in Shanghai, 1850–1980.* New Haven: Yale University Press.

Hosie, Alexander. 1890. *Three Years in Western China.* London: George Philip & Son.

Hosie, Alexander. 1914. *On the Trail of the Opium Poppy: A Narrative of Travel in the Chief Opium-Producing Provinces of China.* London: George Philip & Son.

胡国甫，1916 年，《悼蔡会竹枝词》，林孔翼（编）.《成都竹枝词》，第 160 ~ 161 页。

胡天，1938 年，《成都导游》，成都，蜀文印书局。

Huang, Philip C. C. 1985. *The Peasant Economy and Social Change in North China.* Stanford: Stanford University Press.

Huang, Philip C. C. 1993. "Public Sphere /Civil Society in China? The Third Realm between State and Society." *Modern China* 19. 2 (1993), 216–240.

Huang, Philip C. C. 1996. *Civil Justice in China: Representation and Pracrice in the Qing.* Stanford: Stanford University Press.

《华阳县志》，1816 年，44 卷；1934 年，36 卷，成都。台湾学生书局重印。

Hubbard, George D. 1923. *The Geographic Setting of Chengdu.* Oberlin: Oberlin College.

Hunt, Lynn A. 1978. *Revolution and Urban Politics in Provincial France: Troyes and Reims, 1786-1790.* Stanford: Stanford University Press.

Hunt, Lynn A. 1984. *Politics, Culture, and Class in the French Revolution.* Berkeley and Los Angles: University of California Press.

贾大泉、陈一石，1988 年，《四川茶业史》，成都，巴蜀书社。

荐青，1932 年，《五月的成都》，《时事周报》1932 年第 7 期，第 2～3 页。

姜蕴刚，1943 年，《清末成都之社会建设》，《旅行杂志》1943 年第 10 期，第 10 页。

静环、曾荣华，1982 年，《锦城艺苑话天籁》，《成都文史资料选辑》第 3 辑，第 133～141 页。

Johnson, David. 1985. "Communication, Class, and Consciousness in Late Imperial China." 34-72 in Johnson, Nathan, and Rawski 1985.

Johnson, David. 1985. "City-God Cults in T'ang and Sung China." *Harvard Journal of Asiatic Studies* 45. 2: 363-457.

Johnson, David. 1989. "Actions Speak Louder Than Words: The Cultural Significance of Chinese Ritual Opera." 1-45 in David Johnson (ed.) *Ritual Opera, Operatic Ritual. "Mu-lien Rescues His Mother" in Chinese Popular Culture.* Berkeley and Los Angles: Chinese Popular Cultural Project.

Johnson, David. 1990. "Scripted Performances in Chinese Culture: An Approach to the Analysis of Popular Literature."《汉学研究》8. 1（15）：37-55.

Johnson, David. 1994. "Temple Festivals in Southeastern Shansi: The *Sai* of Nanshe Village and Big West Gate."《民俗曲艺》91：641-734.

Johnson, David. 1995. "Local Officials and 'Confucian' Values in the Great Temple Festivals (*SAI*) of Southeastern Shansi in Late Imperial Times." Presented to the Conference on State and Ritual in East Asia (Paris).

Johnson, David, A. J. Nathan, and E. S. Rawski (eds.) 1985. *Popular Culture in Late Imperial China.* Berkeley and Los Angles: University of California Press.

筧文生、1987 年、『成都重庆物語』東京、集英社。

神田正雄、1905 年、『西清事情』東京、晨事雜報社。

神田正雄、1936 年、『四川省综览』東京、海外社。

Kapp, Robert A. 1973. *Szechwan and the Chinese Republic: Provincial Militarism and Central Power, 1911—1938*. New Haven: Yale University Press.

Kasson, John F. 1978. *Amusing the Million: Coney Island at the Turn of the Century*. New York: Hill & Wang.

Katz, Paul R. 1995. *Demon Hordes and Burning Boats: The Cult of Marshal Wen in Late Imperial Chekiang*. Albany: State University of New York Press.

Ko, Dorothy Y. 1994. *Teachers of the Inner Chambers: Women and Culture in China, 1573—1722*. Stanford Stanford University Press.

井上红梅、1920 年、『“支那”风俗』東京、日本堂。

Kuhn, Philip. 1990. *Soulstealers: The Chinese Sorcery Scare of 1768*. Cambridge: Harvard University Press.

孔尚任，1958 年，《桃花扇》，北京，人民文学出版社。

K'ung, Shang-ren. 1976. *The Peach Blossom Fan*. Trans. Chen Shih-Hsiang and Harold Action. Berkeley and Los Angles: University of California Press.

老舍，1978 年，《茶馆》，《老舍剧作选》，北京，人民文学出版社，第 73～144 页。

廖亦武（老威），2001 年，《中国底层访谈录》上下册，武汉，长江文艺出版社。

Leclant, Jean. 1979. “Coffee and Cafes in Paris, 1644-1693,” 86-97 in Robert Forster and Orest Ranum (eds.) *Food and Drink in History: Selections from the Annales*. Baltimore: The Johns Hopkins University Press.

Levy, Dore J. 1988. *Chinese Narrative Poetry: The Late Han through T'ang Dynasties*. Durham and London: Duke University Press.

李伯雄，1988 年，《洋房子走路——汽车初到成都的故事》，《龙门阵》1988 年第 6 期，总第 48 期，第 29～31 页。

李孝悌，1998 年，《清末的下层社会启蒙运动，1901—1911》，台北，“中研院”近代史研究所。

李劼人，1947 年，《市民的自卫》，写于 1926 年，收入李劼人，《好人家》，上海，中华书局，第 124～135 页。

李劼人，1936 年，《暴风雨前》，上海，中华书局，1936 年首印；《李劼人选集》第 1 卷，成都，四川人民出版社 1980 年版，第 275～662 页。

李劼人，1937 年，《大波》，上海，中华书局，1937 年首印；《李劼人选集》第 2 卷，成都，四川人民出版社 1980 年版，第 3 ~ 1631 页。

李乔，1990 年，《敬惜字纸的习俗》，《龙门阵》1990 年第 1 期，总第 55 期，第 128 ~ 130 页。

李文治（编），1957 年，《中国近代农业史资料》，第 1 册，北京，生活 · 读书 · 新知三联书店。

梁德曼、黄尚军，1998 年，《成都方言词典》，南京，江苏教育出版社。

Liao T'ai-ch'u. 1947. "The Ko Lao Hui in Szechwan." *Pacific Affairs* XX（June）: 161 ~ 173.

林孔翼（编），1986 年，《成都竹枝词》，成都，四川人民出版社。

林文洵，1995 年，《成都人》，杭州，浙江人民出版社。

Link, Perry. 1981. *Mandarin Ducks and Butterflies: Popular Fiction in Early Twentieth-Century Chinese Cities.* Berkeley and Los Angles: University of California Press.

Link, Perry, Richard Madsen, and Paul G. Pickowicz (eds.) 1989. *Unofficial China: Popular Culture and Thought in the People's Republic.* Boulder: Westview Press.

Link, Perry, Richard Madsen, and Paul G. Pickowicz. 1989. "Introduction." 1 – 13 in Link, Madsen, and Pickowicz (eds.) 1989.

《龙门阵》，1981—1997 年，成都。

刘可继，1996 年，《"九里三分"的饭摊子》，《龙门阵》1996 年第 4 期，总第 94 期，第 98 ~ 101 页。

Liu, Kwang-Ching（ed.）. 1990. *Orthodoxy in Late Imperial China.* Berkeley and Los Angles: University of California Press.

刘师亮，1923 年，《成都青羊宫花会竹枝词》，林孔翼（编），《成都竹枝词》，第 96 ~ 99 页。

刘沅，1790 年，《蜀中新年竹枝词》，林孔翼（编），《成都竹枝词》，第 125 ~ 130 页。

Lo, Irving Yucheng and William Schultz. 1986. *Waiting for the Unicorn: Poems and Lyrics of China's Last Dynasty, 1641–1911.* Bloomington: Indiana University Press.

Lu, Hanchao. 1995. "Away from Nanking Road: Small Stores and Neighborhood Life in Modern Shanghai." *Journal of Asian Studies* 54. 1: 93–123.

Lu, Hanchao. 1999. *Beyond the Neon Lights: Everyday Shanghai in the Early Twentieth Century.* Berkeley and Los Angles: University of California Press.

Lu, Hanchao. 1999. "Becoming Urban: Mendicancy and Vagrants in Modern Shanghai." *Journal of Social History* 33. 1: 7-36.

陆兆钺，1988 年，《陕西会馆的蝎子》，《龙门阵》1988 年第 3 期，总第 45 期，第 83 页。

罗尚，1965 年，《茶馆风情》，《四川文献》1965 年第 10 期，总第 38 期，第 21 ~ 23 页。

罗子齐、蒋守文，1994 年，《评书艺人钟晓凡趣闻》，《龙门阵》1994 年第 4 期，总第 82 期，第 58 ~ 61 页。

Mair, Victor H. 1985. "Language and Ideology in the Written Popularizations of the Sacred Edict," 325-359 in Johnson, Nathan, and Rawski.

马尼爱，1898 年，《马尼爱游成都记》，《渝报》1898 年第 9 期。

Mann, Susan, 1997. *Precious Records: Women in China's Long Eighteenth Century*. Stanford: Stanford University Press.

McDougall, Bonnie S. 1984. "Writers and Performers: Their Works, and Their Audiences in the First Three Decades." 269-304 in B. S. McDougall (ed.), 1984.

McDougall, Bonnie S. 1984 (ed.) *Popular Chinese Literature and Performing Arts in the People's Republic of China, 1949-1979*. Berkeley and Los Angles: University of California Press.

McEligott, Anthony. 1983. "Street Politics in Hamburg, 1932-1933." *History Workshop Autumn* (16): 83-90.

Meserve, Walter J. and Ruth I. Meserve. 1979, "From Teahouse to Loudspeaker: The Popular Entertainer in the People's Republic of China." *Journal of Popular Culture* 8. 1: 131-140.

闵昌全，1911 年，《辛亥竹枝词》，林孔翼（编）.《成都竹枝词》，第 156 页。

Mote, F. W. 1977. "The Transformation of Nanking, 1350-1400," 101-153 in Skinner (ed.), 1977.

Muchembled, Robert. 1985. *Popular Culture and Elite Culture in France, 1400-1750*. Trans. Lydia Cochrane. Baton Rouge: Louisiana State University Press.

内藤利信、1991 年、『住んてみた成都——蜀の国に見る中国の日常生活』東京，サイマル出版會。

中村作治郎、1899 年、『"支那"漫遊談』東京、切思會。

Naquin, Susan. 1976. *Millenarian Rebellion in China: The Eight Trigrams Uprising of 1813*. New Haven: Yale University Press.

Naquin, Susan. 2000. *Peking: Temples and City Life, 1400–1900.* Berkeley and Los Angles: University of California Press.

Nasaw, David. 1993. *Going Out: The Rise and Fall of Public Amusements.* New York: BasicBooks.

Ng, Mau-Sang. 1994. "Popular Fiction and the Culture of Everyday Life: A Cultural Analysis of Qin Shouou's Qiuhaitang." *Modern China* 20. 2: 131–156.

西澤治彦、1985 年、「飲茶の話」『GSたのレい知識』第 3 卷、東京、冬树社、第 242 ~ 253 页。

西澤治彦、1988 年、「現代中国の茶館——四川成都の事例かる」『风俗』1988 年第 4 期、卷 26、第 50 ~ 63 页。

Ozouf, Mona. 1988. *Festivals and the French Revolution.* Trans. Alan Sheridan. Cambridge: Harvard University Press.

Peiss, Kathy. 1986. *Cheap Amusements: Working Women and Leisure in Turn-of-the-Century New York.* Philadelphia: Temple University Press.

彭懋琪，1810—1820 年间，《锦城竹枝词》，林孔翼（编），《成都竹枝词》，第 31 页。

彭其年，1963 年，《辛亥革命后川剧在成都的新发展》，《四川文史资料选辑》第 8 辑，第 159 ~ 172 页。

Perdue, Peter C. 1986. "Insiders and Outsiders: The Xiangtan Riot of 1819 and Collective Action in Hunan." *Modern China* 12. 2: 166–201.

Perry, Elizabeth J. 1980. *Rebels and Revolutionaries in North China, 1845–1945.* Berkeley and Los Angles: University of California Press.

Perry, Elizabeth J. 1993. *Shanghai on Strike: The Politics of Chinese Labor.* Stanford: Stanford University Press.

Pickett. Joseph P. et al (eds). 2000. *The American Heritage Dictionary of the English Language.* Fourth Edition. Boston: Houghton Mifflin Company.

Pittenger, Mark. 1997. "A World of Difference: Constructing the 'Underclass' in Progressive America." *American Quarterly* 49 (1): 26–65.

Polo, Marco. 1961 [1271–1295]. *The Travels of Marco Polo.* New York: New American Library.

Porter, Noah (ed.). 1913. *Webster's Revised Unabridged Dictionary.* G&C Merriam Co.

钱廉成，19 世纪 20—50 年代，《尘间之艺》，成都，四川人民出版社，

1985 年。

前人，1928 年，《续青羊宫花市竹枝词》，林孔翼（编），《成都竹枝词》，第 99～107 页。

乔曾希、李参化、白兆渝，1983 年，《成都市政沿革概述》，《成都文史资料选辑》，第 5 辑，第 1～22 页。

《启蒙通俗报》，1902 年，成都。

秦楠，1914 年，《蜀辛》，隗瀛涛、赵清（主编），《四川辛亥革命史料》上册，第 365～375、533～568 页。

庆余，1909 年，《成都月市竹枝词》，林孔翼（编），《成都竹枝词)），第 181～184 页。

曲文斌，1999 年，《中国乞丐史》，上海，上海文艺出版社。

Raeff, Marc. 1983. *The Well-Ordered Police State: Social and Institutional Change through Law in the Germanies and Russia, 1600－1800.* New Haven: Yale University Press.

Rankin, Many B. 1986. *Elite Activism and Political Transformation in China: Zhejiang Province, 1865-1911.* Stanford: Stanford University Press.

Rankin, Many B. 1990. "The Origins of a Chinese Public Sphere: Local Elites and Community Affairs in the Late Imperial Period." *Etudes Chinoises* 9. 2: 14-60.

Reed, Bradly W. 2000. *Talons and Teeth: County Clerks and Runners in the Qing Dynasty.* Stanford: Stanford University Press.

Rhoads, Edward J. M. 2000. *Manchus and Han: Ethnic Relations and Political Power in Late Qing and Early Republican China, 1861－1928.* Seattle: University of Washington Press.

Riis, Jacob A. 1924 [1890]. *How the Other Half Lives: Studies Among the Tenements of New York.* New York: Charles Scribner's Sons.

Rosenzweig, Roy. 1983. *Eight Hours for What We Will: Workers and Leisure in an Industrial City, 1870-1920.* New York: Cambridge University Press.

Ross, Andrew. 1989. *No Respect: Intellectuals & Popular Culture.* New York: Routledge.

Rowe, William T. 1984. *Hankow: Commerce and Society in a Chinese City, 1796-1889.* Stanford: Stanford University Press.

Rowe, William T. 1989. *Hankow: Conflict and Community in a Chinese City, 1796-1895.* Stanford: Stanford University Press.

Rowe, William T. 1990. "The Public Sphere in Modern China." *Modern China* 16.3: 309-329.

Ryan, Mary P. 1990. *Women in Public: Between Banners and Ballots, 1825-1880.* Baltimore: The Johns Hopkins University Press.

Schak, David C. 1988. *A Chinese Beggars' Den: Poverty and Mobility in an Under-Class Community.* Pittsburgh: University of Pittsburgh Press.

Schoppa, R. Keith. 1982. *Chinese Elites and Political Change: Zhejiang Province in the Early Twentieth Century.* Cambridge: Harvard University Press.

Scott, James C. 1985. *Weapons of the Weak: Everyday Forms of Peasant Resistance.* New Haven: Yale University Press.

Sennett, Richard. 1977. *The Fall of Public Man: On the Social Psychology of Capitalism.* New York: Vintage Books.

Service, John S. ed. 1989. *Golden Inches: The China Memoir of Grace Service.* Berkeley and Los Angles: University of California Press.

Sewell, William G. 1971. *The People of Wheelbarrow Lane*, South Brunswick and New York: A. S. Barnes and Company.

Sewell, William G. 1986. *The Dragon's Backbone: Portraits of Chengdu People in the 1920's.* Drawings by Yu Zidan. York: William Sessions Limited.

沙汀，1940 年，《在其香居茶馆里》，1940 年初版，收入《沙汀选集》，成都，四川人民出版社，1982 年，第 140～156 页。

沙汀，1963 年，《祖父的故事》，上海，上海文艺出版社。

Shao, Qin. 1997. "Space, Time, and Politics in Early Twentieth Century Nantong." *Modern China* 23.1: 99-129.

Shao, Qin. 1998. "Tempest over Teapots: The Vilification of Teahouse Culture in Early Republican China." *Journal of Asian Studies* 57.4: 1009-1041.

绍云，1988 年，《成都袍哥史略》，《成都志通讯》1988 年第 1 期，总第 16 期，第 55～65 页。

《省垣警区章程》，《四川警务章程》卷 2。原件无日期，但根据内容判断是晚清制定的。原件藏美国斯坦福大学胡佛东亚图书馆。

施居父，1936 年，《四川人口数字研究之新资料》，成都，民间意识社。

石体元，1962 年，《忆成都保路运动》，《辛亥革命回忆录》第 3 册，北京，文史资料出版社，第 42～67 页。

舒新城，1934 年，《蜀游心影》，上海，中华书局。

《四川保路同志会报告》，1911 年，成都。

《四川成都第一次商业劝工会调查表》，1906 年，成都。

《四川官报》，1904 —1911 年，成都。

《四川教育官报》，1907—1911 年，成都。

四川省文史馆（编），1987 年，《成都城坊古迹考》，成都，四川人民出版社。

《四川省政府社会处档案》，民国时期，四川省档案馆，全宗 186，案卷 1431。

《四川通省警察章程》，1903 年。中国第一历史档案馆，巡警部档案，1501 号，第 179 卷。感谢司昆仑提供了该档案的手抄本。Ⅰ—1：《清查户口规则》；Ⅰ—2：《拘留无业游民及驱逐凶恶乞丐、化缘疯人、醉汉规则》；Ⅰ—3：《清查窝賭、窝盗、烧香结盟、传习邪教规则》；Ⅰ—4：《检禁军器规则》；Ⅰ—5：《弹压人聚集所在规则》；Ⅰ—6：《去危害物及修治道路规则》；Ⅰ—7：《整齐舆马及行人往来规则》；Ⅰ—8：《整齐市场规则》；Ⅰ—9：《夜行规则》；Ⅰ—10：《茶馆规则》；Ⅰ—11：《烟馆规则》；Ⅰ—12：《救治路病规则》；Ⅰ—13：《迷失人救护规则》；Ⅰ—14：《捡存路遗及还付规则》；Ⅰ—15：《申述规则》。Ⅱ -1：《清查娼妓规则》；Ⅱ -2：《检查戏本肃清戏场规则》；Ⅱ -3：《禁止异言异行异服规则》。Ⅲ -1：《清理厕房及禁止沿街便溺规则》；Ⅲ -2：《渣滓规则》；Ⅲ -3：《检查食物规则》。

《四川文献》，20 世纪 60—70 年代，台北。

《四川文史资料选辑》，20 世纪 60—90 年代，成都。

《四川学报》，1905—1907 年，成都。

《四川咨议局第一次议事录》，1910 年，收入隗瀛涛、赵清（主编），《四川辛亥革命史料》上册，第 2 ~ 151 页。

Siu, Helen F. 1989. "Recycling Rituals: Politics and Popular Culture in Contemporary Rural China." 121-137 in Link, Madsen, and Pickowicz 1989.

Skinner, G. William. 1964 - 1965. "Marketing and Social Structure in Rural China." *Journal of Asian Studies*. 24, 1: 3-43; 24.2: 195-228; 24.3: 363-399.

Skinner, G. William. 1971. "Chinese Peasants and the Closed Community: An Open and Shut Case." *Comparative Studies in Society and History* 13, 3: 270 - 281.

Skinner, G. William (ed.). 1977. *The City in Late Imperial China*. Stanford: Stanford University Press.

Smith, Richard J. 1991. *Fortune-tellers and Philosophers: Divination in Traditional Chinese Society*. Boulder: Westview Press.

Smith, Richard J. 1994. *China's Cultural Heritage: The Qing Dynasty, 1644-1912.* Boulder: Westview Press.

Spivak, Gayatri Chakravorty. 1988. "Can the Subaltern Speak?" 217-313 in Gary Nelson and Lawrence Grossberg (eds.), *Marxism and the Interpretation of Culture.* Urbana and Chicago: University of Illinois Press.

Stanley, Amy Dru. 1992. "Beggars Can' t Be Choosers: Compulsion and Contract in Postbellum America." *Journal of American History* 78. 4: 1265-1293.

Stansell, Christine. 1986. *City of Women: Sex and Class in New York, 1789-1860.* New York: Alfred A. Knopf, Inc.

Stapleton, Kristin, 1993. "Police Reform in a Late-Imperial Chinese City: Chengdu, 1902-1911." Ph. D. diss., Harvard University.

Stapleton, Kristin. 1996. "Urban Politics in an Age of 'Secret Societies': The Cases of Shanghai and Chengdu." *Republican China* 22. 1: 23-64.

Stapleton, Kristin. 1997. "County Administration in Late-Qing Sichuan: Conflicting Models of Rural Policing." *Late Imperial China* 18. 1: 100-132.

Stapleton, Kristin. 1997. "Interpreting Humor in History: Two Cases from Republican China." Draft prepared for presentation at Johns Hopkins Univer-sity on February 4, 1997.

Stapleton, Kristin. 2000. *Civilizing Chengdu: Chinese Urban Reform, 1875-1937.* Cambridge: the Harvard University Asia Center.

Strauch, Judith. 1983. "Community and Kinship in Southeastern China: The View from the Multilineage Villages of Hong Kong." *Journal of Asian Studies* 43. 1: 21-50.

Storch, Robert D. (ed.) 1982. *Popular Culture and Custom in Nineteenth-Century England.* New York: St. Martin' s Press.

Storch, Robert D, 1982. "Introduction: Persistence and Change in Nineteenth-Century Popular Culture." 1-19 in Storch 1982a.

Strand, David. 1989. *Rickshaw Beijing: City People and Politics in the 1920s.* Berkeley and Los Angles: University of California Press.

孙彬、张友霖、李力春、刘石父、熊小雄、潘培德、谢可新，2000 年，《老成都》，长卷历史画。

鈴木智夫、1982 年、「清末江浙の茶館について」『歴史における民众と文化——酒井忠夫先生古稀祝賀紀念論集』、東京，国書刊行會，第 529 ~ 540 页。

竹内実、1974 年、『茶館——中国の風土と世界像』、東京、大修館書店。

谭韶华，1984 年，《三庆会》，《龙门阵》1984 年第 4 期，总 22 期，第 118 ~ 121 页。

Tanaka Issei. 1985. “The Social and Historical Context of Ming-Ch'ing Local Drama.” 143-160 in Johnson, Nathan, and Rawski 1985.

Thompson, E. P. 1974. “Patrician Society, Plebeian Culture.” *Journal of Social History* 7.4: 382-405.

Thompson, Roger R. 1995. *China's Local Councils in the Age of Constitutional Reform, 1898-1911.* Cambridge: Council on East Asian Studies, Harvard University.

東亞同文會、1917 年、『“支那”省别全誌』第 5 卷、『四川省』、東京、東亞同文會。

東亞同文會、1941 年、『新修“支那”省别全誌』第 1 ~ 2 卷.『四川省』、東京、東亞同文會。

《通俗画报》，1909，1912 年，成都。

《通俗日报》，1909—1911 年，成都。感谢司昆仑提供的缩微胶卷。

Torrance, Rev. T. 1916. “The History of the Chengtu Wall.” WCMN 10: 14-19.

Turner, Victor. 1984. “Liminality and the Performative Genres.” 19-41 in John J. MacAloon (ed.). *Rite, Drama, Festival, Spectacle: Rehearsals Toward a Theory of Cultural Performance.* Philadelphia: Institute for the Study of Human Issues.

Vale, J. 1904. “Sz-Chuan Police Force.” WCMN 3: 56-59; 4: 82-86; 5: 106-111; 6: 125-127.

Vale, J. 1906. “The Small Trader of Szchuan.” WCMN 10: 237-238; 11: 255-262.

Vale, J. 1907. “Beggar Life in Chentu.” WCMN 4: 8-11; 7: 7-10: 9: 6-7; 10: 7-11.

Vale, J. 1914. “The Art of the Startler.” WCMN 2: 28-30; 3: 28-30; 8: 12-14.

Vincent, David. 1982. “The Decline of the Oral Tradition in Popular Culture.” 20-47 in Storch (ed.). 1982.

Von Glahn, Richard. 1991. “The Enchantment of Wealth: the God Wutong in the Social History of Jiangnan.” *Harvard Journal of Asiatic Studies* 51.2: 651-714.

Wakeman, Frederic Jr. 1995. *Policing Shanghai, 1927-1937.* Berkeley and Los Angles: University of California Press.

Wakeman, Frederic Jr. 1995. “Licensing Leisure: The Chinese Nationalists' Attempt to Regulate Shanghai, 1927-1949.” *Journal of Asian Studies* 54.1: 19-42.

Wallace, Edward W. 1903 and 1907. *The Heart of Sz-Chuan.* Toronto: Methodist

Mission Rooms. Two editions.

Walmsley, Lewis. 1974. "Szechwan-That Green & Pleasant Land," 1-8 in Brace (ed.). 1974.

Walters, Ronald G. 1978. *American Reformers, 1815-1860*. New York: Hill and Wang.

王纯五，1993 年，《袍哥探秘》，成都，巴蜀书社。

王大煜，1993 年，《四川袍哥》，《四川文史资料选辑》第 41 辑，第 139 ~ 163 页。

王笛，1984 年，《清末新政与挽回利权》，《四川大学学报》1984 年第 2 期，第 91 ~ 101 页。

王笛，1985 年，《清末新政与四川近代教育的兴起》，《四川大学学报》1985 年第 2 期，第 95 ~ 111 页。

王笛，1986 年，《清末四川农业改良》，《中国农史》1986 年第 2 期，第 38 ~ 51 页。

王笛，1987 年，《周善培》，任一民（主编）：《四川近现代人物传》第 4 辑，成都，四川大学出版社，第 122 ~ 129 页。

王笛，1987 年，《清末新政与近代学堂的兴起》，《近代史研究》1987 年第 3 期，第245 ~ 270 页。

王笛，1987 年，《论清末商会的设立与官商关系》，《史学月刊》1987 年第 4 期，第39 ~ 44 页。

王笛，1987 年，《清末设立商部述论》，《清史研究》1987 年第 1 期，第 23 ~ 27 页。

王笛，1988 年，《清末实业政策与经济发展》，《四川大学学报》（专号）第 37 辑，第148 ~ 161 页。

王笛，1989 年，《晚清重商主义与经济变革》，《上海社会科学院学术季刊》1989 年第 4 期，第 63 ~ 70 页。

王笛，1989 年，《清代重庆移民、移民社会与城市发展》，《城市史研究》第 1 辑，天津，天津教育出版社，第 58 ~ 79 页。

王笛，1989 年，《清代重庆人口与社会组织》，隗瀛涛（主编）：《重庆城市研究》，成都，四川大学出版社，第 310 ~ 378 页。

王笛，1991 年，《近代长江上游地区的市场系统与城市结构》，《近代史研究》1991 年第 6 期，第 105 ~ 123 页。

王笛，1993 年，《跨出封闭的世界——长江上游区域社会研究，1644—

1911》，北京，中华书局。

王笛，1994 年，《晚清警政与社会改造》，《辛亥革命与近代中国》上册，北京，中华书局，第 193 ~ 209 页。

Wang, Di. 1992. "Educational Reform and Social Changes in Sichuan, 1902 - 1911." Paper presented at the annual meeting of the Association for Asian Studies. Washington, D. C.

Wang, Di, 1998. "Street Culture: Public Space and Urban Commoners in Late-Qing Chengdu." *Modern China* 24. 1: 34-72.

Wang, Di. 1998. "Street Culture: Public Space, Urban Commoners, and Local Politics in Chengdu, 1875-1928." Ph. D. diss., Johns Hopkins University.

Wang, Di. 1999. "The Rhythm of the City: Bamboo-Branch Poetry and Public Life in Late-Qing Cbengdu." Paper presented at the Annual Meeting of the Association for Asian Studies, Boston, March 14, 1999. 译注：该文已发表在 *Late Imperial China*, 22. 1 (June 2003): 33-78。

Wang, Di. 2000. "The Struggle for Drink and Entertainment: Men, Women, and the Police in Early Twentieth-Century Chengdu." Paper presented at the Annual Meeting of the American Historical Association, Chicago, January 9. 2000.

Wang, Di. 2000. "The Idle and the Busy: Teahouses and Public Life in Early Twentieth-Century Chengdu." *Journal of Urban History* 26. 4: 411-437.

Wang, Di. 2001. " 'Doctor Tea': Teahouse Workers in Republican Chengdu." Paper presented at the Annual Meeting of Association for Asian Studies, March 23, 2001. 译注：该文题目稍有改动，以 " 'Masters of Tea': Teahouse Workers, Workplace Culture, and Gender Conflict in Wartime Chengdu" 为题，发表在 *Twentieth-Century China* (2004, No. 2) 上。

Wang, Mingming. 1995. "Place, Administration, and Territorial Cults in Late Imperial China: A Case Study from South Fujian." *Late Imperial China* 16. 1: 33-78.

王铭铭，1997 年，《山街的记忆——一个台湾社区的信仰与人生》，上海，上海文艺出版社。

王庆源，1944 年，《成都平原乡村茶馆》，《风土什志》1944 年第 1 期，总第 4 期，第 29 ~ 38 页。

王天寿，1991 年，《旧成都刑场见闻》，《龙门阵》1991 年第 2 期，总第 62 期，第 50 ~ 53 页。

汪青玉（编），1992 年，《四川风俗传说选》，成都，四川民族出版社。

王再咸，1850年代，《成都竹枝词》，林孔翼（编），《成都竹枝词》，第133~134页。

王志行，1987年，《资中木偶戏今昔》，《四川文史资料选辑》第36辑，第66~75页。

Ward, Barbara E. 1985. "Regional Operas and Their Audiences: Evidence from Hong Kong." 161-187 in Johnson, Nathan, and Rawski. 1985.

Wasserstrom, Jeffery N. 1991. *Student Protests in Twentieth-Century China: The View from Shanghai.* Stanford: Stanford University Press.

Watson, James L. 1985. "Standardizing the Gods: The Promotion of T'ien Hou ('Empress of Heaven') Along the South China Coast, 960-1960." 292-324 in Johnson, Nathan, and Rawski. 1985.

Watson, Rubie S. 1985. *Inequality Among Brothers: Class and Kinship in South China.* New York: Cambridge University Press.

Weber, Max. 1958. *The City.* Trans. Don Martindale and Gertrud Neuwirth. New York: The Free Press.

隗瀛涛，1981年，《四川保路运动史》，成都，四川人民出版社。

隗瀛涛（主编），1990年，《四川近代史稿》，成都，四川人民出版社。

隗瀛涛、何一民，1983年，《论同盟会与四川会党》，《纪念辛亥革命七十周年学术讨论会论文集》上册，北京，中华书局，第546~569页。

隗瀛涛、赵清（主编），1981年，《四川辛亥革命史料》上下册，成都，四川人民出版社。

文枢、吴剑洲、崔显昌，1984年，《旧成都的人市》，《龙门阵》1984年第2期，总第20期，第15~27页。

文闻子（编），1990年，《四川风物志》，成都，四川人民出版社。

*West China Missionary News* (WCMN). 1899-1943. Chongqing and Chengdu.

Whyte, William F. 1981 [1943]. *Street Corner Society: The Social Structure of an Italian Slum.* Third edition. Chicago: University of Chicago Press. The first edition was published in 1943.

Wilentz, Sean. 1983. "Artisan Republican Festivals and the Rise of Class Conflict in New York City, 1788-1837." 37-77 in Michael H. Frisch and Daniel J. Walkowitz (ed.) *Working-Class America: Essays on Labor, Community, and American Society.* Chicago: University of Illinois Press.

Wilson, Ernest H. 1929. *China: Mother of Gardens*, Boston: The Stratford

Company.

Wolf, Arthur P. 1974. "Gods, Ghosts, and Ancestors." 131-182 in A. R. Wolf (ed.) *Religion and Ritual in Chinese Society*. Stanford: Stanford University Press.

吴好山，1855 年，《笨拙俚言》，林孔翼（编），《成都竹枝词》，第 69 ~ 77 页。

吴剑洲、吴绍伯：《〈这儿也有个奇迹王朝〉补遗——补记旧蓉城的乞丐故事》，《龙门阵》1989 年第 6 期，总第 54 期，第 26 ~ 31 页。

吴晓飞，1994 年，《卖水人与机器水》，《龙门阵》1994 年第 3 期，总第 81 期，第 9 ~ 14 页。

吴虞，1984 年，《吴虞日记》上下册，成都，四川人民出版社。

Wyman, Judith. 1997. "The Ambiguities of Chinese Antiforeignism: Chongqing, 1870-1900." *Late Imperial China* 18.2: 86-122.

《现代汉语词典》，1998 年，北京，商务印书馆。

《现代汉英词典》，1988 年，北京，汉语教学与研究出版社。

晓晗，1986 年，《成都商业场的兴衰》，《龙门阵》1986 年第 6 期，总第 36 期，第 36 ~ 48 页。

锡良，1905 年，《申明警政白话告示》，成都。

锡良，1959 年，《锡良遗稿》第 1 册，北京，中华书局。

《新华字典》，1990 年，北京，商务印书馆。

邢锦生，1902—1932 年，《锦城竹枝词钞》，林孔翼（编），《成都竹枝词》，第 164 ~ 166 页。

秀清、侯少煊、熊倬云、米庆云，1988 年，《解放前成都的扬州妓女》，《龙门阵》1988 年第 5 期，总第 47 期，第 56 ~ 65 页。

徐式文，1983 年，《青羊宫外骗神仙》，《龙门阵》1983 年第 4 期，总第 16 期，第 95 ~ 99 页。

徐心余，1985 年，《蜀游闻见录》，成都，四川人民出版社。

Xu, Xiaoqun. 2001. *Chinese Professionals and the Republican State: The Rise of Professional Associations in Shanghai, 1912-1937*. New York: Cambridge University Press.

Xu, Yinong. 2000. *The Chinese City in Space and Time: The Development of Urban Form in Suzhou*. Honolulu: University of Hawaii Press.

薛绍铭，1936 年，《黔滇川旅行记》，1936 年初版。重庆，重庆出版社 1986 年再版。

山川早水、1909 年、『巴蜀』、東京、成文館。

Yang, C. K. 1961. *Religion in Chinese Society.* Berkeley and Los Angles: University of California Press.

杨槐，1982 年，《神童子与满天飞》，《龙门阵》1982 年第 1 期，总第 7 期，第 65 ~ 70 页。

杨武能、邱沛篁（主编），1995 年，《成都大词典》，成都，四川辞书出版社。

杨燮（六对山人），1804 年，《锦城竹枝词百首》，林孔翼（编）：《成都竹枝词》，第 42 ~ 59 页。

姚蒸民，1971 年，《成都风情》，《四川文献》1971 年第 5 期，总第 105 期，第 17 ~ 21 页。

叶春凯，1996 年，《解放前成都棺材铺一条街》，《龙门阵》1996 年第 1 期，总第 91 期，第 96 ~ 101 页。

Yeh, Wen-hsin. 1992. "Progressive Journalism and Shanghai's Petty Urbanities: Zou Taofen and the *Shenghuo Weekly*, 1926 - 1945." 186 - 238 in Frederic Wakeman, Jr. and Wen-hsin Yeh (eds.) *Shanghai Sojourners.* Berkeley and Los Angles: Institute of East Asian Studies, University of California.

Yeh, Wen-hsin. 1995. "Corporate Space, Communal Time: Everyday Life in Shanghai's Bank of China." *American Historical Review* 100. 1: 97 - 116.

Yerkovich, Sally. 1977. "Gossiping as a Way of Speaking." *Journal of Communication* 27. 1: 192 - 196.

易君左，1943 年版，《锦城七日记》，收入《川康游踪》，（无出版地），中国旅行社，第 177 ~ 210 页。

米内山庸夫、1940 年、『雲南四川踏查記』、東京、改造社。

Young, Ernest P. 1977. *The Presidency of Yuan Shih-k'ai: Liberalism and Dictatorship in Early Republican China.* Ann Arbor: University of Michigan Press.

于秀，1999 年，《中国乞丐调查》，北京，中华工商联合出版社。

苑罕，1992 年，《市声琐记》，《龙门阵》1992 年第 4 期，总第 70 期，第 108 ~ 111 页。

《渝报》，1898 年。

韵陶，1933 年，《四川哥老会的内容大纲》，《时事周报》，第 4 年第 15 期，第 15 ~ 16 页；第 4 年第 17 期，第 15 页。

Zelin, Madeleine. 1990. "The Rise and Fall of the Fu-Rong Salt-Yard Elite:

Merchant Dominance in Late Qing China." 82-109 in Esherick and Rankin, 1990.

张达夫，1981 年，《高把戏》，《成都风物》第 1 集，第 109 ~ 112 页。

张放，1995 年，《川土随笔》，《龙门阵》1995 年第 3 期，总第 87 期，第 95 ~ 98 页。

张集馨，1981 年，《道咸宦海见闻录》，北京，中华书局。

章开沅、林增平（主编），1981 年，《辛亥革命史》上中下三册，北京，人民出版社。

张秀熟，1959 年，《五四运动在四川的回忆》，《五四运动回忆录》第 2 册，1959 年初版，北京，中国社会科学出版社；1979 年再版，第 868 ~ 887 页。

张学君、张莉红，1993 年，《成都城市史》，成都，成都出版社。

《赵尔巽档案》，1909 年，北京，中国第一历史档案馆，案卷 507。

正云，1981 年，《一副对联的妙用》，《成都风物》第 1 集，第 82 ~ 83 页。

郑蕴侠、家恕，1989 年，《旧时江湖》，《龙门阵》1989 年第 3 期，总第 51 期，第 1 ~ 11 页；第 4 期，总第 52 期，第 25 ~ 37 页；第 5 期，总第 53 期，第 69 ~ 79 页。

钟士秀，1911 年，《读〈同志会日报〉有感竹枝词》，《四川保路同志会报告》，第 25 号。

钟茂煊，1984 年，《刘师亮外传》，成都，四川人民出版社。

周传儒，1926 年，《四川省》，上海，上海印书馆。

周善培，1957 年，《辛亥四川争路亲历记》，重庆，重庆人民出版社。

周询，1936 年，《芙蓉话旧录》，1936 年初版，成都，四川人民出版社，1987 年重印。

周止颖，1943 年，《新成都》，成都，复兴书局。

周止颖、高思伯，1987 年，《成都的早期话剧活动》，《四川文史资料选辑》第 36 辑，第 53 ~ 65 页。

Zumthor, Paul. 1990. *Oral Poetry: An Introduction*. Trans. Kathryn Murphy-Judy. Minneapolis: University of Minnesota Press.

# 译后记

中国近代城市，近二十年来一直是海内外学者研究的热点之一，清末民初政治、社会、经济、文化的变迁，吸引了众多的学术关注。2003 年由美国斯坦福大学出版的王笛先生的新作《街头文化：成都公共空间、下层民众与地方政治，1870—1930》(*Street Culture in Chengdu: Public Space, Urban Commoners, and Local Politics, 1870-1930*. Stanford: Stanford University Press, 2003)，无疑是其中的优秀著作之一。本书运用历史学和社会人类学的方法，以内陆城市成都为解剖对象，对近代中国城市的公共空间、日常生活和大众文化进行了深入探讨，为理解社会转型、文化变迁以及政治演化，打开了一个新的窗口。本书以丰富的资料、生动的描写、细致的分析、新颖的研究角度、独到的思考，展示了一个近代中国城市丰富多彩的日常生活，并填补了西方对近代中国城市大众文化研究阙如的空白。本书不仅是对大众文化的深入研究，而且试图探索大众文化与城市发展、社会演化以及国家与社会、文化与地方政治的关系。

王笛先生对长江上游的研究颇有功力，其 1993 年出版的《跨出封闭的世界——长江上游区域社会研究，1644—1911》一书就在学术界产生过非常重要的影响（该书2001年由中华书局再版，2002年台湾出版了繁体字版）。如果说《跨出封闭的世界》是一个宏观性的研究，那么这本《街头文化》则可以算是一个微观考察。该书虽然在美国出版不久，但在西方学术界已好评如潮。《美国历史评论》（*American Historical Review*）、《亚洲研究评论》（*Asian Studies Review*）、《中国政治学刊》（*Journal of Chinese Political Science*）、《太平洋事务》（*Pacific Affairs*）、《跨学科历史杂志》（*Journal of Interdisciplinary History*）、《加拿大历史学刊》（*Canadian Journal of History*）、《社会史》（*Social History*）、《中国季刊》（*China Quarterly*）、《亚洲研究国际杂志》（*International Journal of Asian Studies*）等重要学术刊物相继发表评论文章，对该书的学术贡献给予了很高的评价（具体评论请参见本书书前）。中国《历史研究》也及时发表了本书的书评。

美国普林斯顿大学林培瑞教授指出："王笛把社会科学研究的敏锐眼光与对丰富多彩的大众文化拉伯雷式的故事描写结合在一起，勾画了晚清和民国初年街头生活的广阔画卷。这是对中国城市大众文化——目前研究还十分薄弱但日益受到重视的领域——的一个不可缺少的贡献。"[1] 美国加州大学圣地亚哥分校教授周锡瑞教授在其为本书写的书评中分析道："王笛的这本书的杰出之处在于，对成都——这个地处内陆的省会在20世纪之交——的认真的民族志式的研究。与前此的从上到下的对城市精英和城市管理、警察的研究不同，这个研究提供了一个从下到上的考察视角，即街头和丰富的街头文化贯穿全书。"他认为本书的"研究非常优秀"（superbly researched），是"由新一代中国年轻历史学家在社会史研究方面所取得的成就的一个优秀代表作"。[2] 我们知道，周锡瑞教授以其对史学著作要求严格以至苛刻、批评尖锐而著称，但他对本书则给予了很高的评价。在斯坦福大学、芝加哥大学等中国史研究生的课堂上，对本书也有热烈的讨论。因此，本书的翻译出版，对中国学者了解西方中国史研究的最新发展，将是十分有意义的。

除了上述评论所提到的学术贡献外，笔者认为这本书还具有如下意义：首先是关注社会变迁的真正承担者——下层民众，不仅拓宽了城市史的研究视野，也使历史研究更为鲜活。

柯文在20世纪70年代末完成的《在中国发现历史——中国中心观在美国的兴起》一书中，除了强调“从中国而不是从西方着手来研究中国历史，并尽量采用内部的（即中国的）而不是外部的（即西方的）准绳来决定中国历史中哪些现象具有历史重要性”外，还主张“把中国按‘横向’分解为区域、省、州、县与城市，以展开区域性与地方历史的研究”；“把中国社会再按‘纵向’分解为若干不同阶层，推动较下层社会历史（包括民间与非民间历史）的撰写”。[3]

近十多年来，美国的中国近代史研究实际上将柯文总结的研究趋向引向深入，对下层民众的研究、对日常生活的研究，成为很多学者的重要选题。[4]王笛先生的著作正诞生于这种学术潮流之中，成为对下层民众日常生活研究的代表作之一。但本书的独到之处不是对下层民众日常生活的研究，而是抓住与日常生活紧密相连的街头这一公共空间，通过对街头文化的观察、研究，揭示国家政治、精英文化与大众文化的互动关系；以街头作为载体，研究各个阶层为自己的利益而产生的各种矛盾和斗争，同时也研究在共同利益受到损害时，街头是如何将民众和上层阶级凝聚起来，共同斗争，将街头变成地方政治的舞台的。正如作者在第二章所言“街头除了成为正规组织的演出的舞台以外，也被一些学者称为‘街头剧场’，成为日常生活、娱乐甚至政治抗议等相关活动的场所，上演反映社会生活的‘社会戏剧’”，“街头的人们——他们的表情、语言、姿态、服装样式——是一出无穷无尽的真实戏剧”。[5] 这样的视角非常新颖而巧妙，通过“街头”这个特定的空间，将各种势力与阶层的活动集中起来，使各种不同因素的冲突与融合更加具体而清晰地表现出来。

多年来，人们关注的重心是城市变迁的进程（或曰“现代化”的过程）和产生变迁的各种因素，恰恰忽略了社会变迁对普通民众带来的影响，他们的生计、他们的娱乐、他们的愿望是否受到限制，他们的命运是否被完全改变？作者用了不少篇幅来描述社会变革给普通民众日常生活带来的影响，以及他们为了维护自己的权利和利益而进行的抵抗和斗争。[6]

2000 年，美国哈佛大学亚洲中心出版了同样研究清末民初成都社会改革的司昆仑的论著《文明化成都：中国城市改革，1895—1937》，[7] 虽然时间和选题都很接近，但二者关注的问题却非常不同，司昆仑研究精英如何改革，王笛关注的重点是普通民众在精英改革中的命运。二者互为补充，生动地反映出清末民初成都城市变迁的历史画面。

我认为本书的另一个重要贡献，是细致的资料发掘与运用，从精英的记录中解读大众文化。

对于下层民众、对于各种社会变革对民众日常生活的影响的研究，多年来许多人想做而没有做，主要是因为资料困难：其一，因为下层民众几乎是“失语”的，他们的愿望与思想，保存下来的不多，我们很难直接探知；其二，关于下层民众日常生活的记载，往往经过精英的过滤而成，带上了精英的主观偏见。这是第一个难点。王笛先生选择的研究时段 1870—1930 年，是第二个难点。这个时段是成都城市转型的重要时期，各种矛盾、斗争错综复杂，从晚清改良到保路运动及辛亥革命，再到军阀混战、城市政府的成立，不仅经历了王朝的更替、政权的转移，更经历了长达十多年的混战。民众的生活受到影响是不争的事实。可是，这段时间留下的资料却相当有限。研究成都城市史的学者都知道，与30年代后比，这一段时间的资料，无论是报刊还是档案资料都相对缺乏一些。王笛在收集资料上下了很大的工夫，他使用的几种主要资料《国民公报》《通俗日报》《通俗画报》和《华西教会新闻》，是研究这段时期社会经济文化的重要报刊资料，但这些资料过去的学者却很少运用。

王笛先生在“导论”中介绍了该书使用的四类资料：“即官方文本、大众传媒、调查统计以及私人记录。”尽管这四种资料是每一个中国近代史研究者必须使用的，但作者的独到之处却在于对史料的分析与解读。首先，考察资料的可靠性，弄清因果关系。其次，把握分寸，利用地方档案研究日常生活，从官方的记录中寻找大众文化。通过官方的政策制定、实行情况的分析，揭示隐藏其后的社会、文化玄机，区分“大众创造的文化”与“强加在大众身上的文化”之不同。[8] 再次，摒弃偏见，从精英的记录中解读大众文化。作者这种精益求精的研究态度，也是本书的重要特色之一。

王笛先生对成都街头文化、公共空间、普通民众与地方政治等具体问题的研究，不仅开辟了一个新的研究领域，更重要的是通过这部著作，后学者可以学习怎样去研究普通百姓的日常生活，怎样从官方的、精英的记载中去发现下层民众的声音，从而理解他们的处境、选择和行为。柯文在《在中国发现历史》一书中提倡用“移情”（empathy）的方法研究历史，即历史学家通过“进入历史演员们丰富多彩的直接经验之中”去理解历史。“移情是为了理解对方，设身处地体会对方的思想、感情和处境。”[9] 可以说，“移情”是一种非常高的境界，它不是“单凭想象灵感一蹴而就，而是建立在对历史现实与当事人的周密调查基础之上”。[10]这种“移情”的方法在《街头文化》一书中有很好的体现。正是通过对各种资料周密的考证、分析和对一些亲历者的调查访问，作者才非常形象地为我们展现了一幅生动的成都市井图。

王笛先生非常尊重学术界已有的研究成果，对涉及的相关研究都给予了充分的肯定和适当的评价。对中外特别是西方关于城市史、大众文化、日常生活等研究都进行阐述和对话，从而把一些很具体的“地方性问题”和研究，提升到学者们共同关注的关于城市、城市文化、下层民众研究的一些带普遍性的问题的探索。

作者用人类学、社会学和历史学的一些方法，对街头生活进行了细致的考察、考证，用文学的语言，生动地描述了街头的日常生活，使人仿佛身临其境，回到了一百年前的老成都。那街头小贩的吆喝，卖艺人的清唱，说书人留下的悬念，茶馆里茶客的闲聊，青羊宫善男信女的默祷，望江楼外放生会的热闹，商业场里妓女的招摇和众人争相观看的盛况……无不反映出成都独特的大众文化特质和魅力，展现出一幅鲜活生动的历史画面。作者还运用了不少民间文学、照片、图画、小说等资料，特别是成都竹枝词的大量运用和分析，为本书增色不少。所以，该书不仅是一部很有学术价值的历史著作，也是一部值得一读的成都传统与民俗的经典集合，其中还有不少反映市井百态的幽默小故事和图片，读来令人忍俊不禁，发人深省。

通过这本著作，我们可以感觉到王笛先生对下层民众日常生活的关注，对历史传统的尊重。当现代城市建设日新月异，高楼大厦鳞次栉比，生活节奏越来越快时，传统的东西离我们越来越远了，人们不禁会怀念过去。所以，这本书还可以让人们寄托怀旧的情绪，找寻越来越远去的文化根源。我们还可以发现作者在书中流露了对中国目前城市发展过程中不断销毁旧的城市建筑和格局的一种深深忧虑，对传统的大众文化每天都在我们眼前逐渐消失的忧伤。作者对普通民众生计和日常生活的关注和研究，不仅拓宽了城市史研究的视野，具有很高的学术价值，而且，对于当今中国城市发展过程中出现的"传统"流失问题，也具有警示作用。该书学术以外的意义尤为重要，其反思地方传统破坏带来的后果，提供文化重建的参考，对当今的市政建设者应该有重要的借鉴作用。

当然，书中也有一些值得进一步探讨的问题，例如，如何区分大众文化与精英文化？在大一统的封建帝国中，"大众文化"与儒家文化的关系如何？在本书的第三章作者谈道，大众文化形式中，包含了不少正统的思想，如讲圣谕，就是向老百姓宣传皇帝的旨意，这种形式到底是大众文化还是精英文化的一种民间表现形式？另外，关于"地方精英"的概念有些模糊，在第一章"导论"的一个关于"城市改良精英"的注释中，作者解释道，"我经常使用'精英'或'地方精英'作为民众的对应力量。与我对'社会改良者'概念的使用不同，在本书中'精英'或'地方精英'概念的使用十分松散，按照周锡瑞和冉枚烁的定义，他们可以是'任何在地方社会起主导地位的个人或家庭'。他们不一定是富人，不一定是有权者，不一定是现代化或西化影响者，但他们试图在经济、社会、文化、政治或思想方面对一般民众施加影响"。[11]这个"地方精英"的概念不够明确，按照这个标准，企图在地方社会中施加影响的丐帮或秘密社会首领算不算"地方精英"？……这些问题，值得我们进一步思考。

非常荣幸参与翻译王笛先生的这部著作。这部书的翻译工作实际上是由我们四人共同完成的，从2003年11月开始，首先由谢继华和邓丽二位译出初稿，然后由我依据原稿逐一校对再译，最后由王笛先生亲自校订、补充，反复修改多次，于2005年1月定稿，其中原始资料均由王笛先生亲自翻译完成，但王笛先生十分谦虚，不作译者署名，在此特作说明。

在翻译的过程中我们学到了许多东西，不论是对资料的解析，还是对具体问题的深入细致的研究，王笛先生都给了我们很多重要的启示，使我们受益匪浅。所以，我代表另外两位译者，向王笛先生表示感谢，感谢他为我们提供了一部优秀的学术著作，更感谢他对我们的信任和支持。

李德英

于四川大学

2005年7月15日

## 注 释

1. 见该书英文版封底。
2. *China Quarterly*, 180（2004）, pp. 1112-1113.
3. 林同奇：《译者代序“中国中心观”：特点、思潮与内在张力》，见［美］柯文《在中国发现历史——中国中心观在美国的兴起》，北京，中华书局，1997年，4页。
4. 详见［美］周锡瑞：《把社会、经济、政治放回二十世纪中国史》，《中国学术》，2004（1）；钱曾瑷：《上海的历史和历史中的上海》，《中国学术》，2001（3）。
5. 见本书第二章“街头”。

6. 本书第五章、第六章着重描述了社会改良者对街头的控制和被控制者（如轿夫、乞丐、妓女等）的抵抗。
7. Kristin Stapleton, *Civilizing Chengdu: Chinese Urban Reform, 1895–1937*, Cambridge: Harvard University Asia Center, 2000.
8. Carol Ginzburg, *The Cheese and the Worms: The Cosmos of a Sixteenth-Century Miller*, Trans. John and Anne Tedeschi, New York: Penguin Books, 1982, p. xv. 原书注。
9. 林同奇:《译者代序“中国中心观”：特点、思潮与内在张力》，见［美］柯文《在中国发现历史——中国中心观在美国的兴起》，中华书局，1997 年，17 页。
10. 同上书，19 页。
11. 见本书第一章“导论”。